科学版精品课程立体化教材·公共管理系列

政府经济学

赵建国　编著

科学出版社
北京

内 容 简 介

本书运用现代经济学原理和方法分析了政府的经济行为、经济职能和经济政策，全面系统阐述了在市场经济实践中提炼出来的具有普适性的政府经济学基本理论。这些理论主要包括政府的经济职能、公共产品的有效供给、限制垄断、公共规制、外部性、信息不对称、政府支出、税收制度、政府经济政策调节、收入分配、寻租与腐败等。通过这些理论的学习，读者能对市场经济条件下政府经济行为和经济决策的合法性、必要性和合理性有较正确的理解和掌握，从而明确促进我国政府经济职能转变的关键和难点。

本书可作为公共管理类各专业的本科生和研究生，以及MPA学员开设政府经济学课程的教材，也可以作为广大公务员学习理论、研究政策的参考用书。

图书在版编目(CIP)数据

政府经济学 / 赵建国编著．—北京：科学出版社，2015
科学版精品课程立体化教材·公共管理系列
ISBN 978-7-03-043414-2

Ⅰ.①政… Ⅱ.①赵… Ⅲ.①政府经济学－高等学校－教材 Ⅳ.①F20

中国版本图书馆CIP数据核字(2015)第029624号

责任编辑：王京苏 / 责任校对：杜德森
责任印制：李 利 / 封面设计：蓝正设计

科学出版社 出版
北京东黄城根北街16号
邮政编码：100717
http://www.sciencep.com

天津新科印刷有限公司 印刷
科学出版社发行 各地新华书店经销

*

2015年3月第 一 版 开本：787×1092 1/16
2015年3月第一次印刷 印张：20 3/4
字数：492 000

定价：38.00元

(如有印装质量问题，我社负责调换)

作者简介

赵建国　东北财经大学公共管理学院教授、博士生导师，清华大学博士后，全国霍英东高校优秀青年教师奖获得者，辽宁省高等学校教学名师，辽宁省百千万人才工程百人层次人才，辽宁省高等学校优秀人才，辽宁省省级重点学科（社会保障）负责人。主要从事政府经济学、劳动与社会保障等方面的教学和科研工作。近年来，曾先后在《人民日报》、《光明日报》、《经济学动态》、《中国管理科学》、《中国人口科学》、《统计研究》、《财政研究》等国家级及省级重点刊物上发表学术论文100余篇，有13篇被SCI、EI全文收录。另外，出版专著及合著8部，主编教材13部，主持及参加国家级课题10项，主持及参加省部级课题20余项，获得国家级科研奖励6项，省级科研奖励20余项。

前 言

我国社会主义市场经济改革的不断深化，政治—行政体制改革的不断推进，对公共管理的理论和政策研究，以及人才培养提出了更高的要求，也为公共管理学科提供了良好的发展机遇。如何使政府在建立、发展和完善社会主义市场经济体制的过程中更好地发挥作用，是亟待解决的重要问题。为了顺利推进这一庞大而复杂的社会系统工程，我们需要深入研究和探索政府经济的相关理论。

政府经济学是一门运用经济学的方法来研究市场经济条件下政府经济行为、政府经济政策和政府经济职能的学科，属于经济学的一个分支。政府经济学产生于20世纪60年代，作为一门新兴的学科，其研究对象、框架结构、体系、内容仍在不断发展完善之中。在政府经济学的框架下研究政府行为，首先要对政府的经济行为以及与政府经济行为密切相关的其他行为的范围做出界定。因此，政府应该做什么、不应该做什么、可以做什么、不可以做什么，即政府的职能及其限度问题是政府经济学所研究的基本问题。著名经济学家、诺贝尔经济学奖获得者斯蒂格里茨曾把政府经济学的主要研究内容分为三类：①搞清政府部门从事哪些活动以及这些活动是如何组织的；②尽可能地理解和预测政府活动的全部结果；③评价各种政策。更为具体地说，政府经济学研究的主要问题包括：政府对于社会经济资源配置的干预是否得当和有效？政府的干预是否能够以及用什么方法实现社会经济目标？政府经济行为的准则是什么？政府在弥补市场缺陷的同时，是否又带来了新的问题？政府经济作用的合理界限在哪里？这一界限是通过什么途径确定的？这些问题，在理论和实践上都具有根本性的重要意义。另外，政府由于事实上已经成为一个拥有大量资本投入，向全社会提供产品、服务和大量就业机会的“公共部门”，它也面临与私人部门相类似的一系列基本问题，即生产什么、如何生产和为谁生产等问题。政府与私人部门的投资、管理和运作方式显然是不同的，那么，如何评价它的绩效，它的成本与收益如何定义？如何确定合理的规模与效率？对于以上问题的研究和回答，直接关系到政府的管理体制和现实政策。

基于以上因素并充分虑及政府经济学的最新发展，本书共分为11章来进行介绍。第一章为政府与市场，首先，明确了政府与市场的含义；其次，从经济学说史的发展角度分析了政府与市场关系的演变历程；再次，阐述了政府与市场关系的新认识；最后，明确了市场经济条件下的政府经济职能。第二章为限制垄断及促进竞争，首先，从理论上明确了完全竞争市场及其社会福利效应；其次，分析了非完全竞争市场的效率；再次，就限制垄断政策下的可操作竞争进行分析；最后，总结了中国促进竞争及限制垄断的举措。第三章为自然垄断及其规制，首先，明确了自然垄断的基本特征；其次，分析了政府规制自然垄断的原因及其方式；最后，研究了发达国家放松自然垄断规制的实践及其对我国的启示。第四章为提供公共产品，首先，分析了公共产品的特性及识别；其次，就公共产品与市场失灵问题进行了阐述；再次，对公共产品有效供给进行了理论分析；最后，分析了政府提供公共产品的方式和效率。第五章为抑制外部性，首先，介绍了外部性与市场失灵的基本内容；其次，分析了外部性的私人解决办法；最后，就抑制外部性的公共政策进行了详细介绍。第六章为消除信息不对称，首先，讨论了信息不对称的产生及后果；其次，探讨了利用市场解决信息不对称问题的手段和机制；最后，分析了政府解决信息不对称问题的必要性和方法。第七章为政府支出理论与政策，首先，介绍了政府支出的基本内容；其次，对政府支出规模及增长的理论进行了阐述；再次，就政府支出的各种政策效应进行了分析；最后，分析了政府支出的主要项目。第八章为政府税收理论与制度，首先，介绍了税收的基本理论；其次，分析了税制模式的选择与设计；再次，阐述了税收的转嫁与归宿；最后，对税收与经济效率进行了描述。第九章为宏观经济调控，首先，介绍了宏观经济调控的目标；其次，总结了宏观经济调控的手段；再次，分析了财政政策、货币政策及其配合的相关内容；最后，介绍了发达国家宏观经济调控政策。第十章为促进社会公平，首先，明确了收入分配与社会公平的相关内容；其次，分析了政府调节收入分配的必要性和原则；最后，介绍了政府促进社会公平的政策措施。第十一章为政府失灵及规避，首先，介绍了公共政策失灵的相关内容；其次，阐述了官僚主义与政府的低效率；再次，分析了寻租与腐败的内容；最后，总结了政府失灵论的启示。

政府经济学是行政管理和公共事业管理专业的核心课程，在公共管理学科体系建设中具有重要的地位。本书是为公共管理专业的本科生、研究生和公共管理硕士（master of public administration，MPA）学员编写的，读者在学习本书之前应具有一定的现代经济学（微观经济学和宏观经济学）基础。本书是我在长期教学实践中不断积累和思考的结果。本书在写作中，参考了大量国内外的相关文献，在注释或参考文献中已列出，在此谨致以诚挚的谢意。尽管如此，书中存在疏漏之处在所难免，敬请读者多多指正。在写作过程中，东北财经大学公共管理学院的各位老师和科学出版社的王京苏编辑给予我很多支持与帮助，我指导的博士研究生廖藏宜帮我完成了部分案例的搜集和文字整理及校对工作，在此表示感谢。

赵建国

2015年1月

目　录

第一章

政府与市场

【本章学习目标】

理解政府与市场定义的界定；了解政府与市场关系的演变历程；了解政府与市场关系的新认识；掌握政府的经济职能及其作用。

【本章知识结构】

本章知识结构如图 1-1 所示。

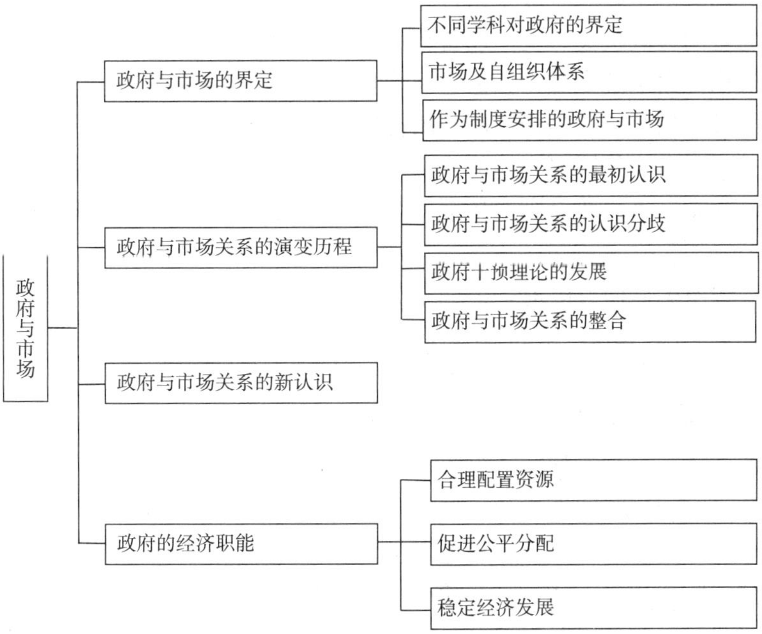

图 1-1　本章知识结构图

政府与市场的关系既是政治学的核心问题，也是经济学的核心问题。一个政府同另一个政府的最大不同，在于市场取代政府或政府取代市场的程度。在现代市场经济条件下，由于市场失灵的存在，客观上要求政府介入进行干预。但是，就像市场机制不是万能的一样，政府调控也并非完美无缺。作为经济运行的两个调节主体，政府与市场的组合关系如何，将直接制约市场经济体制运转的效率。因此，对如何正确理解政府与市场的含义，如何正确认识政府与市场的关系，如何正确认识市场经济条件下政府的职能，本章将作为主要内容加以探讨。

第一节 政府与市场的界定

一、不同学科对政府的界定

政治学、法学、经济学、行政学、社会学等不同的社会科学均涉及政府，但在不同的学科中，对政府的认识却有很大的区别。在国际法意义上，政府是主权国家的要件之一，它指的是某一国家或地区的合法代表者，它是国际法主体——主权国家的代理者。例如，《奥本海国际公法》规定，国际法的主体是国家，当人们在他们自己的主权政府下定居在一块土地之上时，一个国家就存在了。一个国家必须具备四个条件：一是必须有人民；二是必须有定居的土地，流浪的民族不是国家；三是必须有一个政府，有一个或更多的人来代表人民，并且按照本国的法律进行统治，一个无政府状态的社会不是一个国家；四是必须有一个主权的政府，主权是最高权威，即一个独立于世界上任何其他权威之外的权威①。

在国内法意义上，政府一般是指行政机关。例如，中国的国务院及各级人民政府、美国以总统为首的行政机关、英国以首相为首的内阁等。英国政府是“以女王的名义行使执行权的机构，由下院多数党领袖(如政府首相)挑选出来的100多名议员所组成”②。

政治学意义上的政府，是指统治集团借以实现其统治意志的政治统治机关，它与国家有密切的关系。政府是国家实体的一部分，即核心部分，它自然也是政治组织的组成部分。在行政学意义上，政府则专指根据官僚制原则组织起来的国家行政机关，即行政组织。

社会学一般不怎么研究政府，但如果涉及政府，往往将其看成社会组织的一种。当然，与一般社会组织(如家庭等)相比，政府自然也有其自身的特点，即政治性的特点，这与政治学对政府的界定有类似的地方。

本书所涉及的政府是经济学意义上的政府。从经济学意义来看，政府是经济生活中的一个特定的主体，它是各种经济组织中的一类，它与一般经济组织的区别是具有强制性和公共性(或者普遍性)两大特征。除此之外，它一般还有几个基本的假定：一是功能方面的假定，即假定政府的功能是处理整个社会所提出的公共事务问题，它的规范目的是实现整个社会的福利最大化；二是经济方面的假定，即假定政府的所有行为均是需要经济成本的，政府的所有支出均由公共收入提供，政府的公共支出均用于公共事务的管理，均是为了实现整个社会的福利最大化。一言以蔽之，政府就是为人民服务的政府。

---

① 奥本海 F. 奥本海国际法．王铁崖，陈体强译．北京：商务印书馆，1971：96-97.

② 龚祥瑞．比较宪法与行政法．北京：法律出版社，1987：197.

这样，我们可以进一步明确它与纯经济组织(如企业)的区别：一是企业的规范目的是利润，而政府的规范目的是社会福利的最大化；二是企业收入来自企业为社会提供的服务，而政府的收入主要来自依靠公共权威强制征收的税收以及借助公共权威举借的公债等；三是企业所提供的都是私人产品，而政府所提供的主要是公共产品或准公共产品。当然，政府是为社会服务的，这一假定可以在进一步的分析中抽象掉，因为进一步的公共选择分析可以包容这一变量。例如，政府本身就是一种公共产品，对于它的选择也符合一般公共产品的选择原则；政府也有自身的利益，因此就需要对政府进行法律约束，使其在为自身利益服务的同时为社会利益服务。

概括起来，政府组织具有以下五个特性。

(1)公共性。政府是由于社会公共需要而产生的，因而它具有公共的性质。恩格斯把公共权力的产生视为国家区别于氏族的根本标志，并认为这种公共权力是凌驾于社会之上的力量。尽管政府机构由社会的个体组成，但是政府的公共特性决定了政府的一般功能在于维护社会的公共利益，解决社会的公共问题。

(2)普遍性。作为行使公共权力的政府，其功能涉及社会的所有领域和所有个体。一定地域范围内的社会个体和组织，无论其多么复杂多么丰富多彩，都只能在同一个政府下生活，接受政府的管辖。因此，政府之于社会，无论是施以利益还是加以强制，都有普遍的意义。

(3)强制性。强制性是公共权力得以成立并运行的基本保证，因而作为公共权力主体的政府，无论它代表着什么阶级的利益，其行为的强制性特征总是显而易见的。这种强制性，是以国家暴力为后盾的，正是由于政府掌握了这种强制性的权力，才能维系社会的正常秩序。离开了强制性，政府将无以充当公共权力的角色并履行政府的功能。

(4)非营利性。是否以营利为目的，是区分市场行为与政府行为的重要标志。政府代表公共权力，从事社会的公共管理，因而政府的行为必须以非营利性政策目标为依据，也就是说，政府在履行其社会职责时，不能完全只考虑直接成本和收益。如果某一政府在兴办教育时考虑能赚多少钱，在维护社会治安时考虑能有多少利润，那么这不仅使这些事情办不好或根本就办不成，而且还扭曲了政府的形象，使政府不能成为真正的政府。

(5)阶级性。依据马克思的观点，国家是占统治地位的阶级意志的体现，政府在履行国家职能、实施公共权力时，总是以维护占统治地位的阶级的利益为根本宗旨。但政府在实施公共权力时也不能无视被统治阶级的利益，因为无视被统治阶级的利益将导致阶级矛盾的尖锐化，不利于维护统治阶级的利益。

政府的上述特性决定了它在社会经济活动中比其他组织(包括市场自组织)具有以下三大优势。

(1)保持社会经济秩序稳定。市场通过其内在要素的有机结合，可以形成一种良好的经济秩序，这是市场自组织的重要功能，但这一功能的实施必须具备一个重要的前提条件，即人人都能自觉遵守市场规则。如果有人采取非经济手段(如暴力)无偿占有他人的劳动成果，市场原则就会遭到破坏，而市场自身对这种行为却是无能为力的。市场当事人依靠私人势力或民间组织也能在一定范围内和一定程度上维护市场规则，保障个人权益，形成一种秩序，但它面对非经济的强制，必须采取与之相适应的反强制手段，即依靠一种暴力去对付另一种暴力，否则就不能形成稳定的秩序。问题是私人势力或民间组织通过自己的力量实施暴力行为，不仅成本很高，而且维持秩序的效果不理想，暴力与反暴力的周而复始会严重破坏社会经济活动的正常运行，造成社会经济秩序的更大混乱。而政府组织具有这方面的明显优势，它获得了社会赋予它的行使公共权力的合法地位，凌驾于社会之上，可以通过法律的形式规定社会成员和社会组织能够做什么、不能够做什么，通过系统的合法的暴力强制所有社会成员和社会组织必须遵守统一的规则，从而维系了社会的正常秩序，保证了社会经济秩序的相对稳定。

(2)解决社会公共问题。人类社会在社会经济交往中会产生一系列公共性问题，如前述的秩序是一个公共性问题，产权是另一个公共性问题，这些都是生产和交换过程中形成的公共性问题。此外，还有消费过程中产生的公共问题，即公共产品由谁来组织供给，如路灯，如果由私人购买，结果就可能是大家谁也不去买路灯，街上不再有照明，路灯的供给将严重不足；还有消除"拥挤"、保障安全、维护生态环境等。这些产品或服务，如果完全由私人或企业提供，将导致低效率。首先，它表现为闲置现象，即由于收费过高而阻止或抑制人们购买或消费，从而使它不能得到有效利用；其次，表现为供给不足，即私人或企业为了维护适当的利润，可能控制供给或觉得无利可图不组织供给。而政府作为一个公共服务机构，不以营利为目的，所以能较好地解决公共产品的供给问题，尽可能满足人们的需要。

(3)协调阶级和利益矛盾。人类社会存在的各种矛盾源于利益矛盾，在阶级社会里，这种矛盾主要表现为阶级矛盾。阶级矛盾自阶级形成后始终存在，在市场经济条件下表现得较为明显。阶级矛盾的激化，会破坏现存的经济秩序，使生产活动无法正常进行。依靠市场的力量是无法化解这种矛盾的，依据私人之间的协商也无济于事。解决阶级矛盾的办法只有两个：一是斗争，即通过政治形式，使同一阶级的成员联合起来，去推翻或镇压另一个阶级；二是协调，即通过阶级利益关系的调整，化解阶级矛盾。显然，当一个阶级要获得政治上的有利地位，上升为统治阶级的时候，斗争是最重要的形式，尽管短期内会带来秩序的混乱、生产力的摧残和经济的衰退，但它有利于形成一种新秩序。但是，当一个阶级上升为统治阶级并且其地位已得到巩固时，斗争就不是解决阶级矛盾的唯一形式了，甚至不是主要形式，尽管还存在被统治阶级的反抗，仍然需要"斗争"这个武器(实行阶级镇压)，但更主要的是协调阶级利益和阶级矛盾，从而协调将上升为处理阶级关系的主要形式。那么如何协调呢？如果让各个阶级相互协商，往往会"公说公有理，婆说婆有理"，很难达成一致的协议。而代表统治阶级利益的政府则具有"先天"的优势(社会赋予了它行使公共权力的职能)，它可以以公共利益代表的身份出现在社会经济的舞台上，既维护统治阶级的利益，又兼顾其他各阶级的利益，在一定范围内和一定时期内调和阶级矛盾、协调阶级利益和阶级关系，使社会经济保持较稳定的秩序。它能够解决市场协调、私人协调、阶级协调不能很好解决的最复杂的社会经济问题。

二、市场及自组织体系

(一)市场的自组织体系

广义地说，市场是一种组织，它是人们进行经济交流(物质和信息交换)的场所或形式。但由于市场与一般的社会经济组织不同，它不像一般社会经济组织那样，有一个层级制的组织结构，依据一个共同的目标，由一个中心做出决策并组织实施，通过组织目标的实现使参与组织活动的成员的个人目标得以实现。市场是一个自组织体系，没有层级结构和垂直的指挥系统，它是由独立的个体(个人、家庭、企业等生产和消费主体)分散决策的，没有一个明确的共同目标，它通过自组织系统各种要素的联系来实现个体目标。市场的自组织体系大致由以下八个要素构成。

(1)利益。这是市场自组织的最基本要素。在市场上，消费者追求个人效用最大化，生产者追求利润最大化，劳动者追求收入最大化，出资者追求资本收益最大化等。

(2)需求。这是市场过程的基础。在市场上，有货币支付能力的需求构成市场的基本要素，为生产和供给指明了方向，为生产者获取利益提供了基础。

(3)供给。供给就是为满足人们的需要提供商品和服务，是创造财富的过程。首先，供给决定于需求，没有需求，供给的产品无人需要，就是无效供给；其次，供给也创造需求，产品的丰富将引发新的需求并使需求量扩大。总之，供给与需求的统一构成了社会的再生产过程，也是市场活动的基础。

(4)分工。供给与需求是否需要通过市场而结合在一起，取决于社会分工的状况。如果社会不存在分工，每个人自己生产的东西都由自己直接消费，就不需要市场这个迂回形式；但如果分工是在具有各自独立利益的生产者之间进行的，自己生产的产品不是用来自己消费而是供他人消费，就必须借助于市场形式。可见，分工是形成市场的一个必备要素。

(5)产权。我们可以假设存在分工，不一定要采取市场这个迂回形式，因为人们可以采取配给或各取所需的方式，即按分工各自生产某一产品供大家消费，需要什么产品就到他人那里去取或由社会组织统一分配。但是，无论配给还是各取所需，都隐含着一个命题，即不存在私人利益，人们从事经济活动的目的不是追求个人利益最大化。如果存在私人利益，人人都追求自身利益最大化，配给或各取所需的方式就不能刺激供给的增加，于是“偷懒”就成为一个普遍现象，人类社会就不能生存和发展。因此，市场存在的重要条件是：必须明确不同产品归谁占有，即需要界定产权，做出排他性的权利安排，未经产权主体许可，谁都不能“免费”获得归他人占有的产品。可见，产权构成了市场的另一必备要素。

(6)交换。交换指的是等价或有偿交换。在存在社会分工、财产权利明确的市场条件下，人们需要通过消费他人生产的产品才能生存和发展，但又不能免费获得他人产品，因而交换产品就成为人类维系生存和发展的基本选择，交换便构成市场自组织体系的一个必备要素。

(7)价格。在明确了产品的产权归属后，产品的交换实质上就是产权的交换。不同产品必须确定一个交换比例，即形成价格。起初，产品的价格用不同的产品表示，随着交换的深入，货币产生并获得独立形式，成为价格的标度、交换活动的媒介，从而大大简化了交换手续。

(8)竞争。在市场上，价格决定于价值(即人类劳动的凝结，产品花费的劳动越多，价值越大，其价格就越高)，但参与市场活动的主体不可能了解每种产品凝结了多少人类劳动，而只能通过竞争决定其价格。如果市场存在很多买主(需求量很旺)而卖主很少(供给量有限)，买主的竞争就会使价格提高；反之，卖主的竞争就会使价格下降。当买主的竞争使价格上涨时，会刺激供给量的增加，使卖主的竞争加剧；反之，当卖主的竞争使价格下降时，会减少产品的供给量，使买主的竞争加剧。竞争最终使供给与需求趋向一致，价格处于均衡状态。

市场就是在上述因素的相互作用下而形成其自组织体系的，在这个体系中，没有谁指挥谁，也没有谁强迫谁，它完全是通过上述因素的联动作用自发地形成一种稳定的秩序。也就是说，市场是在个人利益导向下，以分工和产品具有明确归属(产权明晰)为条件，在交换过程中通过供求变化、价格涨落、自由竞争来自动调节经济过程的一个客观机制。

上述市场自组织要素的联动作用，必须满足以下基本要求或体现以下基本特征：①决策结构的分散化，即基本的经济决策都是由参与经济活动的微观主体(包括个人、家庭和具有独立性的经济组织)自主做出的，消费什么和消费多少由消费者做出决策，生产什么和生产多少由生产者做出决策，选择什么职业由劳动者做出决策，如何投资由资本所有者做出决策等。为此，必须有明确的排他性产权制度安排，这是分散决策的基础。②动力结构的利益性，即促使人们从事经济活动的基本动力是追求个人利益的最大化。经济的启动、运行和控制都建立在对个人物质利益关心的基础上。为此，必须形成保护利益的制度安排，排斥各种非经济强制手段对个人利益的剥夺。③横向的信息传递结构，即受供求关系支配的价格信息成为影响人们做出各种经济决策的基本信息，做出购买和出售产品的决策取决于产品的价格，做出劳动决策取决于工资率，做出投资决策取决于资本收益率(利润或利息率)等。为此，必须形成一个自由竞争的、统一开放的市场和发达的市场体系。④公平的交易结构，即产权主体之间是平等自由的交易，在市场交易中，没有身份和地位的高低之分，任何人都不能利用强制的暴力，不能凭借优势地位(如垄断)来达到不平等交换的目的。为此，必须建立以自由契约为纽带的经济联系方式，形成自由竞争和公平交易的市场结构，以及保证自由契约、自由竞争和公平交易实现的法律制度。否则，市场自组织要素的联动作用、市场自组织体系的正常运行将遭到破坏。

(二)市场自组织功能

市场自组织功能主要是指市场机制的调节作用。当市场自组织体系满足上述各种条件而发挥正常作用时，会产生一种功能，即驱使所有市场主体为实现利益最大化而千方百计提高经济活动的效率，从而促使社会生产达到生产可能性的边缘，增进人类社会的福利，推动社会生产力向前发展。人们把市场的这种功能称为市场自组织功能。经济学家对这种自组织功能给予了高度赞赏，亚当·斯密称之为“看不见的手”。萨缪尔森认为，市场经济是一架精巧的机器，它通过一系列的价格信号，无意识地协调着人们的经济活动，它也是一个传达信息的机构，把千百万人不同的知识和行动汇集在一起。没有人去设计它，它纯粹是被演化出来的，它经受了任何社会组织的最基本考验，生存了下来。市场有效地解决了人类社会必须解决的三大基本经济问题，即生产什么和生产多少(在可供选择的稀缺资源中是生产面包还是生产服装，是多生产面包还是多生产服装)、如何生产(使用何种资源、应用何种技术来生产)、为谁生产(社会产品如何分配给不同的个人或家庭)。这三大基本经济问题是一切经济制度所共同面临的问题，资源的稀缺性迫使人们选择一种能有效配置资源的经济制度，而市场制度就是一种适合现阶段生产力水平和人类行为准则的较理想的制度。

在市场经济条件下，生产什么取决于消费者的货币选票，消费者偏好形成的购买决策指明了社会资源的最终用途，成为引导生产者进行生产决策的基本信号；如何生产取决于不同生产者之间的竞争，它们为获得最大利润，唯一的办法是采用效率最高的生产方法，以便把成本压到最低点；为谁生产取决于生产要素(劳动、资本和土地)；市场的供给与需求，即社会产品的分配取决于人们拥有的生产要素的数量和价格(工资率、利息率和利润、地租等)。

这样，市场通过自动形成的价格、供求和竞争机制的作用(即供求的变化决定价格的涨落，价格涨落影响市场主体利益的得失，竞争的压力迫使生产者千方百计降低成本，用最便宜的生产方法去取代费用较高的生产方法，并根据供求的价格变动调整生产，使供求自动达到均衡)，有效地解决了人类社会的三大基本经济问题，它使每个人在追求私利的过程中，受一只“看不见的手”的指引，不自觉地使千百万人不同的知识和行动汇集在一起，促使社会生产达到生产可能性边缘，从而增进了整个社会的财富(福利)。或者说，市场的自组织运行有效地实现了帕累托效率的资源配置。所谓帕累托效率的资源配置，是指社会资源的配置已经处于社会性无改善余地的有效状态，若某个经济主体在资源竞争均衡配置状态中想改善自己的经济状况，必须以牺牲其他经济主体的经济利益为代价。

具体地说，市场的自组织功能可以概括为三个方面。

(1)分散的决策结构能使生产者和消费者对市场供求做出灵敏的反应，较好地实现供求的平衡，减少资源的浪费。在市场经济中，供求状况决定着市场价格，价格的高低引导着生产和消费，影响着生产和消费主体的利益得失。这种由价格机制引导的生产和消费行为，将促使生产的结构与消费的结构相适应，从而实现资源配置的合理化。

(2)以个人利益和自由竞争为主的动力结构有利于发挥人们的主动性和创造性，促进生产技术、生产组织和产品结构的不断创新，提高资源配置的效率。在市场经济中，产品的价值不取决于个别生产者的劳动耗费，而是取决于社会必要劳动时间，如果个别劳动时间小于社会必要劳动时间，就可以获得超额利润，在竞争中就能取胜。在利益的驱使和竞争的压力下，生产者要使自己处于优势地位，获得更多利润，就要千方百计地采用先进的生产技术，改善内部管理以降低成本，改善产品结构，努力生产适销对路的产品。这将有效地刺激社会劳动生产率的提高，增加社会财富。

(3)以价格体系为主要内容的信息结构能使每个参与经济活动的人和经济组织获得简单清楚和有效的信息，并加以充分利用，从而保证资源配置的有效性。人们要提高资源配置的效率，就要求充分利用经济中的各种信息，但人们需要的各种信息常常不是以集中的或完整的形式存在的，而是以分散的或不完整的形式存在的，并且许多信息是相互矛盾的，人们要做出正确的决策，就必须花费信息成本。在任何人只能掌握部分信息的情况下，如何有效利用信息是能否保证资源配置效率的关键。而价格机制作为一个整理分散信息的机制，能给人们提供最廉价的信息，个人只要得到很少与自己决策相关的信息(只要得到价格信息)，就可以采取正确的行动，并能产生有效率的结果。

三、作为制度安排的政府与市场

在现代社会经济制度体系或制度结构中，政府与市场可以看做两种最基本的制度安排。按照新制度经济学派的观点，所谓制度安排是指“支配经济单位之间可能合作与竞争方式的一种安排”，简单地说就是约束经济行为主体的一种交易规则。政府与市场这两种基本制度安排在性质上的差异可以从三个方面来分析。

第一，从交易对象来看，政府适应于交易与配置公共产品资源而产生，而市场适应于交易与配置私人产品资源而形成。整个社会的总经济资源可以分为两大类：一类是具有外部性、共享性和垄断性的资源，称为公共产品，如国防、公安系统、公共道路、环境保护以及制度规则等；另一类是具有独立性、排他性、竞争性的资源，称为私人产品，这类资源在数量上占绝对优势。一般来说，公共产品的交易和配置适于由政府组织形式来进行，而私人产品的交易和配置则适于由市场组织方式来实现。但是现实中大量存在的资源往往不是纯公共产品或纯私人产品，而是兼有公共产品性质和私人产品性质，如自来水、电力、教育、卫生、信息服务等，就是既有公共产品的经营垄断性又有私人产品的消费排他性，对于这些资源究竟由政府还是由市场来组织交易和供给配置，就不宜下绝对性的结论。

第二，从交易方式来看，所谓政府就是通过强制性的命令——服从关系在经济当事人之间进行交易，实现资源配置；而市场则是通过平等的当事人之间进行的自愿交易来实现资源配置。制度作为一种调节人与人之间关系的行为准则，显然要基于当事人的“同意”(无论是自愿还是被迫)来运转。当某种交易所引起的成本或收益不涉及两个人之外的其他当事人时，采用市场方式显然是最有效率的。因为人们可以很容易地通过“同意”达成一项利己的契约(进入市场)，也可以很容易地通过“不同意”拒绝与所有可能接触到的交易对象签约(退出市场)，从而避免一项交易可能给自己带来的损失，实现各自收益的最大化。当交易后果存在外部性，交易活动必须在两个以上或更多的人“一致同意”的情况下才能进行时，就需要采用政府的共同谈判形式和强制性协调方式来保证交易的效率。当然，这种强制性决策、供给、履行和报偿的交易方式，既带来了交易成本的节约和规模效益，也产生了另外的交易成本和效益损失。同样的，现实中也大量存在着既适宜采用政府方式又适宜采用市场方式的交易。

第三，从交易目标来看，政府是一种基于社会福利目标的公共选择，而市场则是一种基于私人利益目标进行的自主选择。公共产品资源的交易和配置关系到社会上每个人的利益，因此属于公共选择的问题。公共选择可以有各种不同的形式，如按习惯或惯例做出、由一个独裁者做出、通过民主投票做出等。在现代社会经济中公共选择一般采用民主政治的方式，以直接民主制或间接民主制，由政府做出决策。无论如何，政府本身可以理解为负责履行供给公共产品，进行公共选择的一种特殊社会机构。在政府负责供给公共产品实现资源配置的场合，还存在一个基本问题，即政府能否真正代表公众的利益以社会福利最大化为目标。现实中存在的政府并不一定以社会福利为其决策的目标，而往往服从于经济中某些特殊集团的利益。市场制度的有效运转则是建立在经济行为主体“自主决策”的基础上，各经济行为主体在既定的产权制度下以个体利益为目标，自主经营、自负盈亏、优胜劣汰，从而达到有效配置资源的效果。

在现代经济中，政府与市场作为两种基本的制度安排，在现实中都是以不完善的形式并存的，百分之百的政府经济如同完全纯粹的市场经济一样在现实中是不存在的。问题是如何将这两种本身又是稀缺资源的制度安排进行适当的“再配置”，以实现全社会效用满足的最大化。换句话说，市场与政府间的选择并非是一个在完善与不完善之间的选择，而是在不完善的程度和类型之间，在缺陷的程度和类型之间的选择。理智的选择不是追求完善的市场机制或者完善的政府干预，而只能是在不完善的政府和不完善的市场之间，建构一种有效的协调机制，在不断的试错与选择中，寻求政府与市场的结合点，以保证现代市场经济的规范运行。

第二节 政府与市场关系的演变历程

一、政府与市场关系的最初认识

亚当·斯密是英国古典经济学理论体系的创立者。1776 年，亚当·斯密出版了《国民财富的性质和原因的研究》(以下简称《国富论》)一书，在英国摧毁了重商主义的政府干预理论和政策，代之以自由放任理论和政府不干涉经济事务的政策，并把“自由放任”视为他所主张的经济政策的基本原则。亚当·斯密是从利己主义人性论出发来构筑其包括经济自由主义学说在内的理论体系的。亚当·斯密从利己主义人性论引出了“看不见的手”理论。他认为，“由于每个人都努力把他的资本尽可能用来支持国内产业，都努力管理国内产业，使其生产物的价值能达到最高限度，他就必然竭力使社会的年收入尽量增大起来。确实，他通常既不打算促进公共的利益，也不知道他自己在什么程度上促进那种利益。由于宁愿投资支持国内产业而不支持国外产业，他只是盘算他自己的安全；由于他管理产业的方式目的在于使其生产物的价值能达到最大限度，他所盘算的也只是他自己的利益。在这种场合，像在其他许多场合一样，他受着一只‘看不见的手’的指导，去尽力达到一个并非他本意想要达到的目的。他追求自己的利益，往往能使其比在真正出于本意的情况下更有效地促进社会的利益”①。

在经济领域，由于“看不见的手”的作用，一方面，以谋取个人私利或利润为目标的个人利益与为促进人类福利为目标的公共利益之间将达到自然均衡。另一方面，在短期内使市场供给和需求趋于一致，从而使市场价格与自然价格趋于一致；在长期内调节资

① 斯密 A. 国民财富的性质和原因的研究(上卷). 郭大力，王亚南译. 北京：商务印书馆，1979：51.

本的投向，最终达到社会供求平衡，生产者利益和消费者利益平衡，从而建立起旨在富国裕民的自然平衡的经济秩序。显然，斯密所说的“看不见的手”的作用，在经济领域中，实际上体现为如价值规律、竞争规律、市场定价或资源配置机制一类的客观经济规律，而生产和资源配置的合理性、市场的自动调节性和生产物价值、收入和利润的最大化，正是这种支配市场经济运行客观规律作用的必然结果。由此可见，这种从斯密“看不见的手”引导出自然均衡的经济模式，正是自由竞争资本主义经济运行的理论反映。

斯密并非是完全不要国家干预的极端的经济自由主义者。他对国家应尽的义务和职能也做了论述，并将它纳入其经济自由主义学说和政治经济学体系。斯密主张，一个国家最好的经济政策就是自由放任，政府理应奉行不干预主义，以便提供尽可能宽松的企业活动环境，让“经济人”自由自在地从事其所选择的各项经济活动，去追求各自的物质利益，只有这样的政策才能充分发挥自然趋势的作用，才能最大限度地促进社会利益。斯密对政府与市场关系的认识，主要有以下几个方面。

第一，政府被剥夺了对私人经济活动的指导权和管理权，而仅仅局限于三项基本职能，因而从全面干预经济生活沦为“守夜人”的角色。斯密认为，政府应有三项应尽的义务或职能，前两项是“保护社会，使其不受其他独立社会的侵犯”及“尽可能保护社会上各个人，使其不受社会上任何其他人的侵害或压迫，这就是说，要设立严正的司法机关”。前者是保证国家安全的职能，此为“君主的第一义务”，后者是维护社会安定的职能，这两者都是一国经济发展的不可缺少的外部条件。

第二，在一定限度内承认政府必要而有限的经济职能。这主要是指其第三项基本职能，即“建设并维持某些公共事业及某些公共设施”。为了经济发展的需要，他认为，国家有义务修建公路、桥梁、运河等公共设施，以及建立保护通商贸易的守备队和防御工事等。斯密还指出，国家应兴办学校，使下层居民能受到必要的教育，学到有用的才能和提高劳动的熟练程度。并且，斯密在经济自由主义的总体框架下，严格规定了政府有限而适度地干预经济的前提条件：一是为国防所必需的特定产业，可给予优惠；二是幼稚产业部门可给予扶持；三是某些对自然的经济秩序有干扰的或个人无力经营或不愿经营的事业，可由政府出面干预或经营。例如，邮政事业的国家管理，利息率的法律限制，实行强制性的初等教育，规定银行发行小额钞票的最低面值，等等。

第三，对国家政府的开支有了较大的限制，并对国家财政的收入，即赋税原则做了新的规定。其目的在于反对奢侈，提倡节约。斯密主张把政府开支压缩到最低限度，即践行“廉价政府”。他根据国家职能把国家的开支分为国防费用、司法费用、公共工程和公共机关费用、君主和王公大臣的生活费用四大类，强调这些费用应由受益人员负担，以有利于社会财富的增长。国防费用应由社会负担，但他认为要尽量避免战争，以防止国防开支过于庞大。在斯密看来，公共工程和公共机构有两类：一类是便利一般商业的道路、桥梁、运河、港口等公共工程，以及保护特殊商业如殖民地贸易的公共机构，其费用可以由受益的工商业者负担；另一类是促进人民教育的学校和宗教机构，其费用可以由受教育者负担，而成年人的宗教教育费用应由教会负担。至于君主和王公大臣的生活费用也应由社会承担。总之，斯密要求尽可能消除与生产无关的非必需的开支，以增大资本总量、加快资本积累，并使资本摆脱政治和宗教的束缚，使其自然而自由地发展。

继斯密之后，1803 年，萨伊出版了《政治经济学概论》一书。在这部著作中，萨伊认为，一种商品总是用另一种商品来购买的，某一商品的出售就是对另一商品的购买。他断言，“一种产品一经产出，从那时刻起就给价值与它相等的其他产品开辟了销路”[①]。由此他提出了一个根本命题，即生产给产品创造需求，也就是说，供给会自动创造需求。

萨伊根据供给会创造需求的基本命题，演绎出以下四个重要结论。

第一，“在一切社会，生产者越众多产品越多样化，产品便销得越快、越多和越广泛，而生产者所得的利润也越大”。这个结论是反对政府对生产的干预，反对政府“强迫产品的流转”，反对“政府从私人手中夺去它的消费”[②]。

第二，“每一个人都和全体的共同繁荣有利害关系。一个企业办得成功，就可以帮助别的企业也达到成功”。工农业间也是这样，“一个民族如果在农业方面获得成功，就可促进它的工商业的繁荣；它的工商业的繁荣，也会给它的农业带来好处”[③]。

第三，“购买和输入外国货物绝不至损害国内或本国产业和生产”[④]。其理由是，外国产品是用本国产品或它所换来的现金购买的，所以，扩展对外贸易，是给本国产品开辟销路，促进本国生产的发展。这个结论是论证自由贸易，反对保护关税政策的。

第四，“仅仅鼓励消费并无益于商业，因为困难不在于刺激消费的欲望，而在于供给消费的手段……只有生产能供给这些手段”[④]。萨伊还着重指出，他所指责的是政府的那种不用于满足人类需要的“无益消费”。这个结论批评了那些为贵族阶级的奢侈作辩护的理论，反对过度的国家开支，特别是维持官僚机构的开支。

萨伊的理论及其各个结论，旨在论证市场经济具有内在的稳定性，因而国家应放弃对经济的干预，鼓励自由地发展生产。萨伊关于供给会自动创造需求或生产会自动创造销路的命题，曾经成为古典时期普遍信奉的教条，被奉为“萨伊定律”。总的来说，萨伊定律的实质是认为市场机制能够确保全部经济资源得到充分有效的运用，从而提供很高的经济增长率，以消除普遍的生产过剩危机。

萨伊的论证完全是微观的，但从中得出的结论则是宏观的。那就是，市场经济是一个顺畅的周而复始的过程，能够自动维持社会总供给和总需求的均衡，政府旨在维持供求均衡的干预也是多余的。萨伊认为政府有责任为经济发展创造一个安定、安全、公平和有利的环境。具体来说，他认为政府干预应主要集中在以下几个方面：①保护财产的所有权不受侵犯和社会的安宁。②制订详细周密的计划，建设和维修公共工程，特别是公路、运河、港口，刺激私人生产能力。③创办各类学校、图书馆、博物馆，主持大型的科学研究和促进科学技术的传播。④政府要对防止明显地有害于其他生产事业或公共安全的欺诈行为负起责任。⑤保护消费者利益和国家的商誉，禁止厂商滥登名不副实的

---

① 萨伊 J B. 政治经济学概论．陈福生，陈振骅译．北京：商务印书馆，1976：144.
② 萨伊 J B. 政治经济学概论．陈福生，陈振骅译．北京：商务印书馆，1976：147.
③ 萨伊 J B. 政治经济学概论．陈福生，陈振骅译．北京：商务印书馆，1976：147-148.
④ 萨伊 J B. 政治经济学概论．陈福生，陈振骅译．北京：商务印书馆，1976：149.

广告。

约翰·穆勒是继斯密和萨伊之后的另一位古典学派的著名经济学家。穆勒在论述政府经济职能时也遵守自由放任的一般原则。他认为，每个成年人的生活都有其个性，他应当不受其他个人或公共集体的统治。如果政府职能增加，就意味着权力的增加，其间接影响力也会增加。政府职能的增加，不仅增加了团体的负担，而且事情交由政府去做，结果还不如让有利害关系的私人去做。有些人没有为集体利益而自发行动的习惯，而是惯于听从、依赖政府，要政府为他们包办好一切。这样的人缺乏在最重要部门中受到的教育，他们的才能是不全面的。基于上述理由，穆勒主张限制政府的职能，促进个性自由发展。他认为政府的职能是：①保护不能照顾自身利益的儿童和其他人。②当个人对他遥远未来的利益做出不可挽回的决定时，如签订永久性契约，政府应当干预。③对于只能由代表来执行的事情(如联合股份公司或股份有限公司等)，国家通常比个人做得好。④对个人判断有必要实施法律干涉的一些事情，如减少工厂劳动时间等，政府应当干预。显然，穆勒扩大了政府的经济职能，为政府活动开辟了广阔的园地。

亚当·斯密、萨伊、约翰·穆勒三位经济学家的观点代表了18世纪70年代到19世纪50年代古典学派关于政府与市场关系的基本看法：①充分肯定个人(包括个人的能力、理智、利益和选择)，以此作为界定政府活动范围的基本依据。②市场、个人能基本解决资源的配置问题，不需要政府过多的干预。③政府干预是必要的，但政府本身有缺陷，因此，对政府干预范围应作严格限定。

二、政府与市场关系的认识分歧

在近代经济学中，经济学家对政府与市场的认识发生了明显的分歧：一支是以马克思主义为代表的经济学理论，认为资本主义经济危机的根源在于其私有制和自由市场制度的自发性、盲目性及无政府主义，因此，当然要由以公有制为基础的、无市场货币关系存在的社会主义计划经济取而代之。另一支是以马歇尔为代表的新古典经济理论，只把政府作为既定的“背景条件”，从而专注于市场变量决定问题的研究。它从经济个体的经济行为入手，以价格为中心，研究市场经济的一般均衡和局部均衡机制，精细地揭示了市场配置资源的内在机理。

(一)马克思、恩格斯对政府与市场的认识

马克思、恩格斯作为科学社会主义的创始人，对社会主义社会的政府职能做了如下的设想：

(1)新政府职能将逐渐从对人的管理变成对物和生产的管理。马克思、恩格斯设想，无产阶级革命胜利以后所建立的新社会，其政府职能是完全意义上的政府职能，即同时具有政治职能、经济职能和社会公共管理职能，但在不同的历史发展时期，政府职能的内容将是不一样的。在从资本主义社会向社会主义社会转变的过渡时期，社会主义因素与资本主义因素同时并存，资本主义的逐步衰亡和社会主义的发展壮大同步进行。这个时期的社会主要矛盾是无产阶级和资产阶级两个阶级、社会主义和资本主义两条道路的矛盾。因此，过渡时期政府职能主要是两项：一是在坚持无产阶级专政的前提下，对敌对分子实行坚决的镇压，对人民群众实行广泛的民主；二是对生产资料私有制实行社会

主义改造，迅速增加和扩大社会主义生产力的总量。但在社会主义社会，即共产主义的第一阶段，由于阶级和阶级差别将逐渐消灭，国家逐渐消亡，所以，在这个时期里，尽管政府还存在，但政府的政治职能已经开始逐渐消失，政府职能将逐步变成单纯的管理职能，对人的统治将由对物的管理和对生产过程的领导代替，经济职能和社会公共管理职能成为政府的重要职能。并且，在社会主义制度建立起来以后，政府应把有效地履行经济职能和社会公共管理职能摆在重要位置，尽可能快地发展社会生产力。

(2)新政府经济职能是通过有计划、有组织的途径来实现的。马克思、恩格斯认为，在社会主义社会中，生产资料归全社会所有，不存在商品和货币，个人消费品的分配实行等量劳动领取等量报酬，社会和生产将采取自由人联合体的形式组织起来，“一旦社会占有了生产资料，商品生产就将被消除，而产品对生产者的统治也将随之消除。社会生产内部的无政府状态将为有计划的自觉的组织所代替”。新社会的政府要保证社会生产有计划、按比例地发展，既要克服资本主义经济的盲目性和混乱状态，又要避免不按客观经济规律办事的主观主义瞎指挥；政府要在客观经济规律的基础上，对社会生产过程进行“有意识的社会监督和调节”。

(3)新政府在履行经济管理职能时，要坚持人民管理制的发展方向。马克思在总结巴黎公社的经验基础上，除了主张新政府的政治制度应实行普选制、监督制、低薪制外，还主张旧的中央集权政府应让位给生产者的自治机关。马克思、恩格斯曾经赞赏圣西门的以社会自治为中心的“小政府”理想，主张建立“廉价政府”和“小政府，大社会”的政府管理模式，以便使政府机关能够接近人民群众，让人民群众有更多的机会行使自己的权力，管理国家大事。然而，这并不意味要政府放弃管理职能；相反，新社会的政府在任何时候都不能放弃经济职能和社会公共管理职能，只是履行职能的方式要朝着有利于人民能更好地行使自己的权力的方向发展。

(4)新政府在履行经济管理职能时，要坚持若干经济活动的基本准则。首先，要坚持由社会需要控制的准则。马克思认为，共产主义社会的生产力是“直接由社会需要调节”、“由社会需要控制”的。所以，政府在履行经济管理职能时，首先，要力戒主观随意性，坚持由社会需要来调节、控制经济活动。其次，要坚持重视节约时间规律的准则。“社会发展、社会享用和社会活动的全面性，都取决于时间的节省”，“时间的节约，以及劳动时间在不同的生产部门之间有计划的分配，在共同生产的基础上仍然是首要的经济规律”。最后，要坚持实现工农业联合的准则。新社会的政府履行经济管理职能的一个重要任务，是逐步消灭城乡、工农之间的差别，因此，在经济管理活动中要注意把工农业密切地结合起来。现实的社会主义与马克思、恩格斯所设想的社会主义社会存在一定的差距，马克思、恩格斯对政府与市场关系的认识，更多的是肯定了政府这种制度安排，而对市场这种制度安排否定的成分较多，这种理论后来成为社会主义实践者们建设行政指令性计划经济体制的基本蓝图和依据。

(二)以马歇尔为首的新古典学派对政府与市场的认识

1871年杰文斯发表了《政治经济学理论》，卡尔·门格尔在奥匈帝国(以下简称奥国)发表了《国民经济学原理》，1874年，利昂·瓦尔拉斯的《纯粹经济学要义》在洛桑问世。同时，阿尔弗雷德·马歇尔提出了与杰文斯类似的思想，并于1890年发表了《经济学原理》，随后瓦尔拉斯体系由帕累托详加阐述，魏克塞尔发展了奥国学派的思想。这样，以马歇尔为首的新古典学派支配了英语世界的经济学说，一直到 20 世纪 30 年代经济大萧条时期。

在合理选择基础上关于市场自动实现均衡内在机制的分析，成为新古典经济学之父——马歇尔最卓越的贡献。马歇尔所处的时代，是一个竞争导致垄断的时代，贫困与失业成为迫切需要研究的问题，周期性的经济危机威胁着市场经济的正常运行。国际市场上的竞争日益加剧，主流经济学说受到马克思主义的严厉批评，而边际革命加速了古典经济学的解体。这就使马歇尔的市场经济分析具有以下特点：第一，马歇尔把古典的供给分析与边际效用分析折中，形成了以生产成本分析为中心的供给理论和以效用分析为中心的需求理论相结合的新体系。供给和需求共同决定价格的理论至今仍然是西方价格理论的基础。第二，马歇尔采用了局部均衡分析法。均衡就是两种相反力量的均势——两种力量处于稳定状态。他认为，商品的需求和供给，就是市场上两种相互作用的力量，而商品的价格就是在这两种力量达于均势时所决定的。所谓局部均衡，只是就某一商品的需求和供给来说明该商品的均衡价格的形成，不考虑其他商品的供求变化和价格变动。把复杂的问题局部解决，最后综合成为整个问题的全部解决。考虑到局部分析的缺陷，马歇尔并没有放弃一般市场均衡。第三，马歇尔的市场均衡理论是静态的。他假定他所研究的经济问题处在一个没有变化的环境之中，经济关系和人们预期的这些经济关系是不会改变的。这种过于简单的推导与现实变动着的各种经济力量及其导致的结果并不吻合，这显然是其市场均衡分析的重大缺陷。

对于市场怎样无须国家过多干涉而产生一组均衡价格，自动地实现资源有效配置这一问题，马歇尔从以下三个方面进行了阐述。

首先，马歇尔认为，人们需要商品是为了通过消费取得效用，以满足欲望，效用是可以加总的，但效用服从于边际效用递减规律，并决定需求的变化规律。由于效用可以用货币来衡量，需求转化为需求价格，边际效用递减规律转化为边际需求价格递减规律。这样，他就提出了“需求量随着价格的下跌而增加，随着价格的上涨而减少”的一般规律，并用需求曲线来说明需求规律。在需求理论中，马歇尔还提出了两个重要的概念，即需求价格弹性和消费者剩余。需求价格弹性用来考察某一商品的需求量对于该商品的价格变动所做的反应程度；而消费者剩余是指消费者对一种商品愿意支付的最高价格超过他实际付出的价格的差额。它表明，在自由竞争的条件下，消费者在购买商品时可以取得一种福利，这隐含着完全竞争的市场条件，可以实现社会福利的普遍增进。

其次，成本分析成为马歇尔供给理论的基础。成本由劳动和资本构成。劳动是指劳动者在生产过程中的负效用(即感觉到的痛苦)；资本则是延缓享受的一种牺牲(即等待和节欲的成本)。由货币表示的上述“真实成本”就是商品的生产费用，它构成生产要素相应数量的供给价格。马歇尔认为，可以用设计需求表和需求曲线的方法做出供给表和供给曲线，在此基础上他提出了供给量随着价格的上升而增加、随着价格的下降而减少的正比例关系。不过，供给价格如何变动，还要看生产随市场的扩张过程是处在报酬递增阶段还是报酬递减阶段。马歇尔指出，在不同的报酬条件下，平均成本与边际成本的变动趋势并不相同。

最后，马歇尔分析了市场均衡价格的形成。他认为，很明显市场价格是由需求与供给二者相互作用的力量决定的，它们犹如一把剪刀的两边，“共同起了作用”。商品的需求价格是消费者对一定量商品所愿意支付的价格，是由这一定量商品对买者的边际效用决定的。商品的供给价格是生产者为提供一定量商品所愿意接受的价格，是由生产这一定量商品的劳动者的“负效用”和“等待”决定的，即由生产费用决定的。当某一商品的需求价格高于供给价格时，厂商就增加供给量，使需求价格下降，从而使供求趋于一致；当该商品的需求价格低于供给价格时，厂商就会减少产量，使需求价格上升，从而使供求趋于一致；当商品的需求价格与供给价格相等时，产量不再增加，也不减少，从而达到均衡状态，此时的产量是均衡产量，此时的价格就是均衡价格。这种均衡是稳定的均衡，就是说，如果价格与它稍有偏离，将有自动恢复的力量，犹如时钟的钟摆沿着它的最低点来回摆动一样。“看不见的手”最终将使它处于均衡状态。

新古典经济学虽然以微观经济问题为主要研究对象，但也涉及某些宏观经济理论问题。马歇尔研究的宏观经济问题主要有两个：一是经济稳定问题，二是一般价格水平问题。关于经济稳定问题，马歇尔所遵循的是穆勒的传统观念，即用建立在预期分析基础之上的萨伊法则来解释经济周期波动，并且主张采用由政府控制信用的手段来对付经济萧条和失业；关于一般物价水平的决定问题，马歇尔采用建立在供求均衡分析框架之上的货币数量论来作为分析工具。新古典学派宏观经济理论包括萨伊法则、生产函数理论、劳动市场理论、货币数量论和失业论。生产函数理论和劳动市场理论是新古典宏观经济学的实物理论，它所研究的实际工资率、劳动就业量和产量水平的决定问题，并不涉及价值和货币因素。而牵涉到价值因素和货币因素的理论属于新古典宏观经济学的货币理论。在新古典学派宏观经济学模型中，储蓄、投资和利息是确保经济体系达到充分就业均衡的又一重要机制。新古典学派认为，储蓄和投资都是利息率的函数，前者与利息率之间存在着正比关系，后者与利息率之间存在着反比关系。在可变利息率的调节下，储蓄总额与新投资总额恒处于均衡状态。在这个模型中，可变利息率、可变价格和可变工资一起，构成三个自动调节器。这三个自动调节器使得在完全竞争市场经济中的总需求恒等于充分就业水平的产品总供给，从而使整个宏观经济体系处于充分就业均衡状态。即使偶尔发生偏离，市场机体也会自动地恢复均衡。由此看来，它的政策含义相当清楚，只要没有外在力量(如工会组织)的干扰，市场机制就具有实现经济总量均衡的内在力量。

三、政府干预理论的发展

人类进入20世纪以后，自由竞争的资本主义过渡到垄断资本主义。由于资本主义固有矛盾的加深，1929年西方世界爆发了经济大危机。经济危机向人们表明，自由放任主义者所说的资本主义经济具有的自律性调节机制失效了。因此，经济学家不得不寻求新的经济理论和政策。新的经济理论一般以凯恩斯主义为标志。但是，新的经济理论并不是随着大危机的出现才成为必要的。20世纪20～60年代，政府干预理论是建立在市场失灵理论基础之上的。市场失灵理论最初萌芽于对市场缺陷(market defect)的分析，这种分析又是在两个领域里展开的：微观经济学领域是福利经济学家的分析；宏观经济学领域是凯恩斯主义者的分析。

比凯恩斯稍早一点，英国的福利经济学家庇古作为福利经济学的创始人，最先系统地对市场缺陷进行了分析。庇古是马歇尔的学生，信奉新古典经济学的基本命题，但由他创立的福利经济学却对市场缺陷做了大量的分析，这种分析又被人们进一步用来作为政府干预的理论依据。他于1920年出版的《福利经济学》一书，论述了政府干预资源配置的经济职能。庇古认为，在完全竞争的条件下，虽然有利于实现生产资源的最优配置，但由于种种原因，仍然会出现边际私人纯产值和边际社会纯产值相背离的情况。例如，由某些耐久性生产设备的使用权和所有权不一致而引起的背离，由外部原因而引起的背离，由收益变动或成本变动而引起的背离。种种背离的情况表明，仅仅依靠自由竞争不能导致生产资源的最优配置。因此，庇古提出了政府干预的必要性。他认为，政府干预经济的职能，主要是采取适当的经济政策来消除客观上存在的边际私人纯产值和边际社会纯产值的背离。不过，在庇古看来，实现生产资源最优配置的基本机制仍然是私人经济的自由竞争，他所说的政府经济干预也只局限于征税和补贴，他反对政府直接经营企业，认为那样会压抑企业生产和经营的积极性，并导致自身的腐化和官僚主义。但无论如何，庇古主张政府干预资源配置的影响力是很大的。在庇古之后，福利经济学发展成为新福利经济学，并成为适应国家垄断资本主义需要的全面干预国民经济生活的政策理论。发展经济学先驱哈拉·明特在评价福利经济学及其影响时说："我们可以认为福利经济学是新古典经济学的中心地带(heartland)。但由于它强调市场失灵、外部性、私人成本和社会成本的歧异，几十年来一直被作为支持国家干预政策的最有力的理论武器。"随着旧福利经济学向新福利经济学的演变，对市场缺陷的分析也逐步趋于成熟，最后形成了市场失灵理论。

给自由放任主义画上休止符的是凯恩斯。1926年，英国著名经济学家凯恩斯发表《自由放任主义的终结》一文，公开表明放弃自由放任主义原则。他力图论证对资本主义经济实行明智"管理"的必要性，力图证明借助政府对货币流通和信贷的调节，可以消除资本主义固有的失业和危机。所以，凯恩斯的理论体系可以说是沿着如何解决资本主义的失业问题的思路而展开的。1936年，凯恩斯最主要的著作《就业、利息和货币通论》(以下简称《通论》)出版，为市场经济中的政府干预理论做出了"革命性的贡献"。凯恩斯认为，自由市场制度是一种有效的机制，它能够保障个人自由并激发人们的创造性，但市场机制本身存在缺陷，必须引入政府对经济进行干预，从而彻底否定了斯密提出的关于资本主义在"看不见的手"引导下能够自我完善的市场机制，将资本主义经济纳入了政府"看得见的手"的全面干预的轨道。《通论》这本书确立了凯恩斯主义的基本原理，成为现代资产阶级经济学的经典著作。凯恩斯在书中提出，国家的政府职能要为实现充分就业做出努力的主张，认为政府有必要对经济进行干预，政府的经济职能在于通过财政政策，增加政府支出，增加需求，以遏制失业；通过税收来鼓励投资；通过货币政策，利用利息率的升降来控制货币供应，间接地影响私人投资和消费。凯恩斯理论体系的"革命"之处在于否定总需求恒等于总供给的传统教条，提出了有效需求不足原理。他认为，失业是有效需求不足的结果，要实现充分就业，就必须填补总需求与总供给之间存在的缺口。而"要达到离充分就业不远之境，其唯一办法，乃是把投资这件事情，由社会来总揽”，“国家必须用改变租税体系、限制利率以及其他方法，指导消费倾向”。他的结论是：除了消费倾向与投资引诱二者必须由中央统制，以便二者互相配合适应以外，实在没有理由要使经济生活比以前更社会化。由于凯恩斯主义适应了国家垄断资本主义的需要，在20世纪30年代的大危机中，对挽救资本主义制度起过“起死回生”的作用，因此，第二次世界大战以来，凯恩斯主义一直是西方各国政府执行和扩大经济职能的理论依据。实践证明，凯恩斯主义的政府经济职能学说中的某些合理成分，不仅适用于发达国家，而且对发展中国家同样适用。例如，在政府经济管理对象上，主张政府运用财政支出手段对宏观经济进行间接干预，而对国有制企业的日常经济活动，则让企业自己去处理，政府不直接插手。在经济分析方法上，反对传统经济学从局部分析问题的方法，强调要从整个宏观角度来论证经济问题，即总量分析方法。在经济调节手段上，提出把财政政策、货币政策和收入政策等配合起来使用的主张，即经济政策“松紧”搭配法。

20世纪50年代以后，凯恩斯主义的追随者分裂为两大派别，即“新古典综合派”和“新剑桥学派”。新古典综合派的主要代表人物有萨缪尔森、托宾等，新剑桥学派的主要代表人物是罗宾逊、卡尔多等。两大派别在主张政府干预方面是一致的，但在政府的具体经济职能上有所不同。新古典综合派把凯恩斯的宏观经济理论和古典的微观经济理论结合起来，形成“混合经济”理论。正如萨缪尔森所说：“我们的经济是私人组织和政府机构都实施经济控制的‘混合经济’：私有制度通过市场机制的无形指令发生作用，政府机构的作用则通过调节性的命令和财政刺激得以实现。”那么，政府的具体经济职能是什么呢？他们认为，“有三个作用，即效率、平等和稳定。有关效率的政府行为试图矫正垄断一类的市场失灵。政府促进平等的方案使用诸如收入再分配等工具来反映社会对穷人和残疾人的关心。稳定化政策试图削平经济周期的高峰和低谷，减少失业和通货膨胀，并且促进经济增长”。新剑桥学派反对新古典综合派的观点，认为要解决资本主义的各种社会问题，必须解决收入分配的不合理性，因而政府的主要经济职能是对分配进行干预。他们特别强调税收政策的作用，主张实行没收性的遗产税，只给孤儿、寡妇留下适当的终身财产所有权，以便消灭历史所形成的财产的集中，使食利者阶层逐渐消灭，并把政府由此所得的收入用于公共目标与改善穷人的地位。他们反对听任市场机制发挥作用，同意凯恩斯关于政府干预经济的观点。

在现代西方经济学中，主张政府干预经济的还有“制度学派”和“瑞典学派”。制度学派以美国的经济学家加尔布雷斯、包尔丁以及瑞典经济学家缪达尔为代表。这个学派认为，资本主义社会应该通过“结构革命”，使不完善的结构完善起来，使公共目标受到执政当局的重视，使权力和收入的分配均衡化，这是政府长期的、根本的纲领。此外，政府应该把实行其他经济调节措施作为短期政策，如工资—物价管制政策、计划经济政策、人力政策、反托拉斯政策、环保政策和各种福利政策。但他们认为，政府经济调节的重点是限制大公司的活动，而不是小企业和个体经营者，相反，小企业和个体经营者应该成为政府补贴、津贴和优先照顾的对象。瑞典学派也称“北欧学派”或“斯德哥尔摩学派”，以瑞典经济学家为主体。维克赛尔是这个学派的是奠基人，著名人物还有林达尔、伦德堡、林德伯克等。瑞典学派认为，政府的经济职能主要是运用货币政策和财政政策调节经济，通过公共投资政策直接调整投资量，通过人力政策解决充分就业，通过收入政策调节财富的均衡化。政府的经济政策的基本目标是国有化(主要部门的国有化)、福利国家(收入再分配政策，提供集体服务，政府稳定政策)、市场经济(建立企业一级水平上的分权化，改进竞争，反垄断化)三者的混合物。

20 世纪 20 年代以来，由于福利经济学家和凯恩斯主义者在微观、宏观两方面对市场失灵的论证，人们一方面不再那么相信市场的力量，另一方面不断在政府肩头增加新的职能，除亚当·斯密界定的那三项职能外，增加的职能可以列出长长的一串，如反垄断以维护公平竞争、实现社会公平、提供公共产品、维持物价稳定、实现充分就业、维持宏观经济平衡、管制私有企业等。

如何评价 20 世纪 20～60 年代西方经济学界的市场失灵理论和政府干预理论呢？本书作者有以下观点：①这一时期经济学家对市场缺陷的分析在一定程度上代表了对市场结构和功能认识的深化。因为，无论从理论上看还是从现实上看，市场的确有缺陷，这不能不影响它的功能，因此不能把所有资源配置活动都交给市场，更不用说非经济目标的实现。新古典经济学家用理想的市场去配置现实中的资源显然是不现实的。而且，这一时期对市场缺陷的具体论证基本上是正确的，后来的经济学家对市场缺陷的分析基本没有超出这一时期的分析范围。②依据市场失灵来论证政府干预的必要性既为政府干预提供了坚实的理论基础，又为界定政府干预范围提供了基本思路，即政府干预的必要性在于市场存在缺陷，政府干预范围应限制在市场失灵领域。相比之下，古典经济学家对政府干预及干预范围的说明就显得比较武断。③这一时期理论的缺陷有两个，其一，只论证了市场的缺陷和政府干预的必要性，但没有分析政府干预的可行性和局限性，因而其理论具有片面性，导致人们对市场机制的怀疑和对政府干预、政府计划的盲目崇拜。事实上，政府本身也有局限性，政府干预也不是万能的，政府也有可能失灵。其二，在分析市场缺陷的同时忽视了市场的某些功能，如认为市场完全没有解决外部性和实现社会公平的功能。

四、政府与市场关系的整合

在现代经济学中，伴随着东西方社会政治经济实践在近一个世纪的戏剧性演变，人们对政府与市场这两种制度安排在性质上、职能上及相互关系上的认识大大深化，在更完整的理论框架下使之得到各种形式的整合。从现代经济学各理论流派的观点来看，虽然在政府与市场问题上不时有分歧，如哈耶克、米塞斯、弗里德曼等对自由市场的颂扬，以及兰格、加尔布雷斯等对政府计划和政府政策的辩护，但是从大趋势上看是趋于整合的。

20 世纪 60 年代末，由于长期采用凯恩斯主义的政策，过度强调政府的作用，西方各国出现了“滞胀”现象，面对资本主义社会严重的经济“滞胀”危机，凯恩斯主义的政府干预经济生活的主张和政策，显得于事无补。于是，主张修复“看不见的手”，反对政府干预经济的呼声日渐高涨。面对“滞胀”危机，保守的新自由主义经济学发起了“凯恩斯革命的再革命”，系统地批判了以政府干预为特征的凯恩斯主义理论，强调市场机制的作用，主张限制政府干预的领域，并开始了对政府干预与市场调节如何正确结合的新探讨。在这样的背景下，产生于20世纪30年代的新自由主义经济学获得了较大的发展，对政府与市场关系的认识发生了进一步的深化。

（一）现代货币主义学派关于政府经济行为的学说

现代货币主义学派于20世纪50年代中期兴起，60～70年代发展起来，以美国芝加哥大学的著名经济学家们为主体，并由美国、英国等国的一些经济学家组成。他们以货币数量的变化作为研究中心，与凯恩斯学派相对抗，是现代西方新自由主义的一个重要流派。他们打着现代货币数量论的旗号，鼓吹货币作用的重要性，主张采取控制货币数量的金融政策以消除通货膨胀，保证经济的正常发展，以此与凯恩斯学派相抗衡，并自称是对凯恩斯革命的反动。这些理论、方法和政策主张正好迎合了当时的政府需要，成为英、美等国的政府经济学。

货币主义学派关于货币至关重要的分析是与它的自由主义经济哲学紧密联系在一起的。现代货币主义学派的领袖人物弗里德曼深受"芝加哥传统"的影响，是亚当·斯密经济自由主义思想的现代拥护者和宣传者。他特别赞赏斯密的"看不见的手"的思想和为充分发挥市场自由竞争的作用必须限制政府干预经济的思想，认为斯密这些思想是非常重要和切合现代资本主义经济的。弗里德曼采用比较分析方法来阐述他的利己主义、自由主义的经济哲学思想。弗里德曼一是把自由经营与干预经济方式作比较选择，二是把中央计划经济与市场经济作对比选择，三是把减少失业与治理通货膨胀政策作对照选择，认为社会制度应该保证个人在选择职业、运用资源、保持私有财产与使用收入方面的自由，并且取得较大的成就。为此，经济的发展必须依靠自由竞争和自由经营的资本主义生产方式和市场经济体制。弗里德曼对通货膨胀与失业关系的论述可以归纳为两点：第一，通货膨胀速度的快慢对就业毫无影响。只要不过多干涉经济的自由运转，政府的职责限制在制定必要的规章制度和仲裁经济纠纷上，自由市场机制就能够恢复充分就业。第二，影响就业的不是通货膨胀的绝对水平，而是通货膨胀的多变和不稳定性妨碍了实际价格调整和准确预测数据，同时降低了市场经济制度对资源分配的效率，这些都将对失业和就业的变化产生影响。因此，只要政府控制货币数量的增长能与生产的增长幅度相适应，充分发挥自由市场的自发调节作用，就既能防止或抑制通货膨胀，又能使经济增长得到必要的货币供应，并扩大就业。总之，现代货币主义学派的实证分析和货币至关重要的观点都是以利己主义、自由主义的经济哲学为基础的，都反映了现代货币主义学派对自由竞争的信心和对政府干预的反对倾向。由此可见，现代货币主义学派在政府经济行为方面，基本上回到了斯密那里。只是由于市场经济有了较大发展，货币变量对经济运行的作用日益重要，现代货币主义学派承认政府控制货币数量的行为是必须的，也是唯一的。实际上，弗里德曼深信市场机制的巨大效率。尽管政府也在追求同样的效率，但是，由于政府职能十分有限，政府行为又难免存在偏差，所以，政府的效率就体现在这个有限的范围内，且可能被打折扣。

弗里德曼作为货币主义学派的著名代表，主张建立这样一种社会，"它主要依靠自愿的合作来组织经济活动和其他活动，它维护并扩大人类的自由，把政府活动限制在应有的范围内，使政府成为我们的仆人而不让它变成我们的主人"。他在亚当·斯密关于政府职能的三点主张的基础上，增加一条政府职能。他说："政府的第四项义务，是保护那些被认为不能‘负责的’社会成员。亚当·斯密没有明确提到这些义务。”“我们不能断然拒绝照管那些我们认为不负责的人们，如‘疯子’或‘孩子’。”政府除了执行上述四项职能外，其作用将大大减少，它仅能为自由市场无妨碍地运动提供一个“稳定的支架”。至于“货币当局”，即中央银行，除力求使货币适度稳定地增长外，应听任经济自由调节，恢复亚当·斯密的“看不见的手”——价格机制的作用。在货币主义看来，私人经济有其内在的稳定性，政府的各种干预政策破坏了这种稳定性，不仅不能稳定经济，反而加剧了经济的不稳定性。无论是财政政策还是金融政策，对经济的刺激作用都是短期的。也就是说，政府干预政策在短期内也许可以降低失业率，但长期下去则会引起灾难性后果。基于此，货币主义认为，政府在经济中的作用并不是通过经济政策来干预经济活动和市场机制，而是为市场经济的正常运行创造一个良好的环境。不过，他们又认为，这个良好的环境，除了法制秩序、基础设施和社会保障外，还包括稳定物价。所以，货币主义最终没有彻底否定政府的经济职能和作用。

（二）供给学派关于政府经济行为的学说

供给学派是20世纪70年代中期兴起的现代西方新自由主义经济学派中一个较为保守的流派，侧重供给经济分析，反对凯恩斯主义的国家全面干预。同现代货币主义产生的背景相似，供给学派的兴起，与第二次世界大战以来凯恩斯主义由兴而衰，西方国家需要新的经济分析理论和方法来解释和对付经济滞胀问题有着密切关系。正是在这种历史背景下，供给学派异军突起，指出凯恩斯主义过于注重需求分析的理论不足，主张经济分析应改弦更张，从供给方面入手，实行企业经营自由，充分发挥市场机制的自动调节作用，以解决经济滞胀问题。供给学派的理论和分析方法以及政策主张曾经成为里根政府的官方经济学，并在美国公众中产生巨大影响。

供给学派的基础是新自由主义经济哲学。所谓新经济自由主义，是与19世纪末20世纪初的奥地利学派和剑桥学派的旧经济自由主义相对而言的，针对凯恩斯主义的国家全面干预，要求尽量限制和减少国家干预，鼓吹自由市场经济的一种经济自由主义。供给学派的新自由主义经济哲学分析主要表现在他们倡导企业自由经营，反对凯恩斯主义的“国家干预主义”论，主张“以效率求平等”，批评凯恩斯主义普遍推行的“经济福利主义”论，其核心概念是经济的自由、效率。供给学派关于经济滞胀的成因和对策，关于国家干预为辅、市场调节为主的经济运行模式等一系列供给经济理论，都是以供给学派自己的新自由主义经济哲学为基础的。供给学派认为，平等应当被视为自由、公平和机会均等；效率应当被看成是积极性、生产率和创新精神。处理平等与效率的关系，应以效率为先，在增进效率、发展经济的基础上实现平等。平等是效率的条件，效率是实现平等的根本途径。在对于平等和效率问题上，不能像凯恩斯主义者那样，把平等理解为收入均等、利益均沾的平等主义，把效率仅仅理解为产量的增加和就业机会的增多。按照凯恩斯主义者所理解的平等效率观推行普遍的经济福利主义制度，不仅不能消除贫困，实现平等，反而会造成更大的不平等，严重损害效率。供给学派指出，政府无限制地任意扩大普遍享有的福利开支，是造成经济“滞胀”的根源。因为，扩大的福利开支造成需求过度膨胀，引起通货膨胀，使有限资金流向非生产领域，导致生产领域资金短缺，储蓄率下降，投资不足，从而使生产下降，供给萎缩，非自愿失业者增多。解决经济滞胀的办法是要确定以效率求平等的思想，削减政府福利开支，提高供给效率。供给学派认为，自由竞争、冒险、创新、机遇是资本主义成功的主要秘密，也是经济增长的主要动力。"经济自由"是萨伊定律的核心思想，也是古典和新古典经济学的本质所在和最高体现。供给学派倡导的企业自由经营理论的要点，也就是要让政府为经济增长创造一个良好的环境和条件，保证市场机制作用的充分发挥，通过经济利益的调节，促进经济供给的长期稳定增加，以适应需求变化。只要实现了企业自由经营，经济资源或生产要素就能得到合理的、有效的调配，经济的滞胀就可以被消除，从而使得资本主义可以活跃地、有效地发展下去。供给学派指出，国家对经济的全面干预，不仅妨碍了市场机制作用的正常发挥，使得人们过分依赖政府，失去自由竞争和创新精神，从而失去推动经济增长的动力，而且造成官僚主义盛行，工作效率低下，加强了经济的负担和波动。为此，供给学派提出应把政府的性质和活动界定在鼓励自由放任的管理服务中，不再将其看做经济运行的主体。

供给学派与凯恩斯主义既有共同的政策前提和手段，也存在明显的差异。首先，供给学派与凯恩斯主义的政策前提是相同的，都承认资本主义经济中单纯依靠市场机制不能实现供给和需求的自动均衡，需要国家干预。20 世纪 30 年代大危机以后，凯恩斯提出，经济运行的症结是有效需求不足、供给过剩，需要借助国家干预来刺激需求。20 世纪 70 年代出现滞胀以后，供给学派则将症结归为供给不足、需求过旺，需要借助国家干预来刺激供给。从需求管理到供给管理的转变，表明供给学派对凯恩斯主义的直接否定。但是，这仅仅表明干预方向的转变，而不是政策前提的不同。其次，供给学派和凯恩斯主义都主张通过财政政策实行国家干预。前者主张通过减税政策实行供给管理，刺激投资；后者则主张通过补偿性财政政策实行需求管理，刺激消费。二者在国家干预的方向、内容上显著不同，但在干预的手段上却是相似的。当然，供给学派和凯恩斯主义对于国家干预这一政府行为的价值取向是不同的。供给学派以有限、有度的干预反对过多、过细的干预，也就是说，供给学派的国家干预是属于保守主义的。必须指出的是，供给学派还不是一个成熟的、有明确体系的经济学流派。在价值取向上，该学派承袭萨伊定律，信奉自由竞争，反对国家干预，但在经济政策上，却不可能回到萨伊的时代。供给学派主要代表人物尽管在许多问题上持不同观点，但在通过国家干预来刺激供给的问题上，他们都没有怀疑减税是刺激供给的基本政策。由此也可发现，供给学派是适应当代资本主义经济运行状态变化的产物，是尚不成熟的理论体系，是倚重于政策方面的经济学流派。

（三）理性预期学派关于政府经济行为的学说

理性预期学派是 20 世纪 70 年代初期以后逐步形成的，其以理性预期理论为核心，批判凯恩斯学派，是现代西方新自由主义经济学中的一支新兴流派。理性预期学派的产生和发展，与 20 世纪 60 年代末 70 年代初西方经济出现普遍滞胀和凯恩斯主义发生危机，现代货币主义无力救治的历史背景紧密相关。1961 年，穆斯在《理性预期和价格变动理论》一文中首先提出了理性预期分析方法的思想。他在文中指出，人们总是竭力按照以往一切有用的知识来进行价格波动的预测，而这种情况就被称为理性预期。他还构造了一个假定经济主体在形成其预期时以最优化目标并有效使用信息的经济模型。到

20 世纪 70 年代，美国一些著名大学的较为年轻的，后来成为理性预期学派核心人物的教授，如罗伯特·E. 卢卡斯、托马斯·萨金特、尼尔·华莱士等，相继发表论文，把理性预期分析方法应用于经济滞胀问题和稳定性经济政策的分析中，从而形成了系统的理性预期学派及其分析方法的体系。20 世纪 80 年代中期以来，随着美国经济出现新的变化，供给学派逐渐衰落，理性预期学派乘虚而入，迅速占据大学讲坛，进入官方机构，以中青年经济学家为主，促成了一场“理性预期革命”，风靡全美国，在理论界、知识界形成了一股强大的势力，并吸引了大批青年人，其中一些人如罗伯特·巴罗、约翰·泰勒、爱德华·普雷斯科特、斯坦利·弗歇尔成为理性预期学派的重要代表人物。1983 年，斯坦利·弗歇尔和鲁迪格·唐布什合著《经济学》一书集中反映了该学派的观点。

理性预期学派的核心范畴是预期、理性预期和理性预期分析。所谓预期，就是指参加经济生活的人对于同当前经济决策有关的经济变量的未来数值的预测。所谓理性预期，就是指人们根据自己所得到的全部信息和知识，通过合乎逻辑的推理过程而形成的对于经济变量未来数值的预测。所谓理性预期分析，就是指以人们普遍存在有理性的预期为假定，研究现代经济中价格、产量、就业总水平的决定和变动，以及政策有效性问题的一种分析方法。在西方经济学中，运用心理预期的方法来分析经济现象早已有之。但是，在古典和新古典经济学中，这种分析方法还是初步的，不成体系的，无所谓理性或不理性，并未受到重视。直到凯恩斯创立了现代宏观经济学，将预期视作经济学中的一个重要变量，用于他的以有效需求论为基础的就业理论的全部分析中，预期分析才为经济学家们所普遍重视。不过，凯恩斯的预期分析被理性预期学派认为是无理性的预期分析，其特征有三个：①预期的形成缺乏可靠的基础，因而易受情绪的支配，是任意的、随意性的。②预期被作为一个外生变量来对待，从而被排除在模型分析的范围之外，即把预期主要看做外部变数，因而同任何模型中的现行变量无关。③预期不受有关经济变量与政策变量的影响。理性预期学派认为，凯恩斯及其追随者运用无理性预期分析建立起来的宏观经济模型必定是错误的，不能用来制定和评价经济政策，因为按照理性预期学派的看法，参与经济活动的人是尽可能地争取最优化的，不可能采取不合乎理性的预期行动。同样，理性预期学派认为，继凯恩斯的无理性预期分析之后，由弗里德曼发展了的适应性预期分析，也是不合乎理性的经济分析。虽然，在适应性预期分析中，经济活动主体的预期并不是独立于其他经济变量之外的某种心理状态，而是以经济主体过去的经验和客观的经济活动变化为基础的，人们可以利用过去的预期误差来修正他们现在的预期。但是，人们忽略了其他方面的信息来源，尤其是没有考虑到政府的经济政策因素对于预期的影响，在政府经济政策变化时，适应性预期便会失去其预期的准确性，在纠正自己过去的错误时不断地犯新的错误，或者说是犯系统的错误。因而，适应性预期的假设是不合乎实际的，不能被用来成功地建立起一个能够正确描述预期的模型。理性预期学派认为，人们对经济未来变化的预期总是尽可能最有效地利用现在所有可以被利用的信息，而不是仅仅依靠过去的经验和经济的变化。用这种理性预期的分析来建立新的宏观经济模型，代替适应性预期分析的宏观经济模型，表示经济主体会注意到政策的变化，据此改变他们的决策，以便充分利用一项新的政策产生出来的任何有利机会。理性预期学派的理性预期分析方法是沿用了新古典经济学的理性原则。该原则认为，在经济生活中，经济主体总是寻求效益最大化的，即在一定技术水平和资源条件下，他总是力求获得最大的效益。作为消费者，他会尽力去追求最大限度的消费品的效用；作为生产者，他会去追求最大限度的利润。理性预期学派将理性预期的概念引入宏观经济模型，并且用于理性预期整个理论体系的分析中，如单个商品价格的供求决定及其变动；将个人的理性预期及其作用引入宏观经济学中，建立了理性预期的宏观的中性货币论、浮动价格论、产品和就业论、经济周期论。理性预期学派以这些理论说明通过市场机制的自动调节也能达到宏观经济的均衡，并指出在任何情况下政府的宏观经济干预政策都是无效的。正因为如此，理性预期学派的学说在西方经济学界出现后被人们称为“预期革命”。理性预期学派系统地发展了理性预期分析方法，对于推动现代经济理论和政策的研究与发展，具有积极的意义。它告诉人们，人的心理预期是客观存在的，而且对经济活动的变化发生着很大的影响，特别是理性预期，可以决定经济政策是否有效。

（四）公共选择学派对政府与市场关系的认识

公共选择学派发端于20世纪50年代，其思想来源可以追溯到威克塞尔对财政理论的独特研究。经过布坎南、戈登·塔洛克等的开拓性工作，一个区别于市场个人选择的公共选择研究范式最终获得了独立的学术地位，研究范围涉及传统上完全属于政治学领域的国家理论、投票规则、投票者行为、政党、官僚行为等许多重要方面。在这之前，西方经济学一直将政治因素视为外部变量，这不仅使号称研究选择行为的经济学长期以来只有一个关于市场个人决策的理论而缺乏相应的集体选择理论，而且使得仅仅依赖于市场分析而建立起来的许多理论与政策结论缺乏充分的依据。公共选择学派首次系统地将微观经济学的基本分析工具运用于政治决策过程，独创性地发展了一种与传统经济学的市场决策理论相对应的政治或集体决策理论。与此同时，政治过程也被赋予全新的理解，它不再像过去人们普遍认为的那样，仅仅是一种利益再分配的零和对策，而是类似于市场自愿交换的过程，即选民和代理人之间在寻求增进或表达他们自身利益时的相互作用。公共选择学派特别强调规则立宪和立宪限制的重要性，在他们看来，这些因素不仅是效率增进的必要条件，而且是确保资本主义自由社会不失去其内在含义的基础。在这个意义上，公共选择理论又被称为“新政治经济学”或“宪制经济学”。布坎南为创立和发展公共选择理论做出了突出的贡献，1986年被瑞典皇家科学院授予诺贝尔经济学奖。

关于国家与市场的边界问题在西方经济理论中一直占据核心位置，经济学说史上几次重大的思想变革都围绕着这个问题而展开。古典的自由放任学说和现代的国家干预学说尽管是两种对立的经济思潮，但在界定国家和市场的关系时有一个共同点，即都是基于对市场的估价直接推出国家的职能范围。布坎南揭示了这种思路所隐含的逻辑弱点，并形成了关于国家与市场关系的独特见解。

布坎南认为，当人们谈论某种现存状态是失效的或有缺陷的时，就意味着有一种完美或理想的状况存在，并且表明施加一定条件和手段之后现存状态的缺陷是可以纠正和改善的。如果人们最终发现事实上不存在一种理想的纠正手段去改变现实的不足，这无异于说现存状态是完美的，因为没有进一步改进的余地了。一个事实上不存在的理想化的国家干预政策正是隐含在庇古福利经济学全部分析中的逻辑前提。布坎南对庇古福利经济学的核心批评在于，庇古在剖析市场失灵和呼吁国家干预的同时未能清楚地意识到一个可供选择的政治解决方案也会带来外部性问题，因而他的政策建议是缺乏根据的。

布坎南的论证思路是，按照经济学关于"经济人"的经典假定，个人是效用最大化的追求者，其决策和选择的变动仅取决于外部约束条件的变动，因此个人在市场安排和政治安排中的行为变化只能由他所处的不同制度环境来解释，而不能说同一个人在市场结构中是自私自利的利己主义者，到了政治决策过程中就变成了一个克己奉公的利他主义者。在明确了个人行为一致性假定之后，布坎南进一步设定：①与市场并存着一个由不同个人组成的纯粹民主式的政治共同体，一切集体决策都必须通过简单多数投票制达成。②个人参加政治决策和参加市场决策一样，都追求个人效用最大化。假定不存在对简单多数制的额外限制，那么政治决策的结果将很容易预见，即一个有效多数联盟根据简单多数原则将击败少数联盟，并在牺牲少数人利益的基础上获得净利益。

现在可以看出，从一个理想的市场与政府出发来确定市场与政府的有效边界，是自由放任学说和政府干预学说共通的弱点。现实中的市场和政府都有其本身不可克服的缺陷，从逻辑上来说，如果发现一方有缺陷而用另一方去替代时，我们不能保证这种选择一定是合理的选择。布坎南认为，国家和市场既然不是非此即彼的选择，双方合理边界的确定就必须依赖于分行业的(industry by industry)和分情况的(case by case)具体比较和分析。尽管布坎南没有进一步做出有关市场和国家具体结合的细致分析，但上述他的重要思想有助于澄清西方经济学长期以来围绕着市场与国家关系的争论中所存在的混乱与谬误，为人们正确选择两者的配合关系增加必要的审慎和理智。

经济学家必须始终牢记经济政策所依赖的政治条件，这恐怕是布坎南的"国家理论"贡献给经济学的一个最引人注目的观点。以往的国家干预主义理论都不约而同地假定了一个全知全能和不偏不倚的神明政府。凯恩斯曾直言不讳地寄希望于一个由一批精英组成的国家计划委员会，去实现其政府干预的宏伟设想。西方民主政治的具体现实给他的"精英梦"以致命的一击。精心设计的经济政策输入到具体的民主政府之后，完全悖于其理论构想的不利结果出现了。布坎南等的实证研究试图说明国家丝毫没有任何神秘之处，它是一个由凡人组成并像凡人一样易犯错误的决策机构，这就是国家的真面目。正是在对这个关键性的认识上，以往形形色色的国家干预学说均犯了严重的错误。

对经济政策的政治和制度条件的强调使公共选择学派与美国新自由主义的其他学派区别开来。例如，货币主义和公共选择学派在反对凯恩斯主义方面有许多共同之处，但货币主义与凯恩斯主义的基本分歧主要反映在宏观经济理论与有关的政策手段上，货币主义试图构造一个更合理的政策与手段体系，以实现经济的持续稳定增长。用布坎南的术语说，他们呼吁修正的是后宪制阶段的具体操作手段与策略。可是，这些宪制选择基本上受制于更高层次上的宪制结构。如果不对执行经济学政策的政治家和官僚、产生政策的决策程序和过程进行立宪限制，任何一项构想精美的经济政策难保不在有自身利益倾向的政治家手中、在具体的民主决策过程中出现严重的偏差。关键不在于告诉政治家应该怎么做，而在于怎样设计一种合理的政治规则和表现民主的方式，迫使政治家不论他有没有独立的利益倾向，都沿着符合公众利益的方向做出决策。虽然布坎南并没有在具体的立宪设计方面提出系统和细致的建议，但至少给那些热衷于经济政策设计的经济学家发出了严重的警告，使他们在提出政策建议时增加一些必要的审慎和理智。

第三节　政府与市场关系的新认识

1991年，世界银行《世界发展报告》(以下简称《报告》)以发展面临的挑战为题，重新评价了政府和市场在促进经济发展中的作用，提出政府与市场相互协作以推动经济发展的市场友好战略。《报告》认为，在促进经济发展的过程中，作为两种基本的制度安排，政府和市场起着互补的作用，政府应支持而不是抵制市场的作用。因为完全竞争的市场制度虽然在组织生产与分配方面有优势，但市场不能在真空中运行，市场需要法律和法规的控制和指导；而且，在某些情况下，如基础设施的建设，为穷人提供必要的生存条件等，依靠市场无法完成。在这些方面，强有力的政府作用是非常必要的。

《报告》指出，在过去的40年中，经济发展战略发生了巨大的变化：外向型发展战略越来越多地取代了内向型发展战略；利用农业的税收差别来资助工业的做法已不再采用。越来越多的迹象表明，无论在工业化国家还是发展中国家，经济发展都需要政府的调控，但政府最好不要管理经济活动的细节。日本和东亚一些国家或地区的成功表明，如果政府采取市场友好战略，那么，政府干预就会有利于经济的发展。《报告》从国内经济环境、世界经济环境、宏观经济政策以及人力资源开发四个方面阐述了政府与市场的关系，并指出，因为这四个方面是互相关联的，如果在这四个方面能同时采取行动，效果会更好。

第一，国内经济环境。《报告》认为，政府创造一个有利于企业发展的宏观经济环境对于促进经济的发展至关重要。为此，首先，要充分发挥市场机制的作用。目前，在一些发展中国家普遍存在的许可证制度、企业保护措施、价格控制政策，只允许某些特殊公司经营某些产品的行业限制政策，以及利用行政手段来控制主要资源分配的做法等，都削弱了市场竞争，不利于生产技术的进步和劳动生产率的提高，阻碍了经济发展。其次，还要发挥政府的调控作用。一个高效率的国家经济，仅仅依靠市场机制本身还远远不够，还需要有政府正确的指导，其中最根本的是要有保证公平竞争的法律和制度，此外，还要有适度规模和结构合理的投资，特别是在基础设施和其他公共事业建设方面的投资。

世界银行在发展中国家进行的项目评估结果表明，在价格扭曲程度比较轻的国家，投资项目的收益率总是高于价格扭曲严重的国家。这主要表明了市场机制的作用。同时，政府科学合理的政策与结构平衡的公共事业投资也是极其重要的。二者是相辅相成的，任何一方都在一定程度上增强了另一方的作用。

第二，世界经济环境。《报告》指出，世界经济环境对一国经济发展的影响至关重大。日本、东南亚国家或地区经济成功的一条显著经验，就是尽可能利用世界经济环境中的有利因素，积极引进国外现成的先进技术，并以此为基础发展国内经济。引进技术有多种途径，包括外国投资、国外培训、技术援助、专利程序、通过劳动力的流动及通过进口货物和中间投入产品而引进技术等。因此，政府应实行有利于引进技术的政策，如对外开放政策、自由贸易政策。

20世纪80年代以来，西方工业化国家不断增加非关税的贸易壁垒，建立地区内部的自由贸易，如欧洲大市场的统一和北美自由贸易区。世界经济区域化发展趋势虽然有一定的好处，但是否有利于实现全球贸易更加开放的目标，是一个值得注意的问题。《报告》认为，在发展中国家努力改革贸易政策的同时，工业化国家的政府也必须做出同样的努力，削弱贸易保护主义。另外，正如20世纪80年代初世界经济危机所证实的那样，发达国家的宏观经济政策对发展中国家影响巨大。所以《报告》强调，发展中国家迫切需要有利的国际环境，需要外部资源的支持，特别是在解决债务危机方面，需要工业化国家的政府采取更多的措施，降低发展中国家的偿债率，更多地减免发展中国家的官方债务。

第三，宏观经济政策。《报告》认为，稳定的宏观经济环境是各国政府应该向社会提供的最重要的公共产品。虽然宏观经济的稳定本身不能够推动经济的发展，但是经济发展不能没有稳定的宏观环境，否则其他任何措施(即制度安排)都将是无效的。例如，如果没有适当的财政和金融调控措施，那么通货膨胀率必然上升，导致货币大幅度贬值及国际收支失衡的危机，从而会影响投资的增加，制约经济的增长。为了建立一个稳定的宏观经济环境，各国政府应注意以下几点：一是采取谨慎的财政经济政策；二是控制通货膨胀，特别是避免由于货币供给的过度增加而引起的通货膨胀；三是保持一个具有竞争能力的实际汇率，以促进出口部门的发展，防止出现国际收支失衡。

《报告》认为，发展中国家稳定宏观经济的政策要与经济结构的调整结合起来。稳定宏观经济的政策主要作用于社会总需求方面，而调整结构的政策则侧重于社会总供给方面，其目的在于提高资源利用率。在稳定经济阶段，适当地推迟结构调整是可以的，但要调整结构，经济必须稳定。就整个经济的发展而言，许多发展中国家的成功均大大受益于强有力的宏观经济政策，如东南亚地区的泰国、印度尼西亚、马来西亚、韩国，非洲地区的毛里求斯、博茨瓦纳，以及拉美地区的智利和哥伦比亚等。

第四，人力资源开发。人口素质的提高对于推动经济的发展是极其重要的，政府在这方面需要发挥很大的作用。在20世纪，人类在提高福利水平这一发展的最终目的方面取得了显著的成就，这些进步一般与经济的发展是同步的，如日本和韩国。但是有些国家经济在发展，生活水平却提高缓慢。例如，在20世纪50年代，菲律宾的人均收入和文化水平基本上与韩国相同，但今天的差距却在拉大，原因就在于政府缺乏合理的经济发展政策。经济的发展要求资源配置必须在保持近期经济增长和长期提高人口素质(开发人力资源)以及生活水平之间做出平衡有效的选择。发展中国家不可能依靠市场调节来为社会，尤其是为穷人提供受教育的机会、改善卫生和健康条件、建立计划生育服务设施等，在这些方面只有政府才能发挥作用。今后政府所要做的不仅是要继续增加公共项目的投资，而且要提高公共项目投资的效益，否则有限的资源就不能得到充分的利用，甚至造成严重的浪费。

过去，世界银行总是强调市场作用，强调市场制度安排的重要性，建议发展中国家选择私有化、自由化和外向型的市场导向战略。然而，实践证明，这并不是拯救广大发展中国家的灵丹妙药。因此，《报告》指出，为了开辟一条更有效和更可靠的发展道路，必须重新评价政府与市场的作用。《报告》认为，政府不应该在那些市场可以发挥作用的领域进行过多的干预或介入，而应在那些市场机制失灵或不能很好地起作用的领域做更多的工作。衡量政府干预是否有益，主要看这种干预能否与市场互补，能否对市场产生作用。当干预没有明显良好的效果时，在市场可以作用或可以使市场发挥作用的领域，最好让市场自行运转。关于究竟哪种政府善于管理经济的问题，《报告》认为，至今实践还没有给予明确的判断标准。在那些政治稳定的国家里，民主政府比集权政府的业绩要好，而在那些政治不稳定的国家里，相反的结论似乎也是正确的。

报告指出，在经济体制的转轨过程中，相对平等的收入分配在政治上可以得到更广泛的支持，而且改进平等的措施与许多其他的改革措施是一致的。例如，减少贸易保护、增加初级教育和卫生保健的支出、采取促进劳动力流动的政策等，都有助于提高穷人的收入。但是令人担心的是，过分的价格扭曲和再分配会很快导致严重的财政问题。

第五，《报告》以“全球工作的重点”为题，总结了工业化国家和发展中国家的政府今后一段时期工作的主要任务。对于工业化国家政府来说，应该取消或减少贸易限制，改革宏观经济政策，通过减少财政赤字，稳定货币和金融体制，保持较低而稳定的利息率，创造一个无通货膨胀的稳定的经济增长环境。工业化国家应该与多边国际机构密切合作，对发展中国家，尤其是对那些债务严重并采取措施调整国内经济政策的国家，增加财政援助，并帮助发展中国家控制环境的退化。对于发展中国家政府来说，要重视智力投资，这意味着要改变政府支出的重点，使资源的利用更灵活、更有效，目的更明确；要减少对价格的干预，取消对企业进入或退出某一行业的限制，提供足够的基础设施和有效的管理机构，改善企业的外部环境；要进一步对外开放，减少对国际贸易和国外投资的限制，设立专门机构，以促进对国际先进技术的吸收和推广；要选择正确的宏观经济政策，抑制通货膨胀，稳定和较低的通货膨胀率才能使价格真正反映资源的合理配置，才能刺激储蓄和投资，这些是保证调整宏观经济成功的关键。

《报告》的结论是，不管在上述哪个方面，决策者所面临的挑战都是如何充分发挥政府和市场之间的互补作用。

时隔六年，世界银行于 1997 年发布的《世界发展报告》以“变革世界中的政府”为题，再次对政府与市场的关系问题给予了高度的关注。该报告认为，“政府与市场是相辅相成的，在为市场建立适宜的机构性基础上，国家是必不可少的”。“绝大多数成功的发展范例，不论是近期的还是历史上的，都是政府与市场形成合作关系从而纠正市场失灵而不是取代市场”。该报告提供了一个有关政府职能的矩阵，按此矩阵，在市场经济条件下，政府的必要职能一是解决市场失灵问题，二是促进社会公平。而依其承担这两项使命的不同程度，政府的职能又被划分为“小职能”、“中型职能”和“积极职能”。小职能在解决市场失灵问题方面仅提供纯粹的公共产品，即国防、法律与秩序、财产所有权、宏观经济管理和公共医疗卫生。在促进社会公平方面主要保护穷人，包括反贫穷计划和消除疾病。中型职能在解决市场失灵问题方面比小职能多，包括：①解决外部性，如提供基础教育和环境保护等；②规范垄断企业，如制定公用事业法规和反垄断政策；③克服信息不完善问题，如提供医疗卫生、寿命和养老保险及其他金融法规和消费者保护等。

在促进社会公平方面中型职能也比小职能多，包括提供社会保险，如提供再分配性养老金、家庭津贴和失业保险等。积极职能在解决市场失灵问题方面比中型职能增加了协调私人活动，包括促进市场发展和集中各种举措等。在促进社会公平方面比中型职能增加了再分配，主要包括资产再分配等。这就既为我们观察不同国家和不同发展阶段的政府职能提供了一个框架，更为我们进一步探讨政府与市场关系提供了分析工具。

第四节 政府的经济职能

纵观现代市场经济国家在处理政府与市场、企业和社会关系方面的实践，可以将政府的经济职能概括为三个方面。

一、合理配置资源

（一）政府的资源配置职能

政府的资源配置职能是指政府运用一定的机制，通过财力分配、人力引导、物力的合理流向，实现资源的优化配置。它是社会资源配置的一种方式，是国家经济职能的体现，主要影响社会生产中生产什么和怎样生产。

资源配置理论原本是微观经济理论的组成部分，主要研究微观经济主体如何安排生产要素的投入才能把有限的资源投入能获得最大利润的产品和服务中去，充分合理地运用资源，取得最大的经济效益。随着社会化大生产的发展、资源配置实践的深化和理论的创新，资源配置理论逐步延伸到宏观领域。这客观上要求在市场机制对资源进行配置的基础上，政府要介入社会资源配置的过程，承担起市场不能或不宜承担的资源配置任务，按照实现政府职能的需要，把社会资源在全社会范围内合理配置，获取最佳效益，使有限的资源最大限度地满足社会需要。

既然宏观领域资源配置涉及政府的经济行为，是政府的经济职责，而政府掌握的一部分社会资源，主要通过以政府为主的方式来进行分配，那么资源配置理论成为政府理论的有机组成部分，形成政府在优化资源配置中的政策原则，并成为政府的一个重要职能。

（二）政府资源配置职能的手段

（1）财政支出是政府执行资源配置职能的重要工具。针对某些市场供给不足的产品，如国防、外交、治安等纯公共产品，部分准公共产品，以及私人经营容易产生垄断的产品等，政府可以通过财政补贴的方式鼓励该类产品的生产，以达到对于全社会而言最优的产量，如在基础产业、基础设施、高新技术产业等领域安排公共投资。

（2）税收可以作为政府执行资源配置职能的工具。这主要表现为：现代政府主要是通过税收筹集财政收入，税收成为政府提供各种公共产品和服务的重要资金来源；政府可以通过调整税率来鼓励或限制某些产品的生产，从而解决外部性问题。例如，如果某些产品与劳务具有正外部性，那么政府对这些产品和劳务实行优惠的税收政策，可使其供应达到更有效的数量；如果某些产品与劳务发生负的外部效应，那么政府可对这些产品或劳务征以较重的税收，以增加其生产成本，减少其供给，使其产品的生产维持在一个合理有效的水平。

(3)对垄断进行直接管制。其主要的方法有：价格管制，即直接控制垄断者产品的定价；实施反垄断法，通过建立反垄断、保护竞争的法律，对违法的垄断企业提起诉讼，进行行政处罚或法律制裁；实行国有化，即对垄断性的企业实行国有，由政府经营或控股。

二、促进公平分配

(一)政府的收入分配职能

政府的收入分配职能是指政府在国民收入分配中，调节政府、企业、个人占社会产品价值的份额，改变国民收入在各分配主体之间的比例关系，实现分配公平合理的职责和功能。它对“为谁生产”，也就是各市场主体在总收入中的份额，或者说生产的效益归谁享用产生影响。

从总体上讲，政府的收入分配职能是要纠正市场经济的自发性和盲目性带来的社会分配不公。实践证明，单凭市场机制无法建立公平分配的模式，而是需要政府通过调节收入分配来改变利益格局，引导社会经济运行实现政府目标。

市场经济条件下，个人收入分配是通过微观层次和宏观层次两个环节进行的。微观环节的收入分配是各生产经营单位的内部分配，以效率为准则，以各利益主体为社会提供生产要素的数量和质量为依据。个人收入分配决定于生产资源所有权的分配，以及向市场提供这些资源所能获得的价格。个人收入，即为个人所拥有的生产资源及向市场提供所能取得的收入总和。资本所得是资本的生息收入，土地所得是地租收入，劳动者所得是付出劳动力所得的报酬。由于现实生活中，客观存在着人们的劳动能力、财产占有的差异，就业机会又不可能均等，所以造成占有资本多的人收入就高，仅靠出卖劳动力取得的收入就低。同时，市场机制要求对劳动者出卖劳动力的报酬是以要素的“生产能力”为标准的，生产要素的生产能力越大，收入就越高，这无疑有助于资源配置效率的提高。但市场不能照顾生产能力小或没有生产能力的人，即市场不能保证分配的公平合理。另外，垄断和机会不平等，使市场决定的要素价格不合理，从而造成收入分配不公平的现象。为了调整、缓解和弥补市场造成的收入分配不公的状况及其所引起的矛盾，政府就需要进行收入的社会性再分配。政府的分配职能是在市场微观层次分配基础上的再分配，是以政府为分配主体，以社会公平为准则，由政府进行的分配。这就形成了政府的收入分配职能。

(二)政府收入分配职能的实现

履行政府收入分配职能，就是要通过调节各利益主体间的收入分配，协调处理公平与效率的矛盾，实现政府的目标。

一般来说，公平与效率不是并行的。效率表现为生产要素的充分而合理的利用。公平是指国民收入、财富和社会福利分布状态上的平等，从横向上看，要做到同等经济地位和同等生产能力劳动者同等待遇；从纵向上看，对不同经济地位和不同生产能力劳动者的差别待遇，通过政府进行调节，抑制经济地位高、收入高的，照顾经济地位低、收入低或没收入的。公平与效率是价值判断的结果。在不同国家、不同时期、不同社会经济文化背景下，公平与效率的衡量与评价尺度不一样。现代经济学中，一般认为市场在提高效率方面发挥的作用较大，政府在维护公平方面发挥的作用较大。

三、稳定经济发展

（一）政府的经济稳定职能

政府的经济稳定职能，是政府运用税收、公债、转移支付、投资等政策手段，调节控制社会需求的总量与结构，使之与社会供给相适应，实现宏观经济稳定增长的职责和功能。政府经济稳定职能强调政府要通过一定的政策手段使经济长期处于稳定状态，抹平经济周期的波峰与波谷，消除通货膨胀与通货紧缩的交替出现。

一般来说，经济稳定增长，是相对于经济大幅波动而言的经济平衡发展状态。经济稳定增长模式，从根本上讲是国民经济在动态中保持均衡状态的客观要求。它体现为在一定历史时期内，在较好的社会经济效益的基础上，国民经济协调稳定健康发展，使社会再生产保持良性循环的态势。

在不同类型的国家中，经济稳定增长的目标要求也不一致。在西方现代市场经济国家中，由于经济起点高、潜力小，所以经济增长速度保持在3%就算是稳定增长。它们的主要参照指标一般为资源的开发与约束、金融市场的稳定、国家贸易的拓展、人口与就业的协调、产业和生态环境的平衡。同时，还要考虑资本有机构成的提高对劳动力的排斥、资本输出与国家市场的关系以及周期性经济危机对生产流通的冲击等。在我国，虽然经济正在转型，但是毕竟还是发展中国家，生产力水平低、基础差、起点低、潜力大，经济增长速度通常在8%左右就算稳定增长。我国经济稳定增长除了考虑市场经济发展的一般影响因素外，还要考虑我国的国情，考虑经济发展的不平衡性，考虑产业结构的调整与优化升级，考虑劳动力素质的提高，考虑投资环境的改善等问题。但是，不论什么国家都需要运用政府的职能来实现宏观调控目标。我国更需要政府来调节控制供求平衡，以实现社会经济的持续、协调、稳定、健康发展。

（二）政府经济稳定职能的内容

政府经济稳定职能的内容主要表现为促进社会总供需的平衡、抑制通货膨胀、促进国际收支平衡和提供社会保障等方面。下面我们将就每一项具体内容加以分析。

(1)促进社会总供需的平衡。一般地讲，社会总供给是指在一定时期内价格稳定的条件下，社会可投入市场的产品与服务总量。其最终表现为积累额与消费额。社会总需求是指在一定价格条件下，对商品和服务有支付能力的需求总量或总购买力。其最终表现为投资需求和消费需求。总供给与总需求的平衡，是社会产品和服务得到全部实现、经济正常发展的必要条件。但是，在现实生活中，却常常出现供需失衡。在总量失衡的情况下，一种情况是需求过旺，供给不足，经济发展过热，往往出现通货膨胀乃至社会动荡；另一种情况是需求不足，供给过剩，经济萧条停滞。不论何种失衡的情况，都会造成经济发展的不稳定。经济波动是市场机制解决不了的，必须通过政府的干预进行宏观调控。政府主要运用一定的政策手段对社会总需求进行调控，影响经济发展的速度、节奏，保证经济稳定增长。

(2)抑制通货膨胀。通货膨胀、物价大幅上涨是经济增长不稳定的重要因素。通货稳定与经济稳定增长存在着密切的关系。政府为了实现经济稳定增长的目标，除了实行稳定的宏观货币政策外，还通过宏观调控手段对通货膨胀、物价上涨进行控制，这实际上是与控制社会总供求联系在一起的。因为，总量性的通货膨胀是社会总供需在总量上不平衡的表现，结构性的通货膨胀则是社会总供需在结构上不平衡的表现。同时，通货膨胀反过来又会推动经济社会不安定因素的发展，进而加剧社会总供需在总量或结构上的矛盾。因此，政府宏观控制通货膨胀方式的选择，必须从社会总供求的具体情况出发，制定科学有力的对策，使经济发展走上正常的运行轨道。

(3)促进国际收支平衡。在影响经济稳定增长的因素中，国内经济平衡与国际收支平衡存在着相互依存、相互制约的关系。一方面，国内经济可以把不平衡的矛盾适度转移到国际收支环节，以利于维持国内经济在一定时期内的稳定增长。例如，当国内供给不足出现通货膨胀时，从国外增加输入产品和服务、扩大进口，可在短期内通过国际收支渠道，缓解国内经济供不应求的不平衡状况。当然，如果国内需求长期大于供应，则无法通过进口避免通货膨胀。另一方面，国际收支矛盾也会反过来给国内经济稳定增长带来影响。如果国际收支出现逆差，国家外汇储备减少，出现赤字，必须大力缩减进口，这就不可避免地给经济带来波动，甚至使经济发展出现滑坡；如果国际收支出现较大盈余，国家持有的外国货币过多，也会对本国货币的需求产生影响，使本国货币发行量增加，甚至使本国货币、汇价有上涨趋势，从而影响国内产品的出口，对国内经济产生不利影响。因此，政府在开放条件下要维持经济稳定增长，必须把国际收支平衡纳入政府管理目标，实施宏观调控。

(4)实行社会保障。政府的另一经济稳定职能是可以履行社会保障职能，如实行失业保险、医疗保险以及养老保险等。在每一种保险中，个人可以为未来的不测事件购买保险。在多数的情况下，人们寻求的是一种收入保障以防个人由于健康状况不佳、老龄或被解雇而失去工作。道德风险和逆向选择等情况的存在，使得通过私人市场在解决上述问题方面存在较大的缺陷。另外，还有许多人因各种原因而支付不起这样的保险。因此，政府按一定的价格来提供社会保险，以作为克服市场无效配置的手段，同时也可以作为再分配措施的一部分。政府所提供的社会保障可以保证社会成员在丧失劳动能力和遭遇不幸时获得基本的生活保障，从而实现社会的稳定，进而保障经济的稳定。

关键概念

萨伊定律　政府干预理论　凯恩斯主义　滞胀　公共选择理论　政府的资源配置职能　政府的收入分配职能　政府的经济稳定职能

复习思考题

1. 作为制度安排的政府与市场，在性质上有哪些差异？
2. 世界银行对政府与市场关系有怎样的重新认识？

3. 市场经济中政府的主要职能和作用有哪些?
4. 市场自组织体系的构成要素有哪些?
5. 市场的自组织功能主要有哪些?
6. 从经济学说史的发展来论述政府与市场的演变历程。
7. 结合现实，试述政府在市场经济国家中的主要经济职能。

第二章

限制垄断及促进竞争

【本章学习目标】

掌握完全竞争的特性，理解完全竞争市场实现最优资源配置的条件；理解非完全竞争市场结构及其社会福利效应；了解衡量可操作竞争程度的主要标准，掌握西方国家促进竞争限制垄断的举措，理解各国政府在限制垄断实践中的成效和教训；了解中国促进市场竞争的举措，掌握《中华人民共和国反不正当竞争法》(以下简称《反不正当竞争法》)和《中华人民共和国反垄断法》(以下简称《反垄断法》)的主要内容及特点。

【本章知识结构】

本章知识结构如图 2-1 所示。

- 限制垄断及促进竞争
  - 完全竞争及其社会福利效应
    - 完全竞争的特性
    - 完全竞争与资源的最优配置
  - 非完全竞争市场的效率分析
    - 垄断市场及其社会福利效应
    - 其他市场结构及其社会福利效应
  - 限制垄断政策下的可操作竞争
    - 衡量可操作竞争程度的主要标准
    - 国外促进竞争限制垄断的举措
    - 国外政府在限制垄断实践中的成效和教训
  - 中国促进竞争限制垄断的举措
    - 中国促进市场竞争的举措
    - 反不正当竞争法的主要内容和中国《反不正当竞争法》的特点
    - 中国《反垄断法》的主要内容和特点

图 2-1　本章知识结构图

第一节 完全竞争及其社会福利效应

一、完全竞争的特性

(一)效率

现代经济学所说的效率常常是指帕累托效率。19世纪末，意大利经济学家维尔弗雷德·帕累托提出了关于“效率”的定义。根据其定义，如果一种变动至少使一个社会成员福利增加，而不使其他任何一个社会成员福利下降，这种变动就是有效率的。一个有效率的经济是不存在上述变动的经济，或是满足上述条件的变动都已经发生了的经济，即帕累托最优(Pareto optimality)。

理解经济是否达到了帕累托有效状态，需要区分这么一组概念，即帕累托最优和帕累托改进(Pareto improvement)。所谓帕累托最优，是指在既定的个人偏好、生产技术和要素投入量下，当重新配置资源的结果不可能在不使他人处境变差的同时使任何一个人的处境变好，则此时的社会资源配置处于最佳效率状态中。所谓帕累托改进，是指如果一个社会能够通过资源的重新配置，在使某个人(或某些人)处境变好的同时，却不导致任何其他人的处境变差，则此时的社会资源配置效率提高了。一般认为，在完全竞争条件下，生产运行的结果将能够自动使得社会资源的配置处于帕累托最优的状态之中，也就是市场的运行是有效的。

现代经济学中还使用了其他的效率概念，如卡尔多效率。在现实生活中，通常的情况是有的人有所得，另一些人就得有所失，于是经济学家又提出了“补偿准则”。卡尔多效率概念便是在此背景下提出的。卡尔多效率与卡尔多改进密切相关。所谓卡尔多改进，是指如果一个人的境况由于变革而变好，同时，他能够补偿另一个人的损失而且还有剩余，那么整体的效率得到改善。卡尔多效率只是卡尔多改进已经无法进行的状态。

(二)完全竞争市场的前提条件

理论分析表明，在完全竞争市场中，市场机制是配置社会资源的最佳方式和途径。然而，所谓完全竞争市场是附加各种严格假设条件的市场，只有具备了这些条件，市场机制的作用才能有效发挥。包括以下四个方面。

第一，市场上拥有众多的买者和卖者。这意味着市场必须是完全竞争的，每一单个买者或卖者打算购买的或所能提供的产品数量都在市场总量中占有极少的份额，以至于每一单个买者或卖者的生产或消费行为的变化都不足以影响市场价格的形成。换言之，市场中的任何一个买者或卖者都只是价格的接受者，而不是价格的决定者。如果一个或少数卖者控制了供给，这种市场被称做卖方垄断；如果一个或少数买者控制了需求，这种市场被称做买方垄断。由此而产生的价格使得资源配置迥异于充分竞争情况下的资源配置。当垄断市场出现时，资源配置是低效率的，会造成社会福利损失。

第二，市场中的各种资源具有完全的流动性。这意味着包括人力、物力和财力在内的各种资源都能够在市场价格的引导下，在不同的企业、行业和地区之间自由地转移，不存在任何法律的、社会的或资金的障碍。有了这种流动性，使市场机制的作用得到充分发挥，引导社会资源不断流向其社会价值最大的用途上。

第三，买卖双方拥有完全的信息。这意味着买者和卖者了解相关市场的所有信息，包括对产品的所有用途、特征及其发展趋势。在市场中，有了这种了解，所有想要某种商品的人的支付意愿与有供给这种商品的人的出售意愿之间的调和才能实现。没有这种了解，在市场中流露出的意愿只是一厢情愿。如果只是部分表露出供求，市场就不可能有效地完成这种调和功能，相应的市场价格可能会偏离在完全了解情况下的价格，导致资源配置低效。

第四，卖者所提供的同种产品是同质的，无差别的。这意味着任何卖者的产品不会由于买者自身的消费习惯或偏好而对有着不同品牌、包装或服务等的同种产品产生不同的偏好，出现某种程度的垄断。

理论研究表明，在满足上述四个基本条件的完全竞争市场上，无数带有自身利益的理性的买卖双方，借助于价格机制、供求机制、竞争机制，以及理性人之间的利益互动机制，将各种看似杂乱无章的、缺乏秩序的经济活动予以有序化。换言之，借助于市场这只“看不见的手”，社会经济系统得到了有效的运作，其结果是使得社会资源的配置达到了最优状态。

二、完全竞争与资源的最优配置

根据经济学原理，为了实现资源的最优配置，在消费领域中，各个消费者之间的边际替代率必须相等；在生产领域中，各个企业的边际技术替代率必须相等；之后，为了使整个经济实现帕累托最优，社会无差异曲线的边际替代率又必须等于边际转换率。

完全竞争均衡具有以下几点特性：第一，效率生产。这是说，在完全竞争均衡点，所有产品均以最小可能成本生产，不存在另一种资源的配置方式可以提高某种产品的产量而不减少其他产品的产量。第二，效率消费。消费者所支付给消费品的价格恰等于其生产的边际成本，不存在另一种消费安排可使某个消费者的效用提高而不损害其他消费者的效用水平。第三，零经济利润。在完全竞争均衡水平上，每一个单独的生产者的长期利润为零。短期利润可正可负，其作用便是调节长期利润，通过竞争使之为零。第四，供给恰等于需求。第五，完全竞争市场具有制度方面的意义。例如，一个有着众多买者和卖者的市场会导致权力的非集中化和分散化。竞争性市场机制不靠人为因素解决经济问题，所谓大企业人士和政府官僚们的人为因素被排除在外；竞争性市场没有进入与退出壁垒，它带来了明显的机会自由。

第二节　非完全竞争市场的效率分析

市场机制只有在完全竞争和市场的普遍性等前提下才能有效运作。但当这些前提不能被满足时，在资源配置领域中就会出现一些问题。在非完全竞争的市场经济中，阻碍资源最优配置的因素大致可以被分为两大类。其一是阻碍生产资源在不同行业和地区之间自由移动的诸因素。例如，由于制度性因素(如户籍制度)和经济性因素(如住房因素等移动成本)，以及适应能力等各种因素的影响，劳动力的自由移动事实上将会受到极大的限制。同时，行业限制等制度性因素以及规模经济等因素又会制约资本在不同地区和行业之间的自由移动。因此，在现实的经济生活中，任何资源的自由移动都将在相当程度上为各种因素所限制，从而无法实现各种资源边际生产物价值的均等化。在非完全竞争下，阻碍资源最优配置的第二类因素是，由垄断力所形成的买主或者卖主对市场价格的操纵。通常，不完全竞争的形态大致可以被粗分为垄断、寡头垄断和垄断竞争这样三大类。无论是哪一类形态的不完全竞争，都会赋予企业一定的垄断能力，从而阻碍资源的最优配置。下面，让我们以垄断这一不完全竞争的特殊形态来说明非完全竞争对资源配置的影响。

一、垄断市场及其社会福利效应

按照产业组织理论的定义，垄断是指单一的厂商面临一条向下倾斜的需求曲线并与其他对手不存在竞争的一种市场情形。由于面临向下倾斜的需求曲线，垄断企业可以影响市场价格。可以影响市场上商品或生产原材料的价格的企业被称为具有垄断能力。具有垄断能力的企业一般将其价格定于长期边际成本之上，因而可以获得高于完全竞争水平的利润。

从古典经济学家那里起，垄断被看做是一种“坏”的市场结构。斯密曾举出三点理由论证垄断对社会福利的损失。他认为，首先，垄断导致产量减少，垄断打乱了社会中资本的自然分配；其次，为追求垄断利润，资源有可能被用于无益于社会的场合；最后，垄断在技术上是低效率的，给定相同的投入量，垄断的产出将少于竞争性产出。

现代产业组织理论对垄断可能导致的福利和效率的损失有四种分析。

第一，垄断导致价格与产出及社会福利的损失。我们通过将垄断与完全竞争进行对比来说明这一问题。我们有必要指出垄断行业与完全竞争行业的长期均衡之间的差异。假定我们可以从事一项实验，实验中，某一行业最初是在完全竞争条件下，随后则是在垄断条件下运营。假设该行业的产品需求曲线和该行业的成本曲线在两种情况下均相同。

首先，在完全竞争的条件下，每个厂商都在长期和短期平均成本的最低点处运营。而在垄断的条件下，尽管所用的工厂可以以最低平均成本生产垄断厂商的长期均衡产量，但是，这个工厂并非是以最低的平均成本生产这一产量。一般说来，如果垄断厂商扩张其长期均衡产量，那么，它就能够使工厂以最低的平均成本进行生产。图 2-2 明确说明了这一点，该图比较了一厂商在完全竞争下和垄断下的长期均衡。该垄断者生产 OQ_M 单位产量，小于长期平均成本曲线最低点相对应的产量水平。因此，社会资源的利用在完全竞争行业比在被垄断的行业更有效力。

其次，完全竞争性行业与垄断行业相比，其产量一般较大，价格较低。完全竞争性厂商是在价格等于边际成本处运营，而垄断厂商则是在价格超过边际成本的条件下运营。在各种情况下，价格都是一种商品的边际社会价值的绝佳显示器。因此，在这些条件下，某一垄断厂商的生产条件便是，商品的边际社会价值超过该商品的边际社会成

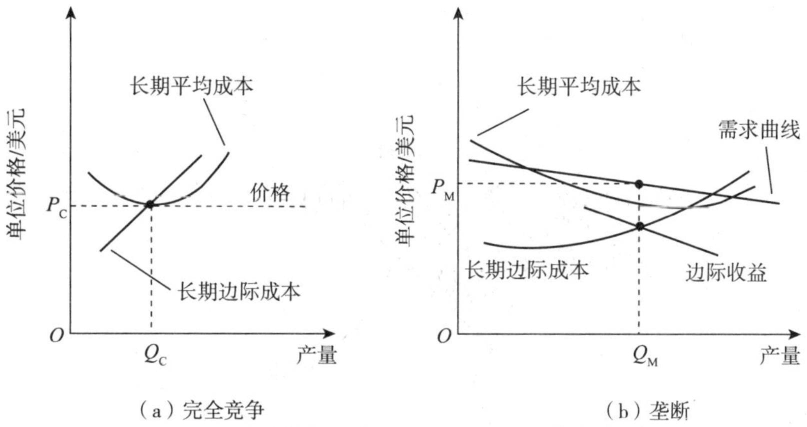

图 2-2 完全竞争与垄断的比较分析

注：与完全竞争相比，垄断下的长期均衡产量(OQ_M)低于与长期平均成本曲线最低点对应的产量

本。在静态意义上，如果资源更多地用于该商品的生产，且使得该商品的边际社会价值等于该商品的边际社会成本，那么，社会的境况将因此而更美好——正如它在完全竞争中的美景一样。

最后，垄断使消费者所受的损失大于垄断者的增益，从而造成社会福利损失。为了弄清这一点，我们来考察图 2-3。该图对垄断条件下与完全竞争条件下的均衡价格、均衡产量做了对比。为求利润最大化，垄断厂商将生产 OQ_M 单位产量，因为此产量水平的边际成本等于边际收益；同时为售出此单位产量，垄断厂商需将价格确定在 OP_M 水平。对比之下，因完全竞争市场条件下的价格必定等于边际成本，故完全竞争条件下的产量必是 OQ_C，这是价格(各产量水平可由需求曲线给出)等于边际成本时的唯一产量。若完全竞争性行业的产量是 OQ_C，则依需求曲线表明，价格必定是 OP_C，这样才能将此产量售出。

若将完全竞争行业转换成为垄断行业，则价格将是 OP_M，而非 OP_C。消费者剩余的损失超过生产者剩余的收益，其数值等于三角形 E 加上三角形 K 的面积，它被称为垄断的无谓损失(dead-weight loss from monopoly)。

如果将图 2-3 中的完全竞争性行业人为转变成为一垄断行业，那么，消费者剩余的损失将有多大？在完全竞争的条件下，消费者剩余等于三角形 P_CSA 的面积，而在垄断下，它等于三角形 P_MRA 的面积(我们记得，消费者剩余是需求曲线之下、价格以上的面积，垄断下的价格为 OP_M，而完全竞争下的价格为 OP_C)。我们看到，这两者的面积差等于长方形 B 加上三角形 E(的面积)，这就是因垄断造成的消费者剩余的损失。垄断厂商得自该行业的垄断化的收益有多大呢？它凭借较高的价格(OP_M，而非 OP_C)出售产品赢得长方形 B 之面积的收益，但却损失了三角形 K 的面积，这是它若以竞争性价格出售额外(OQ_C-OQ_M)单位的产量时原本可以获得的额外利润。因此，因垄断造成的生产者剩余收益便为长方形 B 之面积减去三角形 K 之面积。

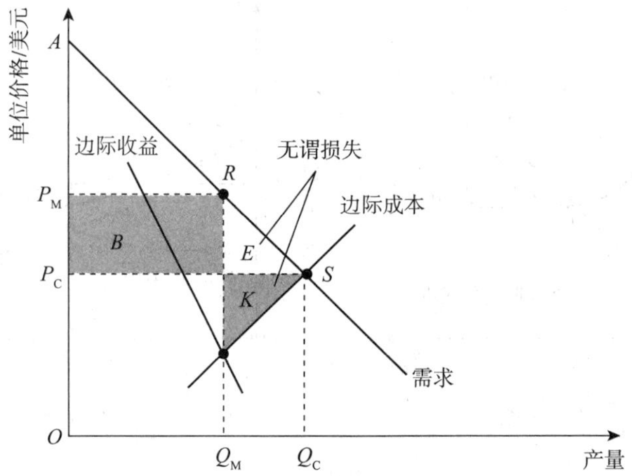

图 2-3　垄断造成的社会福利损失

在对消费者剩余的损失（长方形 B 加上三角形 E）与生产者剩余的收益（长方形 B 减去三角形 K）加以比较后，我们发现前者超过后者的数量等于三角形 E 加上三角形 K 的面积。正如图 2-3 所示，这个总面积常被叫做垄断的无谓损失。其数量等于消费者损失超过生产者收益的余量，因而，这正是垄断（而不是完全竞争）造成的总剩余损失。即便假定垄断者的利润可以返还给消费者，恐怕也依旧会存在这种无谓损失。

第二，垄断引发寻租行为，致使社会资源浪费。垄断利润 B 部分可以看做收益从消费者向垄断企业的转移，如果这部分利润真正被垄断企业所吸收，这种转移不会导致社会效率的下降，因而真正的垄断损失只有 $E+K$ 部分。

美国经济学家波斯纳认为，垄断利润并不为垄断企业所拥有。这是因为垄断企业为获得垄断权利，必须向政府游说以劝说政府对其从事的产业进行管制以限制其他企业的进入。企业必然需要支付成本来获取、维持垄断地位，而企业往往尽力支付这类成本并达到边际成本等于其从垄断中获得的边际收益。因此，实际上垄断利润被转移为获得并维持垄断地位的费用，这部分费用不能用于其他生产性投资，因而是社会资源的一种浪费。企业将其资源用于获得垄断地位的支出部分被称为“寻租”。综合看来，社会福利由于垄断而导致的损失应当更多，因为除了那些竞争垄断地位的成功者外，在垄断的总成本中，还必须包括那些为获得垄断而失败了的人的努力和资源支出。由“寻租”引起的资源损失被认为是政府过多地对市场进行管制的结果。

第三，垄断可导致 X-无效率。垄断所导致的另一种后果是垄断企业生产效率的下降。哈维·雷本斯坦认为，企业内部存在低效的资源配置法则或低效的管理人员和雇员，任何保持低效率资源配置的企业都处于次优均衡，这种非最优的无效率企业均衡被命名为 X-无效率。对具有 X-无效率的企业，经过改变其管理技术或内部资源配置组织法则，这个厂商能无须增加任何投入而增加产出。

引起 X-无效率的是动机低效率和信息市场的低效率。垄断企业由于不受竞争的约束，X-无效率将更大。这是因为，在完全竞争市场，市场价格反映了其他企业的生产效率，通过价格，竞争性企业对比自己的成本可以了解目前的经营效率；而垄断企业缺乏这类信息，这样它也便缺乏改进经营效率的动机。此外，对竞争性企业来说，一旦其经营效率低下，它不太可能在竞争中生存下去；而垄断企业一般不存在这类生存问题。

第四，垄断也可能带给社会益处。假如，垄断企业不是将垄断利润用于"寻租"而是用于研究与开发，则垄断可能带给社会好处。研究与开发带来的新产品、新技术与新工艺使该企业拥有垄断权，通过垄断，企业获得垄断利润，垄断利润一方面可以补偿研发项目的投资，另一方面又为企业的进一步创新提供资本。假定没有垄断，那么创新型企业的研发投资得不到补偿，企业会丧失创新的动机，这是十分不利于社会长远发展的。这在知识产权、专利制度上得到了充分体现。知识产权制度与专利制度实际上就是赋予新产品、新技术、新工艺的首创者以一定时间的垄断经营权利，首创企业运用这一垄断权利可以获得垄断利润，保护了创新者的创新精神。

二、其他市场结构及其社会福利效应

垄断和完全竞争的纯粹形式通常被看成一系列市场结构形式的两个极端。现代产业组织理论运用博弈论证明，在双寡头垄断的古诺模型中，当参与竞争的企业数量趋于无限大时，古诺模型的均衡价格和总产量趋近于完全竞争水平；而当垄断竞争力伯特兰式竞争时，不断的市场新进入者参与价格竞争的结果是完全垄断。

(一)合作寡头垄断

寡头垄断是处于垄断与完全竞争之间的一种市场结构，它是指某产业中存在不止一个厂商但又不是存在众多厂商的市场结构，一般认为厂商数量在2～12个的产业均指寡头垄断产业。

在任何市场，企业一般愿意在生产和定价方面进行合作，通过限制产量与提高市场价格来获得超额利润。在寡头垄断市场，由于企业数量少，易于通过谈判达成合作、明确制定协议进行的合作称为卡特尔。即使没有明确协议，企业也有可能相互合作以获取最大利润，这种合作行为称为串谋。一旦某个产业形成卡特尔，事实上该产业便成为垄断性产业，其带给社会的福利效应与垄断市场相似。但由于形成卡特尔的目的只是为了限制产量或价格以获得超额垄断利润，因而卡特尔这种市场组织形式可以说对社会福利没有任何好处。卡特尔组织对社会福利的影响被认为与产业中卡特尔组织所占的市场份额有关。一般而言，卡特尔组织所占的市场份额越大，社会效率成本越高，卡特尔组织存在的产业的产品价格越高，产出越少。

鉴于卡特尔式的垄断对社会带来的危害，美国自1890年通过反托拉斯的《谢尔曼法》(Sherman Act)以来，对产业组织中的托拉斯行为进行了不断的斗争。1890～1974年，美国司法部审理了1 000例涉及垄断行为的民事案件，723例刑事案件。

(二)垄断竞争

垄断竞争是同时具有垄断市场和竞争市场两者特性的市场结构。一个市场是垄断竞争的，意味着这个市场既是自由进入的，同时企业又面临着向下倾斜的需求曲线。企业具有一定的垄断能力，同时由于自由进入，企业又无法长期获得真正的经济利润。张伯伦早已指出，垄断竞争市场存在的最主要的原因是产品的差异性。垄断竞争市场所指的差异性并不是绝对的不同，而是指具有相同的基本功能但在一些细节上不同的产品，具有差异性的产品既有一定的代替性又不可完全替代。

1. 产品同质时的福利效应

一方面垄断竞争市场，由于企业具有一定的垄断性，短期内价格高于边际成本，均衡产出少于完全竞争市场的产出；另一方面，由于企业不断加入该市场，在到达经济利润为零的长期均衡点时，企业数目将超过社会所需要的合理数目，表现为生产能力的过剩。由于生产一般需要固定成本，因而生产过剩意味着社会资源的浪费。这种市场一个较为极端的例子是自然垄断。具有自然垄断性质的行业中一个企业的经济规模生产能力足以应付所有需求，任何一个新企业的加入都将导致社会资源的浪费。例如，电力行业是典型的自然垄断。可以证明，对于垄断竞争市场，为达到社会福利的最大化，企业数必须为一，价格等于边际成本，但此时企业利润为负。因此，对于产品具有同质性的垄断竞争市场，其性质与自然垄断相同。负的利润意味着政府必须给这些进行低收益经营的企业以补贴，否则它们将在价格管制的情况下生产过少的产品，从而造成短缺。

对于这种形式的市场，政府应该进行必要的管制。一种管制措施是限定价格，即限定企业的价格等于边际成本，同时允许企业进行垄断经营；另一种管制措施是限制企业数量，但限制企业数量可能导致寡头垄断，因此必须同时施以限制价格的措施。

政府限制企业数量的管制方法可达到所谓“次优”的社会福利效应。在西方国家，由于政府对受限制的垄断企业进行补贴具有政治上的不可操作性(补贴意味着增税)，因此，限制企业数量是政府对垄断竞争市场进行管制的最好方式。

2. 产品异质时的福利效应

张伯伦认为，垄断竞争的“生产能力过剩”并不是社会资源的浪费，它是为获得产品差异性而付出的代价。消费者一方面追求价格低廉，另一方面又追求多样化的消费产品。社会需要在低廉的价格与产品的多样性之间进行选择。一般而言，具有异质产品的垄断竞争市场在价格与多样性两方面都不能达到最优。因而，政府管制是必要的。

缺乏管制的垄断竞争市场上产品的多样化可以过度也可以不足。西方产业组织理论认为，影响企业进行生产多样化经营的因素有两个：一是固定成本的大小；二是新产品的市场吸引力。产品的固定成本越大，意味着新产品的市场规模应当越大才可弥补成本损失，而这在多样化的产品市场难以达到，因此，企业不愿进行新产品的生产。相反，新产品的市场吸引力越大，企业进行新产品生产的愿望越强烈。前一个因素导致产品多样化不足，后一个因素使得产品的多样化过度。

相应地，为了达到社会福利的优化，政府有两种管制政策：一是控制企业数量，这被称为“结构性政策”；二是控制每个企业的产出量，但允许企业自由进出该市场，即所谓“行为管制”。康克和帕利的研究表明，当多样化相对于规模经济的要求过度时，应采取结构性政策进行管制；反之，则应采取行为管制。

第三节 限制垄断政策下的可操作竞争

市场垄断的存在会给社会带来诸多弊端，因而政府应当制定促进竞争、限制垄断的政策。那么，什么是限制垄断政策的现实目标呢？一些西方经济学家提出用所谓可操作竞争(workable competition)的概念作为制定有关政策的依据。可操作竞争也称为有效竞争，是克拉克在1940年提出的。之后，许多西方学者对什么是有效竞争、怎样才能实现有效竞争做了很多讨论。梅森对这些讨论做了归纳，将各种见解归为两类：一是寻求保护有效竞争的市场结构，以及形成这种市场结构的条件；二是从竞争中可望得到的市场结果出发，寻求竞争的有效性。前一种见解是从市场结构寻求有效竞争，并规定实现有效竞争的条件，这些条件被称为有效竞争的“市场结构标准”。后一种见解是从市场结果来判断市场竞争是否有效，而不管市场结构如何，因此就被称为“市场效果标准”。

一、衡量可操作竞争程度的主要标准

衡量可操作竞争程度的主要标准是厂商操纵抬高价格的能力和限制对手参与竞争的能力。具体来讲，有如下几类标准。

(一)行业结构标准

(1)厂商数目。行业内的厂商不必多到个别厂商对价格毫无影响的程度，但在规模经济效益允许的前提下，厂商数量多多益善。

(2)厂商相对规模。竞争厂商的规模应大致相等，个别厂商或企业集团不应占据压倒性的市场份额。

(3)进出壁垒。不应有进出市场的人为壁垒。

(二)行为标准

(1)厂商独立性。各个厂商的定价、生产、销售等重大决策应当独自做出，而不应搞串通共谋。

(2)竞争的公平性。厂商之间的竞争应以效率为胜负基准，不得以效率竞争以外的手段战胜或削弱竞争对手。

(三)营业标准

(1)利润水平。个别行业的利润率如果持续地大大超过具有其他相似风险的行业的平均利润率，这往往说明在有超额利润的行业里存在着市场垄断势力。

(2)产品差别。这是指同行业内不同厂商之间产品的非本质性差异。这种差异过大可能是垄断力量的征兆。

(3)效率。缺乏效率的厂商在竞争性的市场中不会长期受到保护，它们只有依靠垄断地位才能长期经营下去。例如，中国一些国有单位和学校里的食堂，由于是本单位的后勤部门独家经营，饭菜质量差、价格高，职工和师生怨声载道，却可以照旧经营不误。

(4)新技术开发应用。竞争程度激烈的行业对新技术开发总是比垄断程度高的行业来得积极。一个典型例子是美国的电子通信工业。在20世纪80年代以前，电子通信业务基本上被以国际电话和电报公司为主的贝尔电话公司集团所垄断。民用通信技术进步相当缓慢，局面沉闷。20世纪80年代初，政府迫使独家垄断的贝尔电话公司集团解体，在长途电信和移动电话等领域引进了多家竞争的机制，导致近十多年美国在电子通信技术方面日新月异、蓬勃发展的局面，领导了世界电子通信工业的潮流。

然而，上述标准表面上似乎美妙，但如将其用来分析实际问题，则存在一些含糊不清的表述。就行业结构标准而言，很多陈述都是一些不得要领的表述。营业标准则很难找到量的界限。因此，与其说是标准，不如说是方向或原则。看来，经济学家们还需在这方面做进一步深入的探索。

尽管如此，政府在制定和实施有关政策时，又不得不把有效竞争作为一个出发点。现今世界各发达国家限制垄断、促进竞争的政策措施，基本上是根据上述标准把促进“可操作竞争”作为政策目标。另外，由于在资本主义自由企业体制下，政府无权对民间企业及一般行业进行干预，因而必须借助法律。因此，在各主要资本主义国家，都制定了有关禁止垄断、维持公正交易的法律。其具体措施主要是通过限制垄断的立法，由行政机构加以监督，司法机关加以执行。各国政府的反垄断政策就是以这些法律为依据展开的。限制垄断法和政府对经济的管制有个根本的区别，那就是，前者只是依靠法制来影响市场结构和竞争关系，并不涉及企业的内部经营方式；后者则需要政府不断地监督企业营业状况，规定企业的某些重要内部营业指标。世界各主要工业发达国家的有关法律体系及其执行机构如表2-1所示。

表2-1 主要资本主义国家反垄断法的体系与执行机构

国家	主要法律	执行机构
法国	《价格法》、限制经济集中及惩罚违法卡特尔滥用支配地位的法律、关于商业及制造管制的法律	竞争委员会、经济主管部长
联邦德国	《反限制竞争法》	联邦卡特尔厅、联邦经济部
日本	《关于禁止私人垄断和确保公平法》	公正交易委员会
英国	《限制交易惯行法》、《公正交易法》、《再销价格法》	物价、消费者保护部，公正交易厅，限制性惯行法院，垄断及合并委员会，消费者保护咨询委员会
美国	《谢尔曼法》、《克莱顿法》、《联邦贸易委员会法》、《罗宾逊-帕特曼法》(《价格歧视法》)	司法部反托拉斯局、联邦贸易委员会

各国有关法律所包括的基本内容主要有：①禁止竞争者之间通过共谋等对竞争形成实质性限制。②排除在市场中形成的垄断状态，防止出现经济力量过分集中的现象。③禁止利用不公正的手段对交易对象进行限制，或对竞争者进行不正当的干预等。1995年大约有30个国家，如今有120多个国家制定了新的竞争法或者修改了原有的竞争法，还有几个国家准备制定竞争法。

二、国外促进竞争限制垄断的举措

(一)美国的市场竞争立法简述

1. 美国限制垄断法律体系的演变

19 世纪 40～60 年代中期的美国，专业化的大规模生产和铁路建设迅速发展，市场扩大，市场联系也日益紧密，竞争逐渐趋于激烈。随着南北战争结束后全国统一市场的形成与发展，出现了一些通过兼并形成的大公司，如托拉斯。托拉斯垄断组织首先在铁路部门出现，接着在其他部门纷纷形成。这些主要通过掠夺性手段形成的托拉斯组织，垄断市场，操纵价格，排挤中小企业，获取高额垄断利润。这和自由资本主义时期自由、公平的竞争机制和观念是格格不入的。各种托拉斯组织为获取高额垄断利润，凭借其雄厚的经济实力，控制原料来源，划分销售市场，限定产品价格，不断挤垮或兼并中小企业，严重地损害了中小企业以及广大消费者的利益，引起了严重的社会矛盾，并且与美国社会各界当时的自由贸易、公平竞争等主流观念发生冲突。在这样的背景下，经过激烈的政治斗争，1889 年解散了糖业托拉斯。1890 年，美国国会通过了美国的第一部反托拉斯法，也是资本主义历史上第一部具有现代法律形式的反垄断法——《谢尔曼法》。

《谢尔曼法》共 8 条，最重要的是第 1 条、第 2 条。其中，第 1 条：任何契约，以托拉斯形式或其他形式的联合、共谋，用来限制洲际间或与外国之间的贸易或商业，是非法的……第 2 条：任何人垄断或企图垄断，或与他人联合、共谋垄断洲际间或与外国间的商业和贸易，是严重犯罪……这两条构成了美国反托拉斯政策的两个基本原则，简单说就是一反勾结，二反垄断。但《谢尔曼法》也有明显的不足，即条文过简，内容抽象，既没有对勾结和垄断下定义，也没有指定一个机构负责该法的实施。

1914 年，美国制定和通过了《克莱顿法》(Clayton Act)和《联邦贸易委员会法》。《克莱顿法》对《谢尔曼法》做了强化反垄断控制的重要补充，以更明确的条文规定以下几种情况为违法行为：可能导致垄断和限制竞争的价格歧视(第 2 条)；包括有附加条件在内的买卖双方的排他协议(第 3 条)；可能限制竞争和导致垄断取得其他公司资产的购股、兼并(第 7 条)。《克莱顿法》强调事前的预防以及事后的惩罚。根据《联邦贸易委员会法》，成立了由总统提名，经议会批准的 5 人组成的联邦贸易委员会(Federal Trade Commission)，这也就是通常所说的反托拉斯委员会。其任务是调查与反托拉斯有关的经济活动，规定禁止不公正竞争和禁止垄断的具体条例，防止不公正的竞争和欺骗行为。规定不公正竞争和欺骗行为包括诽谤竞争者、行贿、虚假广告等。

《谢尔曼法》、《克莱顿法》、《联邦贸易委员会法》是美国反托拉斯政策的三个基本法律，加上具有相当权威的专管实施反托拉斯法的政府机构的成立，至此，美国的反垄断法律体制基本形成。

以后，有关的法律在实施中不断得到修改、补充和完善。1936 年的《罗宾逊-帕特曼法》修改了《克莱顿法》中有关价格歧视条款的适用范围。1938 年的《惠特-李法案》(Wheeler-Lea Act)修正和补充了《联邦贸易委员会法》，宣布损害消费者利益的不公平交易为非法，以保护消费者。1950 年的《塞勒-凯弗维尔法》补充了《克莱顿法》，加强了对企业兼并的控制，宣布任何公司购买竞争者的股票或资产从而实质上减少竞争或企图造成垄断的做法为非法。1976 年的《哈特-斯各特-费迪南反托拉斯强化法》规定了更明确的企业兼并申报制，还规定因企业违反《谢尔曼法》而受到损害的居民所在州的州法务官可以向违法者提出赔偿的诉讼。此外，像 1977 年的《禁止对外贿赂法》，以及 1980 年的《联邦贸易委员会改进法》、《反托拉斯诉讼程序改进法》等，都使得由三个基本法律确定的美国反垄断法律制度得到不断的修改完善。

2. 反托拉斯法所规范的各种反竞争行为

美国各反托拉斯法中是通过原则规定或分别列举各种具体的行为而笼统地以“托拉斯行为”来概括各种反竞争行为。各种反竞争行为主要有以下几方面。

(1)联合限制竞争行为。这是指企业间横向联合进行限制竞争的行为。《谢尔曼法》第 1 条最早对此做出原则性的规定。联合限制竞争行为有多种表现形式，最常见的是固定价格，即企业间为避免价格竞争，通过达成价格协议等形式，共同确定其产品或劳务的价格标准。固定价格可以通过两种基本方法来实现，一种是达成价格协议，直接确定价格；二是彼此控制进入市场的产品数量，间接地控制产品价格。串通投标是固定价格的一种表现形式。美国企业间谋求固定价格的具体方式往往是很隐秘的。固定价格限制了正常的价格竞争，使消费者失去了选择的机会，并承担了不合理的价格，实际上是一种以隐晦的方式对公众掠夺的行为。由于固定价格行为是大量的且危害严重，美国反托拉斯机关多年来一直把它作为查处的重点。联合限制竞争行为另一种重要的表现形式是市场划分，即指两个或两个以上的销售者，为避免竞争而达成协议，划定彼此销售的区域、顾客及产品的行为。市场划分同样限制了销售者之间正常的竞争，往往造成产品的单调和价格不合理，损害消费者的利益，因而受到反托拉斯法的禁止。

在禁止联合限制竞争行为方面，美国反托拉斯法还有一个颇具特色的内容，即对行业协会和职业协会所从事的限制竞争行为的禁止。工商业各行业的行业协会，是非营利性组织，但其成员却是由作为竞争者的营利性企业所组成的。因此，行业协会的活动有时就可能产生对竞争的限制而违反反托拉斯法的有关规定。行业协会的主要功能是在成员之间传播市场信息。行业协会实现其市场信息传播功能的行为是合法的，但如果它为成员间的价格密谋提供方便，或者促成成员企业间的固定价格及控制生产等行为，便要受到反托拉斯法的制裁。律师、会计师、工程师和医生等自由职业者的职业协会，也是非营利性组织，但同样因为他们是由从事营利性活动的成员组成的，其活动便往往可能造成对竞争的限制。自由职业者们很多都认为，他们所从事的职业不是普通的经营或商业，因而不应受到反托拉斯法的规范。但美国反托拉斯行政部门和法院认为，《谢尔曼法》和其他各反托拉斯法，并没有对各种需要专业知识的自由职业进行豁免。实际上，职业协会的某些活动，对协会成员间的正常竞争造成了限制，如律师协会、医疗协会为成员确定最低收费标准的行为，会计师协会、工程师协会禁止其成员间竞争性报价的行为等，都带有一定的固定价格的性质，并造成对服务对象利益的损害，因此，要依反托拉斯法予以禁止。

(2)滥用经济优势的行为。这一般是指企业在纵向关系中限制竞争的行为。这类行为的表现形式多种多样，常见的有限定转售价格，是指生产企业在向批发商或零售商提供产品时，要求它们必须按照生产企业所限定的价格销售产品。该行为的目的是生产企业为阻止其产品销售中的价格竞争，并保持销售量的增加。其后果是剥夺了销售商的自由定价权，使它们无法根据市场状况确定商品价格，对竞争造成了限制。搭售也是滥用经济优势的一种表现形式。搭售是指销售者在销售其某种商品时，违背购买者的意愿，要求其同时购买另一种商品。搭售使消费者和用户付出额外的代价来购买自己所需要的产品，利益受到损害。《克莱顿法》第3条对搭售做了专门规定。独家交易，同样是滥用经济优势的一种表现形式是指生产某种特定产品或系列产品的厂商只允许它的经销商经销其一家的产品，而不允许经销其他同类竞争的产品。《克莱顿法》第3条中规定，任何人进行出租、销售或签订货物销售合同，是以承租人或买主不得使用或购买其竞争对手的商品为条件，只要其结果可能会实质性地削弱竞争或势必在任何商业行业中形成垄断，就都是违法的。

(3)价格歧视行为。美国反托拉斯法中的价格歧视包含两种情况：第一种是卖主为挤垮竞争对手而选择特定地区，进行压低价格销售；第二种是卖主没有正当理由而对交易条件相同的若干买主索取不同的价格。第一种情况与一般的掠夺性定价行为有性质上的相同之处，所不同的在于掠夺性定价一定是低于成本的价格，而压价未必都低于成本价格，另外掠夺性定价可能没有地区性选择。第二种情况是价格歧视的一种特殊形式。《克莱顿法》第2条中规定，在不同的买主之间实行价格歧视是违法的，只要这种歧视的结果实质上减少了竞争，或者在形成对商业的垄断，或破坏、阻止同那些接受该歧视的人之间的竞争，或是同他们的顾客之间的竞争。该条还规定，商人在其商业过程中，支付、收取佣金、回扣或其他补偿是非法的。地区性压价一般的表现形式是，一个实力雄厚的企业，在它经销的若干地区中选择一个竞争对手实力较弱的地区，进行产品的压价销售，以求将竞争对手挤垮。

(4)垄断与企业兼并行为。一般来说，企业兼并与大规模垄断企业的形成具有一种因果关系。美国反托拉斯法对已形成垄断的企业的规范是对垄断的事后控制，而对企业兼并的规范是对垄断的事先预防。美国历史上，曾先后出现过几次大规模的企业兼并浪潮。兼并的形式由以横向兼并为主到以纵向兼并及混合兼并为主渐次发展。兼并在带来规模经济效益的同时，也在相当程度上造成垄断，限制了竞争。横向兼并消灭了曾存在于两个合并企业之间的竞争；纵向兼并会对竞争对手产生市场阻碍；混合兼并则在更大范围内消灭或削弱了竞争。三种兼并都可能因其形成的垄断而对公共利益造成损害。

(5)其他反竞争行为。其主要有四种：一是股份保有，是指一个企业不正当地占有另一个企业的股票或资本份额，也包括两个企业彼此占有对方的股票或资本份额。股份保有可能造成一个企业对另一个企业的控制，或使得有关企业统一行动，排除彼此间的竞争，从而对正常的竞争秩序产生消极的作用。二是董事兼任，是指一个公司的董事同时担任其他公司的董事。对此种行为的禁止，主要是为了防止两家或数家竞争性公司之间通过参与决策的领导干部的交叉任职来协调行动，消除竞争。三是“瓶颈垄断”，是指限制竞争对手利用特殊设施，而这种特殊设施对竞争对手的经营活动是至关重要的。瓶颈垄断往往形成进入市场的人为障碍，从而限制了市场竞争。四是商业贿赂，是指在商业交易活动中，经营者为获得交易机会，特别是获得相对于竞争对手的竞争优势，通过不正当的手段收买客户的雇员或代理人，以及政府有关部门工作人员的行为。商业贿赂在经济生活中比较普遍，也相当复杂，因为把它和按照商业惯例提供的某些优惠加以区别是很困难的。

(6)损害消费者的行为。主要有欺骗性定价，是指各种不真实的欺骗性的价格表示方法。此外还包括：欺骗性广告宣传，是指对商品的各种虚假不实或过分夸张或令人误解的广告宣传；虚假不实的标签，是指在产品标签中对产品各种内容作欺骗性说明的行为。按照《联邦贸易委员会法》第 5 条的规定，这些行为都属于"商业中或影响商业的不公平或欺骗性行为及惯例"，应予以禁止。

从以上论述可知，美国反托拉斯各法规范的反竞争行为是较为广泛的，既包括垄断行为，又包括不正当竞争行为。尽管美国没有专门的反不正当竞争法，但由《谢尔曼法》、《克莱顿法》和《联邦贸易委员会法》所构成的反托拉斯法律体系实际上起着市场竞争法的作用。

3. 反托拉斯政策的原则和控制办法

美国反托拉斯法的特点是以限制造成垄断的不公平竞争行为为主，而不反对现有的垄断企业。所以，一个行业中垄断企业的存在本身并不违法，只有垄断企业应用其垄断力量不公平地竞争时才算违法。这使得美国的反托拉斯法具有很强的"行为法"特点，即一切以企业行为是否违背公平竞争为判断依据。例如，19 世纪初美国钢铁公司长期控制美国钢铁市场份额的 50%，1911 年被起诉到最高法院。1920 年，最高法院以 4∶3 的多数判决起诉无效，理由是该公司在起诉前已废除价格协议，因此尽管公司处于垄断地位，但并不违法。另外，不同企业间联合定价是违法的，不管定出的价格是否合理。例如，1899 年，美国 6 家铸铁管制造商协议将他们产品的价格固定在同一水平上，结果被判违法。尽管他们申诉说，如果他们不把价格固定，竞争就会压低价格使他们都破产，但法官仍然毫不通融。这就是后来被经常加以引用的埃底斯通(Addyston)铁管案例。在 20 世纪 40 年代以前，美国对垄断行为的管理基本上以控制行为为主。

20 世纪 40 年代后，对垄断的结构控制做法开始引入反托拉斯的实际执行中。这一变化发生的一个现实背景是，美国最高法院在 1911 年命令美国烟草公司和美军石油公司各自拆散为一些单独存在的公司时所宣布的一条重要准则——"合理的准则"(rule of reason)：只有对贸易的不合理限制(兼并、协议等)才属于《谢尔曼法》的制裁范围，从而才被认为是违法的。这一"合理的准则"几乎使对付垄断、兼并的反托拉斯法毫无效果，上面提到美国钢铁公司案件(1920 年)就是一例。直到 20 世纪 30 年代后期，由罗斯福总统任命的瑟尔曼·阿诺德主管反托拉斯法的执行时，在这一领域联邦政府才真正采取了行动。

结构控制做法的实质是通过控制市场结构，控制垄断发生的条件，从而达到禁止和控制垄断的目的。根据这种思想，只要企业的市场份额过大，无论是否有其他违法行为，政府就可以命令企业分割或出卖资产等。从法律上开始体现这一思想的标志是 1945 年的美国铝业公司案。美国铝业公司长期控制铝生产份额的 90%，而这是运用本身并不违法的手段达到的，在市场需求扩大之前就增加设备，从而使价格低到足以防止潜在的竞争的水平。然而，最高法院发现，美国铝业公司已经违背了《谢尔曼法》，尽管是通过合法的方法得到的垄断势力，但这已构成违法并被认为是有罪的。在这一时期，最高法院强调了市场结构，而不只是强调市场行为。1945 年的美国铝业公司案被看做是美国反托拉斯历史上一件划时代的案件。之后，最高法院以公司市场份额过大为由，又先后裁决分割了(或劝其退出某些业务领域、让出部分市场)美国烟草公司(1946 年)、哥伦比亚钢铁公司(1948 年)、都波公司(1953 年)、玻若·肖尔公司(1962 年)等一些大公司。

强调控制市场结构这一思想的形成是与经济学家对产业组织理论的有关研究分不开的。研究表明，当一个公司市场份额过大，就会形成垄断性的市场结构，容易产生种种垄断弊端。市场行为与市场结构密切相关，市场行为往往不容易控制，因此控制市场结构有利于更好地控制市场行为。

控制市场结构一般有两个办法：一是分割市场份额过大的企业和命令企业放弃过分的控股，转让部分业务。这是一种事后控制办法，一般难度较大，但威慑力也大。二是进行兼并审查。这是一种事前控制的办法，相对难度较小。由于兼并审查能够防止垄断于萌芽之中，因而特别受到重视。当然，在实际执行中，应制定有关的参考数量标准。美国司法部在 1968 年公布的《企业兼并控制指南》规定，可以追诉的企业兼并其兼并和被兼并的企业的市场份额为：在集中度高的行业，分别为 5%和 5%以上，或 10%和 2%以上，或 15%和 1%以上；在集中度不高的行业，分别为 5%和 5%以上，或 10%和 4%以上，或 15%和 3%以上，或 20%和 2%以上，或 25%和 1%以上。

最后，为了有效地控制市场结构，经济学家必须解决两个基本问题：一是规定市场份额标准。根据这个标准，既能保证企业获得规模效益，还能判断企业是否已处于或可能处于超经济规模的垄断地位。此外，还应说明不同行业份额标准是否有差别。二是规定市场范围。由于产品有替代性且替代程度不同，因此划分市场范围既是确定市场份额标准的基础，又是实际判案争论的关键。

◎专栏 2-1

美国反垄断法的几个典型案例

(一)AT&T 与柯达胶片冲印一体化案的比较

如何区别反竞争的一体化和竞争性一体化，AT&T 与柯达公司的案例是一个很好的说明。在 1982 年 AT&T 解体以前，AT&T 公司实行包括提供长途、市话服务，以及通信设备制造和研究开发在内的一体化经营。AT&T 通过设计专门的技术标准，并保守网络标准信息，以排除其他制造企业。当司法部反垄断处受理此案时，AT&T 在申述中举出柯达公司的例子。柯达公司开发出一种新的胶卷，这种胶卷只能用柯达公司自己制造的设备才能冲印，而且柯达公司对冲印其照片使用的化学试剂进行保密，从而形成胶卷生产和冲洗上下游一体化。最终，司法部判 AT&T 的行为是反竞争的，并未判柯达的行为是反竞争的。

AT&T 和柯达的一体化的主要区别：一是行业特点不同。1982 年以前的电信设备下游市场几乎都被 AT&T 垄断，可以说 AT&T 是电信设备的垄断买主；而胶卷行业的用户是分散的竞争性买主。二是尽管柯达产品的开发导致其他厂商(主要是 Berkey)

的成本增加，但是它们仍然可以生产新的产品。实际上，柯达的行为促进了其他胶片生产厂商的进一步研究开发和技术进步；而 AT&T 是按其设备标准制定公共网络的标准，如果其他制造商不采用 AT&T 的标准，其设备就无法与公共网络连接。

因此，可以说柯达公司是利用竞争优势；而 AT&T 公司是滥用市场力量，其一体化和保密是反竞争的。由此可见，一体化行为是否违反反垄断法，主要判断依据是一体化企业是否滥用市场力量，关键要分清滥用市场力量和发挥竞争优势的区别。

（二）波音与麦道的合并案

波音和麦道公司分别是美国航空制造业的老大和老二，是世界航空制造业的第 1 位和第 3 位。1996 年年底，波音公司用 166 亿美元兼并了麦道公司。在干线客机市场上，合并后的波音不仅成为全球最大的制造商，而且是美国市场唯一的供应商，占美国国内市场的份额几乎达百分之百。但是，美国政府不仅没有阻止波音兼并麦道，而且利用政府采购等措施促成了这一兼并活动。其主要原因是：首先，民用干线飞机制造业是全球性寡头垄断行业，虽然波音公司在美国国内市场保持垄断，但在全球市场上受到来自欧洲空中客车公司的越来越强劲的挑战，面对空中客车公司的激烈竞争，波音与麦道的合并有利于维护美国的航空工业大国地位。其次，尽管美国只有波音公司一家干线民用飞机制造企业，但由于存在来自势均力敌的欧洲空中客车的竞争，波音公司不可能在开放的美国和世界市场上形成绝对垄断地位。如果波音滥用市场地位提高价格，就相当于把市场拱手让给空中客车。

由此可见，美国政府在监管企业购并时，不仅仅根据国内市场占有率来判断是否垄断，还要考虑在整个市场范围内是否能够形成垄断。在对全球寡头垄断行业上，需要分析全球市场的条件，而不能局限于本国市场范围。同时，还要考虑国家整体产业竞争力。因此，在执行反垄断法时，美国政府还是以国家利益为重，为了提高美国企业在全球的竞争力，支持大型企业的重组和购并。

（三）家具连锁店的合并案

在进行购并案分析中，市场集中度只是一个参考指标，关键要看合并后企业对市场的操纵能力。1998 年美国两大办公家具连锁店（Staples 与 Office Depot）的合并案就是一个很好的说明。家具市场是一个极具竞争性的市场，其中有成千上万的零售商。如果按照传统观点，监管机构对家具商店的合并不应存在疑问。但是，联邦贸易委员会的经济学家通过对这两个销售商的每一种商品的销售价格和销售数量进行非常细致的观测，发现在同一城市中，Staples 的价格要比 Office Depot 的价格低，但是，在没有 Office Depot 的城市里，Staples 的价格要贵一些。经济学家由此得到一个充分的证据，即 Staples 与 Office Depot 购并后，很可能提高价格。因此，法院没有批准这个合并案。

美国司法部的一些人认为，如果能够得到有关市场价格等类似的数据和信息，就没有必要去定义市场，可以直接通过这些数据分析和预测购并行为可能对市场产生的影响，法院也接受了这个观点。

（四）对分解微软的不同意见

微软公司是世界上最大的软件公司，占世界软件市场的 80%以上。曾经有 19 个州和哥伦比亚地区法院指控微软公司利用其市场力量非法挤垮竞争对手。地区司法部提出了把微软分解为两个企业的方案，而一些经济学家则从市场效率的角度出发，对司法部的设想提出不同意见。

哥伦比亚地区法院的法官认为微软的行为在一定程度上是反竞争的，不仅侵害了消费者的利益，更重要的是打击了竞争对手。其原因在于，一是微软占有巨大的稳定的市场份额；二是微软公司把浏览器捆绑在 Windows 操作系统上，把软件系统固化到芯片上，从而阻止竞争对手进入市场；三是微软的操作系统到目前为止还没有真正的竞争对手。

而一些经济学家认为，如果把微软的操作系统和 office 应用软件分离开，将有三个主要问题。一是如果垂直分解微软公司，微软的操作系统仍将占市场的 85%以上，office 应用软件也将占据美国市场的 90%以上，因此，两个企业都可以分别在各自的市场区划中占垄断地位，很可能两个公司都提价，危害消费者利益；二是如果水平分解微软公司，那么小型公司在销售 Windows 软件时，可能竞相压价，不利于维护知识产权；三是分解微软公司的目的是为了促进竞争和技术创新，希望其他企业能开发出与微软竞争的软件，但是靠分解微软达到这一目的希望较小。

比较微软和波音两个案例，尽管微软在操作系统市场上的垄断程度还不如合并后的波音公司对美国国内干线飞机市场的垄断程度高，但监管机构没有制止波音和麦道的合并，却要分解微软。微软与波音的不同境遇，充分反映了全球化背景下美国的反垄断战略：为了保持市场竞争，促进技术进步，反垄断是要继续坚持的；但是，对一个企业是否采取反垄断措施，则要从全球竞争而不仅是国内市场竞争着眼，考虑最终是否可能损害美国的国家利益。

资料来源：http://blog.sina.com.cn/u/4935cee801000347，2006-05-22

（二）日本的市场竞争立法概述

日本的市场竞争立法经历了与德国大致相似的过程。日本现行的市场竞争法，主要是《不正当竞争防止法》和《关于禁止私人垄断和确保公平交易法》以及一系列法律文件所共同组成的竞争法体系。日本的法律既受德国的影响，又于第二次世界大战后深受美国的影响。

在垄断方面，第二次世界大战前日本为了赶超发达国家，集中财产参与国际竞争，保护和支持垄断。第二次世界大战后，美国占领军在日本推行经济民主化，解散了三井、三菱、住友和安田四大财阀。在美国的帮助下，日本仿照美国反托拉斯法，于 1947 年 4 月颁布了《关于禁止私人垄断和确保公正交易法》(以下简称《禁止垄断法》)。由于该法有许多规定不适合日本的实际国情，随着政治、经济条件的发展和变化，日本对该法进行了数次修改。另外，日本为该法的执行特别设立了公正交易委员会。日本的《不正当竞争防止法》颁布于 1934 年，以后分别于 1938 年、1950 年、1965 年、1975 年和 1993 年进行了 5 次修改。该法对日本的反不正当竞争活动具有较大的影响。

日本的反托拉斯法虽然是美国法律的翻版，但日本政府在第二次世界大战后的经济发展过程中，曾经以规模经济效益为理由赦免一些大企业集团遵守反托拉斯法的义务。

日本当局在限制不同行业的企业之间合谋、限制跨行业垄断性企业集团方面也缺乏热情，以至于日本的系列型大企业集团迅速膨胀，内部的各种企业间的人事金融渗透、管理合作、行销默契、业务排外等合谋行为简直是家常便饭。日本的庞大国际贸易集团——综合商社，凭借其强大的销售网络和集团性实力，操纵世界市场。

（三）德国的市场竞争立法简述

德国不仅是世界上率先对不正当竞争行为进行专门立法的国家，而且以其《反不正当竞争法》与《反垄断法》独立并行的立法体例影响了一大批后进国家。德国现行的市场竞争法律规范，主要规定在《反不正当竞争法》和《反限制竞争法》之中。

19世纪中后期，随着自由资本主义的迅猛发展，自由竞争的消极后果愈加明显，形式复杂、程度激烈的不正当竞争行为急剧增多，日渐泛滥。对于来势凶猛的各种不正当竞争行为，德国法律界竭力主张，由立法机关在借鉴国内外已有的司法实践经验的基础上，制定专门法律进行集中的规范。于是，1896年，德国率先制定了《反不正当竞争法》，这是世界上第一部专门的《反不正当竞争法》。1909年，德国在此基础上制定了新的《反不正当竞争法》并废止了前法。

德国曾经是卡特尔盛行、发达的国家。第一次世界大战期间，卡特尔成了德国政府组织、支持战争的重要手段。获得国家政策鼓励的卡特尔得到迅速的发展。第一次世界大战后成立的魏玛共和国意识到卡特尔对自由竞争的危害，于1923年制定了《反滥用经济力量法令》，即《卡特尔条例》，这是德国第一个反垄断法。1933年希特勒上台后，马上制定了《强制性卡特尔法》以取代《卡特尔条例》，用卡特尔及其他垄断组织形式将国民经济变为统一的机制，为发动第二次世界大战做准备，并为以后的战争服务。第二次世界大战后，德国战败，盟军占领德国。为了防止德国法西斯死灰复燃，盟军在德国要做的一件大事就是尽快肢解德国的大型企业，消灭各种垄断集团造成的过分集中的经济力量。为此，需要制定有关反对限制竞争和垄断的专门法律。1947年，以美国为首的盟军颁布《反卡特尔法》。同时，反对限制竞争和垄断的努力也得到了德国国内的社会市场理论的支持。按照该理论，竞争是社会市场经济的核心，为了促进和保障竞争能够按照社会经济发展的要求进行，国家必须制约过分强大的经济力量和集体对竞争的限制。社会市场经济理论在路德维希·艾哈德1948年担任德国首任经济部长后得到切实地推行。在国内外反限制竞争和垄断的呼声中，《反限制竞争法》于1957年获得通过。该法自1958年生效以来，曾于1966年、1973年、1976年、1980年、1990年、1999年、2000年进行过7次修订，以适应不断变化的经济条件。

三、国外政府在限制垄断实践中的成效和教训

比较各国政府在限制垄断实践中的成效和教训，可以得出四点一般性的结论。

第一，各国的限制垄断立法总的来说保护并促进了市场竞争，限制了不公平的竞争行为。美国在19世纪下半叶，主要工业的生产集中程度急剧提高；在实施反托拉斯法的20世纪里，主要工业的生产集中程度基本保持不变。部分地由于这些法律措施的功效，美国的企业兼并在20世纪中叶后由同行业为主转为不同行业间的混合兼并为主，这在大多数经济学家看来是有利于竞争和提高行业经济效率的。公开的联合定价行

为在主要工业国家也有效地被限制，但隐蔽的联合定价行为仍有待解决。日本第二次世界大战后引进了限制竞争的法律制度，解散了第二次世界大战前以金融寡头为中心的财阀集团，有效地限制了同行业内的垄断和合谋行为，有助于提高日本经济的竞争活力。

第二，实施限制垄断措施的依据，应当是看一个行业中实际竞争的性质和程度，而不是光看行业生产的集中程度。过去，在不少法律案件的裁决中，法院往往过于注重把市场集中程度作为垄断的证据。其实，近年来的经济研究表明，在许多行业里，生产集中在少数几个企业并不一定意味着竞争受压抑。在20世纪80年代初，一些美国经济学家提出了“可竞争市场”(contestable market)的概念。他们认为，只要一个行业自由进出的障碍不大，行业外的其他企业就成为潜在的竞争对手。在这种可竞争市场中，因为存在潜在的竞争压力，即使由于规模经济效应的缘故只允许很少数的企业占有市场，这些企业也会像竞争性的企业一样经营和竞争。日本和美国都有一些行业内仅有少数几家大企业竞争非常激烈的例子，如汽车行业。我们也可以举一个小企业的例子，上文谈到中国一些单位食堂服务质量差的问题，这个问题在新加坡的一些政府大楼和高等学府里却早已经解决。他们的办法很简单，就是将食堂的几个摊位出租给私人商贩，每半年或一年重签合同。如果职工或师生对饭菜的质量、价格不满意，商贩就无法续约。这样，单位食堂内经营的商贩总是受到被单位外的商贩所取代的威胁。虽然单位食堂里提供膳食的商贩不可能像闹市中心的美食街上那么多，但因为总是面临潜在的竞争压力，他们也会提供价廉物美的饭菜。

第三，对于可操作竞争市场的政策目标，不能做机械的理解。政府必须注意让公平的市场竞争来选择优胜企业的数量、决定企业的合理规模，而不是由行政部门来主观设计、强行规定行业中的企业数量和规模。例如，印度政府长期执行限制私人企业规模扩展、由政府补贴维持小企业的方针，机械地实行所谓限制垄断的产业政策，人为追求厂商数量越多越好，结果造成了不少行业中企业又多又小又落后，严重阻碍了经济效益的提高；同时，又在一些重点发展的行业中片面地追求国有大企业的规模经济效益，限制私营企业和外国资本加入竞争，结果造成了保护垄断、企业经营官僚化的恶果。

第四，限制垄断措施的重点应当放在限制不公平竞争、保证企业进出行业加入竞争的自由上面。对于不公平竞争的解释，应当严格掌握“以效率竞争以外的手段取胜”这条标准，千万不可错将效率竞争的经营方式当做不公平竞争手段来处理。例如，许多连锁商店用统一的服务质量标准来吸引顾客是提高经营效率的措施，而不能算作合谋。如果政府对于私人企业家的经营方式是否属于公平竞争的性质一时还看不准，应等候一段时间观察其结果，而不要贸然下判断，做出错误的干预。

总之，政府促进市场竞争、限制垄断的作用应当像球场上公正的裁判，其作用是保证比赛的公平性，防止球员用非正当的手段作弊取胜。裁判绝不能在主观上偏向任何参赛者，认为谁应该赢谁应该输；裁判也不能随便把球员的新技术动作当做犯规处理；裁判更不能暗中偏袒任何一方，甚至亲自下场给任何参赛者助一臂之力。

第四节 中国促进竞争限制垄断的举措

一、中国促进市场竞争的举措

在《反垄断法》未出台之前，中国将反垄断行为的重点放在限制垄断价格方面。对此，政府颁布实施了一系列针对或涉及垄断价格的法规。1987 年 5 月，国务院针对当时生产资料和带有垄断性的行业乱涨价、乱收费相当严重的实际情况，制定和颁布的《加强生产资料价格管理制止乱涨价乱收费的若干规定》中明确："不论是实行最高限价、浮动价格或市场调节价格的商品，企业之间都不得串通商定垄断价格。"同年 9 月，国务院发布的《中华人民共和国价格管理条例》第 29 条将"企业之间或行业组织商定垄断价格"的行为，规定为应按规定进行处罚的违法行为。1988 年 1 月，国务院发布的《重要生产资料和交通运输价格管理暂行规定》第 13 条规定："国家禁止企业、行业垄断市场价格。凡是凭借垄断地位违反国家规定，哄抬市场价格的，均属于违法行为，必须严格查处。"1993 年 8 月，国务院发出的《关于严格控制物价上涨的通知》中指出："对部分城市中出现的商界或企业联手提价、压价和拒销等要加以制止，引导它们走上行业价格管理的正常轨道，防止价格垄断的出现和不正当竞争行为的发生。"1993 年颁布施行的《反不正当竞争法》，对限制和排斥竞争的行政性垄断做了禁止性规定，但对限制和排斥竞争的价格垄断没有涉及。

1998 年 5 月施行的《中华人民共和国价格法》除明确规定了经营者的定价权限等重要事项外，还将"利用市场优势或者以协议等方式，控制市场价格，严重损害其他经营者和消费者的合法权益"的行为，列为不正当价格行为，并规定了行为人应承担的法律责任。这展现了国家要用法律手段规范价格行为和规制价格卡特尔的前景。但是，价格法也不可能对价格垄断的形成及处理等规定得很多、很具体，有不少问题是需要用反垄断来规范的。

西方发达国家在促进市场竞争、限制垄断方面的政策法规，经过了较长时间的发展目前已经比较完善。通过对它们的认真学习，将对我国的市场竞争立法具有重要的借鉴意义。我国的市场竞争法应对下列三类行为做出法律的规定：一是垄断行为，主要是指经营者(一个或多个)通过不合理的企业规模和减少竞争者数量，以及对竞争企业实行控制等方式，形成对一定市场的独占或控制。垄断行为排除竞争，造成市场结构的不合理，使竞争机制作用失效，破坏市场经济，损害社会公共利益，因而应受到竞争法的规范。二是限制竞争行为，主要是指经营者滥用经济优势，或几个经营者通过协议等联合方式损害竞争对手的利益。值得指出的是，限制竞争行为表现形式是多样的，它们既可以是处于垄断地位的企业的行为，也可以是普通企业的行为；既可以是单个企业的行为，也可以是几个企业联合进行的行为。与垄断行为相比，虽然它们往往不直接造成对市场结构的破坏，但它们在经济生活中发生的数量更多，存在的范围更广，因而从整体上讲，它们对竞争的破坏作用不亚于垄断。三是不正当竞争行为，主要是指经营者采用欺骗、胁迫、利诱以及其他违背诚实信用和公平竞争商业惯例的手段从事市场交易。在各国竞争立法中，不正当竞争这一概念又有广义和狭义之分，上面所说的不正当竞争是狭义的不正当竞争，而广义的不正当竞争是在狭义的不正当竞争的基础上，又把垄断、限制竞争行为包括在内。

应当指出，垄断、限制竞争和不正当竞争(狭义)这三个概念之间并没有绝对的界限，它们既有区别又有联系，特别是垄断与限制竞争、限制竞争与不正当竞争之间的联系十分密切，使用中常有很大程度的交叉，这在不同国家竞争法的不同立法体例中表现得很明显。在美国统称为“反托拉斯法”的诸法中，对垄断和限制竞争的规定相互交叉，甚至还包括对(狭义)不正当竞争行为的原则规定。德国的《反对限制竞争法》中实际上也包含对限制竞争和垄断两类行为的规定。正因为如此，人们通常把市场竞争法分为两大部分，即反不正当竞争法和反垄断法。其中反垄断法中包含了反限制竞争的规定。

从世界各国的竞争立法来看，由于立法时间、社会制度及法律制度的国际环境等诸多因素的影响，在立法体例的选定上差异尚存。美国没有专门的反不正当竞争法，而是以若干专项法规的判例调整各种不公平交易行为。德国和日本对垄断(含限制竞争行为)和(狭义)不正当竞争分别立法，形式上表现为《反垄断法》和《反不正当竞争法》两部并行的基本立法以及其他配套法律。也有的国家将垄断(含限制竞争行为)和不正当竞争统一规定于一部法律之中，如匈牙利的《反不正当竞争法》。从世界各国立法看，虽然形式不同，但有一点是相同的，那就是每个国家(或地区)都是根据自己的实际情况、实际需要在立法模式上灵活安排和处理的。从我国目前的市场竞争立法情况看，我国市场竞争法由《反不正当竞争法》和《反垄断法》组成。其中，《反不正当竞争法》已于 1993 年 9 月 2 日由全国人大常委会通过，同年 12 月 1 日起实施；《反垄断法》已于 2007 年 8 月 30 日由全国人大常委会通过，2008 年 8 月 1 日起实施。

二、反不正当竞争法的主要内容和中国《反不正当竞争法》的特点

反不正当竞争法是规定不正当竞争行为类型，以及对不正当竞争行为所致损害的救济措施的法律规范的总称，它的主要内容有四个方面。

(1)界定不止当竞争行为的性质。凡在市场交易中违反诚实经营的竞争行为，即构成不正当竞争行为。

(2)规定市场主体的义务。从事市场交易的经营者均必须遵守反不正当竞争法，诚实信用，公平竞争。

(3)规定不正当竞争行为类型。法律禁止的不正当竞争行为：①采用欺诈手段从事交易；②采用强迫手段从事交易；③囤积居奇，控制销售；④附加不合理条件的交易；⑤欺行霸市，采用不正当手段损害竞争对手的利益；⑥侵犯商业秘密；⑦利用虚假广告从事交易；⑧采用商业贿赂手段从事交易；⑨采用巨额有奖销售手段从事交易等。

(4)反不正当竞争法对被害者的保护：①确认不正当竞争行为的阻止请求权；②确认损害赔偿请求权；③确认清除违法后果和影响的请求权；④罚款；⑤吊销不正当竞争行为实施者营业执照；⑥对实施不正当行为，情节严重，触犯刑法构成犯罪的，处以刑罚。

◎专栏 2-2

中国互联网不正当竞争第一案——“3Q 大战”落幕

“市场经济是由市场在资源配置中起决定性作用，自由竞争能够确保市场资源优化配置，但市场经济同时要求竞争公平、正当和有序。”是自由竞争和科技创新，还是破坏其他软件及其服务的安全性、完整性；是维护用户利益，还是贬损他人商誉；2014 年 2 月 24 日，随着最高人民法院的二审宣判，备受关注的“3Q 大战”落下了帷幕，最高人民法院公开开庭宣判上诉人奇虎公司等与被上诉人腾讯公司等不正当竞争纠纷上诉案。判决驳回了奇虎公司、奇智公司的全部上诉请求，维持一审法院判决。

(一)维持一审判决，奇虎、奇智全部上诉请求被驳回

本案所涉及的腾讯公司与奇虎、奇智公司之间的矛盾，主要源于几年前开始的“3Q 大战”，即 2010 年 10 月 28 日，360 宣布推出扣扣保镖，禁止 QQ 弹出广告并禁止相关插件，约有 1 000 万名 QQ 用户受到影响。腾讯随后则在装有 360 软件的计算机上停止运行 QQ 软件，要求用户二选一。

该事件随着工业和信息化部等有关部门的介入才暂时得以平息，腾讯与 360 的交锋转移到了法律层面，走上长达数年的诉讼之路。

由于本案所涉及的两家公司知名度高，索赔金额高，案件影响力较大，自腾讯公司提起诉讼后，该案便被称为“中国互联网不正当竞争第一案”。一审中，腾讯公司认为，360 扣扣保镖破坏与篡改了腾讯 QQ 软件功能，屏蔽客户广告，破坏了腾讯的商业模式，索赔 1.25 亿元。

2013 年 4 月，广东省高级人民法院一审判决被告人奇虎公司、奇智公司败诉，向腾讯公司赔偿 500 万元并道歉。这是中国互联网行业有史以来最大的赔偿案，也是中国关于不正当竞争最重的判罚。被告人奇虎公司、奇智公司不服一审判决，当庭提出上诉。

2014 年 2 月的二审，最高人民法院高度重视，组成了阵容强大的合议庭，由最高人民法院副院长、二级大法官奚晓明亲自担任审判长。

该案于 2013 年 12 月 4 日在最高人民法院公开开庭审理，24 日的判决为终审判决，判决驳回了奇虎公司、奇智公司的全部上诉请求，维持一审法院判决。

(二)最高法院认定，奇虎、奇智行为构成不正当竞争和商业诋毁

在判决书中，最高法院就 2013 年 12 月 4 日公开审理确定的几个主要争议焦点一一予以回应。

针对“扣扣保镖是否破坏了 QQ 的完整性、安全性”的问题，最高法院判决认为，上诉人为达到其商业目的，诱导并提供工具积极帮助用户改变被上诉人 QQ 软件的运行方式，并同时引导用户安装其 360 安全卫士，替换 QQ 软件安全中心，破坏了 QQ 软件相关服务的安全性并对 QQ 软件整体具有很强的威胁性。

此外，上诉人专门针对 QQ 软件开发、经营扣扣保镖，以帮助、诱导等方式破坏 QQ 软件及其服务的安全性、完整性，减少了被上诉人的经济收益和增值服务交易机会，干扰了被上诉人的正当经营活动，损害了被上诉人的合法权益，违反了诚实信用原则和公认的商业道德，属于不正当竞争行为。

针对“扣扣保镖是否存在贬损QQ软件及其服务的行为，是否构成商业诋毁”的问题，最高法院在判决中认为，上诉人无事实依据地宣称QQ软件会对用户计算机硬盘隐私文件强制性查看，并且以自己的标准对QQ软件进行评判还宣传QQ存在严重的健康问题，造成了用户对QQ软件及其服务的恐慌及负面评价。这种评论已超出正当商业评价、评论的范畴，突破了法律界限，构成了商业诋毁。

对500万元的赔偿金额是否合理的问题，最高法院认为，上诉人实施的侵权行为给被上诉人造成的损失包括业务收入、广告收入、社区增值业务收入和游戏收入，网站的流量减少，QQ新产品推广渠道受阻，被上诉人品牌和企业声誉因商业诋毁而受损。而互联网环境下的侵权行为具有迅速扩大及蔓延的特点。此外，考虑到被上诉人商标和公司声誉的市场价值，以及上诉人具有明显的侵权主观恶意等因素，一审确定的500万元赔偿金额并无不当。

最高法院认为，互联网的发展有赖于自由竞争和科技创新，互联网行业鼓励自由竞争和创新，但这并不等于互联网领域是一个可以为所欲为的法外空间。竞争自由和创新自由必须以不侵犯他人合法权益为边界，互联网的健康发展需要有序的市场环境和明确的市场竞争规则作为保障。奇虎公司、奇智公司以技术创新为名，专门开发扣扣保镖对被上诉人QQ软件进行深度干预，难以认定其行为符合互联网自由和创新之精神。

（三）最高法院通过审理澄清并确立了互联网行业的竞争规则

最高法院宣判后，腾讯发表公开信表示，这一场终审判决，是一个历史事件的结束，也将是一个行业公平竞争新的起点。

360则在一封公开信中表示：“我们担心此判决结果将可能会鼓励腾讯进一步滥用市场地位，创业公司的创新动力将会被削弱，创业公司的生存空间将进一步被挤压”。

“经营者在市场交易中，应当遵循自愿、平等、公平、诚实信用的原则，遵守公认的商业道德。本案的判决对于今后的反不正当竞争纠纷的裁判具有重要的参考价值。”中国人民大学法学院副院长、竞争法研究所副所长杨东指出。

杨东说，此次最高人民法院通过此案的审理澄清并确立了互联网行业的竞争规则，特别是对于是否违反诚实信用原则和商业道德，是否形成商业诋毁，是否利用他人市场成果为自己谋取商业利益等反不正当竞争行为的认定，确定了认定的标准，树立了典范，具有重要的示范意义。

易观国际首席分析师李智说：“此前相关规定已经出台，但很多时候一些企业和个人即使知道某种行为是触及法律的，还是会付诸行动。互联网是个赢者通吃的市场，有时企业不会因为有法律约束就在竞争中自缚手脚。”

李智指出，与美国等的法规及处罚政策相比，我国的处罚相对没那么激烈，与获得的利益相比，违法成本并不高，助长了企业的违法行为。

杨东认为，随着竞争向移动互联网、互联网金融领域的蔓延，互联网领域的竞争日趋激烈。在此情况下，竞争秩序的维护显得更加重要。

他说，需要站在国家互联网产业发展的大格局下，看待互联网的创新发展，厘清互联网产业政策和竞争政策等，以及其关系，构建起良好的互联网竞争秩序。在此方面，需要构建《反垄断法》和《反不正当竞争法》协调统合、共同规制的竞争法体系。

据介绍，国家工商管理总局将于近期正式启动《反不正当竞争法》的修改，其中就涉及有关互联网领域新型的不正当竞争行为的认定问题。

资料来源：人民网．“3Q”大战落幕，腾讯胜诉．http://gx.people.com.cn/BIG5/n/2014/0225/c350576-20640090.html，2014-02-15

我国《反不正当竞争法》已由第八届全国人民代表大会常务委员会第三次会议于1993年9月2日通过，并于1993年12月1日起施行。它是我国历史上第一部市场竞争法，它的颁布和施行，标志着具有中国特色的社会主义竞争法律制度已初步确立。我国《反不正当竞争法》对于规范市场主体行为，维护市场公平竞争，保障和促进社会主义市场经济发展；保护经营者和消费者的合法权益；制止官商结合，以权经商和地方保护主义等不正当竞争行为；反腐倡廉，都具有重大的现实意义和深远的历史意义。

我国《反不正当竞争法》吸收了国外相关法律的优点，从我国现阶段的国情出发，总结了以往行政管理和司法实践经验，是一部适合当前规范市场经济运行需要的法律，具有较强的实用性和可操作性。具体而言，这部法律主要有八方面的特点。

(1)立法宗旨明确。我国《反不正当竞争法》第1章第1条明确规定了立法宗旨，即为保障社会主义市场经济健康发展，鼓励和保护公平竞争，制止不正当竞争行为，保护经营者和消费者合法权益。可以看出，这一宗旨包含三个内容，即保障社会主义市场经济健康发展；鼓励和保护公平竞争，制止不正当竞争行为；保护经营者和消费者的合法权益。其中，每一条内容含义均十分明确。值得指出的是，这一立法宗旨包含着保护消费者的合法权益这一点。国外以往的反不正当竞争法确立初期只调整经营者之间的竞争关系，着眼于公平竞争秩序，在处理不正当竞争案件时，也可能涉及消费者权益的问题，但只是作为附带的问题加以处理的。随着之后的发展，各国反不正当竞争法才逐步增加了保护消费者利益的规定。例如，美国在1938年颁布的《惠勒-李法案》对《联邦贸易委员会法》的第5条进行了修订，修正案宣布除了不正当的竞争方法外，不正当或欺骗性的行为或做法也属违法行为。据称，增加了这些新规定的目的就是要使该法适用于那些直接对消费者产生有害影响的商业行为。特别是消费者保护运动在世界范围内兴起并迅速发展之后，增加保护消费者利益的规定更形成一个趋势。的确，不正当竞争行为所侵犯的客体往往包括消费者。从反不正当竞争立法总的目的上看，维护了公平竞争的秩序也就保护了消费者的利益。因此，保护消费者合法权益也成为我国《反不正当竞争法》的立法目的之一。

(2)立法采用定义加列举的方式。现在世界各国反不正当竞争立法采用的立法例有三种：一是纯列举式，即把各种不正当竞争行为一一列举，明确禁止，如日本1934年颁布的《不正当竞争防止法》，加拿大、瑞典等国亦如此。这种立法例的缺点是难免挂一漏万，对新出现的违法行为无法制约。二是定义加列举，《保护工业产权巴黎公约》即采取此例。三是对不正当竞争行为的制约不专门立法，只援用民法或适用法律一般原则，如法国、英国等。中国《反不正当竞争法》采用的是第二种，即定义加列举的方式。该法第2条第2项规定：“本法所称的不正当竞争，是指经营者违反本法规定，损害其他经营者的合法权益，扰乱社会经济秩序的行为。”除了这个定义规定之外，该法第2章还专门规定了11类不正当竞争行为(第5～15条)。在立法上采用这种方式，既有一定的适应性，又使一些突出的、特定的不正当竞争行为有明确的概念，具有一定的可操作性。

(3)采用政府主动干预原则。众所周知，我国民事诉讼的原则是不告不理。我国《反不正当竞争法》则采取政府主动干预原则，即带有强烈的行政干预色彩。该法第3条规定："各级人民政府应当采取措施，制止不正当竞争行为，为公平竞争创造良好的环境和条件。"另外还有，"县级以上人民政府工商行政管理部门对不正当竞争行为进行监督检查；法律行政法规规定由其他部门监督检查的，依照其规定"。第4条规定："国家机关工作人员不得支持、包庇不正当竞争行为。"这些规定表明，我国反不正当竞争不但依靠法律手段，还相当重视行政手段。在我国计划经济向市场经济过渡阶段，法律不但要被动地调节各种经济关系，还要主动地进行宏观调控，引导经济活动健康有序地发展。

(4)涉及权力干预行为。所谓权力干预是指对市场经营活动有影响力的行政主体，出于地方利益或小团体利益，违反法律或公认的市场规则，故意对市场行为进行干预，妨碍正常的市场竞争的行为，即来自经营主体以外的直接或间接行政权力作用下的强买强卖行为。我国《反不正当竞争法》第7条规定："政府及其所属部门不得滥用行政权力，限定他人购买其指定的经营者的商品，限制其他经营者的正当的经营活动。"还有，"政府及其所属部门不得滥用行政权力，限制外地商品进入本地市场，或本地商品流向外地市场"。这就明确界定了国家政府权力机关的政权干预的不正当竞争行为。我国《反不正当竞争法》第30条还规定，对于政府及其所属部门滥用行政权力造成不正当竞争行为的，应由政府及其所属部门的上级机关责令其改正；情节严重的，由同级或上级行政机关对直接责任人员给予行政处分。我国《反不正当竞争法》的这些规定无疑触动了经济体制处在转变之中的我国社会经济生活的敏感之处，体现了监督者亦应被监督的这一理念。

(5)反对市场垄断和滥用行政权力，确认依法具有独占地位的经营者。我国《反不正当竞争法》结合中国社会经济实际，对垄断和不正当竞争(狭义)的内涵及其相互关系，做了研究和区分，并且明确规定反对以排挤竞争对手为目的的购销和串通等市场垄断行为及滥用行政权力，确认了公用事业或者依法具有独占地位的经营者的法律地位。因此可以理解该法事实上承认了垄断的两种类型，一种是国家规定或允许的公用事业和其他依法具有独占地位的经营者。这种垄断对生产力起协调作用，是一种国家干预，只要不滥用行政权力都是必要的，否则不论是部门限制其他经营者的经营活动还是地区限制其他经营者的商品流通，都是非法的。同时，这种垄断也给我国刚开始积聚资本的市场经济敞开了发展的大门。另一种是市场垄断，是违反国家利益或其他经营者及消费者合法权益，扰乱社会经济秩序的违法行为，必须反对。

(6)反不正当竞争条款的全面性和灵活性。我国《反不正当竞争法》对反不正当竞争的态度是坚决的，条款内容规范是彻底的。例如，从制约主体看，既有规范、制约经营者的条款，又有规范、制约政府行为的条款；既有对违法者的惩处，又有对执法者的惩处。对有些大量存在的不正当竞争行为，该法果断地加以规范。例如，对搭售、欺骗性有奖销售和侵犯商业秘密等，做了明确的限制性规定；对账外回扣和贿赂及变相贿赂等问题，该法从经营者到国家工作人员都做了明确的限制性规定，其中许多是以前诸法尚未明确的，特别是该法发动社会各界对不正当竞争行为进行社会监督。从管辖权上讲，有行政执法机关、司法机关的管辖职责，又有政府及有关部门的管辖职能；有统一管辖规定，还有各层次管辖规定，尤其是一切组织和个人的监督权。同时，该法在法律适用方面规定得也细致多样。从所制止的11种不正当竞争行为看，既有明示条款，又有弹性条款；既有界定条款，又有例外条款；既有独立条款，又有与其他法律、行政法规交叉的条款。从监督检查和法律责任上看，不但有监督检查和处罚的权限，也有只监督检查而无处罚的权限；有明确规定给予行政处罚的条款，也有无明确规定给予处罚的条款；有明确规定追究刑事责任的条款，也有无明确规定追究刑事责任的条款。

(7)贯彻改革开放的精神，与国际贸易规则接轨。我国《反不正当竞争法》改变了过去诸法只是起事后保障作用，增加了鼓励行为的超前引导作用；并且为鼓励和保护公平竞争，规定各级人民政府要采取措施，制止不正当竞争行为，为公平竞争创造良好的环境和条件。这样，至少可以引申出以下两种意义：一是进一步深化改革开放。当不公平竞争伴随着公平竞争出现在我国经济生活中时，人们急切盼望着经济体制改革进一步向纵深发展。对于不公平竞争和不正当竞争行为来说，这两者本来是不同的，但它们在一定条件下又相互联系。有时不平等竞争情况的存在，往往是造成不正当竞争的原因。例如，生产资料、原材料供应条件的不平等，就会导致供求双方采用贿赂或变相贿赂的不正当手段成交。一方面，加快市场竞争立法是深化改革、保障社会主义市场经济健康发展的必然要求；另一方面，深化经济体制改革，并在改革过程中有效地采取措施治理造成不正当竞争的客观外部条件。这也是完善市场竞争立法、制止和消除不正当竞争行为的一个重要方面。在当前形势下，立法打破壁垒，打破封锁，建立和形成城乡开通、地区相连的统一的社会主义市场体系尤为必要。二是与国际贸易规则接轨。当今世界相互依存、相互渗透的程度日益加深，尤其是我国已加入世界贸易组织，我们必须面向国内、国外两个市场，掌握国际贸易规则。我国《反不正当竞争法》适用的自愿、平等、诚实信用的交易原则是国际通用的原则，对不正当竞争行为的界定也与西方发达国家的法律规范有很多相同或类似之处，有利于发展国际贸易。

(8)综合了我国经济立法的三种类型。我国《反不正当竞争法》是一个“多法合体”的法。这种混合包括各种经济法和行政法特征的混合，还包括实体法和秩序法的混合。我国现有经济立法有三大类：第一类是调节国家机关与经济组织之间关系的，如税法，带有行政性质，法律关系主体之间地位不平等；第二类是调节各种经济组织之间关系的，如《中华人民共和国合同法》，各主体间法律地位平等；第三类是调节国家机构上下级之间或经济组织内部关系的，如《全民所有制工业企业法》。但是我国有些法律则是这三种类型兼容的，如《中华人民共和国商标法》。现在我国《反不正当竞争法》也采用了这种方式，既有国家机关与经济组织之间的关系，又有经济组织之间的关系，还有调整政府机关内部的关系。例如，该法第4条限制国家工作人员包庇不正当竞争；第30条：“政府及所属部门违反本法第7条规定，限定他人购买其指定的经营者的商品、限制其他经营者正当的经营活动……由上级机关责令其改正，情节严重的，由同级或者上级机关对直接责任人员给予行政处分。”这就是明显的国家机关内部管理的内容。这种立法方式，便于采用多种手段规范市场经济秩序，是适合我国现阶段国情的。我国《反不正当竞争法》同时规定了适用本法的程序，如第29条，关于不服行政处罚可提起复议以及复议不服可提起诉讼的程序和时效，这与我国现在许多行政单项法的立法仍是一致的。

三、中国《反垄断法》的主要内容和特点

(一)《反垄断法》的主要内容

垄断的原意是独占，即一个市场上只有一个经营者。反垄断法，顾名思义就是反对垄断、保护竞争的法律制度。反垄断法一般是指国家调整企业垄断活动或其他限制竞争行为的有关实体法和程序法。反垄断法所规范的是国家反垄断主管机关的反垄断管理行为及经营者的垄断和限制竞争行为。《反垄断法》已于 2007 年 8 月 30 日通过，自 2008 年 8 月 1 日起实施。其主要内容包括五个方面。

(1)关于《反垄断法》的适用范围。《反垄断法》平等地适用于市场主体，即经营者。任何经营者，无论是国有企业还是民营企业，无论是内资企业还是外资企业，在经济活动中都要遵守《反垄断法》的规定，对违反规定、实施垄断行为的，都要依法追究法律责任。

中国是一个人口众多、幅员辽阔、发展不平衡的社会主义大国，需要强有力的国有经济，特别是在涉及国计民生和国家安全的关键领域，国有经济应当占有控制地位，发挥主导作用。只有这样，才能保证国家有效实施宏观调控，保证经济又好又快发展，保证人民分享发展成果，也才能保证国家有力量应对各种风险，保证经济安全和人民安居乐业。但是，《反垄断法》没有把国有公司排除在适用之外，国有公司也不能从事《反垄断法》所禁止的垄断行为。

参照国际通行做法，中国不直接规制垄断状态，而是规制垄断行为。按照第 3 条的规定，垄断行为有三类：一是经营者达成垄断协议；二是经营者滥用市场支配地位；三是具有或者可能具有排除、限制竞争效果的经营者集中。同时，中国将行政机关和法律、法规授予的具有管理公共事务职能的组织滥用行政权力，以及排除、限制竞争的行为纳入本法调整范围。

《反垄断法》既适用于在中国境内发生的垄断行为，也适用在中国境外发生的对中国境内市场竞争产生排除、限制影响的垄断行为，具有域外效力。

(2)关于垄断协议。《反垄断法》对横向垄断协议和纵向垄断协议分别做出了禁止性规定，对行业协会组织本行业经营者实施垄断协议也做出了禁止性规定，同时根据中国的实际情况，规定了垄断协议的豁免条件。竞争者之间达成的关于固定价格、限制产量、划分市场以及串通招投标等垄断协议，被称为核心卡特尔，核心卡特尔是世界很多国家反垄断执法机构严厉打击的对象。同样在中国，核心卡特尔也很难满足《反垄断法》第 13 条关于垄断协议的豁免条件中所规定的“不会严重限制相关市场的竞争”及“能够使消费者分享由此产生的利益”这两个条件，是经营者经营行为的禁区。

(3)关于滥用市场支配地位。《反垄断法》不反对经营者具有市场支配地位，但严格禁止其滥用市场支配地位实施排除、限制竞争，损害消费者利益的垄断行为。《反垄断法》列举了垄断价格、掠夺性定价、拒绝交易、强制交易、搭售、差别待遇等典型的滥用市场支配地位行为。为了增加《反垄断法》的操作性，《反垄断法》规定了认定经营者具有市场支配地位应当依据的因素和市场支配地位推定制度。我们注意到，无论对市场支配地位的界定还是对滥用行为的分析，在反垄断执法中都是极具挑战性的领域，尚需很

多必要的经济分析。

(4)关于经营者集中。经营者集中，一方面，有利于形成规模经济，从而提高经济效率和企业的竞争力；另一方面，又可能产生或者加强市场支配地位，导致排除或限制竞争。因此，各国反垄断法都对经营者集中实行必要的控制。《反垄断法》既鼓励经营者通过依法实施集中等方式做大做强，同时也依法规制经营者集中行为——经营者集中达到国务院规定的申报标准的，应当事先向国务院反垄断执法机构申报，未申报的不得实施集中。

为规范经营者集中申报和反垄断执法机构受理申报，根据《反垄断法》和《国务院关于经营者集中申报标准的规定》，我国商务部已经在2009年公布了《经营者集中申报办法》，并于2010年1月1日起施行。该法规对经营者的集中行为、参与集中的经营者营业额。集中申报的文件和材料、集中协议等做出了明确的规定。这对经营者和反垄断执法机构清楚判定拟进行的集中行为是否需要申报，提供了清晰和客观的申报标准，是对《反垄断法》的有力补充。

各国的反垄断法都是根据本国经济的发展阶段、发展水平、市场竞争等实际情况并结合一定时期的产业政策，来确定各自的申报标准，具体的标准差别很大。中国现阶段经济发展中的一个主要问题是产业集中度不高，许多企业达不到规模经济要求，竞争力不高。因此，在制定经营者集中的具体申报标准时，要以合理、适度为原则，既要有利于企业通过依法兼并做大做强，发展规模经济，提高产业集中度，增强竞争能力，又要防止经营者过度集中，形成垄断。

(5)关于滥用行政权力排除、限制竞争。针对中国市场经济中存在的行政机关及公共组织滥用行政权力排除、限制市场竞争的行政性垄断的具体表现及其危害，《反垄断法》第5章对滥用行政权力排除、限制竞争行为进行了专门规定，列举了强制交易、地区封锁(包括限制商品在地区间流通、阻碍外地经营者参加本地招投标活动、以不公平方式设定市场准入等)、强制经营者从事垄断行为等，比较全面地涵盖了我国目前存在的滥用行政权力排除、限制竞争行为的主要表现形式。同时，《反垄断法》还专门针对含有限制竞争内容的抽象行政行为做了专门规定，要求“行政机关不得滥用行政权力，制定含有排除、限制竞争内容的规定”。

《反垄断法》对滥用行政权力排除、限制竞争行为的禁止性规定，表明了我国坚决反对和制止滥用行政权力排除、限制竞争，坚定不移地推进全国统一、公平竞争、规范有序的市场体系建立的决心。需要强调的是，不能将政府及其有关部门为调控经济生活或者对经济活动进行的正常管理而采取的措施作为滥用行政权力排除、限制竞争行为来处理。从根本上解决滥用行政权力排除、限制竞争行为的问题，必须靠改革，靠发展，靠市场经济体制的进一步完善，采取综合治理的办法。

◎专栏 2-3

中国反垄断的三个典型案例

案例一：三星等6企业垄断价格被罚3亿元，成国家发改委处罚首例

中华人民共和国国家发展和改革委员会(以下简称国家发改委)首次对境外企业价格垄断做出处罚，韩国三星、LG及中国台湾地区的奇美、友达、中华映管、瀚宇彩晶6

家企业被罚 3.53 亿元。据悉，这六家企业合谋对液晶板面价格垄断，违法所得共计 2.08 亿元。

彩电成本六成是液晶面板，从整个彩电的成本构成来说，液晶面板以前最高可以达到 70%，现在也仍然可以达到 50%～60% 的份额。根据国家发改委的调查，2001～2006 年，上述 6 家企业借召开"晶体会议"之名交换液晶面板市场信息，协商液晶面板价格，以达到操纵市场价格的目的，并对中国彩电企业产生了重大影响。但由于我国《反垄断法》自 2008 年 8 月 1 日才开始实施，因此，此次 3 亿元的罚款还是依据《价格法》中有关价格垄断的处罚规定做出的裁定。

事实上，从 2004 年开始，随着我国消费者对液晶电视的迅速认可和接受，中国市场对液晶面板的需求大幅提升。但由于相关境外企业形成的垄断同盟，没有上游液晶面板生产能力的国内彩电制造商处于被动地位。

在此次受罚的 6 家企业价格串通最为紧密的 2001～2006 年，很多国产彩电品牌因为经营困难、巨额亏损而退市甚至破产。受到严重冲击造成市场份额暴跌的包括厦华、夏新、新科等曾经"占尽风头"的国产品牌。

业内看法认为，此次惩罚对维护中国市场秩序具有积极意义；但国内彩电制造企业也应积极寻求技术转型，"进军上游液晶面板产业是国产彩电品牌的唯一出路"。

除垄断价格、操纵市场外，2004 年后，上述企业卖给中国企业的面板没有任何质量担保协议，直到 2010 年，三星、LG 也只愿意执行 18 个月的保修，远低于彩电企业对消费者 36 个月的保修承诺。

案例二：国家发改委开出反垄断最大罚单，6 家奶企业被罚 6.7 亿元

国家发改委宣布，合生元等 6 家乳粉生产企业因违反《反垄断法》限制竞争行为共被罚约 6.7 亿元，成为我国反垄断史上开出的最大罚单。3 家企业因配合执法机关调查并积极整改被免除处罚。

据国家发改委价格监督检查与反垄断局局长许昆林介绍，乳企合生元公司因"违法行为严重、不能积极主动整改"被处上一年度销售额 6% 的罚款，约 1.63 亿元。不能主动配合调查但能积极整改的美赞臣公司被处上一年度销售额 4% 的罚款，约 2.04 亿元。

"能够配合调查，并主动整改的"多美滋、雅培(上海)、富仕兰(上海)、恒天然商贸(上海)公司分别被罚约 1.72 亿元、0.77 亿元、0.48 亿元、0.04 亿元。这些罚款分别占这些公司上一年度销售额的 3%。

"主动向反垄断执法机构报告达成垄断协议有关情况、提供重要证据，并积极主动整改"的惠氏公司、贝因美、明治公司被免除处罚。

国家发改委称，涉案企业提出的整改措施包括立即停止违法行为，采取实际行动，消除过去违法行为的后果，使消费者获得切实利益。

罚款创纪录表明查处力度加大，许昆林说，从 2013 年 3 月开始，根据举报，国家发改委对 9 家乳粉生产企业开展了反价格垄断调查。大量证据表明，涉案企业价格垄断具体的措施和手段主要包括合同约定、直接罚款、变相罚款、扣减返利、限制供货、停止供货等。他说，一旦下游经营者不按照涉案企业规定的价格或限定的最低价格进行销售，就会遭到惩罚。涉案企业的上述行为违反了《反垄断法》，不正当地维持了乳粉的销售高价，严重排除、限制同一乳粉品牌内的价格竞争，削弱了不同乳粉品牌间的价格竞争，破坏了公平有序的市场竞争秩序，损害了消费者利益。

反垄断问题专家、中国社会科学院教授王晓晔表示，国家发改委对6家乳企罚款额之大是“创纪录、破天荒的”。这次处罚，加上国家发改委查处的三星、茅台和五粮液等企业价格垄断大案表明，我国反垄断机关对价格垄断不法行为查处力度在加大，对其他行业和企业是个警示。

案例三：茅台、五粮液天价罚单背后，释放我国反垄断信号

一则罚单震惊了整个白酒行业。2013年2月23日，白酒巨头茅台和五粮液被曝出因实施价格垄断被国家发改委罚4.49亿元。挨罚都是限价令惹的祸，一直“霸气”十足的龙头酒企茅台和五粮液再度受挫，前不久的限价政策让二者惹祸上身。茅台和五粮液分别收到2.47亿元和2.02亿元的罚单，占两家酒企2012年销售额的1%。如果比较起来，此次罚款约占两家酒企去年净利的2%。

此次罚款事件缘起于2012年12月的茅台经销商大会，为了稳定价格，维护品牌形象，董事长袁仁国言辞强硬地发出“限价令”，要求经销商不得擅自降价。据悉，茅台集团此前要求经销商53℃飞天零售价格不能低于1 519元，团购价格不能低于1 400元。随后在1月初，茅台对其3家由于低价和跨区域销售的经销商予以处罚，并扣减20%保证金，以及提出黄牌警告。另外一家酒业巨头五粮液也不甘示弱，对12家降价或串货的经销商进行通报处罚。

由于《反垄断法》第14条明确禁止经营者与交易相对人“达成限定向第三人转售商品的最低价格”的规定，这在相关专家眼里，茅台和五粮液有涉嫌价格的维持、固定，有纵向垄断的嫌疑。据悉，国家发改委反垄断局和地方价格监管部门介入调查后，继茅台取消“限价令”，并对给相关经销商的处理决定予以撤销，退还已扣减保证金后，五粮液也紧随其后宣布撤销禁止经销商降价的通报文件。

尽管4.49亿元的处罚对于销售额数百亿元的企业来说犹如隔靴搔痒，也很难改变经销商和白酒巨头之间的不平等地位，但该处罚在我国反垄断领域，尤其是打击纵向垄断方面不失为一次成功的突破。国家发改委此举又给国民带来了些许期许，或将预示着在《反垄断法》颁布5年后，我国反垄断利剑已经出鞘，未来国内垄断行业巨头和处于垄断强势地位的外资企业都可能成为下一个受罚者。

事实上，茅台和五粮液的“限价令”政策在前不久就曾因涉嫌触犯《反垄断法》而被国家监管部门勒令取消并整改，只是令人没想到的是，此次国家发改委“动真格”了，将双方1%的销售额作为罚款，据了解，这是食品行业内开出的最大反垄断罚单。

资料来源：http://tech.sina.com.cn/it/2013-01-05/15317948780.shtml? bsh _ bid＝178681919.htm；http://www.cq.xinhuanet.com/2013-08/08/c _ 116857569.htm；http://news.xinhuanet.com/fortune/2013-02/20/c _ 124365464.htm

（二）《反垄断法》的主要特点

《反垄断法》的颁布和实施有利于预防和制止垄断行为，保护市场公平竞争，提高经济运行效率，维护消费者利益和社会公共利益，促进社会主义市场经济的健康发展。

《反垄断法》吸收、借鉴了国际上公认的、较为成熟的反垄断法的基本内容和原则，反映了各国在反对限制竞争、维护竞争机制等重大问题上的共识。尽管如此，《反垄断法》特殊的生长环境决定了其在本质上与西方发达国家的反垄断法存在很大的不同。具体来说，这部法律主要具有两个特点。

(1)《反垄断法》采取粗线条立法模式。我国是一个没有反垄断传统并鲜有反垄断执法经验的国家，采取粗线条立法模式不完全是无奈，其实在很大程度上这是一种积极的选择，不仅不宜把粗线条等同于不足甚至缺陷，而且还应当看到其积极的一面。无论如何，《反垄断法》本身都是我国法制建设过程中的一个标志性事件，在中国，所谓的“经济宪法”真的有了一个法典化的基础。当然，粗线条的立法必然会给法的实施带来一些问题，需要我们加快实施细则的制定工作和执法机构的建设工作。一定意义上讲，《反垄断法》的颁布是中国反垄断法制建设的一个新起点。

(2)尊重中国现实国情与借鉴国际先进立法经验相结合。我国的《反垄断法》不仅制止三大经济性垄断，而且还制止行政性垄断。前者表现为与国际通行规则相衔接；后者则是解决目前现实经济生活中的突出问题。现阶段我国仍处于体制转型期，反垄断立法无疑不能脱离转型期的特殊国情。更为重要的是，在立法过程中，《反垄断法》并未一味地迁就现状，而是尽可能地借鉴国际上一些较为先进的立法理念和制度安排。这突出地表现在微观制度的设计和构建上。例如，为节约执法成本和确保执法效果，引入了类似于行政和解的经营者承诺制度；为有效制止秘密卡特尔，借鉴了宽恕制度；在经营者集中部分，借鉴了国际上普遍采取的事先强制申报制度等。可以这样讲，目前我国的《反垄断法》几乎消化吸收了国际上所有可借鉴制度的成功经验。

关键概念

垄断　寡头垄断　垄断竞争　X-无效率　卡特尔　串谋　不正当竞争行为　限制竞争行为

复习思考题

1. 理解完全竞争的定义及完全竞争市场均衡具有哪些特性?
2. 垄断可能导致的福利和效率损失有哪些?
3. 衡量可操作竞争程度的标准有哪些?
4. 反托拉斯法所规范的反竞争行为有哪些?
5. 反不正当竞争法的主要内容有哪些?
6. 试述各国政府在限制垄断实践中的成效和教训。
7. 试述我国《反不正当竞争法》的主要特点。
8. 论述我国《反垄断法》的主要内容。

第三章

自然垄断及其规制

【本章学习目标】

掌握自然垄断的含义及其特点，了解自然垄断经营产品的范围；理解政府对自然垄断的责任，掌握自然垄断的政府规制方式；了解发达国家自然垄断放松规制的实践，掌握发达国家自然垄断行业放松规制的启示。

【本章知识结构】

本章知识结构如图 3-1 所示。

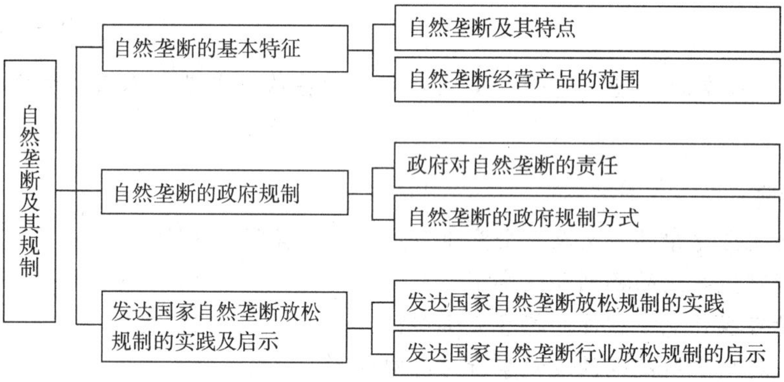

图 3-1 本章知识结构图

自然垄断(natural monopoly)是一种特殊的垄断类型，需要政府基于合理的目标进行规制，规制自然垄断与限制垄断立法存在本质区别。为此本章首先明确自然垄断的定义、特点和自然垄断经营产品的范围；其次分析政府为什么要对自然垄断进行政府规制，以及主要的规制方式和规制措施的利弊；最后，在研究发达国家放松自然垄断规制实践的基础上，明确其对中国的借鉴意义。

第一节 自然垄断的基本特征

一、自然垄断及其特点

(一)自然垄断的含义

所谓自然垄断，就是指这样一种市场形态，其中的行业规模经济效应非常突出，而且都需要投入大量资本才能开业，并且由一家企业生产要比多家企业更有效率的市场形态。另外，《马斯格雷夫经济学大辞典》指出，自然垄断企业生产技术具有规模经济的特征，平均成本(AC)随产量的增加而递减，从而有效规模要求只有一个企业生产。这种垄断最大的一个特点就是递减的平均成本。

根据平均成本递减的特征，我们可以推导出自然垄断的两个特征：①由一家企业生产的成本小于分别由两(多)家企业生产的成本；②边际成本(MC)小于平均成本。这样，自然垄断的经济特性如图 3-2 所示。

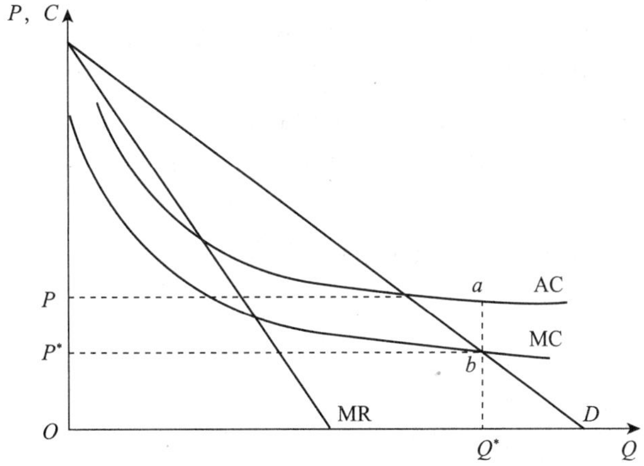

图 3-2 自然垄断的经济特性

(二)自然垄断的特点

1. 规模经济效应突出

规模经济效应突出是自然垄断行业的第一个特点。这里的规模经济效应，就是产品成本随着企业产量规模的增加而减低。由于规模经济效应的存在，在许多行业里，企业必须有一定的生产规模才能立足。但规模经济效应也不是无限制的，它取决于特定的技术条件和产品特征。有的行业，规模经济效应很有限，企业达到一定规模后就不再有规模经济效应，再扩大企业规模并不一定能降低成本，反而会失去经营的灵活性。例如，在服装行业，当厂商建立生产流水线成批大量生产一种式样的服装时，生产每一件服装的单位成本可能要比只生产十几件、几十件服装的小厂商要低廉很多。但如果服装的款式在迅速变化，小批量生产的厂商就有“船小好掉头”的优点。因此，在时装、维修服务之类的行业里，由于最佳经营规模较小，企业也以众多中小企业为主。有的行业，规模经济效应较强，大企业享有成本效益上的明显优势，生产就容易向少数大企业集中。例如，汽车、冶金、机床设备等行业的企业规模往往都很大。自然垄断行业是规模经济效应十分强烈的极端形态，平均成本总是随产量增加而降低，于是规模大的企业总是能够在生产成本上比规模小的企业占优势，最终规模最大的企业就可能击败所有对手，实现独家垄断。因此自然垄断的特点是独家垄断，效益最高。例如，一个城市中，如果存在一家以上的电力公司，互相竞争业务，重复建设发电厂，重复架设输电网路，其浪费混乱的程度，是可想而知的。

2. 资本刚性沉淀

自然垄断行业的另一个特点是经营所需要的“沉淀资本”很多，这个特点也叫资本刚性沉淀。一个自然垄断行业外的厂商，很少有兴趣来取代自然垄断企业的地位，行业内也很难维持任何多家竞争的局面。当多家规模相近的私营企业在一个自然垄断的行业内相互自由竞争时，两败俱伤是最可能的结局。两个城市之间如果已经有一家铁路公司铺设了铁路，其他公司就不大会有兴趣再铺一条铁路与之竞争。因为一方面，投资额很大，另一方面，如果建设两条铁路可能会出现两条线路都吃不饱的结果。如果，两家铁路公司真的在两个城市之间重复建设了两条铁路线，那么，由于它们都为了铺设铁路投下了数量可观的沉淀资本，它们每增加一个班次列车服务的边际成本，只包括修建铁路的沉淀资本以外的流动性开支，如车皮、燃料、乘务人员等。因此，每增加一个班次的边际成本总是低于包含了沉淀资本投资的平均成本。所以，企业在短期内就有可能把运费价格一直压低到平均成本以下的价位来挤压对手。长此以往，两家企业都无法回收沉淀资本的投资，就会产生所谓的“毁灭性竞争”，要避免两败俱伤，大家破产，只有结成垄断集团，共同经营。由此可见，这种市场形态中，独家垄断不仅是最有效率的，也是唯一稳固的产业组织形式。

3. 网络效应

人们一般将具有自然垄断性质的产业称为公用事业部门，包括电力、煤气、自来水、供热等产业和电信、广播、铁路、航空等产业的部分业务领域。它们大都具有特定的网络供应系统(如电网、路网、有线通信线路、燃气与自来水管道等)，建设这些系统需要巨额的固定资产投资。对产业内厂商而言，由于固定成本在总成本中所占比重很高，当厂商扩大生产规模、提高产量时，单位产品的边际成本和平均成本将处于下降阶段，从而实现规模收益递增和多种产品间的范围经济收益。具有网络特征的基础设施还具有明显的网络外部性。对于这类基础设施，网络上的流量(交通、电力、通信信号等)对网络作用的发挥至关重要。网络上的流量将随着网络节点的增加呈几何级数增加。网络节点数量越多，边际投资收益越大。一般情况下，在同一区域内，单个公用事业公司经营规模越大，其经营效率也越高，因为公用事业运营要求具有复杂、统一、完备的产品分配传输网络系统。例如，在水、电、气等能源网络中，能源生产设备的能力能否充分发挥，取决于整个网络能源输送到千家万户的能力；而通信网络中任何一个终端能够获得的利益，都取决于整个网络中其他终端的数量。这种性质称为网络外部性。

4. 社会公益性

自然垄断行业，如电信、电力、煤气、热力供应、供水、铁路、航空等，基本上都与社会公众的生产、生活密切相关，需要为社会公众提供日常生活所需的基本服务，其服务质量的可靠性直接影响公众利益的实现，也影响整个社会秩序的稳定和经济发展。正因为这些企业所提供的服务和产品具有公益性，与公众和社会联系密切，所以它不能像市场中的竞争性企业那样完全以追求利润为目标，而应该以公共服务为追求目标。

二、自然垄断经营产品的范围

自然垄断产业提供的产品并非全部是自然垄断经营产品，只有通过自然垄断性业务领域提供的产品才是自然垄断经营产品。因此，我们首先要分析自然垄断性业务领域的边界，其次再讨论自然垄断经营产品的范围。

(一)自然垄断性业务领域的静态边界

从整体上而言，电信、电力、铁路运输、管道燃气和自来水供应等产业都属于自然垄断产业，但并不等于这些产业的所有业务都是具有自然垄断性质的。因此，我们有必要讨论自然垄断性业务领域的边界。可是，学术界对自然垄断性业务的认识颇有争论。例如，对于电力产业来说，一些学者认为，电力输送(包括高压输电与低压配电)是自然垄断性业务，而电力生产(发电)则是非垄断性业务。因此，主张把这两大类业务活动进行分割，电力输送业务由单个公共企业或被规制的私人企业承担，而电力生产业务则由多家私人企业竞争性经营。但是，一些学者对配电是否是自然垄断业务提出了质疑，他们认为，虽然电力产业具有同时生产与消费的特点，电力产品不能储存，也不能像其他许多产品那样可以到市场上去交易，电力的生产和消费需要通过电力输送来实现，这样从表面上看，配电是自然垄断性业务，但从美国的实证资料看，在 20 多个城市中有两个电力公司建立自己的配电网络，竞争性地提供电力服务，其结果提高了生产效率和分配效率。因此，配电并不一定是自然垄断性业务。

对电力产业自然垄断性业务领域的争论同样适用于电信、煤气、自来水和铁路运输等自然垄断产业，但从大量的文献资料看，至少到目前为止，多数学者认为，这些产业的输送网络业务属于自然垄断性业务范围。这是因为，这些业务领域需要大量固定资产投资，其中相当部分是沉淀成本，如果由两家或两家以上的企业进行重复投资，不仅会浪费资源，而且使每家企业的网络系统均不能得到充分利用，从而不能实现自然垄断的成本弱增性。

(二)自然垄断性业务领域的动态边界

从动态的角度看，自然垄断的业务领域还具有相当大的可变性。这是因为，技术进步能在很大程度上改变自然垄断业务领域的边界。这在电信产业表现得特别明显。随着光缆技术的发展，利用卫星和无线电话技术，有线电视公司也能够提供传声和数据服务，这些都使电信产业将发生革命性的变化，从而为新企业进入电信产业，建立新的通信网络，比原有的电话通信网络质量更好、价格更低地向消费者提供通信服务创造了条件。这样，将来的电信产业模式并不是唯一的全国一体化的通信网络，而是由电话网络、有线电视网络、卫星和微波系统等其他技术所组成的一个多面体的互通网络，结果是大大缩小了电信产业的自然垄断业务范围，其缩小程度和速度则取决于技术发展和应用的情况。在电力产业，技术进步对自然垄断性的电力输送业务也有一定影响，如混合循环燃气轮机技术改变了电力生产的规模经济优势，而且，它能超越电力输送网络直接向较大规模的顾客提供电力。在这些自然垄断产业中，因技术进步引起的自然垄断业务领域的可变性，无疑为政府规制政策的制定者带来新的难题，要求政策制定者不仅要考虑现时的产业状况，而且要预见技术进步将会对未来的产业状况所产生的影响。

除了技术进步因素外，市场范围的变化也会改变自然垄断业务领域的动态边界。例如，在经济发展水平较低的地区，电力、燃气、自来水、铁路运输等产业具有明显的地区性，尚未形成全国性的或较大范围的市场，这些产业在较小的地区市场上具有自然垄断性，通常由一家企业垄断经营。但随着经济发展水平的提高，这些产业的市场范围将不断扩大，当市场需求量超过成本弱增的范围后，这些产业的许多业务领域就不具有自然垄断性，应该由多家企业竞争性经营，从而使原来的垄断性市场结构或寡头垄断性市场结构转变为竞争性市场结构。这也是同一种产业(如电信、电力)为什么在经济发达国家和经济不发达国家具有不同的市场结构的一个基本解释。

因此，从上面的讨论中可见，无论从静态的角度还是从动态的角度，在特定时期内，自然垄断的业务领域总是具有相对的边界。重要的是，政府规制者应根据本国的技术、经济状况，较为准确地把握具体产业的自然垄断性业务领域的边界，然后，为自然垄断性业务设计相应的政府规制政策。

(三)自然垄断经营产品的范围

研究自然垄断经营产品规制价格形成机制，不能回避自然垄断经营产品的范围问题。从上面对自然垄断性业务领域边界的讨论可见，几乎所有的自然垄断性产业既有自然垄断性业务，又有非自然垄断性业务。通常认为，自然垄断性业务是指那些固定网络性操作业务，如电力、燃气和自来水供应产业中的线路、管道等输送网络业务、电信产业中的有线通信网络业务和铁路运输产业中的铁轨网络业务，其他业务则属于非自然垄断性业务。

从原理上讲，自然垄断经营产品就是由自然垄断性业务领域所提供的产品，但实际情况却复杂得多。以电力产业为例，电力产业包括电力设备供应、电力生产(发电)、高压输电、低压配电和电力供应等业务领域，其中只有高压输电和低压配电属于自然垄断性业务，而电力设备供应、电力生产和供应则是非自然垄断性业务。显然，由于电力设备可以独立地竞争性供应，因此，它不是自然垄断经营产品。而电力的生产、输配电和供应业务是一个连续的过程，虽然电力生产和供应业务不是自然垄断性业务，但要实现电力产品的最终消费，又不能缺少这种非自然垄断性业务。管道燃气和自来水供应产业也具有与电力产业基本相同的属性。因此，自然垄断经营产品更符合实际的定义是自然垄断经营产品是必须通过自然垄断性业务领域才能提供的产品。也就是说，自然垄断经营产品通常是由自然垄断性业务领域和非自然垄断性业务领域共同提供的。

但可以独立于自然垄断性业务领域提供的产品就不是自然垄断经营产品。现在，我们来考察对自然垄断经营产品的上述定义是否也适用于铁路运输等不同于电力产业的自然垄断产业。铁路运输产业的主要业务领域包括铁路线路建设、铁路路网操作业务、铁路物资供应、铁路运输机车车辆生产与供应等。其中，只有铁路路网操作业务是自然垄断性业务，其他业务都可以由多家企业竞争性生产经营，是非自然垄断性业务。而铁路运输产品必须由具有自然垄断性的铁路路网操作业务领域提供，虽然它和铁路物资供应业务有一定的联系，但与其他非自然垄断性业务没有直接的联系。因此，铁路运输产品也符合对自然垄断经营产品的定义。

对于自然垄断经营产品，争论最多的是电信产业，从理论上讲，有线通信属于自然垄断性业务领域。有线通信包括国际、国内长途电话和市内电话，但由于通信技术的迅速发展，有线通信(特别是长途电话通信)领域的成本弱增范围不断缩小。到目前为止，长途电话业务已基本上成为非自然垄断性业务，因此，只有市内电话业务还基本属于自然垄断性业务。与此相适应，在电信产业，只有市内电话业务基本属于自然垄断经营产品。尽管长途电话通信必须通过发话方和受话方的市内电话才能实现，但长途电话服务一般不属于自然垄断经营产品。可见，对电信产业来说，自然垄断经营产品有一定的特殊性。而且，随着通信技术的进一步发展和电信规制体制改革的深化，广电网等也能提供市内电话业务，市内电话业务将来也可望成为非自然垄断性业务，那时，电信产业就不是一个自然垄断产业，也就不存在自然垄断经营产品。

综合上面的讨论，我们可以把自然垄断经营产品的范围概括为在一定时期内，凡是必须通过自然垄断性业务领域提供的产品，一般都属于自然垄断经营产品。

第二节 自然垄断的政府规制

一、政府对自然垄断的责任

由于，自然垄断的存在具有经济上的必然性，所以政府就要承担两大责任：一方面，在自然垄断的行业中，政府要维持独家垄断的局面，以保证公众享有最低的生产成本；另一方面，政府要防止垄断企业滥用其垄断地位来攫取超额利润，损害公众利益。

政府维持垄断的责任是比较容易承担的，因为自然垄断行业本身就具有自然垄断的趋向。关键的问题在于在垄断规制条件下，由于特定的规制政策，该行业的盈利水平明显高于其他行业，从而引起投资自动流入自然垄断行业。例如，在电信业发展之初，政府为了鼓励投资，为电信事业的发展筹集初始资金，允许电信部门收取高额的费用。这时，电信部门的盈利就明显高于其他行业，如果存在比较自由的投资环境，就可能导致资本自动流入电信行业，从而导致规模不经济。为了使电信服务做到公平，政府强制电信行业对边远地区的收费低于对城市的收费。这时，城市的收费就高于其成本支出，以弥补边远地区的高额成本低收费。如果不进行规制，它们就会只经营城市的电信以取得规制引起的高额利润。

政府的第二项责任，就是规制自然垄断企业，使其既有效率，同时又保证其不滥用垄断地位。这个责任一般比较难办。对此，政府一般采取国有化的办法，由政府直接经营自然垄断行业，政府任命的企业家来经营自然垄断行业。实行市场经济的大多数国家都采取这种办法。但是，这种做法会遇到一个难题，即自然垄断的宗旨是以盈利最大化为目的，还是以服务最大化为目的。假设，国有垄断企业的经营原则是市场化的，那么产品的定价就会确定在边际成本等于边际收益的水平之上，这时就会产生上面所说的垄断利润侵占公众利益的问题。如果，国有企业的宗旨是为人民谋取更大的福利，那么产品供给价格就应该确定在边际成本最低时的水平，这时消费者就可以享受到最低的价格，从而取得最大的消费者剩余。但是，由于沉淀资本的影响，自然垄断产品的最低边际成本必然低于平均成本。这样，国有企业就会处于亏损状态，政府不得不对其进行财政补贴，这时又只好把价格确定在平均成本的水平上。这样，企业不亏也不盈，既不存在垄断地位滥用的问题，也不存在巨额政府补贴的问题。但是，这样一来，就可能导致企业缺乏动力去降低成本，提高效益，长此以往，企业的平均成本就会大大高于一般情况下应该达到的水平，从而在实际上潜在地滥用了垄断地位。而且，国有企业常有的管理上官僚化的弊病，也会降低自然垄断行业的效益水平。

所以，现代经济中，政府往往把自然垄断行业保留在私人企业手中，或者引入市场化的经营机制，政府则只是对这些行业进行规制。监督和规制这些行业的价格及提供服务的质量，其方法不外是由政府确定服务数量和质量标准，同时由政府规制价格。

二、自然垄断的政府规制方式

（一）进入规制

在自然垄断产业，一般由政府对企业的从业资格、产品及服务的内容和标准进行审查和认证，从而确定一家或极少数几家企业获准享有特许经营权，并承担该产业的供给，而不能自由退出。从增进社会福利的角度，对垄断企业的进入规制一般采用以下三种具体方式。

(1)对垄断企业实行国有化，由政府所有，并委托经理人员代理经营，使其不以追求利润最大化作为唯一目标，而致力于提高社会福利水平。

一般说来，国有化方式适用于相对较广的产业领域，能够较好地预防企业单纯追求利润最大化而忽视满足社会福利目标的偏向。但其缺陷是，在这些国有企业内部，存在复杂的委托代理问题，企业经理人员和员工往往缺乏有效地提高经营效率的激励和约束机制，从而导致经营效率的低下。西方国家 20 世纪 80 年代以后兴起的私有化浪潮中，相当一部分企业就是自然垄断行业中的这些国有企业。

(2)采取授予特许权经营的办法，将垄断权力授予那些能够以更低的价格提供更优质服务的企业。

这种规制方式一般是通过特许权投标方式确定行业经营企业的。这种规制方式能够有效改进企业内部的经营效率，但在实际投标过程中，易发生参与投标的企业相互串通和合谋的问题。同时，与潜在进入企业比较，在位企业具有信息方面的优势，难以保证投标过程的有效竞争。此外，在竞标中失去经营权的企业，还面临着如何处置专用性资产的问题。

(3)将一个全国性垄断企业分解为若干个地区性企业，促使这些企业展开区域间竞争，而政府则可依照优秀企业的经营成就来监控其他地区企业的经营状况，刺激其他企业提高其内部经营效率。

这种规制方式虽然可以对低效率经营企业施加较大的竞争压力，但它的有效性是以完全信息为前提的，也就是说，此种规制方式要求政府拥有企业在高效经营下的成本信息和服务信息。而现实中信息的分布是不对称的，政府在有关信息的占有方面并不比企业占有更大的优势；并且，各个地区性企业也不处于完全相同的地理及供求环境中，在这种情况下，政府很难监控、诱导企业将经营成本降至最低水平。

(二)价格规制

1. 价格水平规制的目标

对于自然垄断行业而言，价格规制是政府规制的核心内容，价格水平的高低，不仅影响着企业的生产经营行为和生产经营效果，也直接关系到资源配置效率和社会分配效率。因此，价格水平规制的目标主要有四个方面：一是优化资源配置；二是促进社会分配效率；三是激励企业生产；四是保障企业利益。

价格水平规制的第一个目标是优化资源配置。从社会层面看，价格的资源配置功能是市场经济赖以依存和运行的基础，它要求价格既要反映商品的价值，又要反映其供求关系。在完全竞争市场中，通过市场机制的作用，会形成一个合理的价格水平，使得资源高效配置。但在自然垄断行业，其垄断的市场结构决定了几乎不存在竞争或竞争很弱，市场机制难以发挥作用，合理的价格水平就需要通过政府规制来实现。自然垄断行业涉及自来水、电力、电信、燃气、交通运输等产业部门，从生活角度看，这些行业与人民群众生活紧密相连，关系到国计民生。从生产角度看，它们又属于基础设施产业，直接影响到其他各行各业的生产经营状况，对整个国民经济的发展有着举足轻重的作用。也正因为如此，这些产品或服务的价格水平对整个社会的资源配置效率有重大影响。一个不争的事实是，中国是个缺水的国家，特别是北方省份，更是严重缺水，但在生产生活中，水资源的浪费现象却又十分惊人，没能高效利用。究其原因，价格水平不尽合理是其中一个重要影响因素。类似现象在电力、燃气等其他自然垄断行业也不同程度地存在。总之，我们必须将优化资源配置作为价格水平规制的重要目标，这一点是价格水平规制成功与否的关键。

价格水平规制的第二个目标是促进社会分配效率。调节社会分配是价格的另一个重要功能，价格水平不仅影响到生产者和消费者之间的福利状况，还影响到不同生产者之间的成本收益状况。自然垄断行业的显著特征是规模经济性，即一般由一家或少数几家企业垄断经营会具有更高的生产效率。这样，生产企业如果不受政府规制，就会凭借其垄断地位成为市场价格的制定者，通过垄断价格而获取垄断利润。垄断利润的来源根据用户不同可分为两部分：一是直接来源于把自然垄断产品作为最终消费品的消费者，表现为消费者由于接受垄断价格而造成福利的损失；二是来源于把自然垄断产品作为要素投入的其他生产者，垄断价格会造成这些生产者成本上升，使其蒙受部分损失，另一部分损失则可以通过提高产品价格的方式转嫁给消费者和另外的生产者，转嫁程度取决于产品的特性。由此可见，如果自然垄断行业垄断高价存在，就会造成社会分配效率的扭曲，而且其影响不是一次性、单方面的，而是多层次、全方位的，会进而影响整个国民经济的社会分配效率。这就要求政府对自然垄断行业的价格水平进行规制，以促进社会分配效率。

价格水平规制的第三个目标是激励企业生产。在缺乏竞争的自然垄断行业，企业改善经营管理和推动技术创新的动力不足，缺乏降低成本、提高生产效率的压力。根据哈维·雷本斯坦的X-无效率理论，在垄断企业的组织内部，存在着资源分配的非效率性。雷本斯坦认为，企业不是由一个单纯的群体构成的，而是由实业家、白领和蓝领等集团共同组成的组织。处在竞争性市场上的企业，为了争得生存的条件，企业内的各集团会团结一致去提高效率。但垄断市场上的企业则不同，由于它享有垄断利润，使企业的长期存在没有大的外来威胁，因此，企业内部各集团的行为就会偏离企业利润最大化这一目标，而在组织内部追求各集团本身的利益，致使企业的效率下降。关于这一点，也可以从中国某些自然垄断行业国企改革中得到证实。一些非垄断性业务(如燃气行业中的瓶装液化石油气业务)在垄断企业内部长期亏损，需要政府大量补贴；从企业中分离出去面向市场后，则连年减亏，很快就扭亏为盈。政府对自然垄断行业的规制，就是要通过一定的规制政策与措施，建立一种类似于竞争机制的激励机制，以刺激企业提高生产效率。因此，价格水平规制作为一种重要的规制手段，就是要在一定程度上激励企业优化生产要素组合，充分利用规模经济，不断进行技术和管理创新，努力降低成本，提高质量，实现生产效率最大化。

价格水平规制的第四个目标是保障企业利益。自然垄断行业大都属于基础设施行业，从供给角度看，具有投资额大、投资回收期长的特点；从需求角度看，这些行业对整个国民经济健康运行和平稳发展有着重大影响，而且随着经济发展，对这些行业的需求有加速增长的趋势。为了保护企业投资的积极性，满足国民经济对自然垄断行业日益增长的需求，政府在制定价格水平时要充分考虑到两个方面：一是补偿企业成本，这是维持企业简单再生产的基本条件；二是保障企业合理的利润水平，使得企业具有一定的自我积累、增加投资、进行扩大再生产的能力。

总之，优化资源配置、促进社会分配效率、激励企业生产和保障企业利益，共同构成了自然垄断行业价格水平规制的目标体系。它们是政府制定自然垄断行业规制价格的主要经济依据，也是进行价格规制政策分析的重要工具。其中，第一个和第二个目标是从社会层面考察的，其实现程度的高低也是社会所关心的，因而属于社会目标；第三个目标虽然是从企业层面考察的，但并不是企业真正关心的目标，事实上，企业并不希望有更多的竞争压力，其实现状况仍然是社会所关心的，也属于社会目标；第四个目标是从企业层面考察的，也是企业所关心并力求实现的目标，因而属企业目标。显然，社会目标和企业目标虽并非统一关系，但也不完全对立，它们之间是对立统一关系，而且在社会目标内部，各目标之间也是对立统一关系。这就要求政府在制定自然垄断行业规制价格时，既要考虑到社会目标，又要兼顾企业目标，协调好各目标之间的关系。

◎专栏 3-1

后铁道部时代的火车票市场化定价

2012年“两会”的召开拉开了中国铁道部改革的序幕，2013年4月10日，国务院出台《关于机构改革和职能转变方案》，提出撤销铁道部，实现铁路政企分开，组建国家铁路局和中国铁路总公司。

铁路改革也拉开了火车票市场化定价的序幕，但是铁路改革并不意味着票价要上涨，而是票价更灵活，该涨的涨、该降的降，让票价反映供需，反映服务。例如，在淡季应适当降价，在旺季应适当涨价。又如，由于持站票的旅客没有享受应有服务，票价应下调，而不能是站坐票同价。近几年“高铁时代”的到来给民航票价带来了不小的波动，同理的情况应该也将发生在市场化的铁路票价上。不难看出，票价改革只是铁路市场化改革的一部分，只有市场竞争程度才能真正检验出铁路市场化改革的成效。

就在铁路政企分开后不久，多地铁路票价也出现了打折优惠的情况。尽管优惠幅度有限，却得到了民众和业内人士的肯定，市场化的票价就是需要更具有弹性，更能反映市场的变化和波动。铁路不仅仅具有市场性还有公益性。在国务院批复的组建方案里边特别提到对于一些学生、一些特殊群体享受一个低价格。另外，国家还要给予一定的公益性补贴。铁路价格有变动很正常，但完全按照市场化来进行定价也是不现实的，需要作一个探索，逐渐理顺铁路的价格。

火车票的市场化定价的背后是对铁路资源的分配，一个不可忽略的前提就是它们始终是作为公共产品出现的。火车票定价既不能完全依照有多少服务就产生多少价格的市场化定价，亦不能像之前铁道部说多少就是多少的行政垄断化定价。同样，针对火车旅客多以社会底层为主应该适当降价的观点，公共产品也不能因社会关系的界定而产生价格区分，刻意制造社会不公。

其实不仅仅是火车票定价，日常生活中水、电、气、成品油等公共产品的定价，之所以会产生争议，背后是公共资源的国有垄断。由于绝对垄断带来的对社会最优福利的偏离，人们希望找到一个合理的管制价格降低社会支付成本，使得公共产品社会效益最大化，增加社会福利水平。

在这个过程中，纯粹化的行政定价和市场化定价都已经被历史和现实否定。但像火车票这类资源走向一定程度的市场化已是必然，所以这类公共产品的定价既要追求利润最大化，也要追求社会效益最大化。这便意味着，政府行政不能包办一切，在政府或者国有垄断企业必须承担的公共职责之外，则要尽可能发挥市场的作用，一方面要发挥市场价格对供求关系的调节作用，以抑制浪费；另一方面要使供给者之间形成有效的竞争。

但铁路又与水、电、气这些公共产品有一点区别，那就是不管是自由竞争还是垄断，需求曲线和供给曲线在短期之内都是没有大变化的。那么，一方面，铁道部的垄断地位应该被打破，引入一定程度的市场竞争；另一方面，从公共产品产权归社会公众来说，必须让社会公众拥有一定的定价权。进而，铁路经营信息必须公开，让一张火车票背后哪些属于公共财政承担，哪些属于社会市场盈利，二者之间有个明确界限划分，在此基础上完善公共产品补偿机制和引入市场供需服务定价原则及社会公众的价格听证，推进政企分开，建立公正的监管机构，如此公共产品方能有一个让社会各方都能接受的价格。

资料来源：山西晚报．火车票背后公共产品的定价机制．2013-01-16；中新网．铁路改革大势所趋，火车票价“市场化”引人关注．2013-03-21

2. 价格水平规制目标与定价方式的选择

自然垄断行业的价格水平规制目标与定价方式有着密切的联系，在选择定价方式和价格水平时，不仅要兼顾社会目标和企业目标，还要充分考虑到社会目标内部各分目标的实现情况。

(1)企业自行定价。在没有政府干预的条件下，企业根据利润最大化原则，会按照边际成本等于边际收益来确定价格水平，如图 3-3 所示。

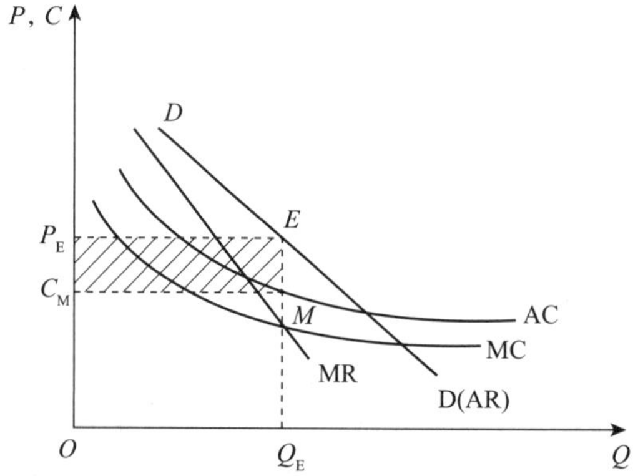

图 3-3 企业自行定价方式

图 3-3 是一个标准垄断企业所采取的定价方式，也是典型的垄断价格形成图。企业会根据自身利益最大化原则 MR＝MC 选择定价方式，MR 和 MC 的交点 M 所对应的需求曲线上的点为 E。由 E 点可确定该垄断企业的价格水平为 P_E，相应地产品或服务供给量为 Q_E。从长期看，P_E 会高于平均成本 AC，企业将具有超额利润，即总收益 OQ_EEP_E 减去总成本 OQ_EMC_M，为图中阴影部分 C_MMEP_E。在这一定价方式和价格水平下，企业目标会很好地实现，但社会目标实现情况则不够理想。一方面，P_E 的价格水平较高，使得部分消费者剩余转化为生产者剩余；另一方面，Q_E 的产量水平也低于竞争的产量水平，导致供给不足。同时，企业可以通过垄断价格获取超额利润，创新动力不足。也正是因为这些社会目标无法实现，政府需要对价格水平规制，使得价格低于 P_E。我国的电信行业，在该行业改革之前比较接近于这种定价方式，虽然政府制定了价格，但企业可以通过价外加价和变相涨价，如初装费(出资者在产权结构中不享有任何权利的特殊现象)、高额的月租费、强售话机、降低服务质量等方式提高价格，引起公众强烈不满。

(2)边际成本定价方式。选择何种方式定价才能使社会目标更好地实现呢？根据经济学基本原理，为实现促进社会分配效率目标，应当是边际成本曲线 MC 与需求曲线 DD(平均收益曲线)的交点决定的规制价格水平，从理论上讲能保证分配效率，如图3-4所示。

在图 3-4 中，自然垄断行业具有显著的规模经济，在较大范围内平均成本曲线 AC 向右下方倾斜，则必然有 AC＞MC。按 MC＝AR 来决定价格水平，边际成本曲线 MC 与平均收益曲线 AR 相交于 E'点，价格为 P_1，供给量为 Q_1。此时，企业就会发生亏损，亏损总额为阴影部分 $P_1E'AC_A$。

很显然，在这一定价方式下，自然垄断行业的价格水平很低，产量水平较高，但是否能说明规制目标实现得更好呢？

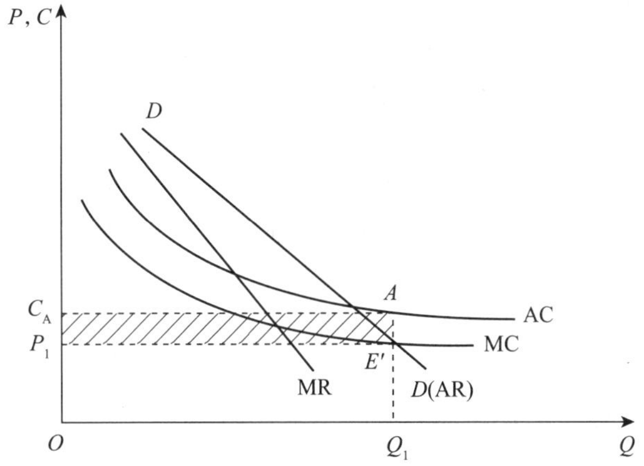

图 3-4　边际成本定价方式

从保障企业利益目标看，因为企业亏损而使得这一目标是根本无法实现的。企业无论如何努力降低成本，亏损也无法消除，且企业产出越多，亏损额也越大，所以同样无法实现激励企业生产的目标。从优化资源配置目标看，由于商品价格过低，很难避免自然垄断行业产品在使用过程中的浪费现象，从而降低了使用效率。特别是，如自来水和管道燃气等以自然资源为基础的行业，过度消费甚至会影响到国民经济长远的持续发展。在这一价格水平下，“从理论上讲能保证分配效率”也是值得怀疑的。要使这一定价方式得以实施，企业亏损部分 $P_1E'AC_A$ 必须得到补偿，否则，企业将退出生产，而愿意且能够补偿亏损的，只能是财政补贴。这样，这一定价方式就是“低价格＋高补贴”模式，无疑社会福利也会重新分配。生产者由于获得财政补贴而并未蒙受损失，甚至于因无须承担经营风险和降低成本的压力而受益；政府可以通过提高税率或改变财政支出结构，仍然保持“取之于民，用之于民”，也不会受损；消费者却因享受低价而获得了更多的消费者剩余，且消费量越大，获利越多。表面上看，社会福利增加了，社会分配效率提高了，果真如此吗？

其实，遭受损失的是纳税人和没有消费自然垄断产品的其他群体。纳税人的损失表现为两个方面：一是因政府提高税率而缴纳更多的税收；二是因政府改变财政支出结构，使得其他方面社会福利的减少。没有消费自然垄断产品的其他群体，是指没有直接消费的群体，或者直接和间接消费量较小的群体，其损失是享受社会福利的机会不均等和因政府改变支出结构而导致的其他方面社会福利的减少。而且，这部分群体往往是低收入或弱势群体，如对城市公用事业的补贴，农村居民就不能从中获益。从这个角度看，这种定价方式非但没有促进社会分配效率，反而很有可能导致分配效率的降低。

在实践中，使用“低价格＋高补贴”的定价方式也存在诸多困难。对于企业来说，其利润的多少并不取决于成本的高低，而是取决于财政补贴的幅度。这就会使企业把精力较多地用于可争取到更多的财政补贴上，而不是用于提高生产效率上。对政府而言，不但会增加政府的财政负担，也增加了发生“政府规制俘虏”问题的可能性；同时，由于信息严重不对称，政府很难掌握企业的生产经营状况，无法准确了解合理的补贴额是多少，产品定价和补贴数额最终会取决于双方的讨价还价能力。我国的城市自来水、管道燃气等行业，在这些行业改革前比较接近这种定价方式，但是企业低效率、职工高工资、政府高补贴，问题早已到了不得不进行大幅度改革的地步。

就像很难说清改革前的城市燃气行业和电信行业哪一个更优一样，“低价格＋高补贴”的定价方式是否比企业自行定价更优也很难回答，但可以肯定的是哪一种都不优。

(3)平均成本定价方式。在没有政府干预的条件下，企业自行定价会导致过高的垄断价格，而边际成本与平均收益决定的价格又过低，能否在两者中间找出最优的定价方式呢？用平均成本曲线 AC 与平均收益曲线 AR(*DD*)来决定价格水平，或许能缓解这一矛盾，如图 3-5 所示。

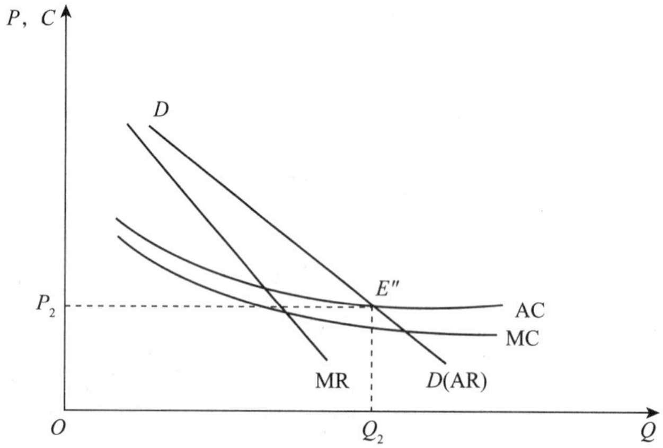

图 3-5 平均成本定价方式

图 3-5 中，平均成本曲线 AC 与平均收益曲线 AR(需求曲线 *DD*)相交于 E''点，决定的价格水平为 P_2，供给量为 Q_2。P_2 和 Q_2 与前面所讨论的两种定价方式相比，均为其中间值，即 $P_E > P_2 > P_1$，$Q_E < Q_2 < Q_1$。

显然在 P_2 的价格水平下，企业既不存在超额利润，也不存在亏损，且能够获得正常利润(AC 是包括正常利润在内的平均成本曲线)，保障企业利益目标较好地实现。

优化资源配置和促进社会分配效率目标实现程度较高，但并不能得出完全实现的结论，而且对于不同的行业而言也不尽相同。例如，自来水和燃气行业只计算了生产经营过程中实际发生的成本，自然资源(如地下水、煤、天然气等)是无偿使用的，这是否合理本身就有一个价值判断的问题。如果说地下水在其能够自动补给的范围内，无偿使用可以认为是合理的话，那么超过其自我恢复的能力，使其从可再生资源变成不可再生资源，这样的生产经营就有很强的负外部性，社会成本巨大，显然是不合理的。这对于煤、天然气等非再生资源具有同等的意义。单从这个意义上讲，已经不能说明优化资源配置和促进分配效率的目标充分实现。但相对于前两种定价方式而言，其实现程度更高一些。第一种定价方式是高价，只对生产者有利；第二种定价方式是低价，只对部分消费者有利。两者共同的特点是资源的无偿使用更多地惠及某一特定群体，而且并非弱势群体。

至于激励企业生产，提高生产效率目标，在这一定价方式下，也不能很好地实现。由于按平均成本定价，企业不需降低成本就能获得正常利润，缺乏提高生产效率的动力。同时，由于严重的非对称信息，企业可能会通过虚报成本以提高价格。为解决这一问题，在实践中应注意以下三个方面：一是尽可能多地了解有关企业生产经营的信息，以确定真实的平均成本；二是价格水平必须与生产效率提高相联系，迫使企业降低成本；三是价格水平规制要与其他规制手段相结合。例如，将产品或服务质量与规制相结合，以防止变相涨价现象。

从以上分析可以看出，对自然垄断行业价格水平进行规制，并不存在理论上的最优定价方式和价格水平。其主要原因是规制目标多元化，且涉及价值判断问题而无法量化，不同的人、不同的群体会给不同的目标赋予不同的权重。作者认为按平均成本定价更优一些，这是基于综合考虑这些目标的实现情况，包括个人的价值判断得出的结论。

3. 自然垄断行业价格规制方式

(1)投资回报率规制。从理论上看，按照产品或服务的边际成本来确定规制产业的价格，是一种理想方式，能够实现帕累托最优效率。但这种方法在自然垄断产业难以执行，因为这些产业具有明显的规模经济效应，如果按边际成本定价，就会出现价格低于平均成本，企业面临亏损，从而没有动力提供供给。尽管，政府可以运用税收对企业进行财政补贴，但却可能导致企业缺乏有效的激励去提高内部效率。若在成本递增行业采取边际成本定价，又无法消除企业的超额利润。因此，对于自然垄断产业通常采取平均成本定价方式，即允许企业在正常运营成本的基础上，获取一个合理的或公正的资本收益率。在平均成本定价中，关键是确定公正报酬率(fair rate of return)。由于自然垄断企业的资产(V)一般由借贷资本(D)和自有资本(E)构成，因此，资产的公正报酬率(φ)需要通过确定借贷资本和自有资本的合理比率，以及确定借贷资本的合理利率(i)和自有资本的合理利润率(ρ)来决定，即

$$\varphi = D/V \cdot i + E/V \cdot \rho \tag{3-1}$$

其中，D/V、E/V 属于企业资本结构变量，只要资本市场健全，企业融资行为合理，规制部门不必进行过多干预。这样，确定公正报酬率实际上可简化为选择合理的借贷利率 i 和利润率 ρ。一般情况下，受规制产业的固定资产比率较高，借入的长期资本在负债资本中所占比重较大，因而借贷利率 i 一般以资金的长期借入利率来计算，而自有资本的合理利润率 ρ 则选取长期资金的存款利率。用企业资本总值 C 乘以公正报酬率 φ，就可以确定受规制企业合理的资本收益水平，从而也就为制定企业规制价格提供了依据。

(2)拉姆士定价(Ramsey pricing)。它是指当企业按照边际成本定价将会出现亏损时，采取的一种次优的定价方式，即在保证企业可以实现收支平衡的前提下，达到社会福利的最大化。考虑一个特定的企业用共同的设备向需求价格弹性各不相同的多个用户提供服务时的情况，假设各个用户的需求相互独立，需求方程记为 $P_i = P(Q_i)$，供给量为 Q_i，总的固定成本为 F，平均成本与边际成本相等，均为 c，这时，拉姆士定价为

$$P_i = \frac{c}{1 - R/|\varepsilon_i|} \tag{3-2}$$

其中，$R = \lambda(\lambda + 1)$；λ 为拉姆士系数；ε_i 为需求的价格弹性。

根据拉姆士定价公式可以看到，只要充分考虑用户对固定成本分摊的接受程度，针

对用户不同的需求价格弹性，确定相应的价格，仍能够在保证企业收支平衡的前提下，实现社会福利的最大化。但在现实操作中，由于各种服务的边际成本和需求价格弹性的有关信息不易获得，因此，这种定价方式的实际应用价值并不大。

(3)收费结构规制。它是规制机构根据企业提供服务的时间、对象、数量及成本上的差异，调整相应的收费标准，使收费体系更趋公正、合理。这种收费方式又可分为线性收费和非线性收费两种方式。线性收费是指收费价格(或收益)与需求量之间存在线性关系，对每单位需求量制定同样的费用标准，或者在一定的期限内不考虑使用量，仅按固定额度收费。非线性收费是指根据用户的需求量、使用时间、仪表计量以及生产设备的利用状况(即负荷率)等方面的差异，制定相应的收费标准。非线性收费包括三种具体方式。

第一是两段收费。所谓两段收费，即"二部定价"收费，它是指厂商先向消费者收取一笔固定费用，而后再按商品或服务的消费数量收取相应费用的方法。两段收费在实践中得到了广泛应用。例如，前面所说电话公司先按月份收取月租费，然后再按用户通话次数、通话时间收取通话费用；乘坐出租车也是先支付起步价，然后再按超出里程数付费。在实践中，两段收费的定价方式可细分为单一两段收费和多种两段收费。前者是指厂商向所有的消费者统一收取相同的固定费用和边际费用；后者是指厂商向不同的消费者提供一个可供选择的消费组合菜单，菜单上列有不同的两段收费安排，消费者可以依据自己的需求和偏好进行选择。

第二是高峰负荷收费(peak-load pricing)。由于自然垄断产业的生产和配送能力一般是按高峰期的需求设置，这些设备在非高峰期时，会出现大量闲置，倘若按同一标准收费，会降低设备的利用效率，造成成本分摊的不合理。因此，有必要针对高峰和非高峰的需求状况，设计相应的收费结构。

第三是服务成本收费(cost-service pricing)。它是根据提供用户各种服务所发生的个别成本进行收费，使收费水平与用户所需承担的成本相一致。这种收费方式的实行，要求规制部门掌握各个用户的成本信息，以便制定相应的收费标准。用户收费的不同能够反映用户获取服务的个别成本的差异，因而体现了公平的原则。

假设，自然垄断产业的总成本包括三部分：一是可变成本(VC)，它的大小取决于企业提供服务的数量，如原料、燃料的投入；二是固定成本(FC)，它的大小与服务的数量无关，如厂房、生产设备与建造网络供应系统等方面的费用；三是用户成本(CC)，这专指在各个用户家中发生的费用。假设产业的总供给量为 Q，单个用户的使用量为 q_i，用户成本为 C_i，且总供给量等于总需求量，于是单个用户的服务收费为

$$P_i = \mathrm{VC}(q_i) + \mathrm{FC} \cdot (q_i / Q) + C_i \tag{3-3}$$

这种收费方式要求规制部门必须掌握各个用户的成本信息，以便制定相应的收费标准。对各个用户收费的不同，能够完全反映用户获取服务的个别成本是来自供给方面的差别。它虽然本身不是价格歧视，但在实际操作中具体分摊成本时存在较大的随意性，很难保证公平的实现，并成为在自然垄断行业产生价格歧视的诱因。

(4)价格上限规制。它是 20 世纪 90 年代以后，伴随着激励规制理论的兴起而出现的一种价格规制方式。英国从 1984 年，即开始在自然垄断行业使用这种规制方式。如

果说传统的合理报酬率定价或服务成本定价是一种成本加成机制的话，那么，价格上限定价就是一种固定价格机制，实际上是一种存在道德风险时的剩余索取合同。在价格上限规制合同中，被规制企业的平均价格上限一般被做如下限制：

$$P_t = P_{t-1}[1.0 + (\text{RPI} - X) \div 100] \tag{3-4}$$

其中，P_{t-1}为基准价格；RPI 为物价上涨率；X 为规制机构规定的生产率上升率。可见，价格上限规制就是在一般物价上涨率中扣除预先设定的该产业生产率上升率，在此基础上，加上被允许的价格转嫁费用的上升率，在此范围内允许价格上涨的规制。在这里，对企业所能控制的费用而言，规制能够促使企业生产率的提高；而对于难以掌握的企业费用，则允许企业向价格转嫁。在企业生产率上升的成果中，X 为消费者所保留，超过 X 的部分为企业所获得，只要不超过所限定的平均价格上限，企业就可以自由变动所限定范围内的各项产品或服务的价格。

相对于传统的服务成本定价，价格上限规制主要有以下优点：它增强了企业降低成本、提高效率的激励；由于单项服务的价格确定具有较高的自由度，因而可以形成有效的收费体系；通过减少规制所必需的信息等，可以降低规制成本；预先明确了生产率提高的成果分配方式；由于预先确定了更新规制规则的时间，就使长期性、计划性的经营活动成为可能；规制实施手续的透明度增加；等等。但价格上限规制在实施过程中也暴露出一些问题：第一，规则常常被变更，并且规则的更改时间或 X 的设定往往以企业的利润为基础，这就影响了激励效率。第二，价格上限通常是在某个有限的时间内定义的，对合同的动态问题(如新服务的出现以及现有服务的逐渐取消等)的处理尚不完善。第三，对于不确定条件下的价格权重难以估计。完全信息条件下的价格上限的权重等于实际产出数量，但在成本、市场需求和竞争对市场份额影响不确定时，就很难对权重做出符合社会最优的估计。第四，它忽视了对非线性价格的处理。理论上人们只把线性价格包括在价格上限中，实践中却存在许多非线性定价的情况。为便于监督价格上限的执行，规制机构往往忽视这些情况。

尽管价格上限规制在实施中还存在以上缺陷，但它毕竟使政府规制部门对规制问题的思维方式发生了深刻的变革，并使自然垄断行业的规制更充分地体现了效率的要求。因而，这种规制方式目前在美国、日本等国家的某些公用事业也开始得到推行。

4. 目前我国的价格规制办法

目前，我国对垄断性行业的价格规制办法，名义上是规制报酬率的办法，定价的原则是补偿成本加合理利润，实际上是一种有特殊含义的“价格下限制”或没有限制。

首先，补偿成本加合理利润的定价办法，并没有对企业的利润率水平进行限制，利润率多高算“合理”，没有明确的数字标准。所谓合理利润水平只是一个大概数字，不存在明确的约束。

其次，补偿成本加合理利润的定价办法，没有对企业的经营成本进行严格约束，成本如何构成，标准如何确定，没有具体规制办法，没有计算的法定依据。规制机构不可能对每个企业的成本都进行监督，也不可能对其十分了解，所以最后结果是，垄断企业上报的成本是多少，成本就是多少。补偿成本加合理利润的定价办法对定价的主要因素——成本，实际上也没有约束。

垄断企业享受高利润要受到社会谴责，而且在国有体制下，高利润要上缴国家财政，留下的部分也要成为国有投资资本，高利润并不会给国有垄断企业带来整体上的利益。但是，高利润会给国有垄断企业的主要管理者带来政治上的利益，所以，国有垄断企业的领导一般都喜欢有一定的盈利。在保证一定盈利的同时，国有垄断企业谋求本企业利益的主要办法是多列成本，提高企业职工的工资福利待遇，多安置本企业员工的家属就业，将垄断企业的一部分盈利用于其他领域投资。这样，增加的成本全部进入价格，成为价格的一个主要构成部分。

垄断企业的发展需要一定资金，所以，在价格构成中，还包括为保证未来发展需要的资金部分。未来发展需要的资金没有明确的数字标准限制，垄断企业是在本行业内部发展还是走出本行业到其他领域发展也无限制。这样，出现的结果是垄断企业效益好就多留发展资金，效益不好就少留或不留发展资金。

目前垄断企业价格水平没有上限，也没有利润率控制，最低下限是保证不亏本。其采用的是不限制成本的、由成本决定最低价格的倒逼定价方法。可以说，目前我国的垄断性行业价格水平表面上受到严格规制，要由政府直接定价或制定指导价，实际上没有控制，因为定价没有明确的方法，不知道成本到底是多少，哪些成本是合理的，哪些是不合理的。政府定价没有明确的成本基础而且要保证盈利，于是，便出现了定价绝对向企业倾斜的价格，不管成本多高都不受限制而且要盈利，盈利多少也没有限制，基本上是多多益善。

◎专栏 3-2

打破垄断才能断绝垄断福利

在某些垄断企业，垄断福利已经政策化、制度化，成为一个突兀而冷酷的不公符号。

有网民反映，深圳地铁公司员工家属可免费乘地铁。深圳地铁公司16日回应称，该部分支出未纳入运营成本，不影响票价成本计算。有律师称，地铁公司家属一直享有免费乘地铁的福利待遇。

2010年中秋、国庆前后，“晒福利”的话题在网上大热。有人说：“单位给每个人发了8 000元钱，别的啥也没了，一年不如一年啊。”这种论调在另外一些人看来却是得了便宜还卖乖：“我们老板只发了一封电子邮件以示祝贺，真是‘君子’之交淡如水。”

其实，一些垄断企业节日福利优厚并不是新闻，媒体有过报道，民众也有耳闻，与其说这是潜规则，不如说是大家心知肚明的明规则。换言之，这不是偶然的个案，而是普遍性的惯例。深圳地铁公司相关负责人就明确表示，这一优惠在许多城市的地铁运营中均有相关政策支持。

全国政协委员刘明华对记者表示：“有的单位不是没钱发，而是愁找不到名目。”在某电力央企工作的李某向记者透露：“我们单位员工每月都有报销任务，即1 500元的超市购物和1 000元的汽车油票，完成任务就等于报销了2 500元。”电力行业发放福利和奖金的项目多如牛毛，单签字就得花费不少工夫，用句坊间的话说：“签字签得手都发软”。

无论是高福利还是免费乘车，说白了都是垄断自肥。尽管众所周知，公众痛恨，但自肥者乐在其中，不为所动，面对质疑，要么顾左右而言他，要么百般辩解。例如，曾有某城市地铁公司大言不惭地宣称，员工家属免费乘地铁是“反恐需要”；还有一种论调是，“免票坐车”是地铁员工通过自己合法劳动为家属争得的福利。而深圳地铁公司的回应也令人忍俊不禁，即家属乘车优惠这部分支出并未纳入运营成本，对票价成本计算没有影响。这很荒唐，不纳入运营成本，不代表不消耗公共资源，不仅是乘客买单，更是全社会买单。

中央高层反复强调要改革收入分配制度，坚决扭转收入差距扩大的趋势，诸如此类的特权福利该休矣。据报道，一些地方已出台条例规范垄断福利，如早在 2006 年，河北省就正式叫停电力、天然气等垄断行业的“垄断福利”，明令不得向本单位职工无偿、低价提供能源产品。2009 年年底，财政部印发通知明确强调，国家出资的电信、电力、交通、热力、供水、燃气等企业，将本企业产品和服务作为职工福利的，应当按商业化原则实行公平交易，不得直接供职工及其亲属免费或者低价使用。但看看现实，垄断福利在一些地方和企业依然大行其道。

据统计，目前，电力、电信、金融、保险、烟草等行业职工的平均工资是其他行业职工平均工资的 2～3 倍，如果再加上工资外收入和职工福利待遇上的差异，实际收入差距可能在 5～10 倍。垄断行业收入畸高，既是导致行业间收入差距过大的主因，也是引起社会非议的最大诱因。据国家社科基金项目的一份调查报告，75%以上的受调查者对社会公平的认可度明显偏低。

在笔者看来，要真正遏制垄断福利，需从三方面入手：首先，要从立法上明确把反垄断福利上升到反腐败的高度，对坚持垄断福利的垄断企业要严惩不贷。其次，要强化监督，加强审计；垄断企业的账本只有公开透明，公众才能知道垄断福利有多少。再次，监管部门要建立常态化的监督。最后，打破垄断才是治本之道。所谓皮之不存，毛将焉附，垄断福利是依托垄断而孳生的福利，只有打破垄断，垄断福利才能灭绝。

资料来源：http://news.xinhuanet.com/mrdx/2010-09/20/c_13520339.htm；http://news.xinhuanet.com/society/2010-10/14/c_12656799.htm；http://bbs.hsw.cn/read-htm-tid-2419856.html；http://news.xinhuanet.com/society/2010-10/14/c_12656799.htm

5. 价格规制的负面影响

政府规制自然垄断行业的办法，与政府在非自然垄断行业中促进竞争的政策形成强烈对比：一是限制价格，限制新企业加入，保护现有大垄断企业的独占地位；二是防范企业限制价格竞争和阻碍对手自由进出的合谋垄断行为，保护促进竞争。其出发点都是要维护增进公众福利，但手段方法却截然不同。当然，规制的目的是好的，但这并不保证政府规制没有负面的影响。

首先，各种限制价格的方法都可能使企业对消费者的需求不敏感，对提高服务质量和降低成本不感兴趣。

其次，企业的投资行为可能因实行收益率法基础上的价格规制而扭曲。由于合理收益率的估算基础是投资额，规制下的企业就可能有意使用资本密集程度高的生产技术，人为扩大投资额和经营额的比例，投资收益利率看起来偏低。这就是所谓的“阿弗奇-约翰逊效应”(Averch-Johnson effect)。另外，当技术发生进步时，企业的账面资本额高于其实际资本额。规制下的企业就会试图人为地拉长资本折旧期限，避免风险性的技术革新投资，以利用旧资本压低账面上的收益率。这就是所谓的“福来姆效应”(Flem effect)。

最后，经济规制的成本不可忽视。不但政府要花费人力物力监督企业经营，企业经理也要应付政府的审查和繁琐的司法程序。而往往经济规制的效果并不像原先设想的那样理想。造成这种“规制无效现象”的原因可能有三种：一是负责规制的官员缺乏有关企业真实营业成本的可靠信息，在专业知识上和信息拥有方面，都比不上私营企业的经理人员。二是可能因为很多负责规制的官员，本身与被规制的行业有千丝万缕的关系，即他们有的是在该行业中有工作经验的专业人才，有的打算将来去私营企业中发展，因此总要为自己留好后路。因此这些人其实并不能真正代表公众利益。三是这些企业的垄断价位本身并不高，规制不规制其实都一样，当然这种可能性似乎较小。

第三节　发达国家自然垄断放松规制的实践及启示

一、发达国家自然垄断放松规制的实践

(一)英国电信业自然垄断的放松

电信业是典型的自然垄断行业。1980 年以前，英国的电信市场一直由英国邮政局垄断。近十几年来，英国的政府部门致力于放开电信市场，鼓励竞争。特别是在 1984 年以后，英国的电信市场空前发展，电信业务量迅速增长，业务范围不断扩展。如今，在移动电话、终端设备、各种增值业务等方面，消费者都有了很大的选择余地，对电信的多种需求也得到了满足。

1981 年，英国通过《电信法》将国营英国电信公司从邮政局中分离出来，1982 年又成立英国电信设备审批委员会。英国电信公司独家垄断电信市场的局面被打破，特别是麦可瑞公司被允许建立第二个基本电信网，与英国电信公司竞争。1983 年，英国政府又卖掉持有的 51%的英国电信公司的股份，使英国电信公司成为一个股份有限公司。同时成立了对电信市场进行管理的电信办公室(office of telecommunications, OFTEL)。这个机构是政府对电信业进行规制的部门，其主要职责包括向全英国提供通信服务，满足所有的正当需求，特别是紧急通信服务、公共电话亭服务、提供通信地址服务；保证通信服务经营者有财力从事其经营活动。另外，英国电信法还规定了 8 个指令，以实现以下目标：促进在英国的消费者、购买者和其他使用者的利益；促进高效率竞争；促进效率与经济性；促进研究与开发；促进海外电信企业在英国开展通信业务；促进提供国内通信服务；通过提供通信服务和设备，促进英国企业的国际竞争力。此后几年，许多公司相继获得了经营电信业务的许可证，同时，蜂窝网络、移动无线网、无线寻呼增值数据业务等业务领域都予以放开。

1991 年，英国政府对“两家垄断市场政策”进行审查并发表《竞争与选择：90 年代的电信政策》白皮书，认为应该结束两家垄断市场的局面，准许其他新的电信运营商在英

国与英国电信和麦克瑞公司进行竞争，同时宣布准许外国的电信公司进入本国市场。1993 年，授予 Ionica 公共电信公司运营许可证，准许其建立全国性的无线系统，在本地环路方面与 BT 竞争；随后，又相继授予 6 个公司从事公共电信公司运营的许可证。英国政府还将所持有的英国电信公司的股份全部卖掉，使英国电信公司真正成为一个社会公众公司。1996 年，英国政府宣布废除在国际简单再出售业务(International Simple Resale，ISR)方面要求对端条件同等的规定。现在英国的 ISR 业务准许通达所有的国家和地区，尽管有些国家尚未开放 ISR 业务。同时，英国政府在有线电视领域也采取了放松进入规制、鼓励竞争的政策。

尽管英国政府放松了电信业的进入规制，但并不意味着对电信产业不再实施规制。电信办公室就是对电信业进行规制的机构。它除了对申请加入电信产业的企业资格进行审查以外，还对电信业的价格进行规制，主要是采取最高限价的方法。该机构还对电信企业间的联网、通信设备的供应、企业间的兼并等事项进行协调。

英国电信业的放松规制，尤其是放松进入规制的进程有一个特别的地方，即它是与国有企业的私有化相一致的。通过出售国有的英国电信公司，实现了对电信产业的进入放开，促进了竞争，提高了企业效率，使英国电信市场成为世界上最为开放的电信市场。

(二)美国航空业的放松规制

美国民用航空局(Civil Aviation Board)在 1938 年成立后，40 多年一直负责对航空产业的规制，包括对新航空公司的进入限制、对新航线的审批、对航空业务推出的限制以及规定航空价格等。1978 年，美国通过了《航空放松规制法案》(Airline Deregulation Act)，决定撤销民用航空局，大多数限制条件被取消或者变得宽松。从 1982 年起，所有符合基本条件的公司都可以自由地进入航空业。1983 年，所有的价格限制全部取消，航空公司可以根据自己的经营状况自由定价。

美国航空业的放松规制，不仅进入规制和价格规制全部取消，而且连规制机构也撤销了。但这种放松规制所放松的只是经济性规制，也就是放松对进入、价格等影响企业决策的限制，而安全管理职能转移给联邦航空局(Federal Aviation Administration，FAA)。在放松规制前后，航空安全管理并没有发生大的变化。

从放松规制的效果看，美国航空业的放松规制并不是完美无缺的，可以说利弊皆有。在航空票价方面，有统计表明实际价格下降了。但实际票价并不都比受规制时的计划价格低。规制使长途的票价昂贵，并形成相对不灵活的价格结构。价格规制放松后，各航空公司的票价折扣表现出很大的弹性，让消费者有了更大的选择余地。短途票价相对长途票价比原来提高了，从而使短途旅客受到损失。在较小的城市间没有折扣的票价提高了，但是折扣票价对旅客和航线方面还是占较大的比例。放松规制后，航空企业的装载率明显提高，装载率提高使企业生产效率提高，资源得到有效的利用。另外，企业员工的劳动生产率比原来也有大幅提高。尽管有些航空公司被其他企业兼并，但是总体而言，航空企业的财务状况比规制时期有所改善。

(三)日本铁路的放松规制

日本的铁路业长期以来被日本国有铁道(以下简称国铁)垄断经营，其主要任务是执行国家的运输政策，重点建设干线网络，同时还要在财务、会计、人事等方面脱离行政管理机制，引入民营企业的经营机制，进行有效率的经营。在价格方面，基本的客、货运费比率由1954年制定的《国铁运费法》规定，其他价格的制定也须报运输大臣认可。在进入规制方面，虽然没有明文规定限制其他企业的进入，但是实际上，只有国铁的法律地位是得到认可的，可以在全国开展业务，而私营的铁路企业只能在地区内运营。

然而，随着日本产业结构的转变，国铁已越来越不适应新的经济条件。其亏损额日益扩大，政府财政补贴日益增加。到国铁解体前的1987年，政府的财政补贴总额已达到74 000亿日元。

为了解决国铁的困难局面，日本政府于1987年4月对其进行了分割和民营化改革。首先，将客运业务与货运业务分开，把不盈利的货运业务独立出来，在全国设立一个统一的货运公司——货运铁路株式会社(以下简称JR货运)。其次，按照不同地区客流量的基本统计，即95%以上的旅客在各地区内部流动，将客运业务按照地区进行分割，使公司管理层能够根据市场需求的特点及时做出决策，从而提高了经济效率。分割后的日本铁路企业由原来的完全国有，变为国家持股，完全采用民间企业的经营机制，在市场经济中参与竞争。

放松规制后的日本铁路企业与原来相比发生的主要变化是：第一，业务量扩大。这些企业积极扩大服务范围和领域，提高服务质量，使客、货运输量稳步增长。第二，成本下降，劳动生产率提高。改革后的铁路企业充分调动劳动者的积极性、采用新技术、降低成本、提高经营和管理效率，使劳动生产率得到很大提高。第三，收支状况改善。自从国铁各公司分立以来，运营收入年均增长率达到6.2%，是国铁过去5年内年均增长率的1.63倍。各公司的盈利不断增加，利润从1987年的1 520亿日元，上升到1990年的3 880亿日元，不仅扭转了亏损的局面，而且还偿还了各公司所承担的长期债务。1990年，这些铁路公司还向国家上缴公司税1 510.6亿日元，减轻了国家财政负担。第四，铁路企业形象改观。国铁改组后的各铁路企业为了吸引消费者，努力提高服务质量，增加顾客对企业的满意程度，服务态度大为改观，在消费者心目中的形象得以改善。

二、发达国家自然垄断行业放松规制的启示

改革开放以前，我国自然垄断产业完全由政府控制，无论是价格制定还是进入经营，完全由政府决定。改革开放以后，特别是随着市场经济体制的逐步建立，我国自然垄断行业的改革也在逐步进行，并在电信、电力等行业取得明显进展。总结发达国家放松政府规制的经验，结合我国自然垄断行业改革的实践，可得到以下启示。

第一，在自然垄断产业，实现政企分开是我国公用事业改革的关键。在我国，政府对铁路、运输、通信、电力、煤气和自来水供应等属于自然垄断的行业长期实行垄断性经营，这是一种政企合一的行政性垄断。行业经营的主要业务完全由中央政府和地方政府操纵，政府承担了规制政策的制定者、监督者和具体业务的垄断经营者的三重角色。在这种体制下，某一政府部门控制着某一自然垄断行业，享有其高额垄断利润。针对这种状况，我国自然垄断行业的改革单纯靠放松政府规制是远远不够的，关键是要解决好

政企职责分离的问题，将政府从自然垄断行业的垄断经营者的角色退出来，成为对这些行业进行规制的规制者。这些行业应由原来的行政性垄断行业转变为真正意义上的自然垄断行业，只有在这个前提下，才谈得上进行政府放松规制的改革。

第二，在自然垄断行业，要注重引入新的竞争者，形成寡头垄断经营的产业运行格局。西方国家放松规制的一个重要方面是放松进入规制，允许新的企业进入自然垄断行业，与原来的企业进行竞争，以提高企业经营效率。这一点对我国自然垄断产业的改革具有重要借鉴意义。1993年，国务院批准建立联通公司，其目的就是通过形成第二家电信运营商，以打破邮电部门独家垄断电信市场的格局。实践证明，双寡头垄断竞争格局的形成，提高了我国电信市场的服务水平和运营效率。在实施进入规制放松的初期，考虑到新进入企业与原有企业所处的市场地位、竞争实力等方面存在的差异，政府应采取"非对称规制"策略，对新进入者实行相对宽松和优惠的政策，尽快培植其竞争实力，同时严格监督和限制在位企业的排他性竞争行为，维护竞争秩序。

第三，要注意自然垄断性业务与非自然垄断性业务的分离。传统自然垄断理论和政策对传统自然垄断性产业不做环节和业务上的区分，笼统地将存在网络供应系统的行业全都视为具有自然垄断性，这种认识是片面的。例如，电力产业中的输电和配电环节存在规模经济效应，是自然垄断性业务，而发电环节则属于非自然垄断业务，完全可以采取竞争性供给；铁路运输业的网上客、货承运业务与路网建设及管理也具有不同的性质，不存在自然垄断性；电信业中的市话和长话网络的建设和运营是自然垄断业务。区分这两类业务，目的是深入到各个产业内部，在自然垄断性业务领域实施进入规制、价格规制等，而在非自然垄断业务领域建立竞争性市场结构，实现多个厂商的竞争性经营。

第四，建立独立、专门的监督规制机构。美英日各国政府在实施垄断性企业规制改革时都组建了独立、专门的机构。独立的规制机构正是适应国际上对垄断产业放松规制的潮流而出现的。政府的管制是有成本的，政府要花费大量的人力和物力对企业进行监督，企业也要应付政府的各种手续繁杂的检查，却往往不能取得满意的管制结果，相反会出现管制无效现象。更主要的是，自然垄断产业虽然都实行企业化管理和经营，但却与政府有着千丝万缕的联系。因此，深化自然垄断行业规制改革应从重塑政企关系入手，切断监管部门和自然垄断企业之间的利益纽带，使监管者能真正站在社会大众的立场上行使权力。就我国的实际情况而言，可以在相关政府部门内设立相对独立的监管机构，主管部门负责政策制定而监管机构负责独立的执行和监督，从而更好地对我国的自然垄断企业实施规制。

第五，建立、健全有关法规，通过法制建设，促进自然垄断行业改革的深入。我国转型时期自然垄断行业改革的主要目的是打破行政性垄断，引入有效竞争机制，其作用是使行业内厂商数目的增加和竞争性的增强。我国政府要达到这一目的，继续沿用传统的行政指令显然是不行的，应通过市场竞争方式和法律手段来规范自然垄断行业的竞争行为，除了应坚决贯彻实施《反垄断法》等综合性法律之外，还应制定、实施、修改和完善《电信法》、《航空法》和《电力法》等与某一特定自然垄断行业相关的法律，使自然垄断行业的改革和发展走向法制化、规范化的轨道。

关键概念

自然垄断　自然垄断经营产品　拉姆式定价　两段收费　福来姆效应　阿弗奇-约翰逊效应

复习思考题

1. 自然垄断有哪些特点？
2. 政府对自然垄断的规制一般有哪几种形式？
3. 价格水平规制的目标是什么？
4. 自然垄断行业价格规制的方式有哪些？
5. 价格规制的负面影响体现在哪几个方面？
6. 举例说明如何确定自然垄断产品的经营范围。
7. 结合我国自然垄断行业改革的实践，谈谈发达国家放松规制对我国的启示。

第四章

提供公共产品

【本章学习目标】

理解公共产品的定义，掌握公共产品的特性及分类，理解如何识别公共产品，了解一些重要的公共产品；掌握提供公共产品的重要性，了解搭便车行为，会用博弈论解释私人提供公共产品低效率的原因，理解公共产品由市场提供的缺陷；理解公共产品有效供给的庇古均衡，会进行公共产品有效供给的局部均衡分析和公共产品最优供给的一般均衡分析；了解政府提供公共产品的必要性，理解公共产品需求与私人产品需求的差别，掌握政府提供公共产品的方式和范围，掌握政府提供公共产品的效率及解决效率低下的对策。

【本章知识结构】

本章知识结构如图 4-1 所示。

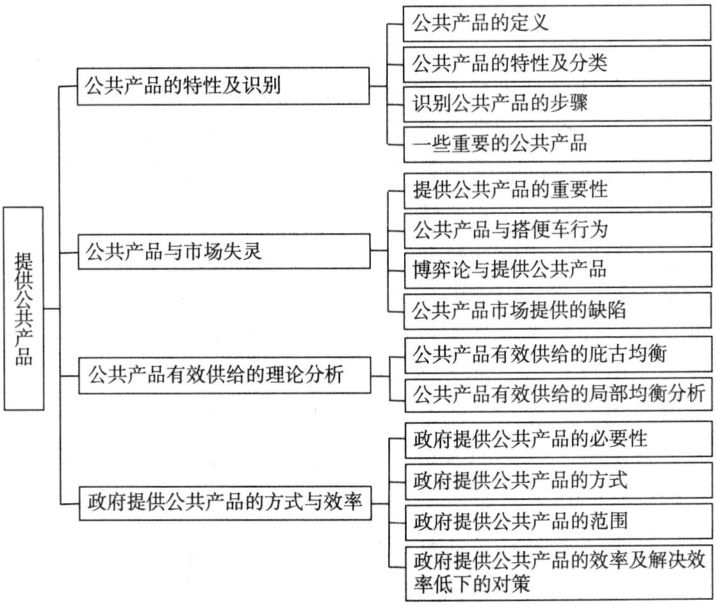

图 4-1　本章知识结构图

公共产品理论是政府经济学的核心理论，它所要回答的问题很多。例如，什么是公共产品？究竟应该生产多少公共产品？在一个社会中什么是公共产品与私人产品的最佳组合？投入品如何在政府与私人生产部门之间进行最佳配置？一个完全竞争的市场能够满足公共产品提供的最优条件吗？对于一个既有公共产品又有私人产品的社会来说，什么是经济达到一般均衡的必要条件与充分条件？政府如何合理而有效地提供公共产品以解决市场失灵？在本章，我们将对上述问题进行考察。

第一节　公共产品的特性及识别

一、公共产品的定义

公共产品的严格定义是萨缪尔森在《经济学与统计学评论》(*Review of Economics and Statistics*)1954年第11月号上发表的《公共支出的纯理论》(*The Pure Theory of Public Expenditure*)中给出的。按照他的定义，纯粹的公共产品是指这样的产品，即每个个人消费这种产品不会导致别人对该产品的消费的减少。

萨缪尔森所定义的公共产品是不同于公共所有的资源(如草原、石油等)的。纯粹的公共产品是指任何一个个人对它的消费不会减少别人对它的消费的产品，而草原、石油资源就不是这样。为了仔细辨别公共产品与公共资源的区别，辨别公共产品与私人产品的区别，经济学家提出了“非排他性”(non-exclusiveness)与“非竞争性”(non-rivalness)这两个概念。本书将公共产品定义为那些在消费上同时具有非排他性和非竞争性的产品或服务。

二、公共产品的特性及分类

(一)公共产品的特性

一是非排他性。在纯粹私人产品的场合，所有权使产品的所有者能唯一地拥有对该产品的享受权，而在一种纯粹的公共产品上，排他性就被打破了。非排他性，即在技术上没有办法将拒绝为之付款的个人或厂商排除在公共产品的受益范围之外，或者说，任何人都不能用拒绝付款的办法，将其不喜欢的公共产品排除在其享用品范围之外。以国防为例，一旦一个国家形成了国防体系，提供了国防服务，要想排除任何一个生活在该国的人享受国防保护，是非常困难的。即使拒绝为国防费用纳税的人，也仍然处在国家安全保障的范围之内。而私人产品则必须具有排他性，因为只有在受益上具有排他性的产品，人们才愿意为之付款，生产者也才会通过市场来提供。

二是非竞争性。当一种商品在增加一个消费者时，其边际成本等于零，这种商品就称为消费上具有非竞争性。消费非竞争性的商品的例子有不拥挤的桥梁、非满载的火车客厢、未饱和运转的计算机等。这种消费上的非竞争性同样来自于商品的不可分性。增加一个消费者时，在上述商品还未达到充分消费时，则不用增加生产的可变成本。

公共产品的定义决定了它具有消费上的非竞争性，因为所谓公共产品，具有以下属性：增加一个消费者不会减少任何一个人对该产品的消费量。然而，一个产品在消费上有非竞争性，不一定保证它有非排他性。例如，火车与桥梁都是具有非竞争性的产品，但只需加一个简单的设备，如通过的门，它们就具有排他性了。

公共资源是指满足以下两个条件的自然资源：一是这些资源不为哪一个个人或企业组织所拥有；二是社会成员可以自由地利用这些资源。这两个条件决定了公共资源具备“竞争性”的特点，但同时却不具备“排他性”的特征。因此，公共资源是一种具有非排他性，但消费上具有竞争性的产品，不是纯粹的公共产品。

（二）公共产品的分类

根据公共产品的性质分类，其可分为纯公共产品（如国防、外交、环保、基础研究等）和准公共产品（如能源、通信、教育、广播电视等）。

根据公共产品的表现形式分类，其可分为有形的公共产品（如公共设施、公园、路灯等）和无形的公共产品（如法律、公共政策等）。

根据公共产品的提供机构分类，其可分为国有公共产品（如国防、外交、全国性的法规等）、地方公共产品（如城市基础设施、地方性法规等）和私有公共产品（如职业教育、娱乐设施等）。

根据公共产品的受益人分类，可分为家庭、社区、地方性、全国性和全球性公共产品。

◎专栏 4-1

具有公共资源属性的动物如何摆脱厄运？

在历史上，许多动物物种都曾遭受灭绝的威胁。当欧洲人第一次到达北美洲时，这个大陆上野牛的数量超过 6 000 万头，但在 19 世纪期间猎杀野牛现象很普遍，以至于到 1900 年在政府开始保护动物之前，这种动物只剩下 400 头左右了。现在的一些非洲国家，人们为取得象牙而捕杀大象，使大象也面临着类似的困境。

但并不是所有具有商业价值的动物都面临着这种威胁。例如，黄牛是一种有价值的食物来源，但没有一个人担心黄牛会很快绝种。实际上，人们对牛肉的大量需求看来保证了这种动物延续地繁衍。

为什么象牙的商业价值威胁到大象，而牛肉的商业价值是黄牛的护身符呢？原因是大象是公有资源，而黄牛是私人产品。大象自由自在地漫步而不属于任何人，每个偷猎者都有尽可能多地猎杀他们所能找到的大象的动机。而由于偷猎者人数众多，每个偷猎者很少有保存大象种群的动力。与此相比，黄牛生活在私人所有的牧场里。每个牧场主都尽极大的努力来维持自己牧场上的牛群，因为他能从这种努力中得到利益。

政府试图用两种方法解决大象的问题。一些国家，如肯尼亚、坦桑尼亚和乌干达，已经把大量猎杀大象并出售象牙视为违法行为，但有关法律一直很难得到实施，大象种群仍在继续减少。与此相比，另一些国家，如博茨瓦纳、马拉维、纳米比亚和津巴布韦，通过允许人们捕杀大象但只能捕杀作为自己财产的大象的做法而使大象成为私人产品。地主现在有保护自己土地上大象的动力，结果大象开始增加了。由于私有制和利润动机在起作用，非洲大象会在某一天也像黄牛一样安全地摆脱灭绝的厄运。

资料来源：曼昆 N G. 经济学原理（微观经济学分册）. 梁小民译 . 北京：北京大学出版社，2006：237

三、识别公共产品的步骤

要辨别一种产品是否是公共产品，可以分以下步骤先要看该产品在消费中是否具有非竞争性，如有非竞争性，则再进一步分析，从技术上看，它是否具有非排他性，如果它又具有非排他性，则该物必为公共产品。

如果一产品没有非竞争性，又没有非排他性，即该产品是能够排他的，则该产品必为纯粹私人产品。

如果一产品具有非竞争性，但从技术上看能排他，这时，就要进一步分析该产品在排他时成本是否高，如果排他的成本较低，则该产品属于有排他性，但非竞争性产品。例如，电影院、足球赛、不拥挤的路与桥等。对于这类产品或劳务，可让市场经营，但政府要给予一定的补贴。

如果一物是纯粹的公共产品，则它应由政府来提供，市场机制在公共产品的提供上是要失灵的。

如果一物是纯粹私人产品，则它有可能由市场机制来实现供求均衡。

上述步骤如图 4-2 所示。

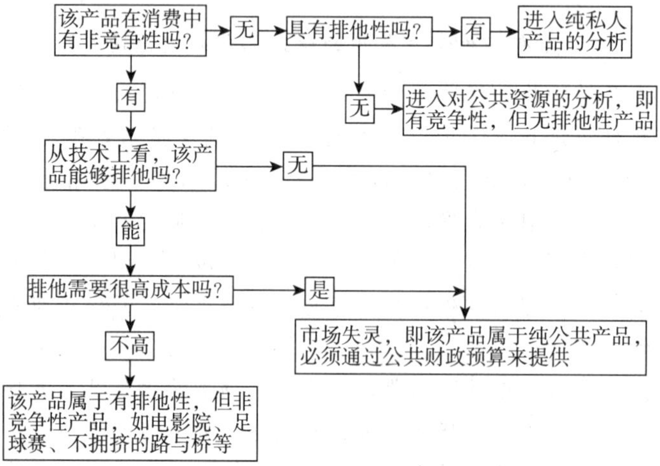

图 4-2　公共产品的识别

从图 4-2 中可以看出，识别公共产品的第一个步骤是看产品在消费中是否存在竞争性，有竞争性那就肯定不属于纯公共产品的范畴，反之则相反。

对公共产品的进一步识别则要看该产品在消费中是否能够排他，如不能排他，或虽可排他但排他成本很高，则有可能成为公共产品或公共资源，反之，则成为私人产品。

根据以上两步识别，我们大致可以区分出四种不同类型的产品(图 4-3)：①同时具有非排他性与非竞争性的纯公共产品；②同时具有排他性与竞争性的纯私人产品；③具有非排他性与竞争性的公共资源；④具有排他性与非竞争性的准公共产品。

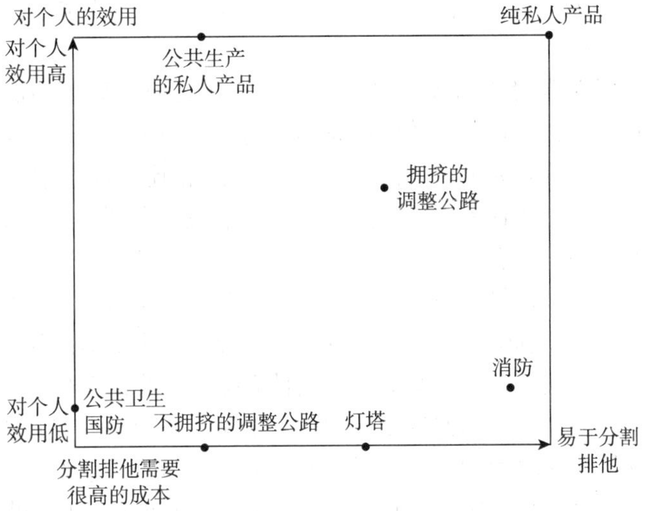

图 4-3　四种不同类型的产品划分

四、一些重要的公共产品

公共产品的例子有许多。下面我们考虑四种最重要的公共产品。

(一)国防

上面已经阐述过国防是公共产品的典型例子。对于公共财政来说，国防这种纯公共产品是一项庞大的支出，民众对于这种支出的财政投入量是多还是少并没有一致的看法，但对于拥有960万平方千米，陆上国界线长达2万多千米，海岸线长达1.8万多千米的我国来说，政府将一部分公共财政用于国防建设，来保障国家安全和领土完整，是没有人质疑且是完全有必要的。甚至那些主张小政府的经济学家也同意，国防是政府应该提供的公共产品。近年来，随着我国综合国力的增强，同步增长的军费开支引起美国及周边国家的紧张，在维护领土完整和国家安全方面也与其他国家的摩擦不断频繁。在海洋领土方面，与日本的钓鱼岛争端，与菲律宾的黄岩岛事件，与越南的东沙、西沙群岛摩擦，整个东海和南海此起彼伏和暗流涌动的纷争对我国的海洋领土完整和主权安全构成了极大威胁；陆地领土方面，印度也经常挑起领土事端，需要强大的国防来保护我国疆土的权益。因此，国家财政有必要为建设一支与我国国际地位相称、与国家安全和发展利益相适应的巩固国防和强大军队而提供必要预算支持。为了维护国家主权、安全和发展利益，适应中国特色军事变革的需要，中国政府在社会经济快速发展、财政收入稳定增长的基础上，保持国防费的合理适度增长。2014年中国国防费预算8 082亿元人民币，比2013年增加12.2%。由此看来，国防是政府应该提供的纯公共产品。

(二)基础研究

知识的创造是一种公共产品。如果一个数学家证明了一个新定理，该定理就成为人类知识宝库的一部分，任何人都可以免费使用。由于知识是公共产品，以营利为目的的企业就可以免费使用别人创造的知识，结果用于知识创造的资源就太少了。

在评价有关知识创造的适当政策时，重要的是要区分一般性知识与特殊的技术知识。特殊的技术知识，如一种高效电池的发明，可以申请专利。因此，发明者得到了他发明的大部分好处，尽管肯定得不到全部好处。与此相比，数学家不能为定理申请专利；每个人都可以免费得到这种一般性知识。换句话说，专利制度使特殊的技术知识具有排他性，而一般性知识没有排他性。

政府努力以各种方式提供一般性知识这种公共产品。例如，国家科技部、教育部用基金补贴医学、数学、物理学、化学、生物学乃至经济学中的基础研究。一些人根据空间计划增加了社会知识宝库来证明政府为空间计划提供资金的正确性。的确，许多私人产品，包括防弹衣和快餐汤，都使用了最初由科学家和工程师在登月研究中开发出来的材料，决定政府支持这些努力的合适水平是困难的，因为收益很难衡量。此外，那些分配研究资金的美国国会议员们很少是科学专家，因此，不能最好地判断哪些研究将产生最大的收益。

(三)消除贫穷计划

许多政府都制订了消除贫穷计划，目的是为了帮助穷人。消除贫穷计划包括对有未成年子女的家庭进行补贴、对某些有需要的家庭提供收入补助、对低收入家庭发放食品券等。这些反贫穷计划由那些经济上较为富裕家庭的税收来提供资金。

经济学家之间对政府在反贫穷中应该起什么作用的看法并不一致，但这里我们要注意一个重要观点，即反贫穷计划的支持者声称，反贫穷是一种公共产品。

假定每个人都喜欢生活在一个没有贫穷的社会里。尽管这种偏好普遍存在，但反贫困并不是私人市场可以提供的“产品”。由于贫困问题如此之大，没有一个人可以消除贫困。而且，私人慈善事业也很难解决问题，即那些没有向慈善事业捐款的人可以免费利用别人的慷慨。在这种情况下，对富人征税来提高穷人的生活水平可以使每个人的状况变好。穷人状况变好，是因为他们现在享有较高的生活水平，而那些纳税的人状况变好，是因为他们享受一个较少贫困的社会的生活。

(四)有效率的政府是一种公共产品

最重要的一种公共产品是政府管理。我们都能从一个好的、有效率的、反应灵敏的政府那里得到好处。“好政府”也具有前面讲到的公共产品的一个特性，要排除任何一个人从有效率的政府得到益处是很困难而且是不合理的。

如果政府能够变得更有效率，而且在不降低服务水平的前提下能减少税收，那么我们可以取得更多的益处。政治家要是能够成功地做到这一点，他自己可以得到些利益，但他得到的利益相当于其他人得到的利益的一部分。在一些特殊的情况下，那些投票反对这类政治家的人能够取得同支持者一样多的利益，而那些没有投票的人以及那些试图免费享受别人的政治活动的人也能得到同样的利益。

第二节　公共产品与市场失灵

一、提供公共产品的重要性

公共产品是否能得到充分提供对经济社会能否正常运行、经济资源的流动与配置、消费者福利等有着重要的影响。

（一）保障市场经济有序运行

公共产品的充分提供是市场经济有序运行的必要条件。如果缺乏社会安全，缺乏规范和约束经济单位行为的普适的行为规则，如果普适的行为规则得不到实施，那么市场经济便不能有序运行，而社会安全、行为规则的制定与实施都属于公共产品。因此，充分提供这些种类的公共产品是市场经济能有序运行的必要条件。

（二）减少经济资源的非生产性消耗

公共产品的充分提供有利于减少经济资源的非生产性消耗。若社会安全有保障，行为规则公正、合理，且能得到有效实施，那么就可减少人们因为各种矛盾或理由而产生的械斗、战争、偷窃等行为的可能性，从而可将更多的经济资源用于生产财富的活动，有利于增加生产。

（三）调动生产者的生产积极性

公共产品的充分提供有利于调动生产者的生产积极性。在人身与财产权利有保障，行为规则公正、合理，且能得到有效实施的条件下，生产者可依自己的意愿从事生产，积累财富，从而刺激其努力发展生产。

（四）促进经济资源的充分流动和利用

公共产品的充分提供是经济资源充分流动和得到利用的必要条件。公路、铁路、桥梁、港口、机场等公共产品的提供状况对经济资源的流动和利用具有至关重要的影响，其提供越充足，经济资源的流动性和利用率就越高。经济资源的流动性和利用率越高，越有利于提高经济资源的配置效率，越有利于产业结构的升级，越有利于生产能力的增长，从而越有利于经济增长和发展。公共产品提供不足是落后国家和地区经济落后的重要原因。

（五）提高技术创新能力和生产效率

公共产品的充分提供有利于技术创新能力和生产效率的提高，经济单位的人身权利和财产权利能得到有效的保障。公路、铁路等基础设施提供充分，既可以为技术创新利益提供保障，也有利于技术、技术人员、专业人员的引进、流动与重组，有利于技术创新的扩散，并且可以创造和增进技术创新的竞争压力，从而推动技术创新，促进生产效率的提高。

（六）利用规模经济效应及促进社会分工和经济社会化

公共产品的充分提供是充分利用规模经济效应和推进社会分工与经济社会化的重要

条件。缺乏公共产品，特别是人身权利与财产权利得不到保障，缺乏基础设施，生产单位产品生产规模的扩大必然受到根本地限制，社会分工也会因产品市场扩张和经济资源流动所受到的限制而受到限制，经济社会化也因而要受到限制。因此，要充分利用规模经济效应、促进社会分工和经济社会化，就必须保证公共产品的充分提供。

(七)减少消费者福利损失

公共产品提供不足会造成消费者福利损失。其一会直接造成消费者福利损失。例如，人身权利与财产权利得不到保障，因为基础设施提供不足而不能出行等都会给消费者直接带来福利损失。其二会导致消费者花费更多的费用。例如，桥梁未建，消费者到河流对岸市场购物就会要花费很长的时间，也要耗费租船费用。其三会由于公共产品提供不足而使得产品种类少、生产效率低、生产规模小，从而间接导致消费者福利损失。

二、公共产品与搭便车行为

公共产品具有非排他性，因而难免产生搭便车(free ride)的问题。所谓搭便车或叫免费搭车，是指某些人虽然参与了公共产品的消费，但却没有支付其生产成本的现象。

为了说明公共产品与搭便车之间的关系，我们以放烟火为例来加以分析。这种产品没有排他性，因为要排除任何一个人观看烟火是不可能的，而且，它也没有竞争性，因为一个人观看烟火，并没有减少其他任何一个人观看烟火。

美国一个小镇的公民喜欢在7月4日观看烟火。根据经验，全镇500个居民中的每个人对观看烟火都给予了10美元的估价。放烟火的成本为1 000美元。由于5 000美元的利益大于1 000美元的成本，小镇居民在7月4日观看烟火是有效率的。

私人市场能提供有效率的结果吗？也许不能。设想这个小镇的企业家艾伦决定举行一场烟火表演。艾伦肯定会在卖出这场晚会的门票时遇到麻烦，因为她的潜在顾客很快就会想到，他们即使不买票也能看烟火。烟火没有排他性，因此，人们有一种搭便车者的激励。搭便车者是指得利一种产品的收益但避开为此支付的人。

说明这种市场失灵的一种方法是，它的产生是由于外部性。如果艾伦举行烟火表演，她就给那些不交钱看表演的人提供了一种外在收益。当艾伦决定是否举行烟火表演时，她没有考虑到这种外在收益。尽管从社会来看烟火表演是合意的，但从私人来看却无利可图。结果，艾伦做出不举行放烟火表演这种从社会来看无效率的决策。

尽管私人市场不能提供小镇居民需要的烟火表演，但解决小镇问题的方法是显而易见的，即当地政府可以赞助7月4日的庆祝活动。镇委员会可以向每个人增加2美元的税收，并用这种收入雇用艾伦提供烟火表演。小镇上每个人的福利都增加了8美元——烟火的评价10美元减去税收2美元。尽管艾伦作为一个私人企业家不能做这件事，但作为公共雇员，她可以帮助小镇达到有效率的结果。

小镇的故事是老生常谈，但也是现实的。实际上，美国许多地方政府都在7月4日放烟火。而且，这个故事也说明了公共产品的一个一般性结论，即由于公共产品没有排他性，搭便车问题就排除了私人市场提供公共产品。但是，政府可以潜在地解决这个问题。如果政府确信，总收益大于成本，它就可以提供公共产品，并用税收为它支付，这可以使每个人的状况变好。

通过上述例子，我们发现由于搭便车问题的存在，便产生了一个典型的市场失灵的情形，即市场无能力使之达到帕累托最优分配。对此，格罗夫斯和莱迪亚德的解释是，在公共产品的消费中，经济行为人通常会控制或占用其他人的份额，以减少自己提供这些产品的代价的刺激。他们的结论是，公共产品生产必须依靠一种集中计划的过程，以达到资源的有效配置。

值得一提的是，林达尔曾在格罗夫斯和莱迪亚德之前提出过一个模拟市场方法以求搭便车问题的解决。这一方法的要点是，通过对享受公共产品的单个人消费假定不同的价格来模拟市场。后来的研究发现，如果消费者能够遵守规则，即没有道德危机，那么通过林达尔价格来有效地分配公共产品将是可行的和成功的。但是如果买主不遵守规则，不仅资源的有效配置不能够达到，而且还会因为参与者的促进因素(如利益集团对政策所施加的影响等)而导致设计目标被搅乱。

现实情况是，人们在消费公共产品的行为过程中往往是不遵守规则的。这种现象之所以会发生，是因为公共产品的消费过程中不存在一种协调的刺激机制，以致每个人都倾向于给出错误的信息，自称在给定的集体消费中享有的比他真正享有的要少的利益，以求产生对每个人来说有利的结果。

既然在公共产品的消费过程中不存在一种类似于竞争市场中的协调的刺激机制，从而难以避免搭便车的问题，那么由政府集中计划生产并根据社会福利原则来分配公共产品就成为解决搭便车问题的唯一选择了。

◎专栏 4-2

防范搭便车趋向弱化医改本质

据《京华时报》报道，2009 年 3 月，江西抚州市卫生局正式回购浙江省杭州市回音必集团经营的抚州第二医院。在这之前不久，江西崇仁县、上海市等地也出现政府回购民营医院的现象。在《中共中央国务院关于深化医药卫生体制改革的意见》出台前后，一些地方政府陆续回购已转制医院的举动，引发社会各界的关注和热议。

2009 年 4 月 6 日新医改方案公布实施，基本方向是“要把基本医疗卫生制度作为公共物品向全民提供”，彻底解决“看病难、看病贵”的关键所在。医改方案的成功实施就在于这一改革的基本原则能否在改革的过程中得以真正地确立和保障。基于这一点，民营医院“慷慨甩卖”，政府大方回购的买卖集中发生在新医改方案实施前夕，就必然成为值得关注的动向。

尽管卖方声称是由于经营困难不得以为之，买方表示是出于完善民生服务平台，合理配置公共医疗资源的考虑，但民众对于其中“利用国家将对公立公益医院实行投入政策以获利”的隐忧却不可回避。在改革进入“深水区”之后，利益相关各方对改革的弱化，改革过程中可能出现的“搭便车”趋向，是我们在推进改革中必须要警惕和防范的。

在“政府回购民营医院”这一动向中，我们需要厘清的是，“把基本医疗卫生制度作为公共产品向全民提供”并非意味着政府应当将所有的民营医院收归公立。2009 年 4 月 7 日公布的《医药卫生体制改革近期重点实施方案(2009—2011 年)》明确指出，我国将加快形成多元办医格局，国家将把部分公立医院转制为民营医疗机构。这就清晰说明，我们今天所强调的基本医疗卫生制度的公共性和医疗卫生事业中的政府责任，不是要回到计划经济体制下的“大一统”的格局之下，将所有的医院的运行都归由财政支出，由公立医院提供所有的社会医疗服务。公立医院提供社会基本医疗、民营医院提供更高层次的医疗服务将成为多元化、多层次的办医格局，由政府回购来解决民营医院的经营困难，并非医改的方向。

在此基础上，地方政府回购民营医院的真实目的就需要仔细辨别，是真正需要回购以增加公共医疗资源，还是为了获得国家投入而为之。医改的难点是公立医院改革已成社会上下普遍共识，政府为此也将有大量财政资金的投入。因此，防范和遏制地方政府重投入而轻改革的天然冲动，应是社会关注和监督医改的重要课题。为了地方利益和局部利益而搭改革的“便车”以致改革流速减缓甚至改革方向改变，这样的教训，我们也已经有过不少。

制度主义经济学家奥尔森曾指出，社会发展的根本问题在于克服社会成员普遍存在的“占便宜”投机心理，堵塞社会生活中“搭便车”的漏洞，哪个社会能够很好地解决“搭便车”的问题，那个社会就会走向持久的繁荣。我们曾在产权制度改革、经济适用房建设等改革中产生的教训，应该在新一轮医疗改革中吸取和避免，否则，不仅公共产品的基本属性难以保证，改革的进程受到阻滞，改革的本质亦有被异化的危险。

资料来源：李琼．防范搭便车趋向弱化医改本质．http://news.ifeng.com/opinion/200904/0421_23_1117435.shtml，2009-04-21

三、博弈论与提供公共产品

（一）博弈论概述

博弈论(game theory)或叫对策论，主要研究决策主体的行为发生直接相互作用时候的决策及这种决策的均衡问题。在博弈论里，个人效用函数不仅依赖于他自己的选择，而且依赖于他人的选择，个人的最优选择是其他人选择的函数。从这个意义上讲，博弈论研究的是存在相互外部经济条件下的个人选择问题。博弈论可以划分为合作博弈和非合作博弈。合作博弈和非合作博弈之间的区别主要在于人们的行为相互作用时，当事人能否达成一个具有约束力的协议，如果能达成协议则为合作博弈，反之，则为非合作博弈。合作博弈强调的是团体理性，主要强调效率、公正与公平；非合作博弈强调的是个人理性、个人最优决策，其结果可能是有效率的，也可能是无效率的。正因为博弈论具有上述特性，因而成为用来解释私人在提供公共产品效率低下原因的有力工具。

（二）“囚徒困境”模型

这个例子的创造本身就部分地奠定了非合作博弈论的理论基础，并且它可以作为实际生活中许多现象的一个抽象概括。囚徒困境讲的是两个嫌疑犯作案后被警察抓住，分别被关在不同的屋子里审讯。警察告诉他们，如果两人都坦白，各判刑 8 年；如果两人都抵赖，各判 1 年(或许因证据不足)；如果其中一人坦白另一人抵赖，坦白的放出去，不坦白的判刑 10 年(这有点“坦白从宽、抗拒从严”的味道)。囚徒困境的战略式如图 4-4 所示。这里，每个囚徒都有两种战略，即坦白或抵赖。图中每一格的两个数字代表对应战略组合下两个囚徒的支付(效用)，其中，第一个数字是囚徒 A 的支付，第二个数字为囚徒 B 的支付。战略式又称标准式，是博弈的两种表述形式之一，它特别方便于静态博弈分析。具体分析如下：

囚徒A \ 囚徒B	坦白	抵赖
坦白	-8，-8	0，-10
抵赖	-10，0	-1，-1

图 4-4 囚徒困境的战略式

在这个例子里，纳什均衡就是"(坦白，坦白)"，即给定 B 坦白的情况下，A 的最优战略是坦白；同样，给定 A 坦白的情况下，B 的最优战略也是坦白。事实上，这里，"(坦白，坦白)"不仅是纳什均衡，而且是一个占优战略(dominant strategy)均衡，就是说，不论对方如何选择，个人的最优选择是坦白。例如，如果 B 不坦白，A 坦白的话就会被放出来，不坦白的话判 1 年，所以坦白比不坦白好；如果 B 坦白，A 坦白的话判 8 年，不坦白的话判 10 年，所以，坦白还是比不坦白好。这样，坦白就是 A 的占优战略；同样，坦白也是 B 的占优战略。结果是，每个人都选择坦白，各判刑 8 年。

囚徒困境反映了一个很深刻的问题，这就是个人理性与集体理性的矛盾，即个人理性的结果不一定能够导致集体理性。如果两个人都抵赖，各判刑 1 年，显然比都坦白各判刑 8 年好。但这个帕累托改进办不到，因为它不满足个人理性要求，"(抵赖，抵赖)"不是纳什均衡。换个角度看，即使两个囚徒在被警察抓住之前建立一个攻守同盟(死不坦白)，这个攻守同盟也没有用，因为它不构成纳什均衡，没有人会积极遵守协定。

囚徒困境在经济学上有着广泛的应用，公共产品的供给就是一个囚徒困境问题。如果大家都出钱兴办公用事业，所有人的福利都会增加。问题是，如果我出钱你不出钱，我得不偿失，而如果你出钱我不出钱，我就可以占你的便宜。所以，每个人的最优选择都是不出钱，这种纳什均衡使所有人的福利都得不到提高。

(三)"囚徒困境"模型的扩展——"修路博弈"模型

我们对"囚徒困境"模型进行以下扩展，将其改造成"修路博弈"模型，用于提供公共产品的分析(图 4-5)。其具体表述如下：设想乡下有一个只有两户人家的小居民点，由于道路情况不好，与外界的交通比较困难。如果修一条路，则能解决这些不便。假设修路的成本为 4，每家得到的好处为 3。如果两家联合修路，每家分摊成本 2，各得好处 3，两家的纯"盈利"都是 1；如果一家修路，另一家坐享其成，修路的一家要支付全部成本 4，获得好处 3，净"盈利"为－1；如果两家都不修，结果两家的"盈利"都为 0。归纳起来，就是下面的博弈。

这个博弈中，修路是张三的严格劣势策略，我们把它消去，修路也是李四的严格劣势策略，所以也把它消去。这样运用严格劣势策略消去法，我们就得到这个博弈的严格

		李四：修	李四：不修
张三	修	1，1	-1，3
张三	不修	3，-1	0，0

图 4-5 “修路博弈”战略式

优势策略均衡，即两家都不动手，大家都得零。

一般来说，该居民点如果张三只有李四一家邻居，李四只有张三一家邻居，他们多半会守望相助，关系比较好。这样的两家，自然会好好商量修路的问题，一起把路修好，大家都得到好处。相反的极端情形——两家有仇，也是可能的，那就麻烦了，不是什么修路不修路的问题，迟早要出事。但是，这两种情形，都不在博弈讨论之列。

博弈论牵涉的局中人，都是经济学上所讲的“理性人”，他们只为己，但是不害人。现在城市公寓里面的不少居民，在邻居关系上，有时候差不多就是“理性人”。对于他们来说，都市化进程的一个副产品，就是“身旁的人已不再熟悉”，陌生如路人。新公寓家装修一流，可是楼道就杂乱无章，阴暗得很。路灯坏了，往往长久没有人打理。修路灯也和修路一样，是一个大家都袖手旁观的“严格优势策略均衡”的博弈。

所以，公共产品问题一定要有人协调和管理。就一个国家来说，最重要的公共产品是国防、教育、基础设施和其他政府部门。政府责无旁贷，要用好来自纳税人的钱，把文化教育、社会保障、基础设施和国防公安等事情做好。机关大院和居民小区，要有专人协调管理，把身边看起来很琐碎但是弄不好会有损工作条件和生活环境的事情做好。

四、公共产品市场提供的缺陷

绝大部分私人产品是由市场提供的，那么公共产品是否也可由市场来提供呢？回答是肯定的，即公共产品是可以由市场来提供的。所谓市场提供也就是由私人(或企业)生产，经由交易途径而向消费者提供公共产品。例如，人身与财产安全服务、消防、传染病防治、道路、桥梁、灯塔等都可以由市场提供，都可以形成交易市场。现在由政府提供的许多公共产品在历史上都曾经是通过市场提供的。总之，公共产品并不排斥市场提供。

◎专栏 4-3

海上的灯塔非得由政府来提供吗?

著名经济学家科斯在 1974 年发表的《经济学上的灯塔》一文中，研究了英国早期的灯塔制度。17 世纪以前，灯塔在英国是名不见经传的，17 世纪初，由领港公会造了两个灯塔并由政府授权专门管理航海事务。科斯注意到，虽然领港公会有特权建造灯塔，向船只收取费用，但是该公会却不愿投资于灯塔。1610～1675 年，领港公会没有建造一个新灯塔，但同期，私人却投资建造了至少 10 个灯塔。但在当时的灯塔制度下，私人的投资要避开领港公会的特权而营造灯塔，他们必须向政府申请许可证，希望政府同意授权向船只收费。该申请还必须由许多船主签名，说明灯塔的建造对他们有益，同时要表示愿意支付过路费(toll)，过路费的多少是由船的大小及航程经过的灯塔多少而确定的。久而久之，不同航程的不同灯塔费，就干脆印装成册，统一收费。私营的灯塔是向政府租地而建造的，租期满后，再由政府收回由领港公会经营。到1820年，英国当时的公营灯塔有24个，而私营灯塔有22个。在总共46个灯塔中，有34个是私人投资建造的。后来，政府开始收回私营灯塔。到1834年，在总共56个灯塔中，公营(由领港公会经营)的占42个。到1836年，政府通过法规将剩余的私营灯塔全部收回，在1842年以后，英国的灯塔全部由公会经营了。

但是，公共产品由市场提供会带来许多问题，从根本上来说是缺乏效率或效率低下问题。这些问题的产生根源于公共产品的性质与私人或企业提供者的行为动机(追逐利润)的矛盾。公共产品市场提供的缺陷主要表现在三个方面。

(一)造成公共产品缺乏或提供不足

对于纯公共产品来说，如国防，由于其具有完全的消费非排他性，无法将不付费者排除在外，任何人都可以免费享受安全的国防带来的利益，就没有人愿意自愿为国防付钱，这样提供国防服务的人就不能获取任何收益，从而就不会有人建立军队保卫全体国民，从而造成国防服务缺乏完全。

对于具有一定程度消费非排他性的公共产品来说，由于消费者可以免费或可以少交费享受之，就会使生产者得不到应有的收益，从而很少会有人愿意提供，从而造成此类公共产品的提供不足。

公共产品所具有的消费非排他性的特性形成了“搭便车者”，“搭便车者”的存在使生产者通过市场不能或不可能有效地提供公共产品。不交费得到的产品数量并不比交费者少，这样，人们就不会愿意付费。一种公共产品的非排他性程度越高，“搭便车者”会越多，此种公共产品的提供越是不足。

(二)造成公共产品的利用不足

对纯公共产品来说，由于其具有完全的非竞争性，增加额外消费者的边际成本为零，若采取市场提供的办法，将不付费者排除在外，只会造成已经生产出来的公共产品的闲置，造成社会的福利损失。

某些具有排他性或不完全的非排他性，但具有消费的非竞争性的准公共产品，若由市场提供，会造成其闲置。例如，桥梁，可以采取设卡收费的办法而排他(不让不付费者通行)，但在非拥挤条件下，这种做法只会造成桥面的闲置(桥梁通过能力的闲置)。

由于在这种条件下，增加额外的通行者并不会使边际成本增加，因此桥梁通过能力的闲置在经济上是不合理的，会造成生产者的产量损失和消费者的福利损失。

公共产品缺乏提供或提供不足(说明配置到公共产品部门的资源过少，而配置到别的部门的资源过多)和公共产品的低效利用意味着经济资源的配置效率是低的，没有实现经济资源的最优配置。

(三)某些种类的公共产品不适合由市场力量提供

例如，国防、法律等并不适合由市场力量提供，因为由市场力量提供可能会导致损害公共利益的行为的产生，会导致社会不公正。

以上说明，虽然公共产品并不排斥市场提供，但市场提供公共产品存在着根本的缺陷。

第三节　公共产品有效供给的理论分析

一、公共产品有效供给的庇古均衡

(一)庇古的观点

庇古在讨论税收的规范原则时讨论了资源如何在私人产品与公共产品之间进行最佳配置的问题。庇古所用的是效用方法，即假定每个人在消费公共产品时得到了利益(效用)，同时，每个人为了支付这种公共产品而缴纳的税产生了这个人的负效用。个人支付税收的负效用被定义为是放弃私人产品享受的机会成本。

庇古认为，对于每个个人来说，公共产品的最优供给发生在这样一点上，即公共产品消费的边际效用是纳税的边际负效用。

(二)庇古观点的证明

设 G_i 为个人 i 得到的公共产品，即政府对个人的财政支出；T_i 为个人支付该公共产品的税；M_i 为 i 的收入；U_i 为个人得到的效用；NU_i 为净效用。

假定

$$T_i=G_i$$

$$\frac{\partial U_i}{\partial G_i}>0,\qquad \frac{\partial U_i}{\partial G_i}<0$$

$$\max \mathrm{NU}_i=U_i(G_i)-U_i(T_i)$$

$$\text{s.t.}\ G_i+X_iP_i=M_i$$

$$L=U_i(G_i)-U_i(T_i)+\lambda(M_i-G_i-X_iP_i)$$

$$\frac{\partial L}{\partial G_i}=\frac{\partial U_i}{\partial G_i}-\lambda=0$$

$$\frac{\partial L}{\partial T}=\frac{-\partial U_i}{\partial T_i}-\lambda=0$$

则

$$\frac{\partial U_i}{\partial G_i}=\frac{-\partial U_i}{\partial T_i}$$

(三)对庇古方法的评估

庇古的方法存在不少问题。首先，其方法是基于基数效用论的，而基数效用论显然有缺陷。其次，虽然每个人也许能在自己的预算内对公共产品与私人产品做最佳配置，然而，并不存在将这些个人的最佳配置结果加总的机制。如果，社会作为整体能像个人那样行动，则通过使公共产品边际社会效用与纳税支出的边际社会负效用相等，庇古的方法是可行的，在相等点上，可以确定最佳的公共产品数量。但是，对于这种公共产品水平来说，每个人从公共产品中得到的效用可能等于也可能不等于其担负的税收带来的负效用。可见，从庇古的分析出发，整个社会在公共产品供给上可能会达到均衡，但每个人则不一定能达到均衡。

尽管存在一定的不足，庇古的分析仍然是具有意义的，因为他提出了许多问题，而这些问题是公共产品理论必须回答的，即不同的个人对于公共产品与私人产品的偏好如何进行加总？如何确定一个集体总的偏好？在一个社会中，边际效用与边际负效用该如何分布于不同的社会成员之间？

在庇古看来，一个社会的税收负担问题应根据个人的能力来进行分担。既然社会上存在着不平等，所以，政府应有差别地落实税收负担，对福利进行再分配，即以不均等的方法对待不平等问题。这是资产税与累进收入税制的理论基础。

二、公共产品有效供给的局部均衡分析

我们知道，在纯粹私人产品的局部均衡分析中，假定消费者的偏好与收入是已知的，再加上其他一些限制条件，就能确定某种商品的均衡价格与均衡产量。现在，对私人产品与公共产品的局部均衡分析做一个对比。

（一）关于私人产品的局部均衡

对私人产品进行局部均衡可以用图 4-6 来表示。D_A 线与 D_B 线分别代表个人 A 与个人 B 的需求，不同的需求线反映了个人之间不同的收入与偏好。为了画出市场对该种私人产品的需求线，就需要对不同的个人需求加总，然而，加总方法是水平加总的方法，即市场需求 $D=D_A+D_B$。这是因为，个人需求线上任何一点都反映个人在既定的价格水平上愿意购买的私人产品量，市场需求线是表示当消费者面临同一价格水平时他们愿意消费该商品的总量，在价格为 P 时，$D=Q_A+Q_B=Q$。价格变化则需求量加总起来也会有变化。当市场供给线 SS 既定时，均衡价格就是 OP，个人 A 的需求量是 OQ_A，个人 B 的需求量是 OQ_B，总的产量 $OQ=OQ_A+OQ_B$。在这里，关键在于每个人是价格的接受者，要确定的是在某一价格下的产量。

（二）关于公共产品的局部均衡

对公共产品进行局部均衡可以用图 4-7 来表示。D_A 与 D_B 又分别为个人 A 与个人 B 的需求线。萨缪尔森称这种需求线为“虚假的需求线”，因为在实际生活中，个人不会表示他对一定数量的公共产品愿意出多少价格（税）。然而，借助于这种需求线，对分析问题是有帮助的。公共产品一旦提供后，则对任何个人都是可支配的，全体个人对一定数量的公共产品所愿支付的价格（税）是由不同个人的需求线垂直相加而得到的。总需求 $D=D_A+D_B$，在公共产品的供给曲线 SS 确定以后，D 与 SS 线的交点决定公共产品的均衡产量 OQ，而所有个人愿意为 OQ 的公共产品所支付的均衡价格（税）$OP=OP_A+OP_B$。在均衡点上，供给公共产品的成本等于收益。

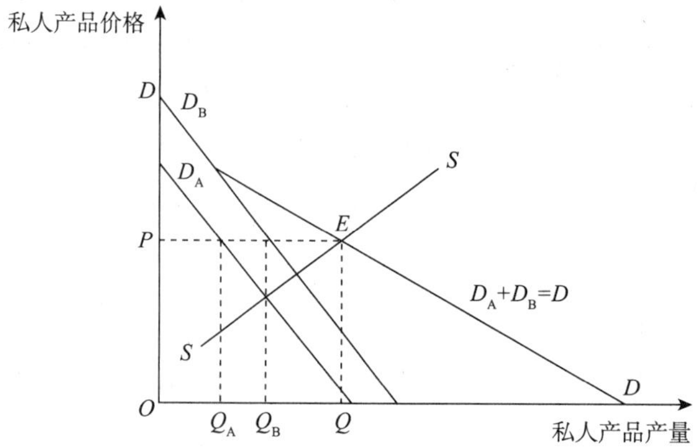

图 4-6　私人产品的局部均衡

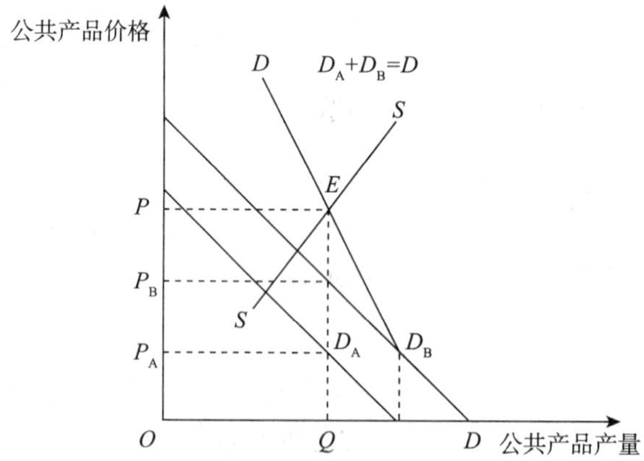

图 4-7　公共产品的局部均衡

为什么私人产品的市场需求是水平相加，而公共产品的社会需求是垂直相加呢？这是因为，在私人产品场合，每个人是价格的接受者，他能调整的只是产品的数量；而在公共产品场合，每个人所能支配的是同样数量的公共产品，但他所愿意支付的价格是不一样的。这一点是由公共产品的定义告诉我们的。

在对公共产品的分析中，公共产品的价格应看成是税。这样，关于公共产品的局部均衡分析实际上是假定以个人缴纳的税来负担公共产品的生产成本，假定税是由个人受益程度决定的。这在财政学上叫税收的利益原则。

(三)有效定价原则

如果假定图 4-6 与图 4-7 中的供给曲线 SS 是产量增量的边际成本，则有效定价原则就可表达成：①在私人产品中，$OP_A=OP_B=OP=\mathrm{MC}$。每个人面临相同的价格，对一定数量的私人产品产出来说，市场价格等于边际成本。可见，私人产品的有效定价原则是市场价格等于边际成本。②在公共产品中，$OP_A+OP_B=OP=\mathrm{MC}$。可见，公共产品的有效定价原则是个人价格总和等于边际成本，即 $\sum P_i=\mathrm{MC}$。公共产品中的有效定价原则进一步告诉我们，公共产品是不能靠市场来提供的。这是因为，个人对公共产品的评价是不一样的，向每个人要求的公共产品的价格应由每个人对公共产品的边际价值的评估来确定，而不能由市场来统一定价。从这里，我们可以得出有区别征税的原则。

第四节　政府提供公共产品的方式与效率

一、政府提供公共产品的必要性

(一)智猪博弈与政府提供公共产品的必要性

对于政府为何提供公共产品这个问题，我们通过博弈论中的另一典型例子——智猪博弈(boxed pigs)来加以说明(图 4-8)。这个例子讲的是，猪圈里有两头猪，一头大猪，一头小猪。猪圈的一端有一个猪食槽，另一端安装一个按钮，控制着猪食的提供。按一下按钮会有 10 个单位的猪食进槽，但是按电钮是需要付出劳动的，谁按按钮谁就需要付 2 个单位的成本。另一个问题是电钮和食槽分别放置于猪圈的两端，当付出劳动(按电钮)的猪跑到食槽的时候，坐享其成的另一头猪已吃了不少。具体情况如下：若大猪先到，大猪吃到 9 个单位，小猪只能吃 1 个单位；若同时到，大猪吃 7 个单位，小猪吃 3 个单位；若小猪先到，大猪吃 6 个单位，小猪吃 4 个单位。图 4-8 显示了对应不同战略组合的支付水平，如第一格表示两猪同时按按钮，因而同时走到猪食槽，大猪吃 7 个，小猪吃 3 个，各扣除 2 个单位的成本，支付水平分别为 5 和 1。其他情形可以类推。

		小猪	
		按	等待
大猪	按	5，1	4，4
	等待	9，-1	0，0

图 4-8　智猪博弈战略式

在这个例子中，我们注意到，不论大猪选择“按”还是“等待”，小猪的最优选择均是“等待”。例如，给定大猪按，小猪也按时得到 1 个单位，等待则得到 4 个单位；给定大猪“等待”，小猪按得到 1 单位，等待则得 0 单位。所以，“等待”是小猪的占优战略。给定小猪总是选择“等待”，大猪的最优选择只能是“按”。所以，纳什均衡就是大猪按，小猪“等待”，各得 4 个单位。多劳者不多得。

智猪博弈这个模型可以用来解释为什么公共产品需要有政府来有效提供。例如，村里住两户人家，一户富，一户穷，有一条路年久失修。这时候，富户一般会承担起修路的责任，穷户则很少这样干，因为富户家常常是高朋满座，坐车坐轿的都来，而穷户家只是自己穿着破鞋走路，路修好了他走起来舒服，路修不好他也无所谓。在这里，富户正相当于我们的政府，而穷户则相当于私人部门，因此需要由政府来承担起提供公共产品的责任。改革中也有类似的情况，同样的改革带给一部分人的好处可能比另一部分人大得多，这时候，前一部分人比后一部分人更有积极性改革，改革往往就是由这些"大猪"推动的。如果改革能创造出更多的"大猪"来，改革的速度就会加快。

(二)政府提供公共产品的必要性

(1)市场力量和第三种力量提供公共产品的局限性要求政府提供公共产品。公共产品的充分提供和利用是经济资源优化配置、提高生产效率和消费者福利、促进经济发展的重要条件或因素，因此，应保障公共产品的充分提供。虽然，公共产品的提供并不排斥市场力量和第三种力量，并且社会应该鼓励它们提供公共产品，但由它们提供的公共产品存在着缺陷，要么会导致公共产品缺乏提供或提供不足，要么会导致公共产品利用不足，并且有些公共产品并不适合由市场力量和第三种力量来提供，由此，需要政府向社会提供公共产品。

(2)政府履行其经济职能需要政府提供公共产品。在市场经济中，由于市场缺陷的存在，使政府在经济中负有对经济进行规制的责任，这些责任主要包括抑制、限制或消除垄断，促进竞争，解决外部经济效应问题；建立和维持公平交易与公开竞争的经济秩序；协调个人利益与社会利益、协调短期利益与长期利益、促进地区经济的平衡发展；促进国民经济长期而稳定地增长等。政府要履行好这些方面的经济职能，离不开公共产品的充分提供与利用。公共产品的充分提供既是政府履行好其经济职能的重要条件，同时也是政府履行其经济职能的重要手段。因此，政府要履行好其所应该履行的经济职能。要成为有效政府，政府就应该提供公共产品。

(3)政府具有更强的提供公共产品的能力。虽然政府能力并不是无限的，但因为它的特殊性，使其具有市场力量和第三种力量所不具有的能力：①作为公共权力机构，它具有市场力量和第三种力量都不具有的合法的强制力，有能力为提供公共产品而运用强制手段动员经济资源。②政府是一种长期存在的公共权力机构，它能够持续地向社会提供公共产品。③可以通过立法赋予政府提供公共产品的责任，并授予其筹资和分配资源的权力，从而可以使公共产品的提供具有稳定性。④政府是代表公共利益的公共权力机构，民主政府受到选民监督，因而能够保持公正，从而适合提供那些不适合由市场力量和第三种力量提供的公共产品。因此，政府不仅应该而且能够向社会提供社会需要的公共产品。

市场力量和第三种力量所不愿提供的，或不能提供的产品，应该由政府来提供。保证公共产品的充分提供应该是市场经济中政府的重要的经济职能。

二、政府提供公共产品的方式

(一)公共产品的需求与私人产品的需求的差别

(1)私人产品的需求是与价格高低呈反比关系，因此价格上升可以减少需求量；而公共产品要么是免费的，要么是价格定得很低，因此公共产品的需求量要么不受价格的影响，要么仅受很小的影响。

(2)私人产品的需求由消费者的收入水平共同决定，受消费者收入预算的约束；而公共产品的需求则同消费者的收入水平等没有关系，不受消费者个人收入的约束。

(3)私人产品的需求存在着可选择性，因为私人产品市场一般是竞争性市场；而公共产品的提供一般是非竞争性的，因此，公共产品的需求一般不存在可选择性。

(4)私人产品的需求通过消费者在市场上的购买行为来显示(买或不买、多买或少买等方式)，而公共产品的需求则一般并不是通过消费者在市场上的购买行为来显示出来的，而是通过其他多种途径来显示：①通过投票来选择代表自己的利益或者需求偏好的代表(议员等)来显示自己的需求偏好；②通过发表言论，或上书、游说、请愿、抗议、游行示威等方式显示；③直接投票决定是否参加某项公共产品的提供计划；④其他多种方式。总之，公共产品的消费者不是通过投“货币选票”的方式来显示需求，而是通过投“政治选票”及其他方式来显示需求。

公共产品需求的这种特点带来了公共产品提供决策的特点，最重要的特点就是公共产品提供决策的集体性质。同私人产品的提供决策不同，私人产品的提供决策是分散决策、经济决策(由生产者按利润最大化原则决定是否生产、生产什么、生产多少等)；公共产品的提供决策则是集体决策、政治决策，是由政府依照行政规则(多数票或首长制)来决定的，而不是按利润原则做出决策的。

(二)公共产品的提供决策制度

公共产品的提供决策如果采取民主投票制度，则公共产品的提供决策制度可以分成全体一致同意制度、过半数同意制度(简单多数同意制度)、特定多数同意制度三种类型，如果公共产品的提供决策采取委托行政机构的办法，公共产品的提供决策制度则还包括行政决定制度。

需要说明的是，就政府公共产品的提供决策制度来说，由于各国采用的政治制度的不同，上述几种制度的具体内容可能会因此不同。在直接民主制下，全体一致同意、简单多数同意、特定多数同意指的是全体国民中有投票权(表决权)的国民投赞成票的票数在全部票数中的比重。在代议民主制下，全体一致同意、简单多数同意、特定多数同意指的是议员或选民代表投赞成票的(人)票数在全部议员或代表(人)票数中的比重。应该说在这两种不同的民主政体下，公共产品提供决策方案通过的难度、实施成本等是存在差别的。甚至同样的方案在不同的民主政体下，投票结果也可能并不相同，即在代议制下能够获得通过的方案，在直接民主制下可能通不过；在直接民主制下能够获得通过的方案，在代议制下则可能通不过。

实行民主政体的国家现在采用的都是代议民主制，不过即使是代议民主制，对于某些公共产品的提供决策仍然存在着采用直接民主制的做法，如一些国家在通过新宪法、在改变政体等时就采用全民公决(直接民主制)的方式。有的则采取直接民主制与代议民主制度相结合的方式，如通过新宪法时采用既要求半数选民同意，又要求半数议员同意，即是一种混合方式。

行政决定制度，即公共产品的提供决策由行政部门决定的公共产品提供决策制度。从此种制度来看，一种是由行政主管部门独立决定的制度，如港口主管部门自己决定兴建港口与否；另一种是由多个行政部门共同决定的决策制度，即一项公共产品的生产或提供方案只有在获得多个行政部门的同意之后方成为有效的决策制度。行政制度是一种下级服从上级的科层等级制度，所以行政决定制度实质上是首长决定制。行政决定制度的优点是决策效率高，但对福利、实施成本的影响具有不确定性，通过的方案有可能符合所有人的意愿，有可能符合多数人的意愿，但也可能只是符合少数人的意愿，实施成本可能很低，也可能很高，也可能通过的方案无法实施。

以上说明，公共产品的提供决策制度不同，会导致公共产品的提供结构、提供数量等出现差异。

（三）免费提供与有偿提供的选择

所谓免费提供，是指政府通过征税筹资，生产或购买公共产品，然后再无偿提供给消费者公共产品的提供方式。有偿提供则是指政府生产或购买公共产品，或者采取委托经营方式，向消费者有偿提供公共产品的公共产品提供方式。采取有偿提供方式，消费者要利用公共产品，必须付费。公共产品的提供采取何种方式，主要应该考虑两个方面的因素：①公共产品的性质或者公共性的程度。对于纯公共产品，适于实行免费提供。②政府的提供能力。对于非纯公共产品，采取何种方式提供，则应依政府的提供能力而定。政府的能力总是有限的，因此，各种公共产品的提供之间是存在着竞争性关系的，政府首先要考虑公共产品提供的均衡，其次再依照公共产品的公共性程度的高低由高到低依次决定免费提供公共产品的范围。对于有偿提供的公共产品，政府应该根据政府的提供能力、提供成本、公共产品的外部性等来制定出合理的收费标准。

（四）直接提供与间接提供的选择

政府直接提供公共产品，还是间接提供公共产品，应该考虑三个基本因素：①公共产品的公共性程度。纯公共产品(如国防、立法等)一般应该由政府直接提供；消费具有完全的非排他性或很高的非排他性，也宜由政府直接提供。②外部性的大小。公共产品的外部性越大，越宜由政府提供，外部性小的则可考虑采取间接提供的方式。③提供成本或效率。对于那些既可由政府直接提供，也可采取间接提供的公共产品，则应考虑两种提供方式的成本或效率。如果一项公共产品的提供，间接提供的成本低于直接提供，效率高于直接提供，则应该选择间接提供，反之，则应该选择直接提供。需要说明的是，一些公共产品的提供方式的选择并非非此即彼，往往是需要将两种方式结合起来。一些公共产品的提供往往是在某些阶段或时期实行间接提供，而在另一些阶段或时期实行直接提供，如桥梁、港口、飞机场，即可先采取间接提供的方式，然后采取直接提供的方式，这就是经常采用的BOT(build-operate-transfer，建设-经营-转让)方式。马斯格雷夫曾说："公共产品需要通过预算支付方式提供，让使用者可免费得到。然而这并不意味着公共产品必须由政府生产，公共产品可以像大多数私人产品一样由私有企业生产，不过产品将被出售给政府。"①

（五）直接经营与委托经营的选择

公共产品可由政府直接经营，也可由政府委托给非政府机构经营。当然，公共产品

① Senberg M. 经济学大师的人生哲学. 欧阳俊，侯玲，王荣军译. 北京：商务印书馆，2001：273-274.

的委托经营应该是在政府管制下的委托经营，委托经营的具体方式可依不同行业、不同企业的差别而有所不同。承包经营、租赁经营及其他多种委托经营方式都是可以选择的经营方式。采用何种经营方式取决于：①不同经营方式的后果。例如，国防就不便实行委托经营，因为一旦受托人因某种原因而不提供服务，就会失去国家安全。②经营方式的效率比较。经营方式不同，提供同样数量和质量的公共产品所需要耗费的经济资源、运作效率会存在差别。政府应该进行比较，选择效率高的经营方式，即直接经营的效率高，则采取直接经营；委托经营的效率高，则采取委托经营。另外，在可供选择的委托经营方式中，也应该选择效率最高的委托经营方式。

三、政府提供公共产品的范围

（一）公共性程度高的公共产品

公共性程度的高低可以用公共产品受益人或消费者的人数的多寡来衡量。一种公共产品的受益人或消费者的人数越多，则其公共性程度越高，一种公共产品的受益人或消费者的人数越少，则其公共性程度越低。因此，一种公共产品的公共性程度越高，其外部影响越大，其提供与利用状况对经济资源配置效率、生产效率、消费者福利、经济增长等的影响越大，对政府履行其他方面的经济职能的有效性的影响也越大，市场力量和第三种力量提供的能力越是不足。公共性程度高的公共产品应该由政府来提供。首先政府应该提供影响遍及全体国民的纯公共产品，其次随着政府能力的增长，再逐渐延伸至公共性程度较低的公共产品。公共产品的公共性程度的高低决定着政府提供公共产品的顺序。从历史上来看，政府提供的公共产品经历了一个由公共性程度最高到公共性程度逐渐降低的演化过程。只有在政府保证了公共性程度更高的公共产品的提供之后，才能提供公共性程度低的公共产品。国防是公共性程度最高的公共产品。在历史上，国防一直是各国优先保证提供的公共产品，然后是公共秩序，如果政府还有能力，再提供其他公共性程度较高的公共产品。公共性程度很低的公共产品，因其受益人或消费者较少，其提供状况对社会生产和居民福利的影响较小，并不适合由政府来提供。由于政府是一个由多级政府所构成的体系，由最低一级到中央政府包含多个层级，公共产品的公共性程度也应该作为划分不同层级的政府提供公共产品的范围的依据，公共产品公共性程度的高低决定提供公共产品的政府层级的高低，公共性程度越高，越应由高层级的政府来提供，公共性程度越低，越应由低层级政府来提供。那些供全体国民消费的公共产品当由中央政府承担提供责任（如国防、全国性立法等），而只供一个地区的居民消费的公共产品当由地方政府承担提供责任。

（二）不宜或不应由非政府力量提供的公共产品

有许多种类的公共产品即使非政府力量能够提供，也不能由非政府力量来提供，这就是那些由非政府力量来提供可能会损害公共利益的公共产品。例如，国防，一方面其公共性程度最高，另一方面若将其交由非政府力量提供，则可能会损害国家安全；再如，立法和司法，若由非政府力量提供，很可能会使其成为少数人谋取私利、损害大多数人利益的工具。诸如此类的公共产品都应由政府垄断提供，这是保证此类公共产品的提供符合公共利益的必要条件。

（三）非政府力量不愿意或无力提供且外部性大的公共产品

公共产品的非排他性程度越高，“搭便车者”一般来说会越多，市场力量和第三种力量会越不愿意提供。例如，传染病防治、基础科学研究等均具有很强的正外部性，排他不易，私人或企业一般并不愿意提供此类公共产品。第三种力量又没有能力提供此类公共产品，如果政府不提供此类公共产品，就会出现此类公共产品提供不足的状况。

（四）非政府力量没有能力提供和虽有能力提供但非竞争性程度高的公共产品

这类公共产品包括跨地区的道路、大江大河的整治、桥梁、港口、消防设施等。这类公共产品由非政府力量提供，要么是提供不足，要么是利用不足。政府提供此类公共产品是使其得到充分提供和充分利用的必要条件。

总之，提供公共产品是政府的重要的经济职能，但政府不是要提供所有公共产品，其只是对符合上述条件的公共产品承担提供责任。

◎专栏 4-4

用好政府服务外包这把“双刃剑”

广东多地的“电子眼”竟是私营，私营业者经营“电子眼”，利润来源于车主闯红灯或超速等行为产生的罚金，广东目前有 12 个市存在类似情况。

“电子眼”作为交警部门采集违法交通行为的一种工具，试图维护的是公共的交通秩序，管理者必然应是拥有执法权力的公安部门。那种将“电子眼”的建设和管理权让渡给非权力机构的做法，显然是违规的。

在被审计部门查出问题之后，在被舆论纷纷报道之后，相信广东上述城市会认识到问题所在，及时善后，做好回购和产权的理清工作。

“电子眼”私营，涉及的其实是政府公共服务外包的命题。一个城市要安装“电子眼”，但财政不愿意出钱，就请企业介入外包公共服务。企业的回报也很稳定，由市民交通违法行为带来的罚款，定能支撑企业需要的利润回报。表面看，这当中确有“创新性”，实际上，却是一个违规的操作。透过这个现象，其中反映出的本质是政府公共服务被不恰当的外包。

何谓公共服务外包？简言之，这一制度的核心，是通过契约的方式明确政府与供应方之间的责任关系。自 20 世纪 70 年代以来，政府公共服务外包作为一种新的途径为政府提供服务而在西方国家广泛采用。国内地方政府学习此制度，则是近些年的事情。

政府将公共服务以合同的形式外包给私营部门，或可以减少开支、控制政府规模、提高公共服务的质量，以寻求增加公众的满意度。在某种意义上，这也是政府逐渐摒弃了垄断性的公共服务直接生产模式，开始从单一中心治理走向多中心治理。其实，不少地方政府已经或正在实践的一些政府服务外包行为，涉及一些准公共产品和公共产品，总体上是可以肯定的。

不过，政府公共服务外包，也会产生一些新问题。例如，不是所有政府服务都适宜外包；政府服务外包也有风险，可能衍生出权钱交易的腐败问题。在外包过程中，还可能导致公共服务非均等化的加剧——这和当前大力追求的基本公共服务均等化的目标有冲突。

确定什么样的政府服务适合外包，涉及的是服务外包的边界。对此，学术界的一个基本认识是，服务行政可以外包，但秩序行政不宜外包。即使是要外包，那也必须是非关键性的公共服务，且这种公共服务的提供者须存在一个竞争市场。如此，既避免被社会机构垄断提供，政府的采购价格也可因此获益。

对于那些适合外包的政府服务，则要考虑限定利润、透明利润。政府采购不同于一般的采购，牵涉的均是公共利益。鉴于政府采购行为的特点，必须限制外包服务的利润率，且整个招标过程需要透明，以避免可能的寻租行为发生。在实践中，理应将公众参与、专家论证、风险评估、合法性审查和集体讨论决定作为服务外包决策的必经程序。

可以看出，政府服务外包其实是把“双刃剑”，用得好，能够提升政府服务质量，也是政府行政体制的创新，但用得不好，则可能出现不少问题，制造出新的麻烦。如果缺少一个完善的外包程序，缺少对外包行为必要的评估和监管，则不出问题很可能只是偶然。

回到“电子眼”问题来看，“电子眼”为什么不能被外包？正因为“电子眼”关乎的是秩序行政，是不具有执法权的私营机构在替代公安部门搜集交通违法行为的证据。且不说在利益驱使下，“电子眼”调速器有可能被操纵而导致出现部分车主“被超速”等问题，单从交通执法是一种非边缘性的秩序服务这一角度看，也决不适宜服务外包。但愿广东12个城市能够从中有所反思，也希望更多的地方政府能够从中汲取经验教训。

资料来源：用好政府服务外包这把“双刃剑”. 第一财经日报，http://www. yicai. com/news/2012/07/1930589. html，2012-07-26

四、政府提供公共产品的效率及解决效率低下的对策

（一）政府提供公共产品的效率

使公共产品得到充分的提供是政府的责任，但经济资源都是有限的，如果公共产品的生产效率低下，提供一定量的公共产品就需要投入更多的经济资源，从而就会减少私人产品的生产，从而会降低居民福利水平。因此，要提高政府提供公共产品的效率。如何使政府提供公共产品具有效率呢？这是一个相当复杂的问题。提供效率低下是人们对政府提供公共产品的主要批评之一。要知道如何能够提高公共产品的提供效率，我们首先需要分析导致政府提供公共产品效率低下的原因。关于这个问题，经济学家们做了不少的研究，结论有六个方面。

(1)公共产品提供行业一般都采取垄断营运方式，缺乏竞争的外部压力，使公共产品提供单位不能积极地提高效率。

(2)公共产品提供单位同生产私人产品的营利性企业不同，它不是以追求利润最大化作为其行为目标，而只是完成政府所规定的提供任务，从而缺乏提高效率的内在动力。

(3)公共产品提供单位的预算约束是软的。大多数公共产品提供单位都是依靠政府财政拨款来营运的，同传统计划经济体制下的国有企业一样，各提供单位普遍存在着高

报生产(提供)成本和投入量的情形，一旦完不成指标，或者出现亏损，还会继续要求政府增加财政拨款或者要求财政补贴，这样提供单位就缺乏提高效率的内在压力。

(4)对公共产品提供单位的负责人缺乏有效的经济激励机制。公共产品提供单位大都是由政府任命的官员或经理进行管理，对他们来说，薪金是固定的，干好干坏，在薪金上都不会有什么差别，缺乏有效的经济激励机制，而在营利性的企业，经理干得好可以加薪、分红，甚至升迁，而获得更多的经济收益，存在着有效的经济激励机制。这样，缺乏对公共产品提供单位的官员或经理有效的经济激励制度，使他们缺乏提高效率的积极性；并且在官员或经理的任命上，往往不能做到以才能作为标准，这就使公共产品的提供单位的官员或经理们更加缺乏提高效率的积极性。

(5)对公共产品提供效率的评价存在困难。一是营利性的私人企业可依利润、销售额等作为效率高低的评价标准，但公共产品提供却很难有一个合理标准(往往只能依靠一套标准，一旦依靠一套标准，也就使得评价失去意义)；同时，与营利性的私人企业不同，对公共产品的提供单位即使规定了效率评价标准，公共产品提供单位也可以采取种种手段作伪。例如，判断公安部门的效率，若以发案率高低作为判别标准，公安部门就会少报、瞒报发案数，从而降低发案率；若以破案率作为判别标准，则又会使公安部门采取各种手段(少报、瞒报发案数、未破案者不报或草案结案等)提高破案率。二是营利性的私人企业可以以别的企业作为比较标准，但公共产品提供单位一般缺乏这种可比标准。例如，立法部门与司法部门的工作效率比较、国防部门与公安部门的效率比较、消防部门与环境卫生部门效率的比较，就很难得出恰当的结论。这样，就很难根据公共产品的提供效率对公共产品的提供单位进行奖惩。

(6)政府官员的腐败。如果政府官员腐败，公共产品提供单位负责人就只会追求自身利益的最大化，只会追求权力的扩张，就不会关心公共产品提供效率的高低，从而公共产品的提供也就不可能有高效率。

(二)解决效率低下的对策

综上，要使政府提供公共产品具有效率，即应从导致效率低下的上述一般原因出发采取相应的对策。

(1)建立和完善民主与法治制度，保证政府官员的廉洁。这是提高公共产品提供效率的前提。

(2)改革公共产品的提供体制，对于那些由市场提供具有效率的公共产品，在政府进行必要的管制的条件下，交由市场去提供。

(3)引入市场机制，利用市场机制的作用来提高效率。对于那些不是必须要由政府直接经营的公共产品，政府完全应该考虑引入市场机制，采取竞争性的委托经营方式，促进效率尽可能地提高。例如，垃圾清运、道路维护、桥梁维护、港口管理、下水道疏浚、养老院管理等都可以通过公开招标的方式，选择合适的企业来经营(管理)，政府与企业签订合同，由企业负责经营(管理)。

(4)改进公共产品提供单位的官员或经理的任命制度和收入分配制度。在官员或经理的任命中加强民主监督，官员或经理的升迁应取决于其业绩和能力；收入分配制度应具有灵活性，官员或者经理的报酬应该反映其经营或管理业绩，逐步使公共产品提供单位的官员或经理的任命制度和收入分配制度成为对公共产品提供单位提高效率具有正面刺激作用的制度。

(5)不断改进公共产品提供效率的评价指标。虽然很难确定出评价公共产品提供效率高低的唯一合理的简单明确的指标，不过，改进评价指标，即找到更为合理的指标还是可能的。因此，应该从实际出发，努力改进效率评价指标，从而通过指标完成情况的评判，促进公共产品的提供单位提高效率。

不过，应该说，要使公共产品的提供效率达到最优状态是存在着困难的，社会所能实现的只是使公共产品的提供效率尽可能更高。

关键概念

非排他性　非竞争性　纯公共产品　准公共产品　公共资源　博弈论　囚徒困境　搭便车

复习思考题

1. 公共产品具有哪些特性?
2. 如何对公共产品进行识别?
3. 简述公共产品与私人产品有效供给的局部均衡比较。
4. 公共产品市场提供的主要缺陷是什么?
5. 政府提供公共产品的主要范围有哪些?
6. 政府提供公共产品的必要性有哪些?
7. 政府提供公共产品的方式有哪些?
8. 政府提供公共产品效率低下的原因是什么?如何解决其效率低下的问题?
9. 公共产品需求与私人产品需求的差别体现在哪些方面?
10. 举例说明，如何用博弈论对公共产品的提供进行分析?
11. 公共产品最优供给是如何实现一般均衡的?

第五章

抑制外部性

【本章学习目标】

理解外部性的含义、分类及外部性产生的后果，掌握外部性与市场失灵之间的关系；掌握外部性私人解决方法的类型，掌握科斯定理的内涵，理解私人解决外部性方法的局限性；掌握抑制外部性的公共政策。

【本章知识结构】

本章知识结构如图 5-1 所示。

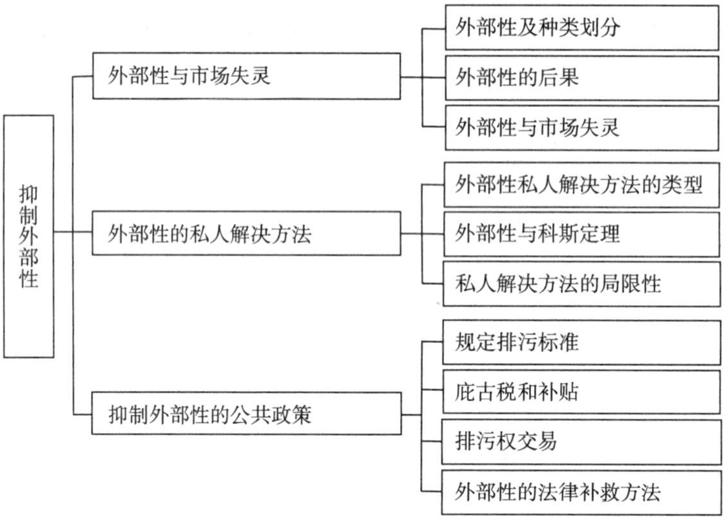

图 5-1　本章知识结构图

外部性(externalities)是市场失灵的主要表现之一，通过本章学习，首先，要明确外部性的概念、分类和后果；其次，学会分析正、负外部性对资源配置效率的影响，掌握外部性导致市场失灵的原因；最后，在理论分析的基础上把握私人部门与政府部门纠正外部性的策略与措施。

第一节　外部性与市场失灵

一、外部性及种类划分

(一)外部性的含义

外部性，也称为外部效应、外在性、外部效益或外部经济，是指某些经济主体的经济行为影响了其他经济主体，却没有为之承担应有的成本费用或没有获得应有的报酬的现象，就是指边际私人成本与边际社会成本之间或边际私人效益与边际社会效益之间的非一致性。换言之，外部性就是未在价格中得以反映的经济交易成本或效益。

通俗一点说，一种经济交易的结果对除交易双方之外的第三者，发生了影响，而且第三者又未参与该项交易的任何决策时，即存在外部性。可见，外部性的关键在于相互影响而又没有相应的补偿。因此，外部性存在时，人们在进行经济活动决策中所依据的价格，既不能精确地反映其全部的社会边际效益，也不能精确地反映其全部的社会边际成本。其原因在于，某种经济活动的外部性的存在，使得除交易双方之外的第三者，即其他个人或厂商受到了影响，而该第三者因此而获得的效益或因此而付出的成本在交易双方的决策中未予考虑。其后果在于，依据失真的价格资料所做出的经济活动决策，肯定会使社会资源配置发生错误，从而不能达到帕累托效率准则所要求的最佳状态。

(二)外部性的分类

对外部性的分类加以介绍，可以帮助我们对外部性现象有一个更为全面的了解。在现实经济生活中，外部性的表现形式是多种多样的。我们可以按照不同的标准来分类。

1. 外部性的简单分类法

(1)正外部性(positive externalities)与负外部性(negative externalities)。一些外部性对他人产生有益影响，这叫做正外部性。例如，养蜂者对邻近的苹果园产生的就是正外部性。由于传播花粉的缘故，蜜蜂数量越多，苹果园结果越多。同时，苹果园对养蜂也产生正外部性。苹果园里果树越多，蜜蜂所产的蜂蜜越多。每一方的行为都给另一方带来直接的利益，而每一方又都没有得到报偿。其他一些外部性对他人产生不利影响，这叫做负外部性。一个公司污染了空气，那么，对所有呼吸到污染空气的居民而言，对所有机器受到污浊空气侵蚀而加剧了损耗的公司而言，就是受到前一个公司产生的负外部性影响。

正外部性，是指对交易双方之外的第三者所带来的未在价格中得以反映的经济效益，或者是指某些产品的社会效益大于其使用价值的现象。在存在正外部性的情况下，无论是产品的买者，还是产品的卖者，都未在其决策中意识到他们之间的交易会给其他人或厂商带来益处。消防设备的交易，就是关于正外部性的一个最突出的例子。很明显，一笔消防设备的交易，不仅使买卖双方可以从中受益，而且也至少使邻近买方的人或厂商可从火灾蔓延风险的减少中受益。然而，消防设备买卖双方并未意识到这一点，或者说，消防设备交易双方一般并不考虑这一因素，即他们的买卖决策并未加入其交易会降低第三方的财产损失风险这样一个因素。如果加入了这一因素，也就是说将外部性考虑在内，在不能向第三者收取相应报偿的情况下，消防设备的消费量将肯定会因此而出现不足。私人花园也是一个正外部性的典型例子。对私人花园的所有者来说，它提供了一个令人赏心悦目的环境，但除此之外，社会其他人也因此而受益。因为，每个私人花园实际上就是一块绿化地，它净化了空气，调节了地区的小气候。因此，除个人受益外，社会也获得了利益。另外，正外部性也表现在大多数的公共产品上。例如，某地政府修建了公路，交通条件的改善使商品的运输更为方便，从而促进了该地区的发展。对于公路附近的居民来说，直接获得的利益是土地使用价值提高、租金增值。一般地说，纯公共产品和俱乐部产品、公共池塘资源、免费的植物园等都存在正外部性。正是这一缘故，使某些原来属于私人产品的行业被社会转为政府，由过去的私人管理转向政府管理。正外部性有时也表现为生产过程中的产业互补性。由于现代社会实行社会化大生产，因此，一个企业部门的发展会给其他部门创造相应的发展条件，这样一来，就产生了一种企业以外的社会效益。

负外部性，是指对交易双方之外的第三者所带来的未在价格中得以反映的成本费用，或者说是指某一产品的社会成本大于生产者私人成本的现象。关于负外部性的一个最突出的例子，就是工业污染对人及其财产所带来的损害。工业(造纸、印染)污染在损害人们的身体健康，降低人们的财产及资源的价值上所产生的负效应，已为现代社会的人们所共识。然而，与带来工业污染有关的产品的生产者和购买者，显然是不会在其生产决策或消费决策中考虑那些因此而受损害的人们的利益的。吸烟也是负外部性的一个常见的例子，研究表明，间接吸烟是严重损害健康的。因此，在负外部性存在的情况下，这类产品的生产往往过多，即这种产品会产生过度供给。

(2)生产性外部性与消费性外部性。由生产者产生的外部性叫做生产性外部性，由消费者产生的外部性叫做消费性外部性。而这些外部性的结果可能由生产者和消费者共同负担。今天，大气污染主要是由工厂引起的，而在几十年以前大气污染主要是由于家庭用煤取暖而引起的。抽烟者在不通风的房子里抽烟会对不抽烟的人带来极大的负外部性；一个公司对河流的污染会对居住在下游的消费者和生产者带来外部性，这种外部性要么会导致位居下游的公司利润减少，要么会促使位居下游的公司提高其产品价格。

(3)直接的外部性与间接的外部性。一些外部性，如对大气质量的影响是通过影响环境，进而对使用这种环境的每一个人造成影响，这样的外部性称做间接的外部性。另外，一些外部性的影响则更为直接，如果有人把垃圾洒落在自己的草坪上，则只有近邻才受到外部性的影响，这样的外部性称作直接的外部性。

(4)公共外部性和私人外部性。很多外部性是公共产品的特性，但是也有一些外部性是和私人产品相联系的。相应地，外部性可以分为公共外部性和私人外部性。如果一个城市的空气被污染，污染对每一个市民都有影响。市民人数的增加，并不减少每一个人受到污染的程度。因此，空气污染是一种公害或坏的公共产品(public bads)。在公寓的公共楼道里堆放自家的垃圾，使邻居每一次都掩鼻而过，也是一种公害。相反，门前的花园使每一个行人感到赏心悦目，是一种公益或公共产品(public goods)。公共产品的特性源于其消费的不可分性，一个人对公共产品的消费并不减少可供其他人消费的数量。我呼吸空气并不影响其他人呼吸空气，我观赏花卉并不影响其他人观赏花卉。对公共产品而言，市场价格体系不能实现资源的有效配置。

与公共产品相反，私人外部性的例子就不那么容易找到。私人外部性的消费是可分的。一个例子是，B将垃圾扔到A的院子里，这时垃圾就不会被扔到C的院子里，消费是可分的。这个例子和把垃圾扔到大街上不同，属于私人负外部性。

(5)公共资源。有一类特别重要的外部性被称为公共资源问题，其主要特征是存在任意使用的公用稀缺资源。让我们来考察一下鱼塘和渔夫的关系，捕鱼的困难程度取决于渔夫的数目，每个渔夫都对其他渔夫产生负外部性。油田是公共资源方面一个重要的例子。石油通常在地下大片集中存在，为了打出石油，需要购买足够的土地来打钻井，还需要购买钻井设备。一口井从一个贮油构造中获取的石油越多，其他井得到的就越少。事实上，多钻一口井而多获得的石油数量是负的，因为多钻一口井会使油压降低，这样使能从一个贮油构造中抽取的石油数量减少；并且，钻一口井的私人获益和社会获益之间存在着显著的差异。

2. 外部性的复合分类法

这种分类是将上述三种不同标准结合起来，对外部性进行的交叉分类。对外部性进行复合分类，可以有八类外部性现象。

(1)消费活动产生正的消费外部性。某个人或家庭因别人或家庭的消费活动而受益。例如，甲的邻居乙拥有一个美丽的花园，甲也会因此而享受到花园的效用。

(2)消费活动产生正的生产外部性。某厂商因某个人或家庭的消费活动而受益。例如，购买者偏好的变化增加了对厂商产品的需求。

(3)消费活动产生负的消费外部性。某个人或家庭因别人或家庭的消费活动而受损。例如，甲嫉妒乙的较高生活水平，他会因此而遭受负的消费外部性。

(4)消费活动产生负的生产外部性。某厂商因某个人或家庭的消费活动而受损。例如，购买者偏好的改变减少了对厂商的产品的需求。

(5)生产活动产生正的消费外部性。某个人或家庭因某厂商的生产活动而受益。例如，由于采用新的技术，企业在追求最大利润时，以较低的价格出售质量较好的产品，消费者就会因此而受到正外部性影响。

(6)生产活动产生正的生产外部性。某厂商因别的厂商的生产活动而受益。例如，一个养蜂者接近苹果园，他的养蜂活动便会有益于苹果园的主人。反过来，苹果园的扩大，也会给养蜂者带来益处。

(7)生产活动产生负的消费外部性。某个人或家庭因某厂商的生产活动而受损。例如，厂商的活动造成了污染，便会对附近居民的健康带来有害影响。

(8)生产活动产生负的生产外部性。某厂商因别的厂商的生产活动而受损。例如，设在湖边的纺织印染厂排出的污水，便有害于养鱼者的生产活动。

二、外部性的后果

外部性是经济生活中常见的现象，或许每个人都在受它的影响，但自己并不知觉。在小的方面，它会影响我们平常的喜怒哀乐；在大的方面，则会在资源配置方面产生负面的效果。正如经济学家斯蒂格利茨所说:“只要存在外部性，资源配置就不是有效的。”

我们已经知道，生产行为的负外部性是指个体所得到的收益大于社会所得到的收益，或者个体付出的成本小于社会付出的成本。对生产厂商来说，当厂商个体边际成本等于个体边际收益时，就实现了生产者均衡，即厂商的利润实现了最大化。对社会来说，当社会边际成本等于社会边际收益时，就实现了社会均衡，即该产品的供给相对于需求达到了最佳点，有限的资源得到了最充分的利用，实现了社会福利的最大化。这时，如果个体边际成本等于社会边际成本，或者个体边际收益等于社会边际收益，那么厂商与社会同时达到均衡，厂商利润最大化也就是社会福利的最大化。不过，在个体生产行为存在负外部性的情况下，厂商个体边际成本小于社会边际成本，或者厂商个体边际收益大于社会边际收益，这时个体生产的最优量就会高于社会最优量，该产品就存在着供给过度的现象。

同样，生产行为的正外部性会造成某些商品的供给不足，消费行为的负外部性会造成某些商品的消费过度，消费行为的正外部性会造成某些商品的消费不足。供给过度、供给不足、消费过度以及消费不足都是资源的浪费，在资源稀缺的情况下，资源浪费意味着社会福利的损失，意味着资源的低效率配置。

在市场经济条件下，不管是什么样的外部性，它的存在必然不利于社会资源的有效配置，从而也不利于社会福利的最大化。负外部性的个体成本低于社会成本，但是它的个体收益却是高于社会收益的。这在感觉上是一种不道德的行为，因为它往往是损人利己的。仅仅从这个角度讨论，负外部性也是应该被纠正的。而正外部性，就个体而言，它的个体成本是高于社会成本的，而个体收益却往往低于社会收益，很有利他主义的味道。但每个人并不都是有道德的，在这些人看来，这种行为对他们是很不利的，如此一来，可能在间接上破坏个体的某些创造性或积极性，这应该不是社会所希望看到的。所以，在市场经济条件下，需要由外部的机制介入经济生活，努力使外部性内部化，从而使经济生活进入正常的轨道。具体地讲，就是需要政府的财政干预。当外部性造成供应不足时，政府可以通过补贴或减税的方法刺激生产；而对于负外部性，政府则可以通过加税或出售污染权的办法，增加这些企业的成本，使之降低产量。

☞**专栏 5-1**

公地的悲剧

设想我们生活在一个中世纪小镇上。该镇的人从事许多种经济活动，其中最重要的一种是养羊。镇上的许多家庭都有自己的羊群，并出售用以做衣服的羊毛来养家。

在我们的故事开始时，大部分时间羊在该镇周围土地的草场上吃草，这块地被称为镇共有地。没有一个家庭拥有土地；而是，镇里的居民集体拥有这块土地，所有的居民被允许在这块地的草场上放羊。集体所有权很好地发挥作用，因为土地很大。只要每个人都可以得到他们想要的有良好草场的土地，镇共有地就不是一种竞争性物品，而且，允许居民在草场上免费放羊也没有问题。镇上的每一个人都是幸福的。

时光流逝，镇上的人口在增加，镇共有地草场上的羊也在增加。由于羊的数量日益增加而土地是固定的，土地开始失去自我养护的能力。最后，土地变得寸草不生。由于共有地上没有草，养羊不可能了，而且，该镇曾经繁荣的羊毛业也消失了。许多家庭失去了生活的来源。

什么原因引起这种悲剧？为什么牧羊人让羊繁殖得如此之多，以至于毁坏了镇共有地呢？

三、外部性与市场失灵

（一）存在外部性条件下的社会最优

在存在外部性的条件下，社会资源配置依然存在着最优值的问题，下面我们以环境污染为例来加以说明(图 5-2)。我们先介绍几个重要的概念。MNPB 代表边际私人净效益(marginal net private benefits，MNPB)。私人净效益是企业生产活动中收益(revenue)和成本(cost)之差，边际私人净效益是改变 1 单位经济活动水平所增加的净效益。MEC 代表边际外部成本(marginal external cost，MEC)，是生产活动产生的未由生产者承担的成本。边际外部成本是人们感受到污染的物质影响，如果人们对污染毫不在乎，MEC 曲线根本不存在。

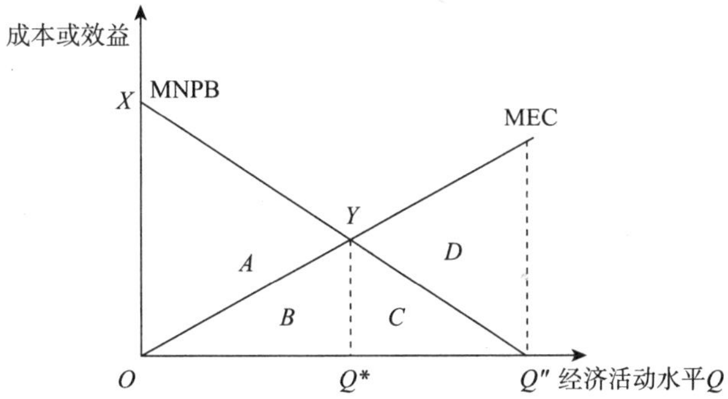

图 5-2　存在外部性条件下的社会最优

由于两条曲线都表示边际量，它们下方的面积表示总量。MNPB 以下的面积表示总私人净效益，MEC 以下的面积表示总外部成本。社会的目的是使总效益与总成本之差最大。从图 5-2 中可以看到，只有当经济活动水平为 Q^* 时总效益与总成本之差最大，这时两者之差由三角形 OXY 表示，相应的最优经济活动水平为 Q^*。最优外部性由三角形 OYQ^* 代表。以上结果可以用公式表示。

在 Q^* 点，MNPB=MEC，因为在完全竞争的情况下 MNPB 等于价格 P 减去边际生产(私人)成本 MC，即 MNPB=P－MC，因此 P－MC=MEC 或 P=MC+MEC。这里 MC+MEC 为边际社会成本(marginal social cost，MSC)。因此，当 MNPB=MEC 时，P=MSC。也就是说，价格等于边际社会成本是帕累托最优的条件。

图 5-2 中不同点和面积的含义如下：Q^* 为经济济活动的最优水平；Q''为产生最大私人效益的经济活动水平，这是无政府管制情况下追求利润最大化的私人企业的生产水平；面积 $A+B$ 为排污者私人净效益的最优水平；面积 B 为外部性的最优水平；面积

A 为社会净效益的最优水平；面积 $C+D$ 为需要消除的非最优的外部性；面积 C 为对社会无益的私人净效益。

图 5-2 说明，由于外部性的存在，私人成本和社会成本不同。为了追求私人净效益的最大，排污者将从事过多的经济活动。例如，在 Q''点，私人净效益为 $A+B+C$，而外部成本为 $B+C+D$，社会净效益为 $A+B+C-B-C-D=A-D<A$。只有当排污者的经济活动水平为 Q^* 时，社会净效益才最大。所以，$C+D$ 的消除是帕累托改进。

（二）外部性造成的市场失灵

1. 负外部性和无效率

由于外部性并不反映在市场价格中，因此它们会成为经济无效率的一个来源。要弄明白为什么，让我们来看钢厂向河中倾倒废物的例子(图 5-3)。图 5-3(a)为一个钢厂在竞争性市场中的生产决策，图 5-3(b)为假设所有钢厂都产生相似外部性时的市场需求和供给曲线。我们假设该厂商的生产函数是固定比例的，因此它不能改变它的投入比例，要减少废水只有降低产出。我们将分两步来分析外部性的性质：首先是只有一家钢厂产生污染，其次是所有的钢厂都以同样的方法产生污染。

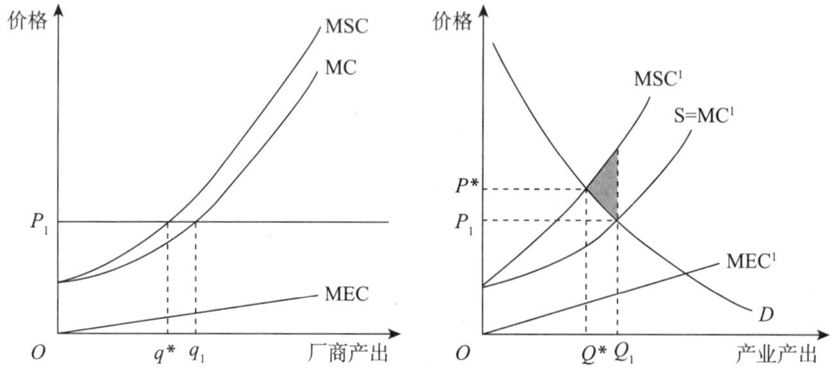

(a) 单个厂商在竞争市场上的生产决策　　(b) 钢铁行业所有厂商的生产决策

图 5-3　负外部性和无效率

当存在负外部性时，边际社会成本 MSC 大于边际私人成本 MC，差额就是边际外部成本 MEC。在图 5-3(a)中，利润最大化的厂商在价格等于 MC 的 q_1 处生产，有效产出是价格等于 MSC 的 q^*。在图 5-3(b)中，产业的竞争性产出是 Q_1，由产业的供给曲线 MC^1 和需求曲线 D 的交点决定。然而，有效产业产出 Q^* 要比它低，由需求曲线 D 和边际社会成本曲线 MSC^1 的交点决定。

钢的价格为 P_1，即图 5-3(b)中供给曲线和需求曲线的相交点。图 5-3(a)中 MC 曲线给出了一个典型的钢厂的边际生产成本。该厂商在生产的产出为 q_1 时利润最大化，这时边际成本等于价格(它又等于边际收入，因为厂商是把价格作为给定的)。然而，随着厂商的产出改变，下游渔民付出的外部成本也会改变。这一外在成本由图 5-3(a)中的边际外在成本(MEC)曲线给出。对大多数形式的污染来说，这一曲线是向上倾斜的，因为随着厂商产出的增加以及向河中倾倒的废水增加，它对渔业的增量危害也增加了。

从社会的角度看，该厂商生产的产出太多了。有效产出水平应当是价格等于生产的边际社会成本——边际生产成本加上倾倒废水的边际外部成本。在图5-3(a)中，边际社会成本曲线是用每一产出水平上的边际成本加上边际外在成本得到的，即 MSC=MC+MEC，边际社会成本曲线 MSC 与价格线在产出为 q^* 处相交。由于这时只有一家工厂向河中倾倒废水，生产的市场价格不变。然而，厂商生产的产出太多了(q_1 而不是 q^*)，并产生了太多的废水。

现在考虑所有的钢厂都把废水倒入河中会发生什么？在图 5-3(b)中，MC^1 曲线是该产业的供给曲线。与产业的产出相关的边际外在成本 MEC^1 是把每个人在每种产出水平下受害的边际成本相加得到的。MSC^1 曲线代表所有钢厂边际生产成本和边际外在成本的总和。其结果是 $MSC^1=MC^1+MEC^1$。

当存在外部性时，产业的产出是否是有效率的呢？如图 5-3(b)所示，有效的产业产出水平是每一额外单位产出的边际收益等于边际社会成本时的产出水平。由于需求曲线衡量消费者的边际收益，有效产出为 Q^*，为边际社会成本曲线 MSC^1 与需求曲线 D 的相交处。然而，产业的竞争性产出是在 Q_1，为需求曲线 D 和供给曲线 MC^1 的相交处。显然，产业的产出太高了。

在我们的例子中，每单位的产出都将导致废水。因此，无论我们是看一家厂商的污染还是整个产业的污染，都显示出生产过多，它导致太多的废水倒入河中。而无效率的来源是产品不正确的定价。图 5-3(b)中的价格 P_1 太低了——它只反映了厂商的私人边际生产成本，而不是社会边际成本。

这种无效率的社会成本是什么呢？对于每一单位 Q^* 以上的产出，社会成本由边际社会成本与边际收益(需求曲线)的差额给出。结果，社会总成本就是图 5-3(b)中 MSC^1、D 和产出 Q_1 之间的阴影三角形。

外部性既导致短期也导致长期的无效率。在完全竞争的市场条件下，每当产品的价格高于生产的平均成本时，厂商就进入一个竞争性产业，而每当价格低于平均成本时，厂商就退出。在长期均衡中，价格等于(长期)平均成本，当存在负外部性时，平均私人生产成本低于平均社会成本。结果，即使是在某些厂商离开产业才有效率时，这些厂商还是留在产业内。因而，负外部性鼓励太多的厂商留在产业内。

2. 正外部性和无效率

正如房屋修理和美化的例子所显示的，外部性也能导致生产减少(图 5-4)。在图5-4中，横轴用以衡量房屋主人修理和美化的投资。房屋修理的边际成本曲线显示随着修理工作的增加而需要的修理成本，它是水平的，因为这一成本不受修理量的影响。需求曲线 D 衡量修理对房主的边际私人收益。房主将选择在他的需求曲线与边际成本曲线相交处投资 q_1 修理。但是，就如边际外在收益曲线 MEB 所示，修理给邻居带来外部收益。在这个例子中，这一曲线是向下倾斜的，因为在修理水平小的时候边际收益大，但随着修理工作量的扩大，边际收益下降。

当存在正外部性时，边际社会收益 MSB 大于边际收益 D，差额就是边际外在收益 MEB。一个利己的房屋主人投资 q_1 进行修理，该点由边际收益曲线 D 和边际成本曲线 MC 的交点决定。有效率的修理水平 q^* 比它高，由边际社会收益曲线和边际成本曲线的交点决定。

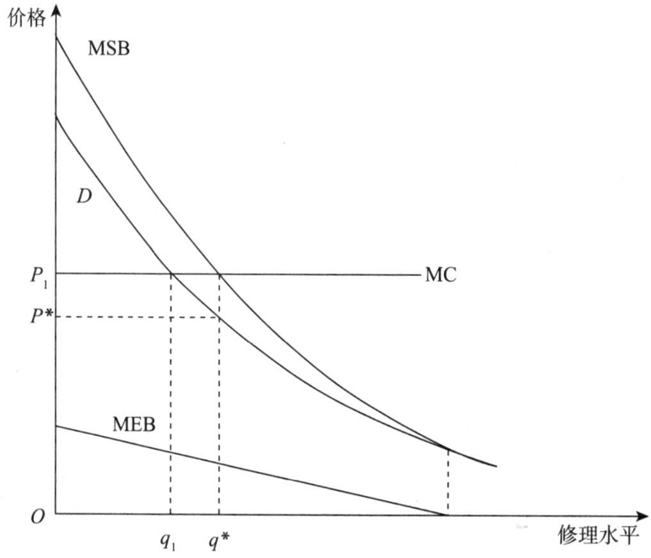

图 5-4 正外部性与无效率

边际社会收益曲线 MSB 是通过把每个产出水平上的边际私人收益和边际外在收益相加得到的。简言之，MSB=D+MEB。有效产出水平 q^* 处于 MSB 和 MC 曲线的相交处时，增加修理的边际社会收益等于这些修理的边际成本。由于房主没有得到他对修理和美化投资的所有收益，就出现了无效率。结果，价格 P_1 太高，不能鼓励他对房屋修理的投资达到社会理想水平，要鼓励达到有效率的供给水平 q^*，就需要较低的价格 P^*。

另一个正外部性的例子，就是厂商在 R&D(research and development，即研究与开发)上所花费的钱。研究带来的创新常常难以受到保护。例如，假定一家厂商设计了一种新产品，如果该设计能够申请专利，厂商可能通过生产和销售新产品而获得大量利润，但是如果该新设计能够为其他厂商更接近地模仿出来，那些厂商就能够通过竞争分享一部分开发厂商的利润。这样，进行研究与开发就没有什么回报，市场对此提供的资金就不足。

第二节 外部性的私人解决方法

一、外部性私人解决方法的类型

我们讨论了为什么外部性使市场配置资源无效率，但只是简单地提到了如何解决这种无效率。在现实中，私人行为者和公共政策制定者都以各种方式对外部性做出了反应。所有这些解决方法的目标都是使资源配置接近于社会最优。在这一部分，我们考察各种私人解决方法。虽然外部性往往使市场无效率，但解决这个问题并不总是需要政府行为。在一些情况下，人们可以提出私人解决方法。

(一)道德规范和社会约束

有时外部性问题可以用道德规范和社会约束来解决。例如，考虑一下为什么大多数人不乱扔垃圾？尽管有禁止乱扔垃圾的法律，但这些法律并没有严格实行过。大多数人不乱扔垃圾只是因为这样做是正确的。公园规则教导大多数孩子“己所不欲，勿施于人”，这就是所谓的“黄金律”(golden rule)。这个道德规范告诉我们，要考虑到我们的行动如何影响其他人，用经济学术语讲，就是外部性的内部化。

把“黄金律”粗略地翻译成经济学语言便是“要产生正外部性”和“不要产生负外部性”。由于容易受他人行为影响，我们也就总担心我们自己的一些行为，如在餐桌上大声谈话会影响其他人，因为我们没有，至少没有直接给予货币形式的补偿。父母们总是试图引导自己的孩子按“社会可接受的方式”行事(包括不产生负外部性和产生正外部性)。尽管这种社会化过程在家庭水平上成功地避免了负外部性的产生，但其在解决现代社会产生的各种各样的外部性方面却很少成功，即使对乱扔东西的人课以200元罚金，也不能促使一些人在公共场所保持环境清洁。因此，完全依赖社会机制来限制外部性是不可能的。

(二)慈善行为

另一种私人解决外部性的方法是慈善行为，许多慈善行为的产生是为了解决外部性问题。例如，目的在于保护环境的西拉俱乐部(Sierra Club)是一个由私人捐款的非营利组织。又如，私人学院和大学接受校友、公司和基金会的捐赠，部分是因为教育对社会有正外部性。再如，我国的希望工程所举办的助学活动。

◎专栏 5-2

从电池回收看外部性

忽如一夜春风来，在北大的各个宿舍楼及教学楼内，出现了一个个朴素的纸箱，这是环境发展协会的同学为回收废电池、减少环境污染特意设立的。这一举措不仅有利于保护环境，而且也为环境的可持续发展出了力，可谓一箭双雕。

废弃的电池污染环境，具有负外部性。于是，生产单位电池的社会成本加上受到污染的不利影响的旁观者的成本，成本总额加大。此时，电池的消费者的价值大于生产它的社会成本；电池的最适当的数量，即最优的数量，小于均衡数量，即市场量。这时市场无效率。

面对这种负外部性，我们并非束手无策，既可私人解决，也可设立针对外部性的公共政策。

环境发展协会设立电池回收箱就是私人解决负外部性的一个很好的例子，为回收提供了外部条件。但他们的宣传力度还是不够，很多人对回收箱眼见心不到，视若无物。这时，应通过发传单、搞演讲等活动来扩大它的影响，用道德规范和社会约束来解决，即利用外部性的内部化。

对于生产电池的厂家，政府应进行管制或征收庇古税(Pigovian taxes)。例如，环境保护部可以采取措施使每家工厂每年的排污量减少为50吨，或指定某些厂商生产环保型电池。当然，政府也可以用以市场为基础的政策向私人提供符合社会效率的激励，如可以对每个厂家每排出1吨废物征收10 000元的税。

若想从根本上解决污染问题，还需要政府投资科研领域，使环保型电池的成本降低，使之趋于完善，这才符合市场规律，才能赢得消费者。

资料来源：http://www.xfinance.org/html/2006/0113/907.html

（三）利用市场解决外部性

私人市场往往可以通过依靠有关各方的私利来解决外部性问题。有时这种解决方法采取了把不同类型经营结合在一起的形式。例如，考虑一个苹果种植者和一个相互位置接近的养蜂人。每个人的经营都给对方带来了正外部性，即蜜蜂在苹果树上采花粉，有助于果树结果实；同时，蜜蜂也用从苹果树上采集的花粉来酿造蜂蜜。但是，当苹果园主决定种多少苹果树和养蜂人决定养多少蜜蜂时，他们都没考虑正外部性。结果，苹果园主种的树太少，而养蜂人养的蜜蜂也太少。如果养蜂人购买苹果树，或苹果园主购买蜜蜂，这些外部性就内部化了。我们可以在同一个企业内进行这两种活动，而且这个企业可以选择苹果树和蜜蜂的最优数量。外部性内部化是某些企业包括了不同经营的一个原因。

另一种解决外部性的私人市场方法是利益各方签订合约。在我们以上的例子中，苹果园主和养蜂人之间的合约也可以解决树太少或蜜蜂太少的问题。这个合约可以规定树的数量，蜜蜂的数量，也许还包括一方对另一方的支付。通过决定树和蜜蜂的正确数量，这个合约就可以解决这种外部性产生的无效率问题，并使双方的状况都变好。

二、外部性与科斯定理

在没有政府直接干预的条件下，私人部门解决外部性的一条途径是使外部性内部化，即通过形成足够规模的经济单元，使任何行为的大部分结果在经济单元内部发生。让我们看一下这个原理在我们先前讨论过的例子(养蜂和苹果园之间的正外部性)中怎样应用。这种外部性可以通过使苹果园主同时成为养蜂者而内部化。当然，只有当苹果园足够大，蜜蜂只待在一个苹果园里时，外部性才能内部化。

（一）财产权的分配

我们已经提过，当个人没有承担他们行为的全部后果时，就存在外部性。由于个人不必购买捕鱼权，在公共鱼塘中就会出现捕捞过度的现象。外部性经常可以通过适当的财产权的分配来加以解决，财产权的分配就是给特定个人以控制某些财产和对这些财产的其他使用者收费的权利。正是由于没有一个人拥有控制整个油田使用的财产权，才使钻井数过量。当油田被某一个人控制，他才有动力去确保最佳的钻井数目。既然，单个公司控制整个油田会导致经济效率的提高，那么任何公司都想从土地所有者手上购买覆盖整个油田的土地(他们能够从出卖石油中获得利益)，从而能够获得利润。依据这个观点，不需要外部干涉就能保证出现财产权的有效分配模式。

即使公共资源的财产权没有分配给个人，也能通过市场找到解决外部性的有效方法。油田所有者经常碰头，使他们的生产一体化，这样就可以减少出现过量油井的可能。使用同一鱼塘的渔夫也可能聚到一起做出互利的限制条例来阻止捕捞过度现象。

（二）科斯定理

私人市场在解决这些外部性中的有效性如何？最著名结论的提出，在某些情况下，这种方法是极为有效的，这个结论被称为科斯定理。这个定理，是为纪念提出这个结论的经济学家罗纳德·科斯而命名。根据科斯定理，如果私人各方可以无成本地就资源配置进行协商，那么，私人市场就将总能解决外部性问题，并有效地配置资源。

为了说明科斯定理如何发挥作用，考虑一个例子。假定张三有一条名为“黑贝”的狗。黑贝不断狂叫并干扰了张三的邻居李四。张三从拥有的一条狗中得到了收益，但这条狗给李四带来了负外部性，是应该强迫张三把狗送到动物居留所，还是应该让李四不得不承受由于狗狂叫而夜不能眠的痛苦？

先来考虑什么结果对社会是有效的。社会计划者考虑两种可供选择的做法，要比较张三从养狗中得到的收益与李四承受狂叫声的成本。如果收益超过成本，有效的做法就是让张三养狗而李四生活在狂叫声中；但如果成本超过收益，张三就应该放弃狗。

根据科斯定理，私人市场可以自己达到有效的结果。李四可以简单地付给张三一些钱让他放弃养狗，如果李四给的钱数大于养狗的收益，张三就将接受这种做法。

通过对价格的协商，张三和李四总可以达到有效率的结果。例如，假设张三从养狗中得到的收益为 500 元，而李四由于狗的狂叫承受了 800 元的成本。在这种情况下，李四可以给张三 600 元，让张三放弃养狗，而张三也很乐意接受。双方的状况都比以前变好了，也达到了有效率的结果。

当然，李四不愿意提供任何张三愿意接受的价格也是可能的。例如，假设张三从养狗中得到的收益是 1 000 元，而李四由于狗的狂叫承受了 800 元的成本。在这种情况下，张三不会接受任何在 1 000 元以下的出价，而李四又不愿意提供任何在 800 元以上的价格。因此，张三最终还是养狗。但在这种成本与收益的情况下，这种结果是有效率的。

到现在为止，我们一直假设张三在法律上有权养一条爱叫的狗。换句话说，一方面，除非李四给张三足够的钱让张三自愿放弃养狗，否则张三就可以养狗；另一方面，如果李四在法律上有权要求和平与安宁，结果会有什么不同呢？

根据科斯定理，最初的权利分配对市场达到有效率结果的能力无关紧要。例如，假设李四可以通过法律强迫张三放弃养狗。虽然这种权利对李四有利，但也许结果不会改变。在这种情况下，张三可以向李四付钱，让李四同意他养狗。如果养狗对张三的收益大于狗狂叫对李四的成本，那么张三和李四将就张三养狗问题进行协商。

虽然最初的权利无论怎样分配，张三和李四都可以达到有效率的结果，但权利分配并不是毫不相关的，它决定了经济福利的分配。是张三有权养一条爱叫的狗，还是李四有权得到和平与安宁，其决定了在最后的协商中谁向谁付钱。但是，在这两种情况下，双方都可以互相协商并解决外部性问题。只要收益超过成本，张三就将以养狗结束。

总结一下：科斯定理说明，私人经济主体可以解决他们之间的外部性问题。无论最初的权利如何分配，有关各方总可以达成一种协议，在这种协议中每个人的状况都可以变好，而且，结果是有效率的。

下面我们用图 5-5 来解释科斯定理的基本含义。

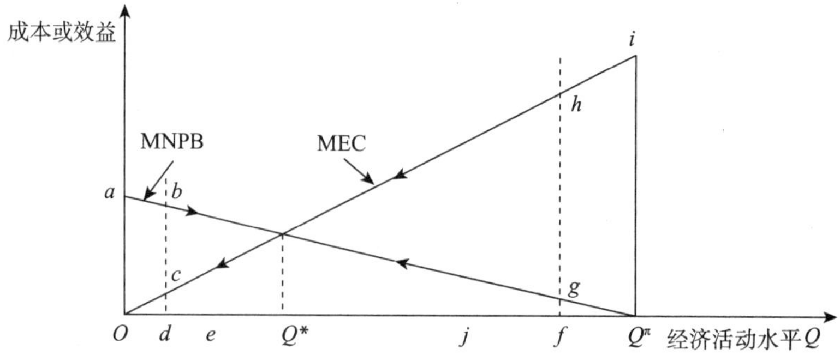

图 5-5 外部性与科斯定理

如无政府干预，排污者生产 Q^{π} 以使利润最大。但社会最优经济活动水平在 Q^{*}，市场和社会最优不一致。

现假设受害者拥有产权。这意味着受害者有权不被污染，而排污者没有权利排污。在这种情况下，图 5-5 中谈判的起始点在原点。因为受害者握有产权，并且希望完全没有污染。其原点是一个极端。但在这一极端，双方并非不可以谈判或讨价还价。假设双方移到 d 点，排污者将得到 $Oabd$ 的净效益，受害者将付出 Ocd 成本。但是由于 $Oabd>Ocd$，排污者可以付给受害者大于 Ocd 小于 $Oabd$ 的款项以补偿受害者的损失。排污者和受害者都会受益，变得更好。也就是说，移向 d 是帕累托改进(至少一方变好，其他人没有变坏)。既然右移到 d 是帕累托改进，那么继续右移到 e 乃至 Q^{*} 也一样。但是到达 Q^{*} 以后继续右移就不同了，因为那时排污者的收益小于受害者的损失，排污者不能继续向受害者提供补偿，谈判的基础没有了。因此，如果受害者握有产权，谈判开始于原点，有向 Q^{*} 移动的自然趋势。

那么如果排污者握有产权会怎样呢？这次起始点在 Q^{π}，因为在这点排污者拥有所有的权利来生产产品(污染环境)。但是现在双方有可能向 f 点移动。因为向 f 点移动，受害者损失的减少将大于排污者收益的减少，受害者可以给排污者一个小于 $fhiQ^{\pi}$、大于 fgQ^{π} 的补偿或贿赂，使排污者减少生产和排污。向 f 移动是帕累托改进。如果移向 f 是帕累托改进，那么移向 j 以至 Q^{*} 也是帕累托改进。

因此，无论谁拥有产权，都存在向社会最优点移动的自然趋势。只要能使排污者和受害者谈判，市场就将自然达到社会最优。如果这一理论是正确的，我们就不需要政府干预，可以由市场自己来解决污染问题。

3. 对科斯定理的批评

(1)如果竞争是不完全的，科斯定理就不成立。在完全竞争条件下，MNPB$=p-$MC，因此，MNPB$=$MEC，意味着 $p=$MSC。在不完全竞争情况下，MNPB$=$MR$-$MC，式中 MR 代表边际收益。在不完全竞争情况下，MR 不等于 p。在科斯模型中，排污者的交易线(bargaining curve)是 MNPB，它是以该线为依据来决定支付或补偿的数量的。如果完全竞争不存在了，交易线就不是 MNPB。这个问题的严重性取决于我们如何看待现实世界和完全竞争的距离。

(2)交易费用过高使交易难以成功。这些交易费用包括把交易双方召集到一起的费用，调查事实以确定损害和赔偿的费用等。

(3)在一些情况下难以确定排污者或受害者。例如，有些污染的受害者是下一代；在开放进入资源(open access resources)的情况下，没有资源的所有者，不知道和谁交易。

(4)交易还可能为恐吓行为提供可能性。如果一个受害者由于排污者拥有产权而向排污者支付补偿，其他潜在排污者可能通过恐吓要求同样的补偿。

三、私人解决方法的局限性

尽管科斯定理的逻辑很吸引人，但私人主体本身经常不能解决外部性所引起的问题。只有利益各方在达成和实施协议中没有麻烦时科斯定理才适用。但是，在世界上，甚至在多方有利的协议可能的情况下，协商并不总是有效。也就是说，利用私人市场使外部性内部化的方法存在着相当多的局限性。这些局限性具体表现为三个方面。

第一个局限是涉及公共产品问题。许多(但不是全部)外部性需要提供公共产品，如清洁的空气和水，而且，排斥任何人从这些公共产品中获取利益，其花费是极大的。如果不吸烟者一起补偿吸烟者，让其不吸烟，则任何不吸烟者都会声称他受到吸烟的影响最小。在其他不吸烟者促使吸烟者不吸烟的努力中，个别不吸烟者总是躲在一旁，坐享其成。许多人不能够自觉采纳有效的解决办法，不完全的信息使这个问题变得更为严重。吸烟者试图说服不吸烟者，如果希望其不吸烟，则要给其很多补偿。在每起这类讨价还价的情形中，如果一方为了在讨价还价中获得更多的利益，就有冒险的可能，即达不成更为互利的协议。即使在完善的市场机制下也可能出现这种问题。考虑一下一个贮油构造的问题，覆盖在贮油构造上的土地属很多人所有。虽然通过一体化可以获得有效结果，但如果除一个地产主人外其他地产主人实行了一体化，他们不会花钱让这最后一个地产主人加入一体化组织。这个地产主人知道一体化部分的产量减少才会使他的产量增加。只有当给他的红利超过按比例分成额时，他才愿意加入一体化组织。但是每个小地产主人都相信最后一个加入一体化组织能获更多利益(或者卖给一家试图购买所有小地产主人土地的大公司)，这样，国家便发现需要通过法律来促进一体化。

第二个局限是交易成本的存在。有时利益各方不能解决外部性问题是因为交易成本。交易成本是各方在协议及遵守协议中所发生的成本。在我们的例子中，设想张三和李四讲不同的语言，以至于为了达成协议他们将需要一个翻译。如果解决狗叫问题的收益小于翻译的成本，张三和李四就选择把问题留下不解决了。在较为现实的例子中，交易成本不是翻译的支出，而是起草和执行合约时所要付给律师的支出，另一些时候谈判简单地破裂了。战争和罢工的经常出现表明达成协议可能是困难的，达不成协议也可能是代价高昂。问题经常是各方都竭力要达到更好的交易。例如，假设张三从养狗中得到500元的收益，而李四由于狗叫要承受800元的成本。虽然李四为张三放弃养狗而进行支付是有效率的，但还有许多会引起这种结果的价格。张三想要750元，而李四只愿意支付550元。当他们就价格争执时，爱叫的狗这个无效率的结果仍然存在。当利益各方人数多时，达成有效的协议特别困难，因为协调每个人的代价高昂。考虑一个污染了附近湖水的工厂，污染给当地渔民带来了负外部性。根据科斯定理，如果污染是无效率的，那么，工厂和渔民可以达成一个协议。根据协议渔民要为工厂不排污而支付。但是如果有许多渔民，要协调所有的人以便与工厂协商几乎是不可能的。外部性涉及的每个人聚集起来，自愿使外部性内部化，其成本是巨大的，并且进行组织活动，其本身也是一种公共产品。实际上，当私人协商无效时，政府作为一个代表集体行动的机构，可明确地看做是众人建立的使外部性内部化(或者用其他方法减少外部性造成的福利损失)的义务机构。

第三个局限是一系列财产权的建立会导致低效率的结果。许多现行的财产权，不是通过法律而是通过一些公共规则建立的。如果一个人的行为对另一个人造成了外部性，受害的人可以对前者起诉，有时这些起诉能够成功，有时却不能。长期以来，社会上形成了一套明确的财产权和规则，这些都有公平、精确的定义。在这些财产权和规则范围内，一个人遭受到外部性的影响，他起诉便有成功的希望，而不在这范围内则不能。例如，一个不吸烟者因为同一车厢内的人吸烟而咳嗽，他对吸烟者提出诉讼便没有成功的希望；如果一个人把垃圾扔在邻居的草坪里，邻居理应在起诉中获胜；如果一个人在自己区域里的角落处燃烧树叶，风把烟吹进了邻居的房间，导致了房间的损害，邻居在起诉中也有一些获胜的希望。

政府作为媒介来解决外部性的好处在于能节省交易成本(解决各类外部性的其他组织还没有创立)，能够避免与公共产品联系在一起的“搭便车”问题。政府干涉的缺点就是资源分配方面的政治机构还没有完善，因为容易受到一些特殊利益集团的操纵。因此，一些在公共部门做出的规定和规则，若是由官僚机构来实行，便具有前面讨论过的各种局限性。

第三节　抑制外部性的公共政策

政府对外部性的解决方法有四种：政府进行管制，规定一定的标准，超出此标准处以罚金；征收庇古税，抑制负外部性或对减少外部性的支出进行补贴；制定规则，限制某一集团对另一集团产生负外部性；通过法律系统规定一系列财产权以减弱负外部性。

在比较这四种补救方法之前，我们先驳斥一种普遍存在的谬论，即我们不允许个人或企业对其他个人或企业造成任何负外部性，如要求工厂绝对不能对水和空气造成一点污染。大多数经济学家认为，这种绝对主义的态度是不合情理的。实际上，污染存在社会成本(或任何其他负外部性)，但这种成本不是无限而是有限的，人们愿意接收一些货币补偿而生活在较脏的环境中。这样，我们应当比较一下控制污染的成本和收益，就如同比较其他经济活动的成本和收益一样。市场机制下的问题并不是产生了污染，而是污染没有控制到最低程度。相应的问题是企业没有考虑外部性(在这个例子中是污染)引起的社会成本，结果可能造成过度污染。政府的任务并不是完全控制污染，这实际上也是不可能达到的。它的任务是促进私人部门达到社会最优污染水平，使居民或企业在行动时不得不考虑对其他居民或企业的影响。在随后的讨论中，我们着重于污染造成的外部性，但结论可以直接推广到其他类型的外部性。

一、规定排污标准

政府可以通过规定或禁止某些行为来解决外部性。例如，把有毒的化学物质倒入供水区中是一种犯罪。在这种情况下，社会的外部成本远远大于排污者的收益。因此，政府制定了禁止这种行为的命令与控制政策。

但是，在大多数污染的情况下，事情并不这么简单。尽管政府宣布了一些环境保护主义的目标，但要完全禁止有污染的活动是不可能的。因此，政府不是要完全消除污染，而是要评价成本与收益，以便决定允许哪种污染与允许污染多少。其中，排污标准(emission standards)是目前世界上使用最广泛的污染管制方法。排污标准是由管制部门制定并依法强制实施的每一种污染源特定污染物排放的最高限度，如某造纸厂每日污水的排放量。排污标准的设定往往是基于一定的健康指标。通常排污标准和惩罚相联系，超过标准排污者将受到惩罚。规定排污标准中的两个问题如下。

(1)只有在极特殊的情况下，排污标准碰巧才能达到最优排污量。外部性与规定排污标准，如图 5-6 所示。

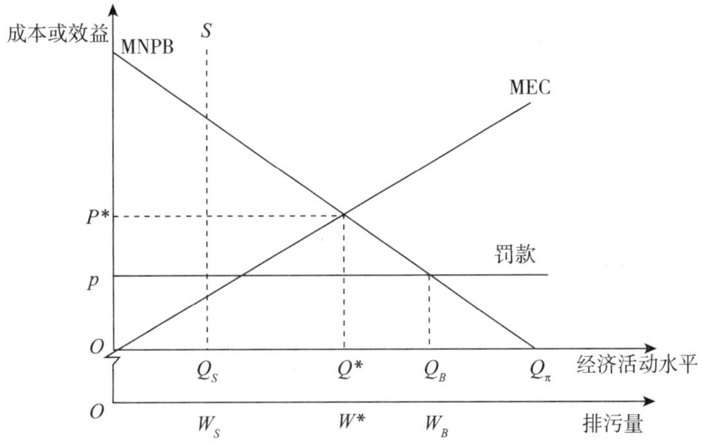

图 5-6 外部性与规定排污标准

图 5-6 中，排污标准 S 对应于排污量 W_S 和经济活动水平 Q_S。为了监督排污标准的实施，设立罚款 P。如果企业遵守排污标准，其经济活动水平会被限制在 Q_S 以内。然而，Q_S 并不是最优的，因为最优经济活动水平是 Q^*。只有把排污标准设立在 Q^* 才是最优的，而这需要有关 MNPB 和 MEC 的详细信息。在缺乏这类信息的情况下，设立最优的排污标准只有碰巧了。

在本例中，不仅排污标准不是最优的，罚款也不是最优的。在罚款为 P 的情况下，排污者有动力排放 Q_B 污染物。这是因为从原点向右到 Q_B 点为止私人净效益大于罚款，在 Q_B 点右侧边际罚款超过边际私人净效益。由于排污标准的监督有一定困难，超标排污不一定会被抓住。排污者要比较罚款与被抓住的概率之积和排污的私人净效益。即使被抓住的概率为 1，排污者仍会排放 Q_B 污染物。因此，要达到最优排污量，罚款必须设定在 P^*。

总之，在使用排污标准的情况下，要达到最优排污水平，必须同时满足三个条件：①排污标准为最优排污量 Q^*。②罚款为与最优排污量对应的罚款 P^*。③罚款的实施还必须是完全确定的，即违规后被罚款的概率为 100%。

(2)在有多个污染源的情况下，由于成本不同，政府对不同的污染源设立统一的排污标准，而这不会是最优的。

这是因为各个污染源的污染控制成本不同。政府如果对不同污染源设立不同的排污标准，需要了解各污染源的控制成本，而污染源不愿将自己的控制成本如实报告。这种情况下，最简单的办法是对所有污染源设立统一的排污标准(图 5-7)。

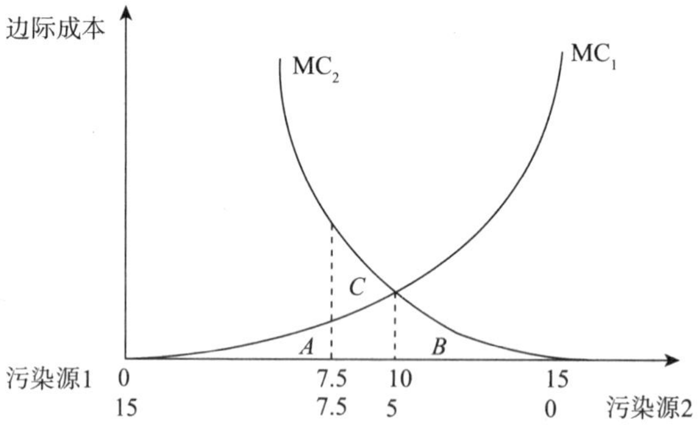

图 5-7　对不同污染源设立统一的排污标准

假定社会上有两个工厂排污，政府设定统一的排污标准。假定政府根据污染对居民健康的影响规定全社会的排污上限为 15 个单位，即两个工厂准许排污量相加应等于 15。在缺乏信息的条件下，如何在两个工厂间分配这一指标？最简单、最常用的办法，就是分配给每个工厂同样的指标，每个工厂 7.5 个单位，这是不是成本有效的呢？请看图 5-7。图中，面积 A 为工厂 1 的总控制成本，面积 $B+C$ 为工厂 2 的总控制成本，虽然工厂 1 的控制成本比成本有效时降低了，但工厂 1 成本的降低比工厂 2 成本的升高小得多。总成本比成本有效时增加了面积 C。因此，除了极个别情况(所有工厂的控制成本曲线的形状都一样)外，使用统一的排污标准没有达到成本有效。

二、庇古税和补贴

规定排污标准难以达到最优排污量，完全利用市场的科斯定理只能在极端条件下达到最优。很多经济学家主张用政府引导的经济机制来达到最优。庇古税(或排污收费)和补贴就是这样一种经济机制。

(一)征收庇古税

征收污染税的想法是英国经济学家阿瑟·庇古最先提出的。在《福利经济学》(*The Economics of Welfare*)一书中，他建议，应当根据污染所造成的危害对排污者征税，用税收来弥补私人成本和社会成本之间的差距，使二者相等。这种税被称为“庇古税”。庇古税的特点是对排污者而不是受害者征税。今天，庇古税也被称为“排污收费”。

图 5-8 为外部性与征收庇古税的示意图。图中 MNPB 为企业的边际私人净效益，

MEC为边际外部成本。企业为利润最大化生产所有MNPB>0的产品，即把产量扩展到Q_m。社会最优要求当MEC>MNPB时不再继续扩大生产，即生产Q_s。税t^*使企业在t^*>MNPB时停止扩展生产，即把生产限制在社会最优产量的水平。换句话说，t^*把MNPB向左下方移动到MNPB$-t^*$。相应地，税使污染排放从W_m下降到W_s。图5-8中，税率恰好等于最优产量Q_s所对应的边际外部成本MEC，即污染对外部产生的边际损害。这样，如果企业的产量超过Q_s，所付的税款就会超过边际私人净效益。因此企业愿意把生产限制在Q_s水平，从而把污染排放限制在W_s水平。因此，t^*是最优税收，它使最优污染量等于MEC。这样，最优庇古税可以定义为在最优污染水平等于边际外部成本(边际污染损害)时的排污收费。

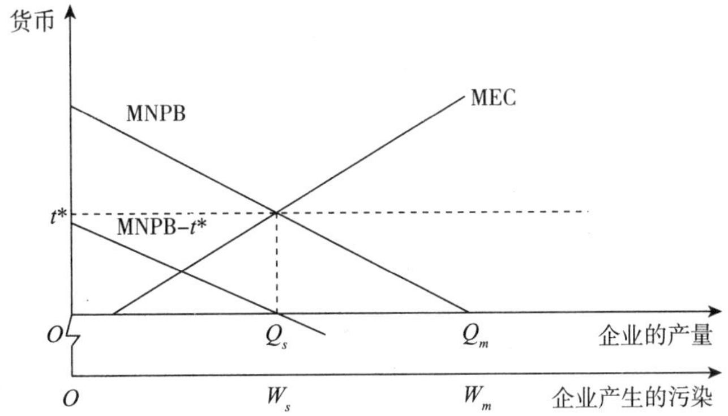

图5-8 外部性与征收庇古税

最优庇古税的制定不仅需要知道MEC的信息，而且需要知道MNPB的信息。但是政府往往难以得到企业的这类信息，企业没有义务向政府提供这类信息来制定管制措施，这就是著名的信息不对称问题，信息不对称问题是庇古税实施的一个重要障碍。

(二)庇古税的优点

1.庇古税与排污标准比较

庇古税和排污标准(无税)比较，达到同样排污量庇古税的成本较低(图5-9)。这方面的研究见Baumol和Oates(1971)、Pearce和Turner(1990)提供的函数证明。

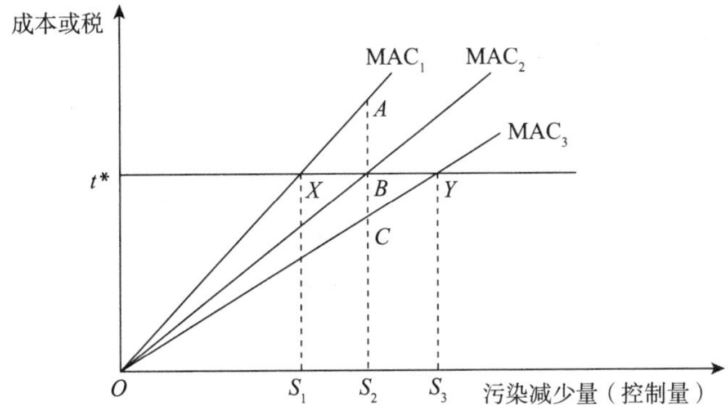

图5-9 庇古税与排污标准比较

图 5-9 中，横轴表示污染减少量或污染控制水平。MAC_1、MAC_2、MAC_3 表示生产同样产品的三家工厂的边际控制成本。与前几个图不同，MAC 曲线向右上方倾斜，这是因为横轴表示污染减少量而不是污染量。不同工厂的 MAC 不同，是因为使用了不同的技术，这与现实情况相符。对于同样的污染减少量，工厂 1 的成本最高，工厂 2 次之，工厂 3 最低。为简化分析起见，假设线段 $S_1S_2=S_2S_3$，且 $S_1+S_2+S_3=3S_2$。

现假定政府设定排污标准 S_2，工厂 1、2、3 的边际控制成本分别达到 A、B、C。再假设政府设定庇古税 t^*，三家工厂将选择不同的污染控制水平。例如，对工厂 1 来说，污染控制量从 0 上升到 S_1 为止，控制污染比付税要便宜。但是超过 S_1，$MAC_1>t^*$，付税比较合算。结果，工厂 1 的控制成本最高，控制量最少，工厂 3 控制成本最低，控制量最多，工厂 2 的控制成本和控制量均居中。虽然各工厂的控制量不同，但其总控制量达到 $3S_2$。

为了比较总控制成本，需要计算 MAC 曲线以下的面积。排污标准情况下：总控制成本$=TAC_{st}=OAS_2+OBS_2+OCS_2$；庇古税情况下总控制成本$=TAC_{tax}=OXS_1=OBS_2=OYS_3$；两者之差 $TAC_{st}-TAC_{tax}=S_1XAS_2-S_2CYS_3$。因为 $S_1XAS_2>S_2CYS_3$，$TAC_{st}>TAC_{tax}$所以，达到同样的排污控制量，庇古税比排污标准的成本较低。成本较低的原因是庇古税使不同企业根据各自的控制成本选择控制量。至于庇古税的控制成本是否最低，还需要和其他控制手段比较。

2. 庇古税与排污标准加罚款的比较

如图 5-8 所示，如果罚款过低，企业不会遵守排污标准，只会把产量(和排污量)降低到罚款大于 MNPB 处。罚款必须升高到最优庇古税的水平，产量和排污量才会达到社会最优水平。

(三)庇古税的缺点

庇古税在理论上是美妙的，但实行上有相当的困难。最大的问题是缺乏确定最优庇古税所必需的信息。

1. 准确地确定边际外部成本十分困难

准确地确定边际外部成本(至少该曲线的一部分)是确定庇古税的前提条件。要做到这一点，需要详细的信息和对这些信息正确的、一致的理解。边际外部成本的确定是一个从污染的物理性损害转换到人们对这种损害的反应和感受，并用货币价值来计量的过程。这个复杂的过程被称为“剂量-反应”关系(dose-response relations)。这一过程至少包括 6 个环节的转换：①企业产品的生产；②这一生产所造成的污染的剂量；③这些污染物长期在环境中的积聚；④环境中污染物对人们的暴露；⑤人们对这些暴露的反应，或这些暴露所造成的危害；⑥这些危害的货币成本。

这些环节的转换不仅复杂，而且涉及不同利益集团的不同观点，因此实际中准确确定边际外部成本有一定困难。

2. 管制部门不容易了解企业的边际私人净效益曲线

在市场经济中，没有激励机制使企业向政府如实报告其私人成本和效益。在面对众多企业的情况下，管制部门收集每一个企业的净效益信息所耗费的成本更是难以想象。

(四)补贴

同样，在正外部性的情况下，政府应当给予补贴。在一些情况下，政府给一些商品以消费补贴(一般通过税收体系)，是因为政府相信这种消费能带来正外部性。例如，历史建筑物修复的开支，在税收方面得到优待，这是因为我们都从民族遗产保护方面获益。

在讨论污染造成的外部性时，我们已经注意到，减少污染没有给企业带来多少直接利益(大部分利益由工厂附近的居民获得)，所以企业没有动力花钱去减少污染。从全社会的观点来看．就会出现在减少污染方面开支过少的问题。政府不仅可以对污染征税，而且可以对减少污染的开支予以补贴。通过提高与减少污染产生的边际社会收益和企业的边际私人收益之间差值相等的津贴，我们就可达到减少污染方面开支的有效水平。

◎专栏 5-3

中国的排污收费制度

中国政府第一次提出排污收费是在 1978 年 12 月 31 日，中共中央批转了国务院环境变化领导小组的《环境变化工作汇报要点》。1979 年 9 月颁布的《环境保护法(试行)》对排污收费制度做了明确规定。1982 年 2 月 5 日国务院批准并发布了《排污收费暂行办法》，自该年 7 月 1 日起在全国执行，标志着排污收费制度在中国的正式建立。

中国排污收费的法规体系由四个层次组成：全国人大颁布的法律，国务院制定的行政法规，各省、自治区、直辖市制定的地方法规，中央和地方政府部门制定的地方法规。

30 多年来，全国累计征收排污费 1 479.5 余亿元，缴纳排污费的企、事业单位和个体工商户已近 50 万个。

2004 年 12 月 29 日，第十届全国人民代表大会常务委员会第十三次会议修订通过了《中华人民共和国固体废物污染环境防治法》，自 2005 年 4 月 1 日起施行。该法第五十六条规定：“以填埋方式处置危险废物不符合国务院环境保护行政主管部门规定的，应当缴纳危险废物排污费。危险废物排污费征收的具体办法由国务院规定。”

2007 年 5 月 23 日，国务院发出了《关于印发节能减排综合性工作方案的通知》(国办发〔2007〕15 号)。《节能减排综合性工作方案》提出：“按照补偿治理成本原则，提高排污单位排污费征收标准，将二氧化硫排污费由目前的每千克 0.63 元分三年提高到每千克 1.26 元；各地根据实际情况提高化学需氧量(chemical oxygew demand，COD)排污费标准，国务院有关部门批准后实施。加强排污费征收管理，杜绝‘协议收费’和‘定额收费’。”

2007 年 10 月 23 日，国家环境保护总局公布了《排污费征收工作稽查办法》，自 2007 年 12 月 1 日起施行。

2007 年 11 月 22 日，国务院发出了《关于印发国家环境保护“十一五”规划的通知》(国办发〔2007〕37 号)。《国家环境保护“十一五”规划》提出：“加大排污费征收和稽查力度，进一步完善排污收费制度。”

2008 年 2 月 28 日，第十届全国人民代表大会常务委员会第三十二次会议通过了修订后的《中华人民共和国水污染防治法》，自 2008 年 6 月 1 日起施行。该法第二十四条规定：“直接向水体排放污染物的企业事业单位和个体工商户，应当按照排放水污染物的种类、数量和排污费征收标准缴纳排污费。排污费应当用于污染的防治，不得挪作他用。”

十二届全国人大常委会第八次会议于 2014 年 4 月 24 日经表决，通过了修订后的环境保护法。修订后的环保法自 2015 年 1 月 1 日施行。新的环保法明确鼓励投保环境污染责任险、环保税将取代排污费、第三方环评机构违法需承担连带责任等一系列新规。环境保护法第四十三条规定：“排放污染物的企业事业单位和其他生产经营者，应当按照国家有关规定缴纳排污费。排污费应当全部专项用于环境污染防治，任何单位和个人不得截留、挤占或者挪作他用。依照法律规定征收环境保护税的，不再征收排污费。”这是一个衔接性的规定。现在是用征收排污费的方式管理，可能在未来要用环境保护税来取代排污费，要逐步从“费”走向“税”。

资料来源：http://www.gov.cn/flfg/2008－02/28/content _ 905050.htm；http://finance.ifeng.com/a/20140425/12202662 _ 0.shtml

三、排污权交易

（一）排污权交易

排污权交易(marketable pollution permits)是指管制当局制定总排污量上限，按此上限发放排污许可，排污许可可以在市场上买卖。排污权交易的想法首先是由戴尔兹提出的。

图 5-10 给出了排污权交易的基本思想。图 5-10 中，横轴表示污染水平和排污权，MAC 表示边际控制成本。如前所述，如果控制污染的唯一方法是减少产量，MAC 可以用 MNPB 来代替。最优排污权的数量为 Q^*，排污权的最优价格为 P^*。如果管制当局希望达到帕累托最优，应当发放 Q^* 排污权。

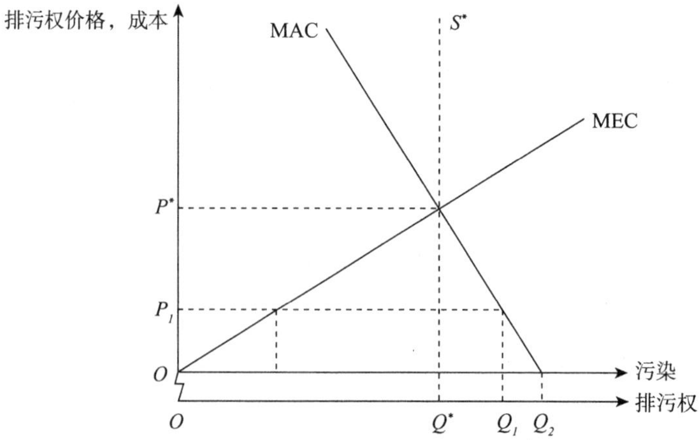

图 5-10 排污权交易

S^* 表示排污权的供给曲线，由于其发放是被管制的，对价格的变动无反应，S^* 是一条垂直线。MAC实际上是排污权的需求曲线。当排污权的价格为 P_1 时排污者将购买 Q_1 排污权，因为在 Q_1 的左侧，购买排污权比控制污染便宜，排污者会购买排污权；在 Q_1 右侧，通过控制把排污量减少(如从 Q_2 减少到 Q_1)比购买排污权便宜，企业会选择控制污染。因此，MAC是排污权的需求曲线。

既然存在排污权的供给与需求，排污权的供给者和需求者就可能进行交易。为什么要使用排污权交易这个工具呢？因为排污权交易有很多优点。

(二)排污权交易的优点

1. 成本最小

排污权交易与制定排污标准如图5-11所示。该图告诉我们排污权交易使成本最小。图中省略了MEC曲线。假设市场上只有两个排污者，在同样的排污权数量(即污染水平)上，排污者2的边际控制成本较高。因为，如前述MAC曲线也是排污权的需求曲线，总需求曲线是各排污者需求曲线横向相加之和，即 $MAC = MAC_1 + MAC_2$。观察 MAC_1 和 MAC_2，我们看到，当价格为 P^* 时，排污者1和排污者2分别购买 Q_1 和 Q_2 排污权。边际控制成本较高的排污者2购买较多的排污权。在一定的排污水平上，控制成本较低的排污者将发现控制污染比购买排污权更便宜，控制成本较高的排污者则发现购买排污权比控制污染更合算。由于各排污者的控制成本不同，存在排污权交易的潜在可能，低控制成本的排污者将出售排污权供高排污成本的排污者购买。通过交易，达到控制成本的最小化。因此，排污权交易比直接制定排污标准更便宜。

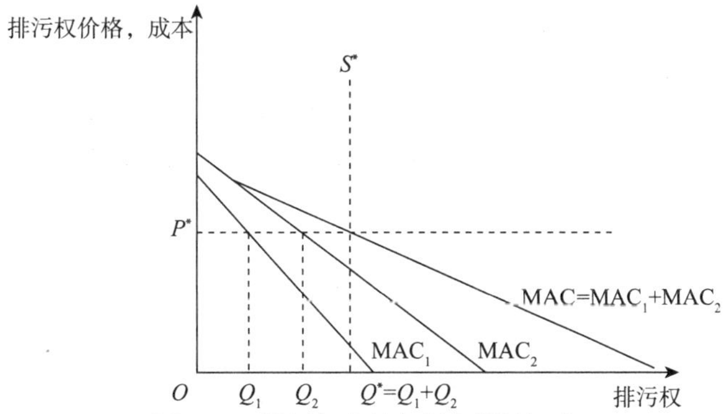

图5-11　排污权交易与制定排污标准

2. 管制当局可以通过发放或购买排污权来控制排污权价格

排污权需求的变动会影响排污权的市场价格(图5-12)。在图5-12中，假设新的排污者进入该行业，这将使排污权总需求曲线从 D_0 右移到 D_1。假设管制当局希望保持原有的总排污量，因此发放的排污权数量不变，排污权供给曲线仍为 S_0，而排污权价格从 P^* 上升到 P^{**}。新进入者或购买排污权，或添置污染处理设备控制污染，成本最小化仍然得以实现。如果管制当局认为由于新企业进入，排污权需求增加，需要增加允许的排污量，管制当局可以发放更多的排污权，使排污权供给曲线右移到 S_2，排污权价格下降到 P^{***}。相反，如果管制当局认为需要严格排污量的控制，管制当局可以自行进入市场，买过若干排污权，使排污权供给曲线左移到 S_1，价格上升到 P^{****}。总之，管制当局可以通过市场操作来控制排污权的供给量和价格。这和中央银行的证券市场操作类似。

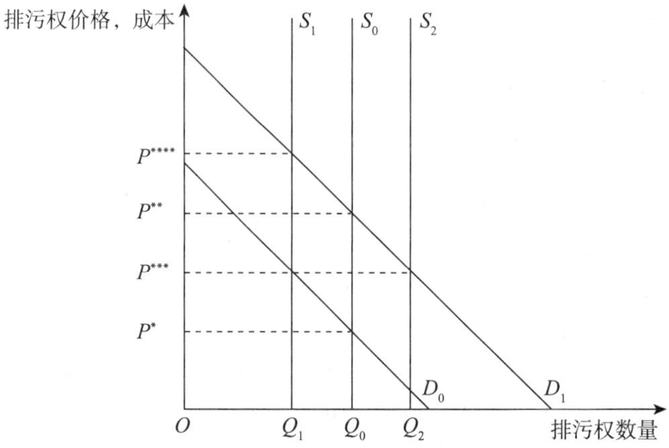

图 5-12　排污权需求与排污权价格

3. 给非排污者表达意见的机会

如果排污权市场是完全自由竞争的，则任何人(不管是不是排污者)都可以进入市场买卖。环境保护组织如果希望降低污染水平，可以进入市场购买排污权，然后把排污权控制在自己手中，不再卖出。这样污染水平就会降低。这种解决办法是有效率的，因为它通过支付意愿反映了人们的选择。

4. 和庇古税相比，不需要事先确定税额，也不需要对税额进行调整

排污权交易避免了庇古税的一些问题。排污权交易不需要像庇古税那样，事先确定排污标准和相应的最优庇古税税额，而只需确定排污权数量并找到发放排污权的一套机制，然后让市场去确定排污权价格。在存在通货膨胀的情况下，庇古税的真实价值会变化，其作用会减小。而由于排污权对供给和需求做出反应，通货膨胀的作用已经计入。庇古税还需对进入和退出做出调整，而排污权交易已经随供求的变化自动做出了调整。

5. 避免了管制部门对控制成本估计错误从而造成企业不愿投资的问题

污染控制投资在技术上往往是“整体性”的或不可分的。要再减少一单位污染，往往需要增加一笔大投资，如购置一台设备或建设一座污水处理厂。而这些设备不仅可以处理增加一单位污染，而且可以处理很多单位的污染，直至达到该设备的极限，此后如果再增加处理量，需要再增加一笔大投资。因此实际的污染控制投资是阶梯形递进的。但是如果按照减少每一单位污染所分摊的成本求出边际控制成本曲线，并以此来确定庇古税，企业将产生和最优庇古税下不同的反应。

如果管制当局错误地估计了企业的控制成本，使庇古税低于控制成本，企业将选择交税而不是添置污染控制设备，这样就达不到排污量的控制指标要求。投资的整体性助长了企业不愿对控制设备进行投资的倾向。

排污权交易排除了这一问题。因为管制当局只确定排污权的数量(即污染量减少的数量)，排污权的价格是由市场供求确定的。

◎专栏 5-4

我国开始建立排污权交易制度

一个企业节约下来的污染排放指标，可以作为商品出售给其他缺少排放指标的企业。目前，我国正将市场机制引入污染防治领域，着手建立和推广排污权交易制度。

国家环保总局自 2002 年起在全国部分省市开展了排污权交易的综合试点工作，探索在市场经济条件下，运用经济杠杆的作用，充分调动企业主动削减污染物排放总量的积极性，以最小成本实现减排目标。2001 年，南通天生港发电公司与南通另一家大型化工公司进行了二氧化硫排污权交易。这是我国第一例二氧化硫排污权交易。2002 年 7 月，国家环保总局召开山东、山西、江苏等“二氧化硫排放交易”七省市试点会议，进一步研究部署进行排污权交易试点工作的具体步骤和实施方案。2004 年，南通市环保局经过研究和协调，审核确认由泰尔特公司将排污指标剩余量出售给亚点毛巾厂，转让期限为 3 年，每吨化学需氧量交易价格为 1 000 元。这是中国首例成功的水污染物排放权交易。

各地在进行试点工作时，及时总结经验，制定并出台了一批地方性法规和规章，将排污权交易纳入到制度化规范的框架内，以推动排污权交易的良性发展。具有代表性的有 2002 年《太原市二氧化硫排污交易管理办法》、2007 年《嘉兴市主要污染物排污权交易办法(试行)》、2008 年《湖北主要污染物排污权交易试行办法》等。同时，各地还相继成立了嘉兴市排污储备交易中心、武汉关谷联合产权交易所、湖南省排污权储备交易中心等能够排污交易机构，为我国建立完善的排污权交易市场奠定了基础。2008 年，环境保护部组织拟定了《排污许可证管理条例(意见征求稿)》，但该条例至今未通过。

2010 年 6 月 5 日，中国西北地区首家排污权拍卖交易会在西安举行。参与竞拍的 12 家企业中，陕西省延长石油集团 180 万吨甲醇项目，5 家企业项目共竞得 2 300 吨二氧化硫的排放权，总成交额 944.9 万元。拍卖的 2 300 吨二氧化硫的排放权主要来自四个方面：一是完成国家年度减排任务富余的二氧化硫排放量；二是全省产业结构调整的钢铁、水泥、焦化、有色、电石、铁合金等行业的工业企业关闭或生产线淘汰后二氧化硫的减排量；三是已实施关闭的小火电企业，没有“关小上大”新建燃煤机组使用的二氧化硫减排量；四是通过治理工程削减的二氧化硫减排量。2010 年，陕西省环保厅出台了《陕西省二氧化硫排污权有偿使用及交易试点方案(试行)》和《陕西省二氧化硫储备管理办法(试行)》，明确规定因实施工业建设项目(包括新建、改建、扩建项目)需要新增二氧化硫排放量的企业，应向陕西省排污权储备管理中心申请购买排放指标。统计数据显示，截至 2011 年 9 月，陕西省储备交易中心已进行了 4 次二氧化硫排污权交易，完成 14 217.965 吨二氧化硫排放权的交易，总成交额 7 309.021 5 万元，参与交易企业达 55 家。

为推进全国排污权交易试点工作，加强国家排污权交易试点省份经验交流，全面了解各地排污交易试点进展，2010 年 12 月 10 日，环境保护部环境规划院协助环境保护部污染物排放总量控制司在京举办了国家排污权交易试点省份工作会议总结。他们一致认为：我国排污交易的试点工作取得了阶段性的成果，不少省市在探索和实践过程中已经初步建立排污权交易体系，完成了多项排污交易案例，这些经验对进一步进行全国排污交易试点工作具有重要意义。

2011 年 8 月，江苏省政府在《关于进一步加强污染减排工作的意见》中明确“结合排污许可证管理，深入推进排污权有偿使用和交易试点，进一步扩大试点范围，增加氨氮、总磷的排污交易”。截止到 2011 年年底，试点企业和新建项目共缴纳 COD 有偿使用费 2 594 笔，金额 1.65 亿元，650 个项目缴纳了氨氮有偿使用费 218 万元，648 个项目缴纳了总磷有偿使用费 89 万元。COD 排污权交易达成 365 笔，共交易 608 吨，金额 5 667 万元，二氧化硫排污权交易达成 86 笔，共交易 126 吨，金额 250 万元。

实践表明，排污权交易制度作为一种以发挥市场机制作用为特点的新型环境经济政策，能够有效地控制环境污染，起到了节省治理费用、保护环境质量的作用。

据专家介绍，所谓排污权交易制度，是指在实施排污许可证管理及排放总量控制的前提下，鼓励企业通过技术进步和污染治理节约污染排放指标，这种指标作为有价资源，可以储存起来以备自身扩大发展之需，也可以在企业之间进行商业交换。那些无力或忽视使用减少排污手段、导致手中没有排放指标的企业，可以按照商业价格，向市场或其他企业购买指标。在发达国家，排污权交易制度对排污总量控制起到了重要作用。

环境保护部污染控制司有关负责人表示，建立排污权交易制度，并不意味着企业只要有钱就能无所顾忌地扩大排污。无论买卖双方，其交易都只能在满足国家总量控制的前提之下进行，并且不能使当地环境质量恶化。

专家认为，排污权交易制度具有激励和资源配置功能，不仅能较好地控制排污总量，还能提供更丰富的控制污染的方法和途径，对于解决我国环境问题具有重要的理论意义和实践意义。

资料来源：http://www.xfinance.org/html/2006/0113/942.html；http://baike.baidu.com/view/137421.html；http://finance.ifeng.com/a/20140324/11966304_0.shtml；http://www.envir.gov.cn/info/2011/9/916485.htm

（三）污染许可证与庇古税的比较

虽然，用污染许可证减少污染看起来可能与用庇古税完全不同，但实际上这两种政策有许多共同之处。在这两种情况下，企业都要为污染进行支付。在庇古税时，排污企业必须向政府交税。在污染许可证时，排污企业必须为购买许可证进行支付。(即使已经拥有自己许可证的企业也必须为排污进行支付，排污的机会成本是它们在公开市场上出卖它们的许可证能得到的收入)庇古税和污染许可证都通过使企业排污要付出成本而把污染的外部性内部化。

可以通过考虑污染市场来说明这两种政策的相似性，污染许可证与庇古税的比较如图 5-13 所示。图 5-13 中，污染权的需求曲线表明，污染的价格越低，企业将选择的排污越多。在图 5-13(a)中，环境保护署用庇古税确定污染的价格。在这种情况下，污染权的供给曲线完全有弹性(因为企业纳税后想污染多少就污染多少)，而需求曲线的位置决定了污染量。在图 5-13(b)中，环境保护署通过发放污染许可证确定了污染量。在这种情况下，污染权的供给曲线是完全无弹性的(因为污染量是由许可证数量固定的)，而需求曲线的位置决定了污染价格。因此，对任何一条既定的污染需求曲线，环境保护署既可以通过用庇古税确定价格来达到需求曲线上的任意一点，也可以通过用污染许可证确定的数量来达到需求曲线上的任意一点。

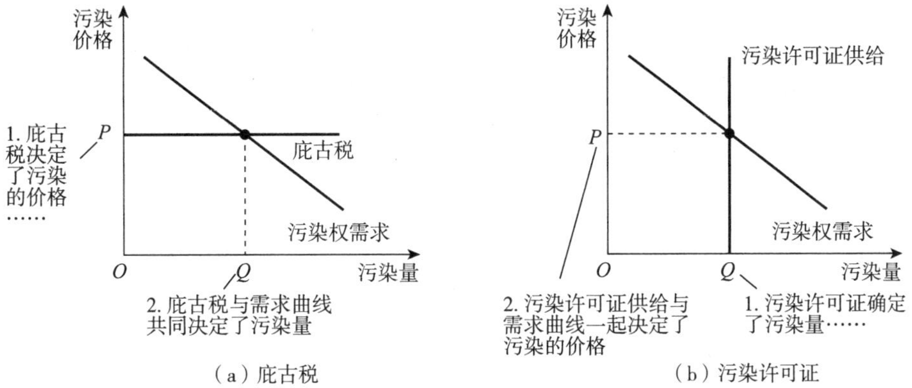

图 5-13　污染许可证与庇古税的比较

但是在某些情况下，出售污染许可证可能比实行庇古税更好。假设环境保护署想使倒入河流的废物不超过 600 吨。但是，由于环境保护署并不知道污染的需求曲线，它无法确定征收多少税收才能达到这个目标。在这种情况下，它可以简单地拍卖 600 吨污染许可证。拍卖价格就得出了适当的庇古税规模。

◎专栏 5-5

美国的可交易许可证制度

美国的可交易许可证制度从 1976 年开始实施。可交易许可证主要包括空气污染许可证、汽油含铅量许可证和向水体排放污染物的许可证等。

排污权交易是美国采取的同许可证相关的第一个主要制度，是空气质量管理政策的主要手段。美国的《清洁空气法》规定：允许进行排放交易，交易包括补偿(offsets)、容量节余(netting)、泡泡(bubbles)和银行(banking)四种方式。

排放信用(emission credit)可以进行交易，可交易量等于允许排放量同实际排放量之差。交易可以是内部交易(同一工厂或车间不同污染源之间)，也可以是外部交易(不同工厂之间)。

污染源分为老污染源(20 世纪 70 年代中期已经存在的污染源)、新污染源(20 世纪 70 年代中期后出现的污染源)、改扩建污染源。地区被分为达标区和未达标区。

容量节余政策允许改扩建污染源，通过减少同一工厂内的其他污染排放来避免通常要求达到的更高标准，工厂必须在总体上产生净效益。

补偿政策被用于未达标区的新污染源和改扩建污染源以及达标区的一些污染源。在这些地区，只有当厂商得到本区内足够的排放信用的时候，才能进行新的排放。

泡泡政策用于达标区和未达标区的老污染源。在一个多污染源的工厂内部，允许在减少一个污染源排放的同时增加另一个污染源的排放，使总排放水平保持在规定的限度内。

银行政策促使污染源储存排污削减信用以备将来之用。

四、外部性的法律补救方法

运用法律系统解决外部性有一个很大的优点。在这个系统下，受害者有直接的既得利益，承担着执行法律的责任，而不是依靠政府来确保不发生外部性。很明显，这个系统更有效，因为可以比政府更愿意弄清有害事件是否发生。

不论怎样，为使法律系统更有效，应当建立一套严格定义的稳定不变的财产权。这样，我们提过的与公共资源相关的外部性问题，就能用法律系统来加以解决。通过定义，没有一个人有权力排斥其他人使用这些资源，而这就导致了外部性的产生。通过建立在具体事例上的司法系统而建立财产权的过程，并没有导致建立一套严格定义且稳定不变的财产权来处理现代社会产生的各类外部性。然而，通过立法来定义财产权与其他方法比有两个优点，它不受利益集团压力的影响，并且，实际上经常发生的外部性的复杂性能通过审判过程得到最恰当的阐述。

解决外部性的审判过程有五个限制。

第一，任何诉讼都有很大的交易成本。不过，同维持管制或罚款系统的管理成本相比，还不清楚孰大孰小。有许多外部性，其损失过小而不值得用任何方法去解决。由于管制和罚款系统中这些成本被公众承担，而在法律系统中由私人承担，这种情况决定了必须评估采用法律手段限制某些外部性是否有效，而其他系统则不是这样。

第二，由于产生外部性的人知道诉讼是昂贵的，他们会削弱外部性，使其影响非常接近但稍小于受害者诉讼的成本——这显然产生了相当大的效率损失。解决这个问题的一种方法是征收多倍于损失的费用。例如，当一个公司被发现用非竞争的方式导致对手的损失，这个公司必须赔偿受害者损失数的 3 倍。把这个原理应用到污染方面，就使公司不愿产生损失大于诉讼成本 1/3 的外部性。

第三，损失范围经常是不确定的，并且大多数诉讼结果经常也是模糊不清的。如果诉讼成本很大，不确定因素会进一步阻碍个人运用法律来解决外部性。

第四，诉讼过程的高成本和不确定因素，意味着实际上存在一些不同的法律补救方法与我们惯用的公平概念相冲突。

第五，在许多情况下，存在大量的受害者，没有哪个人的损失值得其个人去起诉，但受害者作为一个整体，其遭受的损失比诉讼费用大得多。“搭便车”问题使每个人都愿意让其他人先起诉。如果他人成功了，他便以此为样板提出诉讼，这会大大减少诉讼成本(实际上，通常存在法律外的解决办法)。

人们试图在法律系统中建立集团诉讼(class-action suits)来解决“搭便车”问题。一个律师为了全体受害者的利益提出诉讼，如果诉讼获胜，他向所有受益于审判决定的人收费。这种方法的好坏，人们没有一致的意见，尤其是没有一个受害者代表来管理诉讼费用，并且这种费用通常过高(或者至少受害者这样声称，律师则声称诉讼的高费用取决于案件的具体性质)。

简而言之，法律系统没有提供一种能解决不同外部性的对应方法，但法律系统为某些外部性提供了重要的补救方法，而这些外部性不能用我们这一章讨论过的其他方法加以完全解决。弄清法律系统的局限性是很重要的，我们不能完全依赖法律系统去解决许多更重要的外部性。

◎专栏 5-6

“抑制”与“治理”两手抓 北京如何面对“大城市病”

2013 年 12 月 31 日，北京市环保局官方微博转发了北京市环境保护科学研究院院长、国家城市环境污染控制工程技术研究中心主任潘涛对本市机动车污染所占比例的解释。潘涛表示，总体来说，目前北京市大气污染较为严重，且呈现复合型的特征，也就是说污染的来源非常复杂，北京市当前处于燃煤污染和机动车污染并存的阶段。

潘涛说，北京市庞大的汽车保有量，本身就决定了机动车尾气是影响大气环境的主要因素之一。关于北京市 PM2.5 的来源解析结果，国内的中国环境科学研究院、北京大学、清华大学、北京市环保监测中心，包括中科院大气物理研究所其他课题组，也都发表过各自的研究结论，机动车的贡献一般认为在 10%～50%，多数认为在 20%～30%，差异较大。这主要是因为 PM2.5 成分的多变性、采用的方法、研究者的主观因素等多方面造成的。但是这些研究都指向同一个结论，机动车排放是北京市大气污染的主要来源之一，这是毋庸置疑的。

对于北京市大气污染如此严峻的情况，各相关部门采取了怎样的措施积极应对呢？

2014 年 4 月，北京市 3 部门联合发布了《关于对部分机动车采取交通管理措施降低污染物排放的通告》，有效期半年的长期进京通行证被取消，只保留了有效期为 7 天的临时进京证，同时，加重对外地车辆在早晚高峰时段进入五环内区域的处罚力度。如今，新政实施已经 1 个多月了，交通拥堵是否得到了缓解？市民出行又发生了哪些改变？

清华大学交通研究所副所长杨新苗表示，北京市机动车保有量已经突破 500 万辆，而目前每天行驶在五环内的外地车牌机动车约有 100 万辆，尽管取消长期进京证只是一项技术性政策，但确实能够在一定程度上缓解交通拥堵问题，而且本地采取行政手段对外地车辆进行管理，控制机动车数量，这也是国际上其他一些大城市的通行做法。

取消长期进京证治堵效果初现，但一些车主对新政的实施却颇有微词。北京交通大学教授赵坚对记者表示，取消长期进京证的政策，对已经通过摇号取得本地牌照的车主并无约束力，仅仅限制了外地牌照的机动车在市内行驶，在这些车主看来既不公平也不合理。“应当提高所有车辆的使用成本，扩大治堵政策的覆盖面，这样才能取得更好的治理效果，”赵坚说。

少排放的确能保证少污染，但是单纯的控制外地机动车进京，对于北京市的本地车来说根本就是毫无影响。因此，在控制外地车数量的同时对北京市本地区的机动车数量进行控制才能更好地改善污染的程度。

2013 年 11 月，北京市交通委等 14 个单位联合发布《〈北京市小客车数量调控暂行规定〉实施细则》中规定，将之前每年 24 万辆的摇号指标直线降至 13 万辆以下，并改每月一次摇号为每两月一次进行摇号。尽管总数降低，但是久摇不中者将提高中签率。新政于 2014 年 1 月 1 日起实施。

自 2011 年 1 月 26 日北京市首次进行“机动车购车指标公开摇号”开始，摇号政策已实行三年有余。三年来经历了近40期依然没摇到“号”的大有人在，但也不乏第一次摇号就中奖的幸运儿。

据北京市交通委委员容军介绍，2014～2017年，增量小客车指标额度共60万个。年度配置指标总量由24万个减少到15万个，从而使机动车保有量到2017年年底不超过600万辆。在指标结构构成上，43万个是普通小客车指标，17万个为北京市示范应用新能源小客车指标。

可以看出，机动车的摇号政策的确能对北京市的机动车数量起到一定的抑制作用，但是我们还要“抑制”和“治理”两手抓。在合理规划好机动车数量的同时也要在环境污染的处罚和整改方面加大力度。

2014年3月1日《北京市大气污染防治条例》(以下简称《大气条例》)正式实施，市环保局先后组织开展了全市范围的“零点行动”、“大气执法周”等专项执法行动。截至5月大气执法周结束，全市环保部门共检查污染源单位5 500余家，发现并立案查处环境违法行为291起，共涉及处罚金额约500万元。

针对机动车超标排放，《大气条例》中相关罚则达12条。对未按规定公布和保存检测数据、车辆逾期未检等行为，处罚额度大幅提高。车辆被环保部门检出排放超标，处罚将从现行的100元提高至300～3 000元。在商场、学校、医院等不影响正常交通行驶的区域，建议市民停车三分钟熄火。治理扬尘方面，2014年将在全市新开地铁工地试点全封闭施工。工地扬尘情节严重的施工单位，将暂停在京投标资格30～90天。

在第八届中国交通高层论坛上，市交通行业节能减排中心相关负责人透露，到2017年，北京机动车污染排放总量要削减25%以上。为此，本市将打造全球最清洁的公共交通车队，私人新能源汽车推广也将达到17万辆的规模。

根据北京最新公布的清洁空气计划，到2017年全市机动车保有量控制在600万辆。对比目前的机动车保有量，未来几年实际上还会再增长80万辆，但全市车用燃油消耗量要比2012年降低5%，机动车污染物排放总量削减25%以上。

市交通行业节能减排中心副主任刘莹表示，机动车污染防治的思路，一是优先发展公共交通，二是优化机动车的总量和结构，三是严格机动车的排放标准和油品标准，四是完善公共管理政策。

到2017年，北京中心城区公共交通出行的比例要从目前的44%提升至52%。在地铁总里程延伸至660千米的同时，公交专用道也将连续成网，有效提高公交车辆运行速度。目前，北京市公交专用道里程是358千米，2017年要提高到480千米。

优化调整机动车总量和结构是交通减排的重要手段。机动车保有量不仅要控制在600万辆以内，还要大幅度提高新能源与清洁能源车的比例。交通运输行业的新能源和清洁能源车辆要从目前8 000辆提高到2017年的3.3万辆，现有很多柴油车和汽油车将换成天然气和电动车。到2017年，北京市公共交通车队清洁能源和新能源车型的比重要从不足1%提高到2017年的15%，成为世界上最清洁的公交车队。

新能源汽车的推广应用方面，到2017年政府公务用车中新能源汽车规模要达到5 000辆。私人领域新能源车辆则将达到17万辆，交通部门会在包括小客车摇号指标配置方面予以一定倾斜。

有关专家指出，抑制政策只是软性措施，而限制私家车发展则是硬性举措，二者之间没有绝对分界点。此外，在“抑制”的同时还要做好“治理”，尽最大努力进行环境治理，还给市民一个清洁的生活环境。显然，环境治理还有一条很长的路要走，颁布的政策也是不断地被修改和完善，但是当前看来，抑制私家车的使用无疑是缓解北京交通紧张、降低能源消耗和保护环境的一个合理举措。

资料来源：http://union.china.com.cn/kx/txt/2014-01/02/content_6584707.htm；http://bjrb.bjd.com.cn/html/2014－03/28/content_164775.htm；http://www.chinairn.com/news/20140526/091732920.shtml；http://news.xinhuanet.com/local/2013－10/28/c_117893392.htm

关键概念

外部性　正外部性　负外部性　私人净效益　边际外部成本　庇古税　排污权交易

复习思考题

1. 外部性的种类有哪些?
2. 外部性产生的后果有哪些?
3. 外部性有哪些私人解决方法?
4. 简述科斯定理的主要内容。
5. 外部性私人解决方法的局限性体现在哪几个方面?
6. 对外部性的政府解决方法有哪些?
7. 解决外部性的审判过程有哪些限制?
8. 试述庇古税的优点及局限性。
9. 试述排污权交易的优点。

第六章

消除信息不对称

【本章学习目标】

理解信息不对称的主要特征及表现，掌握信息不对称产生的原因及导致的经济后果；掌握市场解决信息不对称的途径；理解政府解决信息不对称问题的必要性，掌握政府解决信息不对称问题的方法。

【本章知识结构】

本章知识结构如图 6-1 所示。

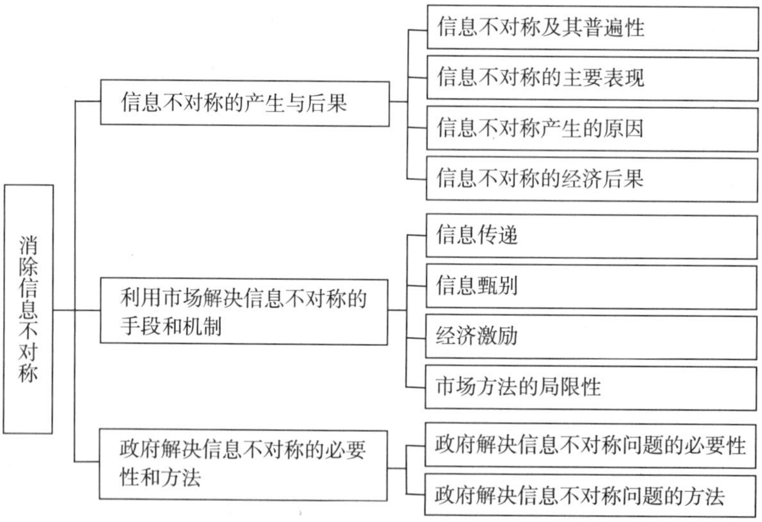

图 6-1　本章知识结构图

信息不对称是个普遍存在的问题，信息不对称导致一定的市场失灵。利用市场机制虽然在一定程度上可以缓解信息不对称问题，但还存在较大的局限性，这就为通过政府管制以解决信息不对称问题提供了客观必要性。本章讨论的逻辑顺序是：首先，讨论信息不对称及其普遍性；其次，讨论由信息不对称引起的逆向选择与道德风险问题；再次，探讨利用市场机制缓解信息不对称的途径；最后，讨论信息不对称与政府管制问题。

第一节 信息不对称的产生与后果

一、信息不对称及其普遍性

传统的经济学理论把完全竞争模型作为理想模型，因为在这种模型下才能实现帕累托最优，达到最高经济效率。而完全竞争模型的一个基本假设条件是在完全竞争市场上，生产者和消费者都拥有充分信息，所有与产品有关的信息都是完全公开的，生产者和消费者可据此做出正确的决策。但在现实世界中，完全竞争模型的这种基本假设条件往往难以得到满足，大量存在的是市场交易者之间的信息不对称现象。这就刺激许多经济学家对信息不对称理论的研究，并取得了相当的成果。其中，美国哥伦比亚大学的威廉姆·维克瑞和英国剑桥大学的詹姆斯·米尔利斯这两位经济学家分别在 20 世纪 60 年代和 70 年代揭示了信息不对称给交易所带来的影响，并提出了相应的对策。为表彰他们对信息不对称理论所做出的开拓性贡献，1996 年度的诺贝尔经济学奖被授予了他们，从而进一步推动了人们对信息不对称理论及其应用的研究。

信息不对称的基本特征是有关交易的信息在交易者之间的分布是不对称的，即一方比另一方占有较多的相关信息，处于信息优势地位，而另一方则处于信息劣势地位。这种信息不对称问题是普遍存在的。在产品市场上，市场交易者由生产者、销售商和消费者组成。其中，生产者一般只生产少数几种产品，历经产品生产的整个过程，充分掌握自己产品的质量、性能和成本状况等方面的信息，因此，生产者与销售商、消费者相比，显然处于信息优势地位。对于销售商来说，虽然他们没有像生产者那样占有充分的信息，但他们经过多年的销售活动，对自己所经营产品的各种品牌、质量、可操作性等方面的信息也相当了解，形成了对消费者的信息优势。在同类产品的市场需求方面，销售商甚至比生产者掌握更多的信息。这样，对产品有关信息了解最少的是消费者，他们完全处于信息劣势地位。因此，消费者常常成为被欺骗的对象。在保险市场上，则存在另一种类型的信息不对称问题。其中，多数信息不对称产生于保险(如汽车保险)的买主与卖主之间对所投保的不确定事件(如汽车被盗)所拥有的信息差异上。由于保险的购买者直接面对这些不确定事件，因此，他们通常在了解这些事件会发生的真实概率方面处于信息优势地位，并且通常还可以采取能够影响事件发生概率的行动(如加强或放松防盗措施)。劳动力市场与产品市场一样，也存在信息不对称问题，雇员十分清楚地知道自己拥有多少技能和敬业精神等，但雇主只能凭雇员的学历、外表和工作简历等对雇员进行评价，即雇员比雇主掌握更多的信息。此外，在医生和病人之间更是存在严重的信息不对称问题，医生清楚地知道给病人所开药方中药品的功效，而多数病人对此几乎毫不了解，因此，少数医生为了得到药品生产经营企业的好处而存在滥开药方的倾向，把一些对病情无关紧要的药品介绍给病人。目前中国在电信、电力、煤气和自来水供应等具有自然垄断性质的服务供应市场上，企业与消费者之间在价格信息方面的不对称问题已成为社会关注的热点问题，企业完全了解其成本及其成本结构信息，而消费者则在缺乏选择对象的情况下，很难得到有关价格的真实信息。

由上可见，信息不对称问题是广泛而普遍存在的。事实上，凡是存在市场交易的地方，都不同程度地存在信息不对称问题。

二、信息不对称的主要表现

信息不对称在市场交易发生之前主要表现为逆向选择问题，在市场交易发生之后主要表现为道德风险问题，这两种表现都对市场效率有着一定的影响。

(一)逆向选择问题

美国加利福尼亚大学的乔治·阿克洛夫在1970年发表的著名论文《次货市场：质量不确定性与市场机制》一文，为研究逆向选择问题奠定了理论基础，阿克洛夫所设计的旧车市场模型则成为分析逆向选择问题的经典例子。在阿克洛夫的旧车市场模型中，逆向选择问题是由卖主与买主对车的质量信息不对称而引起的。每个卖主都知道车的真实质量，但买主不知道每辆车的真实质量，只知道车的平均质量，因而只愿意按平均质量支付价格。这样，车的质量高于平均水平的卖主就会感到吃亏而被迫退出市场，其结果是在旧车市场上，车的平均质量下降。相应地，买主愿意支付的价格也进一步下降，从而又迫使更多拥有质量较高的车的卖主退出市场。其最终结果是，在旧车市场均衡的状况下，只有低质量的旧车成交；而在极端状况下，可能造成旧车市场不存在。这样，就产生逆向选择效应，即旧车卖主的构成随着价格下降而发生"逆向"变化，即价格越低，车的质量较高的卖主就越少。

我们可以用数字具体分析上述旧车市场上存在的逆向选择问题。假设旧车市场上有高、中、低这三类不同质量的车，又假设卖主对高、中、低这三类不同质量旧车愿意出售的底价分别为11 000元、8 000元和5 000元，而买主对这三类旧车愿意支付的最高价格分别是12 000元、9 000元和6 000元。为便于说明起见，假设这三类车的质量分布是均匀的，即买者任意挑一辆旧车，该车是高质、中质和低质的概率都是1/3。显然，如果所有卖主能如实标明所售旧车的质量等级并按质定价，或者所有的买者能客观分辨每辆旧车的质量等级并按质支付价格，那么，对旧车质量水平有不同偏好的买主就会分别选购高、中、低这三类不同质量的旧车，由于每类旧车的买主愿意支付的价格都高于同类旧车的卖主的底价1 000元(即存在1 000元的讨价还价余地)，经过卖主和买主讨价还价一般都能达成交易。但问题是只有高质量的旧车卖主才会真实标明所售车的质量水平，而中、低质量水平的旧车卖主为了以高价出售，会向买主谎称自己的车也属于高质量。同时，买主也不能客观辨别旧车的质量水平。因此，在旧车市场上买卖双方就存在着信息不对称问题，从而影响旧车交易的正常进行。在此情况下，由于买主不知道车的真实质量，他买到一辆高质量车、中等质量车和低质量车的概率都为1/3，愿意支付的价格分别为12 000元、9 000元和6 000元。这样，买主购买旧车的期望价格(EP)为

$$EP=12\,000\times\frac{1}{3}+9\,000\times\frac{1}{3}+6\,000\times\frac{1}{3}=9\,000(\text{元})$$

这就是说，如果旧车的价格超过 9 000 元，买主就不能接受。但对旧车卖主来说，如果买主愿意支付的价格不能超过 9 000 元，那么，由于高质量旧车的卖主的底价是 11 000元，这部分卖主就会退出市场，只有中等和低质量车的卖主才愿意出售其旧车。但当买主知道在 9 000 元的价格下，高质量车的卖主退出市场后，旧车市场上只剩下中等和低质量的旧车，买主的期望价格就会做相应的调整。由于买到中等质量和低质量旧车的概率相等(1/2)，则买主的期望价格(EP)调整为

$$EP=9\,000\times\frac{1}{2}+6\,000\times\frac{1}{2}=7\,500(\text{元})$$

这样，当买主最多只愿意支付 7 500 元购买旧车时，拥有中等质量旧车的卖主(其底价为 8 000 元)就会退出市场。最后的结果是，只有质量最差的旧车才能在市场上成交。从而造成旧车市场萎缩，成为一个“稀薄”的市场。

上述旧车市场模型虽然非常简单，但它反映了由信息不对称而引起的逆向选择会造成“劣质产品驱逐优质产品”，劣质产品泛滥的经济机制。从实质上看，逆向选择的逆向就是指这种劣质产品驱逐优质产品的不正常现象。旧车市场模型也适用于其他许多产品市场。对多数消费者来说，他们可以凭直觉和购买经验辨别如大米、蔬菜、毛巾等一般日用品的质量，而对多数产品，消费者就缺乏辨别质量差异的能力，特别是对外形基本相同的家用电器必须使用一段时间后才能知道其内在质量。因此，对那些价格比较敏感、具有求廉动机的消费者来说，他们既然无法辨别同类产品的质量，做出购买决策的主要依据就是价格。这样，尽管某些产品的质量较高，但由于价格高于同类产品，这些消费者就不会购买。当然，在市场上有一部分消费者以价格为指示器来辨别产品的质量，但劣质产品的卖主也可以标高价格以显示其产品的高质量，这就会使“高质高价”的机制失效。因此，在不少消费者的心目中，优质产品和劣质产品便是一个价。由于产品的质量水平与生产成本密切相关，优质产品的生产成本总是高于劣质产品的生产成本，如果优质产品和劣质产品同价，生产优质产品的企业就吃亏，而生产劣质产品的企业则占了便宜。这样，一个理性的生产者就不会自觉生产优质产品，从而造成市场上的产品质量不断下降，最终劣质产品就会将优质产品赶出市场。希望购买优质产品的消费者只能到其他产品市场上去购买替代品，从而造成市场萎缩。

(二)道德风险问题

道德风险的一般含义是指交易双方达成一项合同或契约后，交易一方在单纯追求自身利益时做出对另一方不利的行动。道德风险最早出现在保险领域：一些人购买某项保险后会产生一种麻痹大意心理，从而降低了他们防范风险发生的努力程度，进而提高了风险发生的概率，使交易对方受到损失。例如，某一个购买了汽车保险的人，他知道把汽车停在什么地方可能被盗，停在什么地方比较安全。他也可以花一定的代价(如停车费)把汽车停到比较安全的地方，他还可以在车上装上防盗装置，以减少汽车被盗的概率。但由于他购买了汽车保险，他就会减少在这些方面的努力。这就属于道德风险问题。对汽车保险公司来说，要搞清每位汽车投保者怎样选择停车场，以及在汽车防盗方面所做出的努力程度等方面的信息是十分困难的，其代价非常大。所以，保险公司只能以众多投保者的平均行为作为确定保险费的基础。而这又会引起逆向选择问题，即保险

费越高，投保的人就越少，最后只有汽车被盗可能性最大的人才愿意投保。由于存在严重的道德风险问题，因此造成一些保险业务难以为继。例如，目前中国许多城市的保险公司都不愿意开展自行车保险业务，其主要原因是许多投保人为自行车购买保险后，就会对自行车的失窃放松防范，从而造成自行车的失窃率很高，保险公司的损失较大，最后不得不放弃自行车保险业务。

除了保险市场，在其他市场上也存在大量的道德风险问题。例如，许多人都要经历几次房屋装修，在房屋装修市场上，装修公司在人员素质、技术水平、用料等方面都拥有完全信息，而客户很少了解这些信息，即存在着信息不对称问题。装修公司和客户根据谈判结果所签订的装修合同也不可能是完全的，即不可能对每个细节都做出严格的规定。因此，这就容易产生道德风险问题，一些装修公司可能使用价格低廉的劣质材料以替代合同规定的优质材料，也可能偷工减料，从而使客户蒙受损失。近几年在中国的消费者投诉中，对装修公司道德风险问题的投诉就比较多。又如，在汽车和家用电器等修理市场上也会普遍发生道德风险问题，修理商与客户达成修理价格(这实际上也是一种契约)后，修理商可能会使用一些劣质零配件，以减少修理成本，从而使客户不能得到按他们所付费用应该得到的修理质量。

三、信息不对称产生的原因

信息不对称问题普遍存在于生活当中。为什么会存在信息不对称呢？其基本原因主要包括三个方面。

(一)交易者的知识是有限的

社会分工使每一个交易者(企业或个人)专门从事某一项特定的业务活动，特定交易者较全面地掌握自身业务范围的知识，而对其他业务领域的知识缺乏了解。例如，消费者对于绝大多数商品的内在质量、真假并没有分辨能力。一个典型的例子就是很多烟民对于各种品牌香烟的真假分辨不清，特别是对那些仿真程度高的假烟绝大多数烟民根本不能分辨出来。交易者知识的有限性是由其所拥有和能支配的资源的有限性所决定的，其中最主要的是交易者所拥有和能支配的时间资源的有限性。市场交易是由人所形成的，而人的时间都是有限的。人们所从事的经济活动和其他活动在时间上是具有竞争性的，也就是说一个人在从事这类活动时就不能同时从事其他活动；而且，市场竞争决定了人们之间的分工，使没有人能够从事各种类型的经济活动，这样也就使每个人只能够熟知或了解与其从事的活动或职业有关的知识。何况在现实中，很多人都不愿尝试从事各类经济活动，学习其知识。虽然“三百六十行，行行出状元”，但对于一个人所从事的专业以外的事情，就完全会是一个门外汉，即所谓“隔行如隔山”。这就造成在市场交易中存在一个普遍的现象，即生产者或卖方所拥有的信息要多于消费者或买方。因为消费者只可能熟知自己专门从事的活动或职业而经常接触到的一种产品或少数几种产品，只可能熟知交易的某一项内容或少数几项内容，而对于大多数产品和交易内容则完全无知或只拥有少量知识。俗语“走遍南京和北京，买的没有卖的精”应该说是真实地反映了市场交易中卖方处于信息优势方的情形。

(二)搜寻信息要花费成本

从理论上说，处于信息劣势方的市场交易者可以通过搜寻大量的交易信息，以取得比较完全甚至完全的信息。但在现实中，要了解某一方面的信息或知识是需要花费成本的，这包括人力、物力、财力等经济资源的投入。例如，消费者要了解某一条街上的众多餐馆中哪一家最物美价廉，就得花时间、花钱到各餐馆去品尝。又如，交易者要知道交易对方的资信状况，就必须对对方的品德、资产、过去的交易记录或历史收益等进行调查或委托中介机构进行调查，这都需要花费很多金钱或人力。搜寻信息不仅需要花费成本，而且往往要花费高昂的成本，这就构成了市场交易者搜寻信息的障碍。一些人没有能力搜寻信息，因为其付不起搜寻费用；一些人不愿意搜寻信息，因为信息搜寻成本可能会超过其所能获得的收益，从而使搜寻信息变得无利可图。这样，在市场交易中，许许多多的交易者便不可能拥有与交易对方同样多的信息。

(三)信息的优势方对信息的垄断

在市场交易活动中，交易双方是根据自己所掌握的信息制定决策的，而决策的正确性在相当程度上取决于所掌握的信息数量与质量。因此，拥有信息优势的交易者为了在交易活动中取得主动权，往往会产生垄断某些真实信息的动机，有的交易者甚至会发出一些虚假信息，误导交易对方，以实现自身利益最大化。在现实中，很多信息是在交易达成之后，消费者或信息的弱势方才能了解真实的信息。例如，消费者在购买食品时会询问卖主食品的卫生状况，卖主总会说食品很卫生，但是只有当消费者买下来亲自品尝之后，才真正了解所购食品是否卫生。在现实中，信息的优势方隐藏信息，提供虚假信息是普遍存在的，这阻碍了交易者的信息搜寻，使在市场交易中的另一方无法获得对称的信息。

基于上述三个方面的原因，可以得出结论，那就是在市场经济中，信息不对称现象总是存在的；同时，也可以得出推论，即在非市场经济中，信息的不对称也总是存在的。

四、信息不对称的经济后果

总的来说，信息不对称会导致市场失灵，因为市场有效(导致帕累托效率状态)的条件是完全信息。经济主体的销售、消费决策的正确性依赖于信息的对称性，如果交易者的信息不对称，决策者就会做出错误的决策，经济资源的配置便不可能达到最优。下面我们将对信息不对称的具体的经济后果进行分析。

(一)造成劣货驱逐良货

在消费者能辨清真货与假货、优品与次品的情况下，价廉物美或价高质优是完全能够赢得市场的，市场的正常现象是良货驱逐劣货；但在交易者无力分辨真货与假货、优品与次品的情况下，所谓价廉物美或价高质优并不能赢得市场。其原因在于，如果真货与假货、优品与次品价格相同，由于真货和优品的生产花费成本高于假货和次品，生产者得到的盈利就会少于假货、次品，甚至毫无盈利。在这种情况下，生产真货、优品显然处于劣势，真货、优品的生产就会减少，甚至消失。在假货、次品价格低于真货、优品的情况下，真货、优品会更无竞争力，因为消费者并不清楚价格低的假货、次品是假货、次品，还是真货、优品，从而会采取一视同仁的态度。如果真货、优品卖价高，则也同样难以扩张市场，因为消费者并不清楚卖价高者到底是不是真货、优品，这时，“一分钱一分货”、“物有所值”完全可以成为假货、次品制售者所利用的一种营销策略。因此若无外力约束，在消费者无力辨别真货与假货、优品与次品的市场上，出现的便是劣货驱逐良货。在我国经济中，由于消费者无力分辨真货与假货、优品与次品，生产者以假货充真货，以次品冒充优品，造成假货驱逐真货，次品驱逐优品，假货生产者挤垮众多真货生产者，即是典型的例证。

(二)使市场不存在或使市场缩小

由于在市场交易中，买方拥有的信息一般总是要少于卖方，买方为了获取最大化的经济利益或为了最大限度地减少损失，在对某类商品在无力辨别真货与假货、优品与次品的情况下，因担心买到假货、次品，会对所有商品采取拒买行为(无论是真货还是假货，无论是优品还是次品，由于分辨不清，会一律拒买)，其结果最终会使这类商品的交易市场消失。例如，英国“疯牛病”的发生，就曾使许多国家和地区的牛肉市场消失，因为消费者分不清到底哪些牛肉不带病菌，从而只能拒买所有牛肉。在现实中，很多质量优异的产品形不成市场，主要原因大都在于消费者缺乏对这种产品的信息，不是不知道这种产品，而是不知道这种产品的性能到底如何。

另一种可能也是经常出现的经济后果就是消费者因担心买到假货、次品，而尽可能地减少购买量，其结果是商品市场得不到应有的扩张，或者导致市场的萎缩。例如，2008年的三鹿奶粉事件，不仅影响到了三鹿一家企业，整个乳制品市场都出现了萎缩，因为消费者分辨不清到底哪些品牌的乳制品不含三聚氰胺，只好选择尽量少买乳制品。在我国经济中，很多新产品一经问世，就有大量的假冒产品进入市场，消费者难辨真伪而最终只能少买，这就使新产品的真正生产者难以扩大产品销售，收回投资，扩大生产规模，这也是我国企业产品创新不足的重要原因。

(三)损害生产效率的提高

企业提高生产效率的内在动力是获取最大化的利润。在信息对称的经济中，买者知道谁的产品质优价廉，生产效率高的企业因此可以不断扩大产品销售，从而不断扩大生产规模，也就是说市场上消费者的选择会给生产者提高生产效率以正的激励，从而促进企业不断提高生产效率。但在信息不对称的经济中，由于消费者无力辨清真货与假货、优品与次品，从而造成，一方面，消费者采取减少购买或拒买行为，使生产真货、优品的企业的产品不能得到应有的市场扩张，甚至会使投入于提高生产效率的成本都收不回来，这势必会减弱企业提高生产效率的动力；另一方面，因为质优价廉并不能赢得更多的市场，获取更多的利润，就使企业不愿努力提高生产效率。总之，在信息不对称的经济中，消费者的理性选择行为给企业提高生产效率提供的是负的激励，从而会损害企业生产效率的提高。

(四)导致生产劣货的竞争

在消费者能辨清真货与假货、优品与次品的情况下，消费者自然会选择真货、优品，从而市场上出现的便是生产者生产良货的竞争。而在消费者无力辨清真货与假货、优品与次品的情况下，消费者采取拒买或少买的行为，就会使而生产假货、次品有利可图，生产假货、次品要比生产真货、优品获更多的利润。因为假货、次品生产成本低于真货、优品的生产成本；在真货与假货、优品与次品价格相同的条件下，显然生产假货、次品有利可图，而生产真货、优品无利可图；即使假货、次品的价格低于真货、次品，仍然可能获得更高的利润率，赢得更多的市场。这样就会刺激生产者大量生产假货、次品，生产得越早、越多，获利越大，从而引起生产假货、次品的竞争。这不仅会损害真货、优品生产者的利益，而且会损害消费者的利益，并且会导致经济资源配置的严重扭曲。近年来在中国，假货、次品的生产屡禁不绝，并且愈演愈烈，是可以由此找到原因的。

（五）造成一些种类的产品供应不足

信息不对称势必造成劣货驱逐良货和消费者拒买或少买的行为选择，必然会使生产者担心生产出来的产品没有市场，投入得不到应有的回报，从而会造成这些类型的产品生产不足或没人生产，从而造成这些产品供应过少或缺乏供应。产品的研制、生产所需投入越多，被假冒、仿造的可能性就越大，生产者就越不愿生产这类产品，这类产品也就越可能出现供应不足。

（六）造成需求得不到满足（存在需求缺口）与供给过剩并存

在信息对称的经济中，一般是不会出现需求得不到满足（存在需求缺口）的经济现象的。但在信息不对称的经济中，由于交易者对交易对方资信等的信息缺乏，就往往会减少交易量，可能是买方，也可能是卖方要求减少交易量。其结果是造成一些产品（这里包括实物产品、资金、劳动、服务等）需求得不到满足，而另一些产品则又会出现供给过剩。例如，在实物产品市场上，由于消费者担心买到假货、次品而采取拒买或少买行为，一方面会造成消费者的有购买力的需求未得到满足，而另一方面则又会造成企业生产的产品滞销，生产能力闲置。或者，因为销货企业对购货企业的信誉、支付能力等抱有怀疑，采取拒卖或少卖行为，从而一方面，造成销货企业的产品销售得不到应有的增长；另一方面，购货企业的需求又得不到满足，从而造成社会有支付能力的需求得不到满足。又如，在信贷市场上，由于贷款人对贷款申请人的品德、能力、未来收入等的真实情况难以准确判定，就会采取对许多贷款申请人拒绝贷款或减少贷款的行为，这样就会出现一方面社会贷款需求得不到满足，而另一方面银行体系又存在大量的过剩资金。再如，在劳动力市场上，由于用人单位对求职者在品德、知识、经验、操作能力等方面在试用之前无法做出准确的判定，有的甚至试用很长一段时间仍然会难以判定，因此用人单位对于招工就会采取十分慎重的态度，这样就会造成一方面有些职业岗位长期招不到人，而另一方面同时却又有大量的劳动力资源处于闲置状态。在信息不对称的经济中，由于信息优势方为有利于增进自己的经济利益，倾向于隐藏信息或向对方提供虚假的信息，交易对方就只能采取以防万一的预防性、规避性行为，即少买或少卖，从而造成需求得不到满足和供给过剩并存，因此可以说需求得不到满足与供给过剩并存是信息不对称经济无法避免的后果。

（七）造成不公平交易和不公平竞争

信息对称是公平交易和公平竞争的前提条件之一。在市场交易中，如果交易双方的信息不对称，信息优势方就会利用其信息优势欺诈对方，从事不公平交易活动，损害对方的经济利益，而信息的弱势方则会因信息弱势而做出不合理的经济决策。在信息不对称的经济中，卖方之间或买方之间是不可能有公平竞争的。例如，在产品市场上，在消费者对所有产品采取拒买或少买的行为时，真货、优品的生产者在竞争中显然处于不利地位。又如，在劳动力市场上，在假文凭泛滥的条件下，由于用人单位对招工采取过分谨慎的态度，使得有真文凭、真正具有才能的求职者在劳动力市场的竞争中处于不利地位（当然由于求职者的家庭关系，社会关系等的不同而造成的对劳动力市场信息的拥有量的不同也会造成劳动力之间的不公平竞争）。公平交易与公平竞争是经济资源得到最优配置的必要条件，信息不对称会导致不公平交易、不公平竞争，从而也就不能使经济资源得到最优配置。

（八）造成消费者和生产者行为扭曲或不能合理决策

对消费者而言，在信息对称的经济中，完全能够做出最优的消费决策。但在信息不对称的经济中，却完全可能因为信息的缺乏而买到质次价高的假冒产品、劣质产品。产品价格太低，消费者会担心其为假货、次品而不敢购买，即使其确实是真货、优品价格太高，消费者也不敢购买。同种产品，谁的卖价低、质量优，谁的卖价高、质量次，消费者一般并不清楚。这样，消费者的购买决策往往成了一种勇气决策，本来应该是有计划的购买变成了随机购买，消费者无力判断其购买决策是否能够最大限度地增进自己的利益，在很多情况下处于无所适从的状态。

在信息对称的条件下，生产者能够做出最优的生产决策。而在信息不对称的情况下，生产者的投资、生产、销售决策也会变得无所适从。例如，在产品定价过程中，如果价格定得低，可能会被认为是假货、次品，即使其是真货、优品；如果价格定得高，则又可能被认为是企业故意为之，是企业的一种价格策略。又如，就产品生产决策而言，到底是争先创优，还是生产假货、劣品，经常使企业犹豫不定，因为争先创优不一定就能赢得市场和利润。生产者在拓展市场、开发新产品等方面都往往因为信息不对称而不能做出合理的决策。

其实，目前中国经济中存在的许多问题都与信息不对称有关。假货挤走真货、次品驱逐优品、市场扩张乏力、企业技术创新与管理创新不足、生产效率低下、假冒伪劣产品盛行、很多产品供应远低于生产能力、需求缺口与供给过剩并存、广泛存在的不公平交易与不公平竞争、消费者与生产者的行为扭曲等都与信息不对称有关。因此，要解决这些问题，就应该增加信息供应，消除或减少交易者的信息不对称，严厉禁止或限制信息垄断者利用信息优势从事不公平交易和不公平竞争活动，这样才能提高经济资源的配置效率。

◎**专栏 6-1**

房地产“杂音”四起 信息不对称扰乱楼市预期

最近一段时间，伴随楼市成交量连续数月回暖，北京等一线城市楼市频频曝出“一夜提价数十万”、“恐慌性购房”、“日光盘再现”等消息，尽管有关部门及时澄清了事实，并处罚了部分企业的违规炒作行为，但这些“杂音”正在对市场预期产生微妙影响，看涨者和惜售者似乎有增无减，一些购房人也开始变得异常敏感和躁动不安。

可以说，楼市预期混乱背后是房地产市场信息不对称所致，在楼市调控敏感期，稳定市场预期需要权威部门及时发布权威数据和信息，从而消除和减弱“伪信息”和信息不对称给房地产市场带来的消极影响。

房地产市场是一个典型的信息不对称市场，由于信息量有限、透明度不足，加之相关利益群体的博弈、作祟，房地产市场信息不时表现出凌乱、滞后和失真，这已经成为楼市乱象丛生的重要原因之一，不仅造成房地产市场资源的浪费，更严重扰乱了市场秩序，扭曲了供求关系。

按常识，影响价格变动的最主要因素是商品的供求关系，商品房价格亦不能除外。但在现实中，由于信息不对称，房价并不完全取决于供求关系，房地产商可以通过囤积房源、制造恐慌气氛、哄抬房价等方式人为操纵市场供求信息，进而改变真实的供求状况，使占有信息优势的房地产商一方在交易中获取更多的利益。而由于真实的信息不能及时、准确地传达给购房者，他们必然受到虚假、不全面信息的干扰，从而做出错误的决策，许多购买者非理性地进入市场，造成供不应求的假象，直接促使房价上涨。

事实上，利益主体之间的激烈博弈，是导致不完全或不对称房地产市场信息产生的根源之一。以地方政府为例，与中央博弈持续，政策微调频频上演。根据上海易居房地产研究院统计，近一年来，先后有近 50 个城市通过调整土地出让、首套房贷利率恢复、利率优惠折扣、房源解禁、税费优惠、买房奖励、购房入户、购房补贴、提高普通住宅价格标准、调整限购条件、提高公积金贷款额度等方式进行楼市政策微调。

尽管中央调控基调依然从严从紧，但由于地方释放的是调控可能宽松的信号，正基于房地产市场具有明显的信息不对称性，而消费者自身又缺乏过滤虚假信息的手段和方式，一些有失客观甚至是无中生有的信息往往令其形成有悖于市场真实情况的预期。毫不夸张地说，预期的变化有时会形成“滚雪球”效应，以致引发集体性的入市或退市。近年来房地产市场所出现的几次大的起伏背后，无不显现信息混乱引致市场预期不稳的魅影。

毋庸讳言，调控能否取得更大的效果，与购房人心理、购房预期有着紧密的关系。而稳定市场预期有赖于相关部门及时发布权威、全面、真实的统计数据，在 70 个大中城市房价等数据之外，相关部门应对楼市库存、空置等情况展开有针对性的摸底，并及时公布相关结果，以当前推进城镇个人住房信息系统建设为契机，构建权威、全面、及时的信息发布体系，这样才能消除各种“杂音”，稳定市场预期，巩固和扩大楼市的调控成果。

资料来源：李佳鹏．房地产“杂音”四起，信息不对称扰乱楼市预期．http://news.xinhuanet.com/house/2013-01/22/c_124261028.htm，2013-01-22

第二节 利用市场解决信息不对称的手段和机制

生产者与消费者均受到信息不对称的影响，使各自的利益都得不到最大化满足。出于追求自身利益的考虑，生产者与消费者双方均有寻求解决信息不对称问题的动力和压力。因此，信息不对称问题在一定程度上是可以由市场自身来解决的。

对生产者而言，消费者对信息不对称问题的忧虑，致使生产者得不到消费者的信任，从而影响其产品的正常销售。为解决这种信任危机，生产者被迫采用各种办法以取得消费者的信任，常见的如提供售后服务、进行质量担保、广告宣传、建立公司信誉等。

对消费者而言，出于对信息不对称的担忧，往往也有采取各种手段以保护自身利益的倾向，如货比三家、追求名牌、组织消费者协会等。不过，消费者在保护自身利益方面似乎永远处于劣势，可采取的手段和方式有限。消费者似乎注定要通过“吃一堑长一智”这一痛苦的方式在众多的消费品中重复其试错程序以得到效益的最大满足。

与此同时，信息不对称的存在产生了寻利的可能，由此诱使大量以信息的搜寻与提供为谋利手段的社会中介机构在市场中出现，如会计师事务所、资产评估事务所、资信评估机构、征信机构、咨询服务机构等。它们着力于信息的搜寻与提供、产品质量的检查与鉴定、公司资信的评估与认定。它们的这种活动在很大程度上缓解和减轻了信息不对称问题所导致的效率损失。

由于信息不对称的根本原因在于私人信息的存在，因此，市场解决这一问题从本质上讲都是迫使拥有私人信息的一方将其信息公开，而且市场也确实不断在重复着这种行为。一般来说，市场解决信息不对称问题的方式可以区分为三种类型，即信息传递、信息甄别和经济激励。另外，由各种以营利为目的进行信息搜寻和信息提供的中介机构组成的信息市场的非官方力量，也是解决信息不对称问题的一种强大的市场力量与方式。

一、信息传递

信息传递或称信息示意，是指拥有信息优势的一方主动向市场发送信息的行为，一般是指交易中的卖方(生产者或供应商)做出的行动。通过信息传递来将自己的产品与其他产品区分开来是一种纯粹的市场行为，而且是一种自古以来都存在的一种市场行为。也许，其本意并没有与解决信息不对称问题存在必然联系，但其客观的效果却成为解决信息不对称的主要市场手段。市场中较常见的信息传递方式主要有做广告、产品质量担保和建立信誉等。

(一)做广告

广告一般可以分为告知性广告和说服性广告，这在性质上是不完全相同的两种类型的广告形式。告知性广告是指那些专门用于告知产品的用途、价格、使用方法或告知企业服务范围、新产品的投放等内容的广告；而说服性广告则是通过对产品质量、特色的宣传说服消费者购买，或通过广告投入本身说服消费者增强对企业的信任度。

广告在信息传递方面的作用是显而易见的，但如果从解决信息不对称问题方面来理解广告信息传递的含义的话，告知性广告显然不具备这种作用和效果。有时，那些不负责任的告知性广告反而是加深信息不对称的帮凶。所以，我们说广告是解决信息不对称的信息传递手段的一种方式，应该仅仅是针对说服性广告而言的。我们经常看到的一些似乎空洞无物但又华丽无比和代价昂贵的广告实际上正是属于这种说服性广告，因为做这些广告的厂商的目的显然不是仅仅为了告诉大家他们的存在，因为他们往往都是已经具有很高的知名度的厂商。他们之所以愿意连续性地以昂贵的代价做广告，其主要目的在于暗示消费者，即他们的产品是值得信赖的，他们不是那种“打一枪换一个地方”的游击队。

由于广告在信息不对称方面具有这种两重性，所以一直以来是一个颇具争议性的行为。反对者认为，广告会进一步强化垄断者的垄断地位，并且在广告上花费的巨大开支简直就是社会资源的一种浪费；赞成者则反驳道，广告虽然的确耗费了不少社会资源，但在特定的条件下，它最终能够降低消费者的总支出价格。

（二）产品质量担保

在信息不对称的条件下，消费者无力辨清真货假货、优品与次品，就会对所有同类产品采取拒买或少买的行为，真货、优品的生产者的产品销售会不畅。为了扩张产品销售，生产者须取得消费者的信任，对产品实行质量担保（保修）就是一种非常有效的信息传递手段。它能够有效地把优质品同劣质品区分开来，是解决逆向选择问题的主要市场方式。我们所熟知的这种产品质量担保的方式除了保修之外，还有更换、退货等方式。这些信息传递方式都可以明确地发出区别于劣质产品的信号，消费者可以在一定程度上根据厂商提供市场方式的次数、频率或便利程度来判别其产品质量的好坏。

（三）建立信誉

信誉是一种无形资产，是企业经过长期的努力所积累起来的。企业信誉一旦建立，无疑会成为其参与市场竞争的利器。虽然企业建立信誉的初衷也许与解决信息不对称问题无关，但信誉对企业起到的效果却客观地说明了其在解决逆向选择问题方面的功效。实际上，我们可以将信誉看做是各种信息传递手段综合使用的一种结果，因为企业在建立其信誉的过程中无疑要通过广告和质量担保等手段。鉴于信誉容易毁于一旦的特性，信誉一旦形成，企业总是会兢兢业业地来维护它，信誉遭受破坏对企业来说是致命的。这也可以部分地解释消费者信奉品牌消费观念的原因。

二、信息甄别

信息传递是拥有信息优势的一方为了避免逆向选择导致“劣币驱逐良币”现象的产生而主动向交易的另一方进行信息示意，传递自己真实的信息以帮助对方进行辨别。“劣币驱逐良币”是经济学中的一个著名定律，该定律是对这样一种历史现象的归纳，即在铸币时代，当那些低于法定重量或者成色的铸币——“劣币”进入流通领域之后，人们就倾向于将那些足值货币——“良币”收藏起来，最后，良币将被驱逐，市场上流通的就只剩下劣币了。这一现象最早被英国的财政大臣格雷欣所发现，故又称之为“格雷欣法则”。而信息甄别则是指处于信息劣势的一方为避免信息不对称对自己造成损害而主动去发现或诱使对方暴露信息的行为。在信息不对称时，处于信息劣势的一方为了在交易中尽量避免遭受损害，总是会主动采取各种各样的手段去甄别信息。这些手段可以归纳为两个方面，即进行搜寻和制订不同的合同。

（一）搜寻

解决信息不对称的最原始和最直接的市场手段也许就是对信息的搜寻了。消费者为了买到最便宜的商品，会在一定范围内搜寻有关商品的价格信息，在“货比三家”后再确定购买意向。对于消费者的信息搜寻活动，有一点可以肯定的就是，当在信息搜寻上花费的时间、精力甚至货币开支超过了价格之间的差异后，消费者便会停止对其信息的搜寻活动。

（二）制定不同的合同

当然，这里的合同是非常广泛的概念，不仅仅指通常意义上的合同，还可能包括尚未签订的、由交易的单方设计制定的一种意向性协议。之所以说设计、制定不同的合同是一种信息甄别的方式，是因为交易的一方凭借这种不同的合同提供给了另一方一个自我选择的途径。通过自我选择的结果，合同的设计者可以获取他所不拥有的信息，从而达到信息甄别的目的，以尽量规避因信息劣势而招致的损失。例如，在商业保险业务中保险公司要求投保者在申请表中填写投保者的基本情况和与保险相关的信息，在医疗保险业务中要求对申请人进行健康检查，招工中进行的笔试与面试等，都属于这种类型的信息甄别方式。

不过，采取制定不同合同以利用自我选择原理进行信息甄别，有时也会陷入一种困境中。例如，厂商想通过设计调查问卷了解消费者对其产品性能的评价以及改进建议的话，有可能就会掉进这种陷阱而得不到完全真实的信息。因为，愿意停下来回答问题或花时间填写问卷的消费者，往往都是那些对你的产品具有强烈倾向性意见的消费者，而那些具有一般意愿的消费者大多懒得驻足回答或填写问卷。这样，厂商得到的信息往往不能反映所有消费者的真实评价。

三、经济激励

经济激励是针对隐藏行动造成道德风险问题而提出的一种市场解决方法。在隐藏行动造成信息不对称的情况下，由于委托人对代理人的行动无法观察和监督，因此不能客观地根据代理人的努力程度选择恰当的效能指标来衡量和决定对其应支付的报酬，从而难以有效地解决委托人与代理人之间的效率问题。经济激励要研究解决的问题是选择什么效能指标、设计怎样的奖惩制度，经济才能有效地激发适当的不能观投入。

显然，经济激励制度所选择的效能指标必须能客观地度量(能观指标)，同时也必须与不能观投入有密切的联系。但能观指标的选择会面临两个难题：一是能观指标的特性往往是多维的且相互冲突的(如产出指标有数量与质量的二维性)，只强调某一特性会产生不当的激励作用；二是能观指标有时往往显著地受到不为决策者(代理人)所控制的因素的影响(如风险因素)。所以，有时强调能观指标可能不仅无助于激励适当的不能观投入，还可能会导致不公平，从而产生不良的副作用。

经济激励制度的设计一般都比较复杂，因为它涉及委托人与代理人的双重优化。给定一能观指标，代理人将采取最优对策以决定其不能观投入，这是代理人的优化问题；委托人则要选择最优能观指标，使这一能观指标及其所决定的有关代理人的最优对策对委托人是最优的。

四、市场方法的局限性

不可否认，信息传递、信息甄别及经济激励等方式确实是市场解决信息不对称问题的有效手段；但同样不可否认的是，这些市场手段并不能完全有效地解决信息不对称的所有问题。甚至在许多时候，其本身还会产生许多新的信息不对称问题。解决信息不对称的市场方法的局限性主要体现在三个方面。

(1)市场方法并非总是有效的，有些情况下市场手段也会显得无能为力。例如，卖方向买方提供担保这种方法虽然运用较为广泛，但并不意味着这种方法就能从根本上解决信息不对称所引起的不信任问题。因为这种方法存在以下局限性。

第一，真货、优品的生产者可以向买方提供担保，假货、次品的生产者也同样可以向买方提供担保。在买方要求实现其权利之前，担保实际上都只是空头支票，假货、次品的生产者完全可以在履行担保承诺之前就逃避，或者以种种理由拒绝履行担保承诺。买方对卖方的道德并不能确知，担保存在着逆向选择或道德风险，越是不愿真正履行担保义务的卖方，越是敢于许诺提供内容更广泛的担保。这样，产品市场上的真假、优劣难辨的现象就会延伸到担保领域，使消费者对市场上众多生产者提供的担保本身难辨真伪。在我们的经济中，许多企业都向消费者提供担保，且企业提供的担保也多种多样(包括包退、包修、包换及用途担保等)，可是消费者仍然不敢放心购买，担保并不能增加产品的销售，原因在于消费者对多种多样的企业担保难辨真伪，从而对担保本身缺乏信任。产品市场交易存在信息不对称，而担保的义务人(卖方)与权利人(买方)之间同样存在信息不对称问题，这样也就使卖方的担保只能发挥有限的作用。

第二，即使担保者的道德是可靠的，买方也相信担保者的道德，但是担保者是否有履行担保义务的能力，却是买方所不能准确判断的。就担保能力而言，提供担保承诺的担保人处于信息优势地位，而买方则处于不利地位，属于信息弱势方，双方仍处于信息不对称状态。由于买方分辨不清卖方的担保能力，因此可能对卖方的担保采取不信任态度。这样，即使卖方提供担保，买方也可能不会增加对提供担保的卖方的产品购买量。

第三，任何卖方提供的担保都不是无限担保，而是有限担保。也就是说，卖方并不是对买方的所有权利提供担保，而只是对买方的部分权利提供担保。这样，即使卖方确实有能力履行担保义务，也并不能保障买方最重要的权利。对于许多产品，买方并不清楚最重要的、最需要担保的部分或权利是什么，即使卖方确实履行担保义务，买方仍然可能会遭受极大的损失，因此买方仍会对卖方的担保产生不信任。

总之，卖方向买方提供担保并不能解决信息不对称所引起的不信任问题，因为卖方与买方之间在担保本身上存在信息不对称，买主自然不能相信卖方了。

(二)相关市场解决手段的被模仿性，导致了新的信息不对称问题

不管是处于信息优势的一方主动采取的信息传递，还是处于信息劣势的一方被动地

采取的信息甄别、经济激励，其方式方法都有被对方或他人模仿的可能，从而使那些应对信息不对称的市场手段失效。例如，信息传递中的广告、质量担保方式，劣质品厂商也可以采用，这样就出现了虚假广告、虚假承诺等新的信息不对称问题。而在信息甄别中设置的一些能观指标也经常被对方用虚假指标替代而失去指标的甄别功能。又如，在人才市场上雇主经常用学历文凭来衡量雇员的能力，于是就出现了大量的虚假文凭；在证券市场上投资者一般只能根据上市公司披露的信息进行投资，于是就存在着广泛的做假账行为。如此种种，均属于利用市场手段解决信息不对称问题过程中产生的新的信息不对称问题。其严重地混淆了人们的视听，扰乱了信息市场的秩序，最终导致了人们对市场的不信任。

（三）信息成本的存在使得许多情况下市场手段变得不经济

在交易过程中，交易的双方为促成交易的达成都有进行信息传递、甄别或采取激励手段的动机，但这些旨在解决信息不对称的行为不可避免地存在着成本，人们为获取信息总是会发生各种各样的费用开支。我们将这些以解决因交易而产生的信息问题为目的的费用开支统称为信息成本，具体包括以下各项行为所引起的成本支出：①进行市场调查，获取关于商品和劳务的价格分布和质量的信息；寻找潜在的买者和卖者，获得与他们的行为有关的各种信息；②当价格可以商议时，为确定买者和卖者的真实要价而进行的讨价还价过程；③起草、讨论、确定交易合同的过程；④监视合同签署人，看其是否遵循合同上的各个条款；⑤贯彻合同；⑥在一方未履行合同并造成另一方损失时，后者提出起诉，要求赔偿；⑦保护双方权益，防止第三方侵权，如防止剽窃、侵犯专利权等。

由此可见，交易双方为解决信息不对称问题而进行的信息传递、信息甄别等行为将受到信息成本的制约，当获取信息的边际成本大于或等于获取信息的边际收益时，交易双方将停止其获取信息的各种行为。因此，如果要完全依赖市场手段来解决信息不对称的问题，从理论上来说是可行的，但其前提条件是信息成本为零。

第三节　政府解决信息不对称的必要性和方法

一、政府解决信息不对称问题的必要性

市场本身不能有效地解决信息不对称问题，是否就一定需要政府来解决呢？回答这个问题我们还必须说明市场与政府以外的力量——第三种力量的作用。第三种力量包括行业协会及其他多种民间组织与民间的公共协议等。第三种力量对于解决信息不对称问题有着积极作用。例如，同行业协会的质量认证对于消费者对产品质量的识别，宗教组织、民间消费者团体对于反对卖方欺诈消费者，企业之间达成的公共协议（如价格协议等）对于约束企业的行为等都能起到积极的作用。但是第三种力量的这种作用是极其有限的，因为第三种力量是不具有强制力的，也不是权威性的，它起作用所依靠的主要是约束对象的自律，而如果约束对象不自律，第三种力量便无能为力。经济现实也充分地反映出了第三种力量作用的根本局限性。既然第三种力量没有能力弥补市场力量的不

足，那就需要政府干预。

信息不对称会产生一系列不利的经济后果，这些经济后果说明不能无视信息不对称问题。政府具有促进经济发展、维护社会安定、促进公平交易和公平竞争、促进经济效率提高的责任，不解决信息不对称问题，政府就很难履行好这些职责，因此政府有必要进行干预。

同时，政府拥有市场力量和第三种力量所不具有的公共权力，拥有它们所不具有的权威性和强制力。虽然政府不是万能的，但由于其所具有的这一优势，将其作为解决信息不对称问题最后依靠的力量是必要的，也是有可能的。所以，政府必须尽其所能解决信息不对称问题。

二、政府解决信息不对称问题的方法

(一)政府通过立法强制卖方向买方提供充分而真实的信息

由于在市场交易中，卖方为获取更多的经济利益，会隐藏信息或故意向买方提供虚假的信息，如故意隐瞒产品的缺陷、夸大产品的优点等，政府可以通过立法强制卖方向买方提供真实的信息。此外，为增加产品的销售，卖方会不向买方提供其所需要的信息，政府可以通过立法强制卖方向买方提供更多的信息。政府可以根据不同产品的特点，从买方利益出发，详列卖方必须向买方提供的信息内容。这样可使买方获取真实的、尽可能多的信息，从而有利于做出合理的购买或消费决策。例如，对于药品生产商，政府可强令其提供药品配方、生产日期、药品有效期、适用范围、禁用范围、使用方法等方面真实的、尽可能多的信息，以此使药品的消费者获得尽可能多的、真实的信息，从而使其能够做出合理的决策。

就我国经济现实来看，近些年来政府在这方面做了许多工作，但还存在很多问题：①政府尚没有就许多产品明确地确定生产者应该提供信息的范围；②有些产品，政府虽然已经明确了信息供应范围，但所确定的信息供应范围过窄，远不能保护消费者的利益；③现有的信息供应法规并没有得到全面地落实，许多生产者根本不按法规的要求向买方提供信息，而政府也并没有进行有效地治理；④对于某些产品的信息供应责任和范围缺乏明确的、具体的规定，从而使得相关产品的生产者规避法规，打“擦边球”。这些问题的存在说明，政府在这个方面的工作才刚刚起步，应该快速推进这方面的工作。

◎专栏 6-2

红包泛滥关键在医患信息不对称

从 2014 年 5 月 1 日起，患者住进二级以上医院 24 小时之内，将收到一份《医患双方不收和不送“红包”协议书》。院方将郑重承诺廉洁行医，不接受患者及其家属的“红包”和贵重礼品①。

签订协议拒绝红包暗流，如此动作真能解决红包问题么？对于患者来说，给医生塞红包可能并没有太多行贿的意思，只是为了让医生尽职尽责，救助自己的亲人而已。对

---

① 吕诺．五一后住院，医患需签协议对红包齐说“不”．新华网，2004-02-21.

于医生来说，拒绝患者的红包有时候不代表真是自身清正廉洁，而收红包也不能说完全是为了钱，有时候不收可能会被划入“不入流”的行列，至少在患者心中或许会如此。不难看出，红包之所以成为一种久治不愈的顽疾，是因为存在着这样一种不信任的关系，而这种关系的“死穴”在于医患信息不对称，所以，只有找准红包存在的根源并对症下药，方能为红包泛滥画上休止符。

从这次国家卫生和计划生育委员会(以下简称国家卫计委)委整治红包的举措来看，一个不能否定的现实就是之前的整治效果不明显，否则也不会现在继续加强整治力度。而之前的整治措施不可以说不严厉，2013 年 12 月 24 日，国家卫计委、国家中医药管理局制定了《加强医疗卫生行风建设“九不准”》，其中提出，“严禁索取或收受患者及其亲友的现金、有价证券、支付凭证和贵重礼品”。2014 年 1 月 28 日，国家卫计委发布关于《卫生和计划生育单位工作人员违反职业行为规范处理办法(征求意见稿)》公开征求意见的通知，通知中针对当前反映强烈的医务人员收受患者红包，专门做出针对性规定，突出强调廉洁从业纪律。而这仅仅是近期的两项规定和整治举措，如今再用签订协议的方式让医患双方拒绝红包，是用组合拳的方式消灭红包。

不过，既然一轮一轮地治理红包，为何总是不见效？其实，问题的真正所在，即红包的“死穴”并非仅仅是职业操守问题，更多的是缘于医患信息不对称。患者进入医院救治，总是希望医院能够尽心尽力，详细告知病情、治疗措施、收费情况及医疗成本等。但很多时候，有些信息患者要么是难以获知，要么是语焉不详，自然对医生、院方产生了不信任。如果患者能够轻松完整获得医疗信息，红包自然就会消失，该怎么治病怎么治，该支付多少费用就支付多少费用，而不存在患者和医生之间私下的交易。可以说，只有让医疗信息公开化、透明化，经得起检验，实现医患互信，才能让红包彻底消失。

然而，纵使签订这样的拒绝红包协议，对于患者和医生来说还是处于一种信息不对称的环境中，而这样的环境之下如果患者偷着给医生送红包，到底谁会知道？谁又能举报呢？患者自然不会举报，而医生也不会举报，其他人又几乎没有知道的可能，那么协议本身岂不是成为一纸空文。所以，任何协议都不能抵御红包暗流，唯一的途径就是将医患关系透明化，否则恐怕都是隔靴搔痒。

资料来源：王传言．红包泛滥关键在医患信息不对称．http://www.legaldaily.com.cn/zfzz/content/2014-02/24/content_5300009.htm?node=53441．2014-02-24

(二)政府对信息优势方进行不公平交易和不公平竞争实行严格的管制

政府强令交易者向对方提供真实的、尽可能多的信息是实现公平交易和公平竞争的重要条件，政府应加强这方面的工作，不过任何法规都不可能没有遗漏，更重要的是如果有人不遵守法规而得不到应有的惩罚，那就表明利用信息优势进行不公平交易和不公平竞争是有利可图的。因此要解决信息不对称问题，仅有立法的威慑和强制作用是不够的。政府对于利用信息优势进行欺诈等各种不公平交易和不公平竞争行为必须予以足够的处罚。所谓足够的处罚是指行为人不能从不公平交易和不公平竞争行为中得到任何的好处，反会遭受损失。政府的处罚对卖方或买方的损失必须足以超过其进行不公平交易与不公平竞争所得的收益，政府的处罚措施中最重要的是经济处罚，同时应并以刑事和行政处罚(在必要条件下)。

我国，目前存在的主要问题是对于利用信息优势而进行不公平交易和不公平竞争的行为缺乏足够的处罚，或者没有任何处罚，或者处罚力度太轻。这些年来，以假充真，以次充优，假货不断，次品泛滥，消费者屡屡受骗受损，以假财产、假担保欺骗交易对方等事例层出不穷，严重损害了信息弱势方的经济利益，引起经济秩序的混乱，其主要原因就在于政府有关部门或对这些事件漠不关心，或处罚力度太轻。例如，对假冒伪劣产品往往只是罚没查到的产品而已，更有甚者，执法部门还将查没的假冒伪劣产品重新投入市场。我们认为，当前一方面，要对现行法规进行修改，加大处罚力度；另一方面，政府有关部门应真正履行其职责。这样方可最大限度地减少利用信息优势进行不公平交易和不公平竞争的行为，才能够促使形成一个有利于提高生产效率，良货驱逐劣货的制度环境。

◎专栏 6-3

环北京治污新政

2013 年 10 月 23 日，北京市发布《空气重污染应急预案》，同时，环境保护部也公布了当时第三季度全国 74 个城市的空气质量状况，而在空气质量相对较差的前 10 位城市中，京津冀占了 8 个。

为了治理空气污染，天津、石家庄、唐山等城市也分别制定了“重污染天气应急预案”，根据空气污染的不同程度，实施企业限产限排、机动车限行、建筑工地停工和中小学、幼儿园停课等应对措施，引导公众做好防范。北京与天津正建立环境监测数据及空气质量预测预警信息共享机制，探索建立重污染天气的应急联动预案，促进区域协调发展。

(一)天津治污措施

为改善天津市环境空气质量，妥善应对重污染天气，天津市制定《天津市重污染天气应急预案》。

三级预警响应提出：当出现重污染天气时，政府将发布预警信息，并提示公众做好自身防护，即一般人群减少户外运动。同时，倡导绿色、文明的生活方式，尽量乘坐公共交通工具出行，减少汽车上路行驶；停车时及时熄火，减少车辆原地怠速运行；减少燃放烟花爆竹、祭祀烧纸等行为，禁止露天烧烤，禁止垃圾、秸秆焚烧；缩短商场等公众聚集的大型服务设施营业时间。当启动二级预警时，该市牌照的载客汽车实施单双号限行。启动一级预警时，在二级强制性措施的基础上，所有混凝土、砂浆搅拌站全面停止生产；中小学及幼儿园停课；停止所有户外大型活动；企事业单位实行弹性工作制。

加强建筑工地、道路、拆迁工地扬尘污染治理；全面开展餐饮油烟污染治理，严格治理餐饮业排污，城区餐饮服务经营场所全部安装高效油烟净化设施，取缔露天烧烤、马路餐桌原煤散烧；严格限制机动车保有量增长速度，鼓励新能源汽车直接上牌，增加机动车使用成本，降低机动车使用强度，缓解城市交通拥堵，加快淘汰黄标车。到 2015 年年底，基本淘汰 29 万辆黄标车。提升燃油品质，按照国家统一安排供应符合国家第四阶段标准的车用汽油，实现汽车及电视、洗衣机等废旧家电集约拆解，开展城市大气污染机理、多污染物协同控制技术等大气污染治理新技术的研究。

制定实施天津市煤炭消费总量削减工作方案，到2017年年底，净削减煤炭消费总量1 000万吨，煤炭占能源消费总量比重降低到65%以下，实施火电机组改燃或关停。

加强对二氧化硫、氮氧化物、颗粒物和挥发性有机物等各项污染物排放的日常监督执法和管理。严格依法查处环境违法行为，对偷排偷放、屡查屡犯的违法企业依法予以关停，对涉嫌环境犯罪的依法追究刑事责任。

（二）石家庄治污措施

《石家庄市重污染天气应急预案》规定，根据环境空气质量指数将重污染天气分为黄、橙、红三级。Ⅲ级预警（黄色）强制性污染减排措施为每4小时洒水一次，停止所有在建施工地的土方、拆除作业，加大道路清扫保洁频次，所有渣土车停运。禁止露天烧烤和露天焚烧（垃圾、树叶、秸秆等），建材行业停产，停驶50%公务用车，社会车辆每天按车尾号限行1个号。Ⅱ级预警（橙色）应急响应措施为停驶70%公务用车，所有社会车辆每天按车尾号限行2个号。红色预警启动时要降低重点大气污染企业的污染排放量的60%，停驶80%公务用车，社会车辆单双号限行，取消全市所有大型室外商业、文化、体育等人群集聚性活动。2013～2017年，完成市区18家污染企业搬迁改造，不再审批钢铁、水泥、电解铝、平板玻璃等产能严重过剩行业。

（三）唐山治污措施

唐山市将以压煤、压钢铁、压焦炭、控车、控尘、迁企、减排、增绿、城市精细化管理、能力建设等为工作重点，实施八大综合治理减排工程。工业污染是影响唐山市空气质量的主要来源。未来四年，要加大工业企业治理力度，包括整治钢铁、水泥、焦化等重点行业企业，以减少污染物排放，城市大气污染中，50%的可吸入颗粒物来自扬尘，深化面源污染治理，控制建筑施工扬尘，整治工厂厂区料堆、城市周边和配煤场所等干散料场，严格控制扬尘污染。减少机动车污染排放；加快调整能源结构，强化清洁能源供应；严格节能环保准入，优化产业空间布局；加快企业技术改造，提高科技创新能力；建立监测预警应急体系。

（四）廊坊治污措施

燃煤治污：要求各热力公司要全部安装锅炉脱硫除尘设施、在线监测设备和视频监控设备，确保集中供热锅炉除尘设施正常运行，达标排放，绝不能以任何借口擅自停运治污设施。加快取缔淘汰小型燃煤锅炉，提升农村炊事、采暖、设施农业等燃煤设备。

城市扬尘治理：实现施工工地沙土物料100%全苫盖，工地路面100%硬化，拆除房屋工地100%洒水压尘等六个100%；强化城区道路扬尘治理；强化矿山和交通干线两侧扬尘治理；取缔非法采矿、采石和采砂企业，高速公路、铁路两侧和城市周边的配煤场、砂料场、搅拌站实现封闭储存或建设防风抑尘设施。在取暖期和重污染天气等重点、敏感时段要实行限产限排；年内淘汰4万辆“黄标车”，2017年前全部淘汰；对小电镀等重污染企业，坚决取缔防止反弹；坚决取缔露天烧烤，严禁焚烧秸秆、垃圾、杂物，强化饭店油烟治理，限制烟花爆竹燃放。

（五）张家口治污措施

张家口市出台了《张家口市大气污染防治行动计划实施细则》，主要实施十项重点措施：强化工业企业治理，减少污染物排放；全面淘汰燃煤小锅炉，大力整治小型燃煤设施，加快重点行业脱硫、脱硝和除尘改造；深化面源污染治理，严格控制扬尘污染；强化施工工地扬尘环境监管，加大堆场的整治力度，严厉整治矿山扬尘，依法取缔非法采矿、采石和采砂企业；加强餐饮业油烟治理，禁止户外杂物焚烧，除市城管办批准的集中经营场所外，其他区域一律禁止设置露天烧烤点，坚决杜绝秸秆焚烧行为；开展扬尘控制示范区创建工作，4级以上大风天气严禁作业；开展机动车污染防治，有效控制移动源排放，控制机动车保有量，加快淘汰“黄标车”，提高清洁能源车比例；调整优化产业结构，推动产业转型升级。严控“两高”行业新增产能，加快淘汰落后产能；积极调整能源结构，加大清洁能源供应。重点控制煤炭消费总量，加快清洁能源开发利用，划定高污染燃料禁燃区域；建立监测预警应急体系，妥善应对重污染天气。对重大环境违法案件实行挂牌督办制度，加快建立环境违法企业“黑名单”制度，定期向社会公布，扩大社会监督面。

资料来源：中国网．环北京治污新政．http://finance.china.com.cn/roll/20131023/1899918.shtml，2013-10-23

（三）制定和实施经济合同法

政府制定和实施经济合同法的作用在于使市场交易双方所订立的经济合同能得到履行，减少或杜绝合同订立中的逆向选择问题，保障交易双方责任的履行和权利的实现。交易双方自行订立的经济合同需要有一个公正的外部强制力作为保障，唯有如此，合同对交易双方，特别是对责任方才具有真正的约束力。政府的角色就是作为这种公正的外部强制力，通过政府的力量，使经济合同能够充分发挥其解决信息不对称问题的作用。而对于合同中的欺诈和不公平问题则可由上述第二种办法解决。

现实中，合同人主观违约屡见不鲜，原因在于违约人不会因为违约而受到足够的处罚，违约属于理性决策。目前，我国存在的主要问题如下：①经济合同法本身不完善，对违约者的处罚力度轻；②政府执法部门有法不依、违法不究，甚至有些执法人员执法不公，贪赃枉法。因此，要保障经济合同的当事人权益（主要是信息弱势方的权益），必须改变现状，强化政府这一外部强制力的作用。作为政府来说，一是要完善经济合同法，加大对违约者的处罚力度；二是要严格执法，以法律之剑促使合同人守约。

（四）对市场交易主体的交易资格进行审查

这是一种预防性措施，采取这项措施的目的在于通过对市场交易主体的资格审查将不合格的交易者清除出市场，达到净化市场的目的，从而减少市场上出现欺诈等不公平交易和不公平竞争行为的可能性。政府实施这项措施的具体内容包括两个方面：①规定市场交易主体从事市场交易的资格标准，任何经济主体要进入市场交易，就必须达到政府所规定的标准，从而可以将不符合标准的交易者排除在市场之外；②对已进入市场交易的主体定期或不定期地进行审查，从而使已进入市场交易的交易主体必须始终遵循政府所规定的标准，一旦达不到政府规定的标准，政府就将取消其从事市场交易的资格，将其清除出市场。政府对交易主体进行资格审查将可大大减少利用信息优势而欺骗交易者或以不正当手段排斥竞争者而获利的市场交易主体的数量。

（五）政府搜寻和向市场提供某些方面的信息

许多信息是交易双方进行决策都需要的，但交易双方所拥有的信息量并不相同，从而造成交易地位的不平等，如宏观经济信息。这些信息可以也应该由政府提供。政府可以建立信息搜寻的专门体系，广泛搜集这类信息并及时向社会发布。在现代经济中，政府已经是市场的重要供应主体和需求主体，对于政府供应与需求的结构、数量等应该向社会发布，以免造成交易者在这方面的信息不对称。由政府供应具有公共产品性质和非公共产品性质的信息可以直接改变市场上交易主体信息不对称的问题。虽然政府所能提供的信息量有限，更多的信息只能由市场供应，但政府在提供宏观经济信息及有关政府经济活动的信息中具有市场所不可替代的作用。

政府可以通过增加市场信息供应、规范市场交易主体的行为等各种办法来解决信息不对称问题，不过不能认为有了政府干预，就能够完全解决信息不对称问题，政府的能力也是有限的。应该认识到，政府的干预可以最大限度地增加市场信息供应量，最大限度地减轻由信息不对称所产生的经济后果，从而最大限度地促进经济资源配置效率的提高。政府干预并不是要取代市场的作用，而是对市场作用的补充，做市场本身力量所做不到的事，为市场本身力量的发挥提供必要的和有利的条件。解决信息不对称问题应依靠市场本身的力量和政府力量的分工、配合，同时，也要鼓励第三种力量积极参与解决。

关键概念

信息不对称　逆向选择　道德风险　信息传递　信息甄别　信息成本

复习思考题

1. 简述信息不对称的成因及其表现。
2. 信息不对称产生的危害有哪些？
3. 市场解决信息不对称的方法有哪些？有哪些局限？
4. 政府解决信息不对称的方法有哪些？有哪些局限？
5. 在消除信息不对称的过程中，政府与市场应如何发挥其作用？
6. 信息不对称这一原理对我们有哪些启示？

第七章

政府支出理论与政策

【本章学习目标】

理解政府支出的概念，了解政府支出的分类、结构及原则；了解发达国家与我国政府支出规模增长趋势，掌握多种分析政府支出增长理论的内容；会分析政府支出的收入效应与替代效应、政府支出的直接效应和间接效应；理解政府支出的主要项目的内容。

【本章知识结构】

本章知识结构如图 7-1 所示。

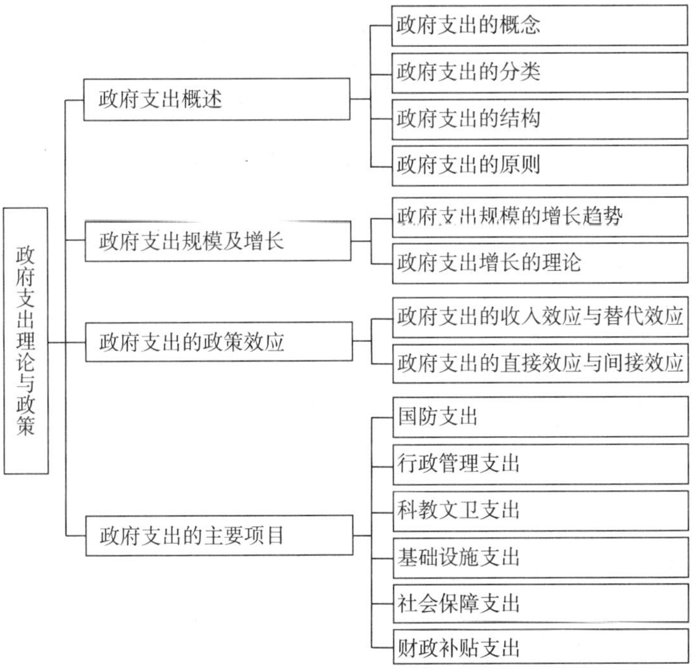

图 7-1　本章知识结构图

政府支出是对政府政策选择的反映。在20世纪30年代世界性经济危机之后，政府对经济干预逐渐增强，政府支出规模迅速扩大，人们也日益认识到政府支出的重要性。通过对政府支出分析，可以就政府是否或在何种程度上对纳税人负责做出更好的判断。政府支出分析的最终目的是改进政府支出管理。

第一节 政府支出概述

一、政府支出的概念

政府支出最先是由政府生产公共产品的支出所引起的，后来又包括了各种符合公众需要的收入转移行为。政府支出反映了一个政府的政策选择。一旦政府决定以多少数量、以什么质量向公众提供公共产品，政府支出实际上就是执行这些政策所必须付出的成本。所以，政府支出就是政府行为的成本。因此，政府支出被界定为各级政府为履行其必要职能所进行的各项活动的成本，包括提供公共产品和准公共产品，以及为实现收入分配而进行的转移支出。

二、政府支出的分类

政府支出的分类体系因各国的政治体制及社会经济发展程度的差异而不尽相同。联合国的“方案和实施预算手册”和“国民经济核算体系”提供了政府支出分类的核心内容。按照核算的目的，政府支出可以按其经济性质分类，划分为消费与投资等购买支出和转移支出。按照政府编制预算的目的，支出可以按照经济类型划分，如经常支出、资本支出等；或是按政府职能分类，如一般公共服务、国防、教育等；此外，也可以将两种方法结合起来进行分类。政府支出的分类标准及其分类如表7-1所示。

表7-1 政府支出的分类标准及其分类

分类标准	项目名称	其他说明
以政府职能为分类标准	一般公共服务开支	在各国政府的预算中，按照政府职能分别列项是通行的做法，这种分类方法可以直观地表明政府支出和政府职能的关系，使政府职能明确，便于公众监督
	国防开支	
	教育开支	
	健康方面的开支	
	社会保险和福利费用	
	住房建筑和美化环境的开支	
	其他社会服务开支	
	经济服务的费用	
	无法归类的和用于其他用途的开支	

续表

分类标准	项目名称		其他说明
以经济类型为分类标准	经常支出	产品和劳务	政府支出按经济类型分类，对于衡量政府预算对经济的影响、说明政府支出在资源配置上有何作用以及如何发挥作用具有一定意义
		利息支出	
		补贴和其他转移支付	
	资本支出	政府原有固定资产和购置新固定资产开支	
		购买股票等金融资产开支	
		购买土地和无形资产开支	
		资本转移等	
	贷款净额	国内外贷款净额	
以经济性质为分类标准	购买支出	购买各级政府日常行政事务活动所需要的商品和劳务的支出	政府支出按经济性质划分，即按照支出是否能直接得到等价的补偿进行分类，这种分类具有较强的经济意义，可以表明政府支出在哪些方面对经济产生影响
		各级政府用于各种公共投资的支出	
	转移支出	财政补贴支出	
		各种社会保障支出	
		国债的利息支出	

三、政府支出的结构

政府支出的结构按分析问题的不同需要可以做如下区分：按照政府支出的性质划分、按照政府支出的政府层次划分和按照政府支出的功能划分。

(一)按照政府支出的性质划分

按照政府支出的性质来看，可划分为耗尽性政府支出与转移性政府支出。

1. 耗尽性政府支出

耗尽性政府支出也叫购买性支出，是指政府对经常性商品与劳务的购买以及对资本品与劳务的购买。它由这些商品和劳务的数量与它们的价格相乘来计算。之所以称这类支出为耗尽性政府支出，是因为这类支出反映了政府要占用社会经济资源的要求，并由政府运用这些资源，这就排除了私人部门运用它们的可能性。因此，在西方国家，这类政府支出是不计入 GDP 与国民收入之内的。

与耗尽性政府支出有关的一个问题是挤出效应，即由政府吸收这些资源，意味着这类政府支出的机会成本是别的部门所放弃的某些产出量。凯恩斯曾指出，只有当经济处于充分就业状态时，才发生挤出效应。然而，近来有人指出，在低于充分就业水平时，政府支出的增加在其他条件都不变时，会引起银行利率的提高；如果再进一步假定私人部门的投资支出对银行利率是有弹性的，则政府支出的增加会通过资本市场的影响排挤私人活动。

2. 转移性政府支出

转移性政府支出是指对养老金、补贴、公债利息、失业救济金等的政府支出。这些政府支出并不反映政府占用社会经济资源的要求；相反，转移只是在社会中的个人之间的资源再分配，政府只充当一个中介人的作用。

在考察政府支出的增长时，区分以上两个概念是有必要的。这是因为，影响一类政府支出的因素不一定影响另一类政府支出。例如，美国自 20 世纪 30 年代以来，耗尽性政府支出与转移性政府支出都有所增长，但后者增长得更快，这表明政府财政的分配职能相对扩大了。

(二)按照政府支出的政府层次划分

按照政府支出的政府层次划分，有中央政府的政府支出与地方政府的政府支出。例如，美国政府系统划为联邦、州和地方三级，我们便可相应得出联邦支出、州支出和地方支出三类。中国的政府支出划分为三级，即中央支出、省支出及县支出。

(三)按照政府支出的功能划分

按照政府支出的功能划分，可将全部支出划分为民用支出与国防支出两大类；也可按基本项目来划分，如中国就有 24 项。在中国，由于受前苏联的影响，对生产性与非生产性的划分非常重视，就有生产性支出与非生产性支出划分之说。

研究政府支出时所常用的方法是考察政府支出的弹性和边际倾向。这里的弹性是指政府支出增长对于 GDP 增长的弹性。这里的边际倾向也是指政府支出增量对 GDP 增量而言的。以后我们将会看到，不同类别政府支出的不同弹性与不同的边际倾向，将说明政府财政功能的变化。

四、政府支出的原则

古典经济学奉行避免政府干预的经济思想，主张政府应尽量采取节约支出从而减少税负的财政方针，因而学术界对政府支出原则的讨论，比对税收原则的研究要少。19 世纪中叶以后，财政学家们开始注意政府支出的问题，即明确了不仅要考虑如何征税，还要考虑如何安排支出，才能保证各类用途的需要获得适当的满足。特别是凯恩斯创建宏观经济学之后，政府支出对经济发展可能产生的影响开始引起各国政府的注意。

政府支出与财政收入是有机的整体，因此，应该加以综合考虑。财政学界由此提出涉及收入和支出两方面的综合性的原则，即效益原则、公平原则和稳定原则。综合性原则强调对经济资源的最有效配置；强调对社会收入与财富的趋于公平的分配；强调对社会产品供求关系的调节，以使社会经济保持均衡稳定的发展。

(一)政府支出的公平原则

公平原则的基本含义是同等情况同等对待，不同情况不同对待。前者是横向公平，即同等级别之间的公平；后者则是纵向公平，即不同等级之间的公平。这一概念既适用于税收，同样也适用于政府支出。

应该承认，在支出方面运用横向公平原则是正当的，在支出方面任何的不公平待遇，如对特殊职业和对特殊地带的人提供有区别的补贴，并不能保证所有处在相同地位的人获取同样的服务。但关于纵向公平原则，现代经济思想并不认为其有效。一方面，个人的效用是不可测算的；另一方面，不同的人之间的效用不能进行比较。这就使纵向公平原则失去了科学基础。

政府支出的公平原则是涉及受益能力的原则。这一原则在各类政府支出中应用的程度可能有所不同。对于可以普遍享受利益的各种支出，如国防、司法、警察、行政、社会教育、公共卫生等，政府无法根据各类居民的受益能力安排支出。只有那些可以直接享受具体利益的支出，如学校教育、个人医疗、社会保险和社会救济等，才能较具体地实行公平原则。

根据受益能力原则，对于居民的生活状况有直接影响的支出，特别是各类补助支出，可以使社会收入和财富分配有所改变，因而它们同税收一样，具有再分配作用；政府可以通过征税和补助两种手段，调节社会收入和财富的分配状况，减少贫富之间的差距。这类支出的目标是使社会获得最大利益，要对居民中收入不超过规定水平者给予补助，收入越少，补助越多。其原因是居民收入越少，补助金对其产生的效用越大，同时对社会产生的效用也随之越大。因此，凡符合补助条件的都要给予补助，对其中情况相同的应给予同等的补助，对于情况不同的给予不同等的补助，应该多补助的给予较多的补助。

（二）政府支出的效益原则

由于社会效益是由公私两大部门的各类活动所产生效益共同构成的，所以，资源配置的关键问题是怎样在公私部门之间配置资源，保证双方都获得合理的供应，既不妨碍私人部门的发展，又能满足政府的需要，从而使社会效益最大化。随着政府活动范围的日益扩大，政府控制经济资源的规模及在其内部各类用途之间进行配置的问题，对于达到社会均衡也具有重要意义。

要确定能否获得最大效益，必须进行成本-效益分析，判定某项支出所消耗的资源与其产生的效益之间的比例关系，从而决定对某一项目是否应配置，以及配置多少。政府与私人的行为准则有所不同，在进行成本与效益的估价时，政府要更多地考虑社会成本和社会效益，前者包括公众所受到的各种不利影响，如环境污染、公害、社会秩序不安定等；后者包括整体经济的发展、社会的发展、公众文化与健康水平的提高、社会秩序的安定等。

政府支出的社会成本和社会效益，既包括外在的成本和效益，也包括内在的成本和效益。外在成本和外在效益一般只能进行大概的估价，根据支出对整个社会的利弊得失，决定支出的方向及其用途，实现支出的合理性。支出的内在成本和内在效益，则应该进行具体测算，选定更加符合效益原则的最佳支出方案。

（三）政府支出的稳定原则

作为宏观经济管理手段之一的政府支出，应该把宏观经济稳定目标作为支出的原则，即实现高就业水平、稳定的物价、适度的经济增长和良好的国际收支。

政府支出的总水平是影响社会需求总量的重要因素，不仅购买支出对总需求有直接影响，补助支出对其也有间接影响。在社会产品供过于求时增加政府支出，在供不应求时减少支出，能在一定程度上使供需关系保持在相对稳定的状态。资源配置随着对公共产品和私人产品的偏好而转移。收入分配通过税收和转移支付的变动来稳定总需求。经济稳定则根据经济状况可以采用赤字或盈余政策。公共服务的数量由支付愿望决定，居民的偏好通过投票机制表现出来。如果社会不需要服务，可供选择的就是改变政府行为。这意味着在周期的低点时期，也不能用支出来刺激需求。

这种稳定的政府支出，是针对政策变化无常提出的。20 世纪 60 年代英国普洛登委员会以公共政策为主的建议书也倡导这种务实的政策。普洛登委员会认为，支出水平的变化削弱了成本意识，破坏了政府的财务纪律，降低了公共服务的效益，从整体看，政府支出的短期节约措施很少是成功的，有时甚至是有害的，所以最好避免使用。委员会建议，应根据与预期资源相匹配的政府支出总额来制定稳定支出的政策，这样就能促进“判断坚定、标准明确及轻重缓急分明”，从而对支出部门产生有利的影响。尽管该委员会极力推进稳定的支出政策，可是它还是承认，政府支出的某些变动是不可避免的，只希望这些变动是微小的，然而是重要的、及时的。

第二节 政府支出规模及增长

衡量政府支出规模的指标有两个：一个是政府支出的总额，即政府支出绝对量指标；另一个是政府支出占 GDP 的比重，即政府支出的相对量指标。一般来讲，绝对量指标在对一国政府支出变化进行纵向对比时有实际意义，而相对量指标在对一国政府支出与其他国家政府支出进行横向对比及对本国政府支出变化进行纵向比较时均有参考意义。

一、政府支出规模的增长趋势

(一)经济发达国家政府支出规模增长分析

在早期的资本主义经济中，政府支出数量及占 GDP 的比重是比较小的，那时，资本主义国家奉行经济自由主张，采取放任政策，对私人生活和私营企业的经营活动不加干预，国家职能的基本上限是所谓“维持社会秩序”和“保卫国家安全”，在经济、文化、社会等方面很少有所作为。随着资本主义基本矛盾的发展和激化，资本主义国家政府为了维持经济发展和克服日益频繁的经济危机，加强了对经济的干预。同时，为了防止社会动荡，不得不为公众提供基本的社会保障，由此政府支出日益膨胀。另外，GDP 的增长，筹措政府收入措施的加强，以及增发公债作为弥补支出的手段成为可能，也从财源方面支持了政府支出的不断增长。尤其从 20 世纪 50～80 年代，主要发达国家政府支出的绝对量和相对量均大幅度上升(表 7-2)，政府支出占 GDP 的比重上升得很快，主要的工业化国家的上升比例都超过了 20%(表 7-3)。其中，意大利、联邦德国的增速最快，政府支出占 GDP 的比重分别上升了 59.6%和 52.6%。

表 7-2 主要发达国家政府支出增长情况

年份	英国		法国		联邦德国		日本	
	支出金额/亿美元	增长比率/%	支出金额/亿美元	增长比率/%	支出金额/亿美元	增长比率/%	支出金额/亿美元	增长比率/%
1955	145	—	119	—	57	—	37	—
1960	195	34.5	142	19.3	98	71.9	65	75.7
1965	289	48.2	216	52.1	158	61.2	112	72.3
1970	380	31.5	301	39.4	238	50.6	232	107.1
1975	884	132.6	645	114.3	668	180.7	599	158.2
1980	1 568	77.4	1 422	120.5	1 256	88.0	1 401	133.9

资料来源：国外经济统计资料(1949—1978). 北京：中国统计出版社，1981；世界经济统计简编(1982 年). 北京：生活·读书·新知三联书店，1983

表 7-3 主要西方国家政府支出占 GDP 的比重 单位：%

年份	法国	联邦德国	日本	瑞典	英国	美国	意大利	荷兰
1880	15	10	11	6	10	8	—	—
1929	19	31	19	8	24	10	—	—
1960	35	32	18	31	32	28	29	31
1973	43.4	40.5	22.1	—	40.7	31.1	37.7	49
1980	45.2	46.2	33.3	—	41.7	32.7	46.5	57.7
1985	52	47	33	65	48	37	—	—

资料来源：经合组织. 经济政策委员会小组报告(1982 年)，http://www.oecd.org；世界银行世界发展报告(1988 年). 北京：中国财政经济出版社，1988：44

自 20 世纪 80 年代中后期开始，主要西方国家政府支出的绝对额依然继续增长，但在国民收入中的比重变化不大，有些国家甚至出现略有下降的局面。例如，荷兰 1988 年政府支出总额为 2 843 亿荷兰盾，占当年 GDP 的 62.1%；1992 年，支出总额为3 351 亿荷兰盾，占当年 GDP 的 59.2%；1997 年，支出总额为 3 679 亿荷兰盾，占当年 GDP 的 53.1%。之所以发生这种变化，主要是从 20 世纪 70 年代开始，西方国家出现了滞胀现象，社会普遍认为，政府支出过快增长是导致这一局面的重要原因之一，各国政府都在尽量控制政府支出的增长，采取了各种节支措施，因而延缓了政府支出的增长速度。

(二)发展中国家政府支出规模增长分析

发展中国家在经济发展过程中，同样出现了政府支出增长的情况。发展中国家自第二次世界大战结束后，纷纷独立发展自己的经济，为了能够早日赶上发达国家，解决本国贫困问题，政府大量参与经济方面的建设，从而使政府的支出规模迅速扩张。特别是 20 世纪 80 年代以后，这种支出增长的态势更加明显(表7-4)。

表 7-4 发展中国家政府支出占 GDP 的比重 单位：%

年份	印度	马来西亚	巴基斯坦	菲律宾	巴西	韩国	新加坡
1979	13.9	22.2	18.6	11.7	17.4	16.7	18.6
1980	13.3	28.5	17.5	12.3	19.0	17.3	19.2
1981	13.1	38.4	19.2	12.7	19.5	16.9	22.7
1982	13.8	36.1	17.1	12.0	20.8	18.6	20.7
1983	13.9	31.2	19.4	11.7	20.9	16.7	22.0
1984	15.2	27.6	19.7	9.80	20.3	16.4	26.3
1985	16.4	29.6	19.8	10.5	24.9	16.5	27.2
1986	17.7	34.6	23.3	13.1	27.5	16.0	28.9
1987	18.0	30.0	22.3	15.3	24.1	15.6	34.5
1988	17.9	27.1	21.2	15.6	29.5	15.2	23.1

资料来源：国际货币基金组合．政府财政统计年报(1983 年). http://www.inf.org/external/

尽管发展中国家的政府支出规模无论从绝对数量还是从相对数量来说都在增长，但与发达国家相比，发展中国家的支出增长主要集中在购买性支出方面，特别是公共投资方面，这与发达国家转移性支出增长更快是有所区别的。导致这种不同的原因在于发达国家的经济发展水平已经很高，政府所关注的问题更侧重于社会的公平问题，而不是效率问题。对大多数发展中国家来说，面临的主要问题是贫穷及如何加快经济增长速度，尽快摆脱贫穷，是发展中国家普遍追求的目标。促进经济高速发展，提高经济效率就成为政府安排支出时首先要考虑的问题，其体现的是一种“效率优先，兼顾公平”的支出政策与思想。在这种情况下，政府支出的增长主要体现在能促进经济增长的购买性支出特别是有关公共投资方面的支出，而转移性支出方面的比重则不高。

(三)中国政府支出规模增长分析

在计划经济时期，中国实行高度集中的计划管理体制，政府支出占 GDP 的比重是比较高的。中国政府一方面，实行“低工资、高就业”政策，在 GDP 的初次分配中，个人所占的比重较小，同时，许多个人生活必需品由国家低价乃至无偿供给；另一方面，国有企业的利润乃至折旧基金几乎全部上缴国家，而它们的固定资产和流动资金投资，乃至更新改造投资全都由国家拨付。此时国家扮演的是总厂长和家长的角色，这种角色在 GDP 分配上的体现便是实行“统收统支”制度，政府支出占 GDP 的比重很高。实行经济体制改革之后，打破了高度集中统一的计划管理体制，国家开始向国有企业放权让利并逐步提高人民群众的收入水平，政府收入、企业收入和居民个人收入在 GDP 中的分配比例发生明显变化，表现为政府收入的比重降低，企业收入和个人收入的比重上升。与此相对应，一些政府支出项目就在政府支出账上或多或少有所减少，有的甚至消失了，政府支出占 GDP 的比重出现了下降的趋势。尤其是政府支出规模受到了政府收入规模的强有力约束——在政府收入占 GDP 比重不断下降且很低的情况下，政府支出规模及占 GDP 的比重必然会受到很大制约。自实行改革以来，中国政府支出绝对额虽逐年增长，但政府支出占 GDP 的比重，从 1978～1995 年均呈现下降态势。自 2005 年以来，在积极财政政策的导向作用下，政府支出特别是政府投资的力度加大，政府支出的规模有较大增加，政府支出占 GDP 的比重开始回升，但与其他国家相比，仍处在较低的水平上。

中国财政支出规模及占 GDP 的比重如表 7-5 所示。

表 7-5 中国财政支出规模及占 GDP 的比重

年份	财政支出/亿元	GDP/亿元	财政支出占 GDP 的比重/%
1952	176.0	679.0	25.92
1955	269.3	910.0	29.59
1960	654.1	1 457.0	44.89
1970	649.4	2 252.7	28.82
1978	1 122.1	3 624.1	30.96
1980	1 228.8	4 517.8	27.20
1985	2 204.3	8 964.4	24.59
1990	3 083.6	18 547.9	16.63
1995	6 823.7	58 478.1	11.67
2000	15 886.5	89 403.6	17.77
2005	33 930.3	184 937.2	18.35
2006	40 422.7	216 314.4	18.69
2007	49 781.4	265 810.3	18.73
2008	62 592.7	314 045.4	19.53
2009	76 299.9	340 902.8	19.93
2010	89 874.2	401 512.8	22.38
2011	109 247.8	473 104.1	23.09
2012	125 953.0	519 470.1	24.25
2013	139 744.0	568 845.0	24.57

资料来源：国家统计局．中国统计年鉴(2013 年)；国家统计局．国民经济和社会发展统计公报(各年度)．http://data.stats.gov.cn/index

二、政府支出增长的理论

对于政府支出规模不断增长的趋势，许多经济学家从理论上进行了分析研究，其中主要的研究成果有以下五种理论。

(一)瓦格纳法则

19 世纪德国经济学家瓦格纳在对当时许多欧洲国家及美国、日本的政府增长情况进行了分析之后指出，现代工业的发展会引起社会进步的要求，社会进步必然导致国家活动的增长。他认为，随着国民收入增长和人均收入水平提高，政府的职能从内涵到外延也在不断扩大，政府支出占GDP的比重将会提高，这就是政府支出的相对增长，这一理论观点被归纳为瓦格纳法则。瓦格纳从政治因素和经济因素两个方面解释了财政支出增长趋势。从政治因素看，由于国家职能的扩展或国家活动范围的扩大，政府职能的内在质量在逐步提高，财政支出必然呈现出扩大的趋势。从经济因素看，随着经济的发展和工业化的实现，扩大的市场与市场中的当事人之间的关系日趋复杂，这种复杂性的增加会导致商法及经济合同的出现，从而要求建立有关的司法和行政制度，这就必然导致财政支出的增长。另外，城市化进程及人口密集现象开始出现，将会产生产品和劳务的外溢性问题，解决这种外部性问题必须由政府进行管理与调节，从而要求政府支出扩大。此外，瓦格纳把对于教育、娱乐、文化、保健与福利等公共支出的增长归因于需求的收入弹性，即随着实际收入的上升，这些项目支出的增长将会快于国民收入的增长。

瓦格纳把政府看做一种经济组织，主张政府为完成其职能必须直接获得财力物力，认为政府支出具有生产性。这种观点为政府支出不断扩张的事实和发展趋势，一方面提供了理论解释，另一方面也提供了理论依据。瓦格纳学说的支持者进一步发展了政府职能和政府支出不断增长的理论，认为政府支出增长快于经济增长主要是由四方面原因造成的：①政府消费随国家机器增大而增加，政府对经济的干预随经济发展而逐渐强化。其结果是，政府的经济管理职能得到大大强化，政府管理机构增加，管理人员增多，因此管理方面的支出也必然增加。②人口的增加要求社会现代化和城市化所需要的公共设施和公共福利总量不断扩大，这对公共产品需求结构变化和公共产品需求总量具有推动作用。③生活水准的提高要求人均支出标准有所提高，成为政府支出不断增长的又一重要因素。④社会的发展和社会福利水平的提高，对政府转移支付提出了更高的要求，由此也会增加政府支出水平。

（二）国家干预理论

国家干预理论的杰出代表是凯恩斯。凯恩斯在其著名的《就业、利息和货币通论》中，全面地论述了其经济理论和政策主张，认为“萨伊定律”并不成立，供给不能自动创造需求，经济也不能自动地达到均衡；在边际消费倾向一般比较稳定的情况下，人们总是把增加收入的大部分用于储蓄，而不是消费，这使有效需求经常表现为不足，社会总供给和社会总需求难以自动实现均衡。所以，为了解决有效需求不足的问题，凯恩斯主张放弃经济自由主义，代之以国家干预的方针和政策。国家干预最直接的表现，就是实现赤字财政政策，增加政府支出，以公共投资的增量来弥补私人投资的不足。增加公共投资和公共消费支出，实现扩张性的财政政策，这是国家干预经济的有效方法。由此而产生的财政赤字不仅无害，而且有助于把经济运行中的“漏出”或“呆滞”的财富重新用于生产和消费，从而可以实现供求关系的平衡，促进经济增长。

凯恩斯认为，政府通过扩大支出，包括公共消费和公共投资，可以改善有效需求不足的状况，从而减少失业，促进经济的稳定和增长。政府支出具有一种大于原始支出数额的连锁效应，一笔政府支出可以取得几倍于原始支出额的收入水平。这种现象被称为“乘数效应”。为了达到增加国民收入，促进经济增长的目的，政府实行扩张性的财政政策，就一定会不断扩大政府支出规模。

（三）非均衡增长理论

非均衡增长理论是由英国经济学家皮科克和怀斯曼于20世纪60年代在对英国从1900～1955年的政府成长情况进行研究之后提出的。这一理论认为，政府支出的增长并不是均衡、同一速度向前发展的，而是在不断稳定增长的过程中不时出现的一种跳跃式的发展过程。所以有人又将这一理论称为“梯度渐进增长理论”。这种理论的分析是建立在一种假设前提上的，即政府喜欢多花钱，公民不愿意多缴税，因此，当政府在决定支出规模时，应当密切注意公民关于赋税承受能力的反应，公民所容忍的税负水平是政府公共支出的约束条件。在正常时期，经济发展、收入水平上升，以不变的税率所征得的税收也会上升，于是，政府支出上升与国民收入上升呈线性关系，但政府支出的相对规模不会有大的变化，这是内在因素作用的结果。但当社会出现激变时，如战争、经济危机发生时，这种渐进式的增长过程会被打破，政府会被迫提高税率，以增税来满足政府支出增长的需要，而公民在危急时期也会容忍比平时更高的税率，这就产生了“替代效应”，即政府支出替代了私人支出，政府支出的比重增加。在社会动荡结束之后，政府支出并不会退回到原先的水平，原因是由于社会动荡造成的后果还需要政府去处理，如重建、抚恤、救助、公债的还本付息等事务仍需要大量的开支。

（四）经济发展的政府支出增长理论

经济发展的政府支出理论由美国经济学家马斯格雷夫和罗斯托提出。他们用经济发展阶段论来解释政府支出增长的原因。他们认为，在经济发展的早期阶段，政府投资在社会总投资中占有较高的比重。这是因为这一时期各种基础设施十分落后，政府要为经济发展提供社会基础设施，如交通、通信、水利、环境卫生系统、法律与秩序、健康与教育以及其他用于人力资本的投资等。这些投资对于处于经济与社会发展早期阶段的国家开始“起飞”，以致进入发展的中期阶段是必不可少的。因此，在这一阶段政府支出中用于公共投资部分的比重很大，增长速度也很快，由此也造成政府支出总量大大增加。经济由起飞阶段进入中期阶段之后，私人产业部门已经发展起来，资本存量不断扩张，那些需由政府提供的具有较大外部经济效益的基础设施已经建成，对它们需求的增加也逐渐变缓了。此时私人资本积累开始上升，政府公共性投资虽然仍继续进行，但只是对私人投资的补充。这一时期人们在满足基本生存需要的同时，开始关注其他方面的需要，对政府所提供的公共性消费支出的需求扩大了，相应地，政府用于教育、卫生和安全等方面的消费性支出，以及用于解决收入分配问题的转移性支出开始增加。显然，为了满足经济达到一定发展程度后对社会基础设施硬件和环境、生态、收入公平分配等软件的要求，政府支出不仅不会下降，而且有进一步增加的要求。当经济进入成熟阶段后，政府公共性投资支出又呈增长势头，此时人均收入水平有了很大提高，对生活质量提出了更高的要求，如汽车的普及需要更完善的交通设施等，这些都需要政府参与进来。这一时期公共性投资的特点表现为一种对私人消费品的补偿性公共投资。但从总体而言，公共性投资占GDP的比重会趋于下降。罗斯托认为，一旦经济达到成熟阶段，政府支出将从基础设施支出转向不断增加的教育、保健与福利服务的支出，且这方面的支出增长将大大超过其他方面支出的增长，也会快于GDP的增长速度。

（五）多因素影响说

福利经济学派认为，影响政府支出的因素有多种，其中主要的因素如下：①社会需求变化的影响。对公共产品需求的变化情况，是影响政府支出的最基本的因素。事实上，如果没有对公共产品的需求，也就不会有政府支出。一般地讲，随着社会的进步和经济的发展，公众对公共产品提供具有量上增加和质上提高的要求。例如，公众在解决了温饱问题以后，就会对教育、医疗卫生等公共产品提出更高的要求，这就需要政府支出的增加。②公共产品生产组织的影响。公共产品实现提供必须经过生产环节，而公共产品的生产效率及其组织状况，就直接关系到公共产品的生产成本，从而影响公共产品的提供成本和提供能力。这里所指的公共产品生产组织是一个广义的概念，它应当包括生产该公共产品的资源消耗及其生产过程的组织和管理，以及生产的技术能力等。从公共产品的生产组织看，为保持公共服务水平，政府就要在不断变化的环境下，组织资源或调整资源配置；从公共产品的生产和提供能力看，政府保质保量地提供公共产品并不是一件容易的事情，更多更好的公共产品需要更高的生产成本才能提供出来，如高素质的公务员和优质的行政服务。③公共产品质量的影响。公共产品的质量并不是一个简单的个体质量问题，实际上，它既有个体质量又有相对质量和整体质量。个体质量，如国家公务员的自身素质；相对质量或整体质量是指对公共产品匹配造成的效率上的差异。无可争辩的是，管理工作中纸加笔的手工作业与使用电脑、复印机等现代办公手段所产生的效率差异是显而易见的。可是，提供高质量的公共产品和完善的公共服务是以增加政府支出作为物质保证的，政府所提供的公共产品质量较好或更好时，其所花费的代价就必然更高。④公共产品生产投入的价格。公共产品生产和提供过程中需要投入物质资料和劳动力，这些投入的物质资料和劳动力价格都会影响政府支出水平。现实情况是，物质资料和劳动力的价格随着时间的推移呈现出逐渐提高的趋势，而且政府的生产率一般又低于私人部门的生产率，若想提供出更多更好的公共产品，就必须付出更多的政府支出才行。⑤人口的影响。国家机构的设置、人员的安排、管理能力的范围、国家防卫、警察和消防，以及医疗卫生、教育提供和各种社会保障支出无不与人口数量产生直接的联系。虽然，纯粹的公共产品对享受人数来说边际成本为零，但大多数公共产品的受益范围是非常有限的。在一定的公共产品规模下，人口增加必然带来“拥挤效应”，人均享有的公共产品和福利标准下降，这就会产生对增加公共产品供给的要求，并且，“拥挤效应”导致了“拥挤成本”增加。所以，如果要求人均享有的公共产品水平和质量不变，人口增加将导致公共产品提供水平的提高，这需要有更大规模的政府支出予以保证。此外，人口结构的变化也影响政府支出，处于不同年龄阶段的人口结构，具有不同的公共需求。例如，和平时期的生育高潮导致在校学生人数的激增，对教育提出了更高的需求；年龄结构的年轻化会对工作岗位和住宅设施提出更多的需求；年龄结构的老龄化则使政府面临严峻的老年人赡养问题；城市人口的增加，产生对新增市政设施的要求等。

除了上述因素外，实际上还有许多其他方面的因素也会影响政府支出的规模，如国土面积、交通便利程度、自然条件、经济基础和政府的管理水平等。因此，多因素影响的观点为进行政府支出增长及其原因的分析和研究提供了思路。

第三节 政府支出的政策效应

一、政府支出的收入效应与替代效应

政府支出会产生收入效应与替代效应。假如，政府给某些贫困家庭以补贴，借以改善他们的境遇，但不改变任何商品的价格，这时就会产生政府支出的收入效应。假如，政府的某项政府支出导致了价格的下降，那么就有可能产生替代效应。例如，当政府对教育进行补贴时，人们教育的支出便会随着学校收费的下降而减少，从而可以产生节余，并用于其他商品的购买，这样就产生了替代效应。在许多情况下，往往是一项政府支出既有收入效应又有替代效应，并且在这两种效应中，替代效应往往造成低效率。这种情况可以从以下两个例子中看出。

(一)政府免费提供食品的情况

政府免费提供食品的情况如图 7-2 所示。图 7-2 中，纵轴为食品消费量；横轴为其他商品的消费量；B_1 和 B_2 为消费者的收入预算线；I_1 和 I_2 为消费者效用的无差异曲线。假如，政府向低收入的消费者免费提供食品，那么消费者就可以用节余的钱去购买更多的其他商品，这必然导致预算线由 B_1 移至 B_2。在消费者偏好保持不变的条件下，新的预算线 B_2将与效用无差异曲线 I_2 相切于 E'点。将 E'点与 E 点相比较，我们可以看到，由政府免费供应食品所产生的收入效应使消费者的福利水平是趋于提高的，即消费者的总效用是增加的，这可从 $F_1E'O_1O > F_0EO_0O$ 中看出。

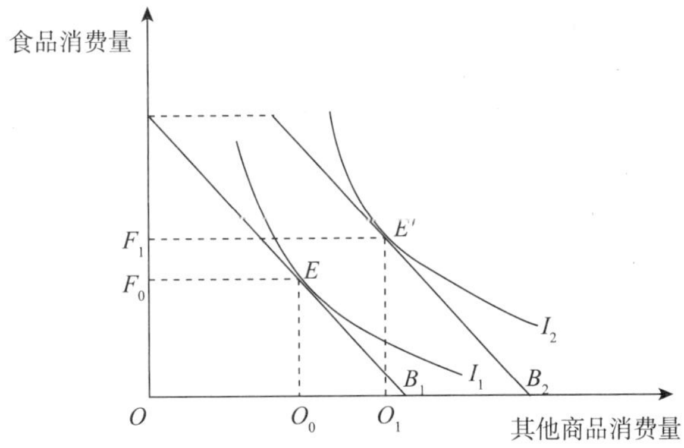

图 7-2 政府免费提供食品的情况

(二)政府提供食品券进行补助的情况

政府提供食品券进行补助的情况如图 7-3 所示。图 7-3 中，纵轴为食品消费量；横轴为其他商品的消费量；I_1 与 I_2仍为消费者效用的无差异曲线；B_1 为政府进行补贴以前的收入预算线，B_2 为政府免费向低收入者提供食品以后的收入预算线，B_3 为政府向低收入者提供食品券补助后的收入预算线。B_3 与 B_1 相交于横轴，是因为当该消费者将其全部收入用于购买其他商品时，并不能增加其购买数量，造成这一后果的原因在于政府从价格上给予优惠的商品只是食品，即通过食品券进行补助，而不是其他商品。反之，当该消费者将其全部收入用于购买食品时，由于他能得到来之于政府的价格优惠，因而其购买量可以大幅增加，这表现为纵轴上 $B_3>B_1$。

现在让我们来比较分析 E 和 E' 这两个均衡点的情况。在消费者偏好不变的情况下，随着政府向低收入消费者提供食品券，该消费者的收入预算线便从 B_1 移至 B_3，并与 I_2 相切于 E' 点，从而使得该消费者的总效用增加（$H_1E'O_1O>H_0EO_0O$）。但是在这里会产生两个问题：第一个问题是，在总效用增加的过程中，食品的消费增量要远远大于其他商品的消费增量，这可能会导致由替代效应所引起的资源配置的扭曲。第二个问题是，为了使消费者达到同样的效用水平 I_2，替代效应下的政府开支要大于收入效应下的政府开支，这可以通过 E' 点做一条表示收入效应的 B_2 线，并将其与 B_3 线进行比较而得知。从纵轴上看，$(B_3-B_1)>(B_2-B_1)$，这意味着替代效应比收入效应花的钱多，从而产生低效率。

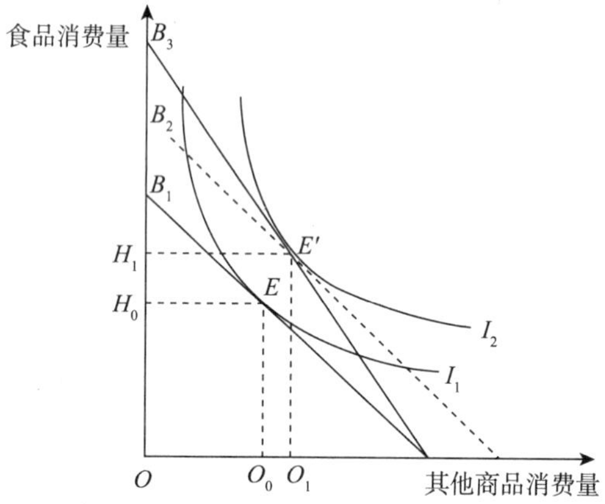

图 7-3 政府提供食品券进行补助的情况

二、政府支出的直接效应与间接效应

政府支出分析试图考察和确定政府的政策是怎样影响经济的，帮助决策者更好地了解每项公共措施的配置意义和分配意义，从而使政府决策者能够做出最有效的决策。政府支出政策还具有直接效应和间接效应。

政府支出的直接效应，是指公共服务是怎样改变其接受者的经济行为的。焦点集中在个人选择（如购买、销售、储蓄、投资和劳动力供给等的确定）上，以及当政府发挥作用时，这些选择是怎样改变的。

政府支出的间接效应，是指政府支出如何改变一群人的行为或者影响其他许多人。政府政策的间接效应可能加强公共措施，也可能削弱公共措施。探讨间接效应的方法，主要是运用供求分析，也常用到一般均衡理论。

现在让我们运用收入—预算这个分析工具来考察一项简单的政府支出政策是怎样发挥作用的。假定，政府为了保证穷人的最低生活水平，决定对低收入家庭发放一种“食品券”，接受人凭券购买食物可以享受优惠价格。这里假定每单位食物的价格从 20 美元降到 13.33 美元，即降低原价的 1/3，而由政府补贴价差 6.67 美元。那么，这项政策措施的直接效应、间接效应将是怎样的呢？下面分别进行分析。

（一）直接效应

这种食品券补贴将怎样改变个人的购买选择呢？预算线变更后的个人选择如图 7-4 所示。政府发给食品券，对低收入家庭购买食物进行价格补贴，使食品券接受者购买食物的实际价格降低，因而其预算线也将随之移动。当每单位食物价格为 20 美元时，其预算线为 *AB*。现在每单位食物价格降为 13.33 美元，等于食品券接受者增加了其实际收入，因而其预算线改变为 *AC*。于是这个消费者将做出新的选择，*AB* 预算线上的 *X* 点不再是他的最佳选择。由于降低了食物价格，为了其享受的效用最大化，*AC* 预算线上的 *W* 点才是他的最佳选择。由于食物实际价格的降低，他购买的食物由原来的 25 个单位（在预算线 *AB* 上）增加到 30 个单位（在预算线 *AC* 上）。所以，政府发放食品券这项政策措施，有效地增加了这个消费者的食物购买量，增进了他的福利，提高了他的物质满足水平，具体表现在无差异曲线由 U_{50} 提高到 U_{55}。

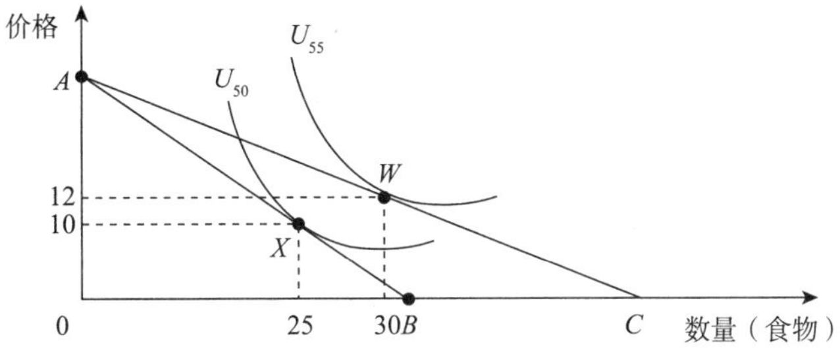

图 7-4　预算线变更后的个人选择

注：当食品券补贴降低了食物的购买价格而使预算线改变为 *AC* 时，*W* 点才是个人最佳选择

（二）间接效应

接下来我们来分析发放食品券这项政策措施所产生的间接效应。食品券的间接效应之一如图 7-5 所示。食品券补贴使低收入家庭能购买更多的食物，增加了对食物的需求量，需求曲线向右上方移动，新的均衡点表示每单位食物的价格由 20 美元上升到 24 美元。这种间接效应使食品券计划不能产生最初预期的效力（即每单位食物的价格由原来的 20 美元降到 13.33 美元），因为间接效应导致食物单位价格上升到 24 美元，食品券接受者的实际购买价格则变为 17.33[即 24－（20－13.33）]美元。食品券补贴降低了接受者购买食物的价格，但其净效应（即降低的程度）比最初估计的 6.67 美元小得多，实际上只降低了 2.67（即 20－17.33）美元。

除了上述的间接效应之外，还有另一种间接效应。食品券的间接效应之二如图 7-6 所示。食品券补贴不仅降低了食物的实际价格，使接受人能够多买些食物，同时接受者还可以将其收益腾出一部分花费在住房上面，使住房的消费从原来的每月 10 个单位增加到 12 个单位，增加的住房需求使市场上的住房价格从原来的每单位 50 美元提高到 55 美元。

通过上述分析我们可以得出以下结论：即使像这样简单的食品券计划，其直接效应

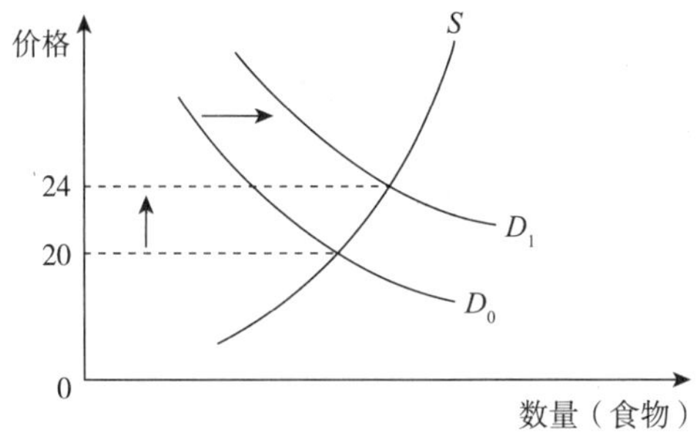

图 7-5　食品券的间接效应之一

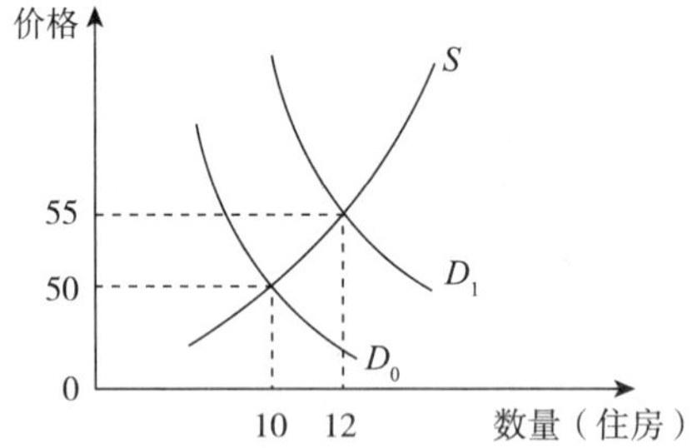

图 7-6　食品券的间接效应之二

和间接效应都很明显。图 7-4 所进行的分析只说明了直接效应使预算线变更后的个人选择，如果同时把间接效应也考虑进去，则变化后的预算线将不是 AC，而是 DE（图 7-7）。由于需求量的增加促使价格提高，市场上住房的单位价格变为 55 美元。如前所述，市场上食物的单位价格提高到 24 美元，食品券接受者每单位食物得到 6.67 美元的补贴，每单位食物的实际价格降到 17.33 美元。食品券接受者为了使其效用极大化，如果将其 1 000 美元全部用于购买住房，则可买得约 18(即 1 000/55)个单位。如全部用于购买食物，则可买得约 58(即1 000/17.33)个单位。当然他还可以选择 DE 预算线上的任何其他组合。

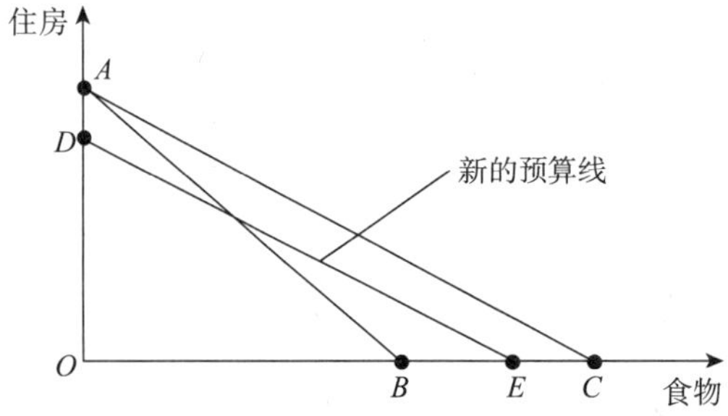

图 7-7　考虑间接效应后的新预算线

对于间接效应的分析可以获得以下启示：第一，市场效应削弱了发放食品券这项政策的作用。价格提高后使得食品券补贴不可能完全有效地增加食物的购买量。由于住房价格也随着上涨，有些消费者甚至可能购买比以前更少的食物。第二，政府的每项政策，其间接效应都可能扩展到其他市场，如这里所说的住房市场。

另外，政府的政策措施还会产生间接的分配效应。食品券补贴提高了食物和住房价格，这就能对人们的收入起到再分配的作用。没有接受食品券补贴的人们，将要对食物和住房付出较高的代价，他们的福利(享受水平)必定会随食品券计划的实施而降低。如果再考虑到他们还要负担食品券补贴的资金来源(即他们的税收负担)，那么这项政策措施的分配效应就更明显。

◎专栏 7-1

成都向困难群众每人发放 100 元消费券

在 2009 年元旦、春节即将来临之际，成都市决定对城乡低保对象等三类人员发放消费券。根据全市共计 37.91 万人的发放对象，以 100 元的消费券标准，此次发放金额高达 3 791 万元。

(一)“发现金，许多人都藏起来”

“发放现金，无法产生及时消费，许多人都将钱存了起来”，成都市民政局副局长陈翔军表示。

据悉，此次消费券对象为 2008 年 12 月 1 日至 20 日前登记在册的城乡低保对象、农村五保对象与城乡重点优抚对象，发放标准为每人价值 100 元的消费券。预计城乡低保对象为 28.69 万人，农村五保对象为 2.54 万人，重点优抚对象为 6.68 万人，共计 37.91 万人，发放消费券所需资金总额为 3 791 万元。区(市)县不得以任何理由将发放消费券改为发放现金和实物。

(二)年底发放到户，限时限店购买

“扩大城乡居民消费是拉动内需的重要方面，我们选择发放消费券就是为了让困难群众到商业网点去购买需要的商品。”消费券的购买、发放和适用范围是由区(市)县民政部门会同当地政府采购部门共同确定消费券的指定商场(商店)，如互惠超市、红旗连锁、老邻居连锁等方便群众、在乡镇有网点的当地企业和商店。指定商场(商店)确定后，民政部门向商场(商店)购买消费券每张面值 50 元。消费券由各区(市)县民政局组织发放到户。

根据规定，区(市)县民政部门应在 2008 年 12 月 29 日前发放到户。消费券应在 1 月 31 日前使用，过期作废。此发放过程将通过各区(市)县民政部门专业发放系统发放，并将发放结果公示，保证专款专用。

资料来源：诗文．成都向困难群众每人发放 100 元消费券．成都商报，2009-02-01

第四节 政府支出的主要项目

一、国防支出

国防支出是指政府对所筹集的财政资金有计划地投向国防建设和军队建设方面的费用。国家的一项重要职能就是防御外来入侵，保卫国家安全，因而，建设军队和军事设施是必需的。这就决定了国防支出是一项基本支出，是保证国家安全与领土完整，防止外来侵略，实现国家对外专政职能的财力保证。国防支出包括国防费、国防科研事业费、民兵建设费和有关专项国防工程支出等。

国防支出的需求来自于社会成员对安全的渴望，国防支出代表的是全体社会成员为消费国家安全这一公共产品而支付的一种成本。政府作为社会成员利益的代理人，行使配置军事资源的职能，即通过法定程序，对军事资源做出安排，赋予军队一定的财力，从而形成国家安全和威慑，满足全体社会成员对于安全的社会消费需要。世界各国对国防支出有不同的细目分类，但基本上都可以划分为维持费和投资费两大部分。维持费主要用于维持军队的稳定和日常活动，提高军队的备战程度，是国防建设的重要物质基础，主要包括军事人员经费、军事活动维持费、武器装备维修保养费和教育训练费。投资费主要用于提高军队的武器装备水平，是增强军队战斗力的重要条件，主要包括武器装备的研制费、武器装备的采购费、军事工程建设费和防空费。此外，从军队兵种角度看，国防支出又可分为国防部支出、战略部队支出、陆军支出、海军支出、空军支出、内卫部队支出和预备役部队支出。

国防支出从整体上看具有纯粹的社会消费性质，其目标是保卫国家安全，不会直接增加生产资料和消费品，也不会为社会经济的发展提供直接的物质财富；相反，国防支出会消耗大量的社会产品。从这个意义上说，国防支出属于非生产性支出。虽然大量的国防需求会刺激国防工业的发展，国防科技的投入也可能为民用工业科技水平的提高创造一定的条件，但并不能改变国防科技和国防工业增强国家国防力量、提高军事进攻和防御能力的基本功能。国防建设与经济建设有着密切的关系，体现在三个方面：第一，一个国家的国防状况受其经济发展水平和国家财力的制约，其军事生产也无法孤立，必须与加工工业、基础工业相协调。第二，国防建设对社会经济发展也不是消极被动的。国防科学技术的发展是经济发展的强大推动力，将先进的军用技术与民用技术结合起来，有助于国家的经济建设。第三，国防建设不仅直接影响投资环境，对经济建设起到保障作用，而且还可以促进科学技术的进步，从而推动社会再生产的发展。

一般而言，国防支出水平的高低，主要取决于以下几个因素：一是经济发展水平。在正常情况下，一国的经济实力越强，用于国防方面的支出就可以越大；经济实力越弱，国防开支就会受到很大的限制。因此，每一个国家在安排国防支出时都不能以牺牲本国经济应有的发展要求为前提，在资源有限的前提下，应兼顾经济发展与国防建设需要的原则。二是国家管辖范围。一个国家领土越大，人口越多，用于保卫国土、保护国民安全的防护性开支就会越大。从世界各国的情况来看，尽管小国的人均国防开支会比较大，但其总额却无法与大国相比。三是国际环境及国际形势。在国际环境恶化、国际形势紧张时，一国国防支出可能大幅度增长。国际环境较为平静、国际形势趋向缓和，国防支出就可能因此而压缩。但是，一个国家往往通过分析其他国家或地区在国际社会中的经济力量、军事力量及在国际事务中所起的影响和地位的变化来估计未来的国际环境，从而决定本国的国防战略对策，并以此作为确定一段时期内的国防支出的依据之一。

国防具有纯粹的公共产品性质，因而国防的提供基本上无法通过市场和企业来提供，只能采取公共提供的方式。此外，国防的消费也具有高度的非竞争性，这种公共服务很难通过市场解决，只有通过财政进行公共分配来实现。但是要注意，在这一提供公共产品的过程中，仍然可以让市场和企业介入。在一些国家中，国防科研及军事装备的制造是由政府机构或公共企业部门来完成的；而在另一些国家中，很多的国防科研工作和军事装备的生产是由私人企业来完成，然后再通过政府采购制度形成国防战斗力，由政府提供给全民。因此，我们可以把国防提供的方式归为两类：一是由政府组织公共生产并进行公共提供。这种方式往往用于战争时期以及国家安全受到严重威胁的紧急状况之下。二是由私人组织生产并和政府采购制度相结合来进行公共提供。这种方式的优点在于，可以对国防提供进行比较和鉴别，将新一代武器装备可能具备的技术潜能充分地挖掘出来。

在国家经济发展的基础上，应该使国防支出保持适度的增长，应优化国防支出的分配结构，科学合理地确定国防支出的投向。从原则上来讲，国防支出占财政支出的比例应该适度。这一比例不能太高，太高会挤占其他财政支出项目，破坏国民经济中的结构比例，从而阻碍一国经济实力的增强，最终也会削弱国防的力量。这一比例也不能太低，太低则会影响一国政府保家卫国的能力，滋生社会不稳定因素，因而也就无法满足全体社会成员对安全的消费需要。在确定国防支出的规模时，常用的指标有国防支出绝对额、国防支出增长率、国防支出占财政收入、国民收入及 GDP 的比重等。

二、行政管理支出

行政管理支出的目的，主要是提供公共产品。它是政府维持正常运转所必需的支出，尤指用于国家各级权力机关、行政管理机关、司法检察机关和外事机构行使其职能所需的费用支出。它是维持国家政权的存在、保证国家管理机构的正常运转所必需的费用，也是纳税人所必须支付的社会成本。行政支出的大小，是政府效率高低的体现，其经费来源主要是税收。

行政管理支出具有稳定性。政府职能在一定时期内相对稳定，行政机构的设置是根据政府履行其职能的实际需要确定的，并经过一定的法律或制度程序确立。它体现了国家在既定时期管理社会经济工作的需要，且与各级政府之间或职能机构之间的职权划分有密切联系。

从世界各国的情况来看，影响行政管理支出的因素有很多，概括而言，主要有以下几种：一是社会经济增长。随着社会经济的增长，行政管理支出会不断地扩张，这是一个不以人的主观意志为转移的客观财政规律。在分配格局一定的条件下，经济的增长会引起财政收入总量的增长，这也为包括行政管理支出在内的财政支出的扩张提供了可能与有利条件。另外，随着一国经济的增长，政府直接参与各种社会经济活动，会带来经济职能的扩张，其结果也会带来公共支出在 GDP 中相对比例的提高。二是政府职能和机构设置。行政管理支出是保证国家管理机关正常行使其职能所必需的费用，政府的职能范围和管理机构数目直接决定了行政管理支出的多少。三是财政收支水平。由于行政管理支出是通过对财政收入的再分配而形成的，因此，国家财政收入的状况是制约行政管理支出规模的重要因素。国家财政收入越多，行政管理支出规模也就可能越大。四是通货膨胀。一般而言，行政管理支出与一定时期的通货膨胀水平是正比例关系，通货膨胀水平越高，行政管理支出就会越多。通货膨胀引起的物价上涨不仅会带动人员经费中物价补贴开支的增大，还将直接导致行政管理支出标准的提高和各项支出货币需求量的同比提高。五是政策性增支。国家出台的各项改革措施，工作人员的正常升级，即职务变动等，都会使工资、补贴及各项福利开支等明显增加，相应地，也会导致行政管理支出的增加。常见的行政管理支出增长因素包括全面推行公务员制度、增发职务补贴；提高交通补贴费、书报费、洗理费和津贴标准；实行住房、医疗制度等改革而相应提取住房公积金、养老金、统筹基金等。

不同国家由于其社会制度不同，行政管理机构设置不同，因而行政管理的支出项目也有所不同。按照我国对外正式公布的预算科目，我国的行政管理支出包括行政管理费、公检法经费、武装警察部队经费、外事外交支出、对外援助支出五大类支出。其中，行政管理费主要由以下几个部分组成：行政经费，包括人民代表大会经费(指各级人大机关经费、各级人大常委会和各级人民代表大会会议经费、人民代表视察费、选举费)；党派补助费，是指中国共产党和民主党派各级机关的经费；政协经费，是指各级政协机关经费、各级政协常委会和各级政协大会会议经费、政协委员视察费等；人民团体补助费，是指各级妇联、共青团机关经费以及经批准由财政支付的各人民团体的机关经费；各级政府机关经费；由国家预算的乡(镇)行政干部经费；居民委员补助费；人武部经费。公检法经费主要包括公安支出、安全支出、司法支出、法院支出、检察院支出等。武装警察部队经费包括内卫部队经费、边防部队经费和消防部队机关经费等。外事外交支出主要包括驻外机构经费、出国费、招待费和其他外事费。

行政管理支出，按其用途不同还可以分为公用经费和人员经费。公用经费是指公用部门的公务费、设备购置费、修缮费、业务费、差额补助费和其他费用。其主要是各种费用的货币支付和购买商品支出。公用经费是政府实现其生产者职能直接所需的经费支出，是政府行政管理支出的主体。当政府生产的各种公共产品和决策的数量和范围增大时，公用经费必然要相应增加，而作为实现政府行政管理职能间接所需的人员经费也会随之有所增加，这时，整个行政管理支出的增加是必然的。人员经费是指用于个人部分的工资、补助工资、职工福利费和离退休人员费用等。人员经费方面的合理界限，是指现实人员经费的数量能够充分适应政府实现其行政管理职能的需要，不存在经费过剩的情况。如果人员经费需要随着政府行政管理职能的扩大而有所增加，这种数量上的增加同样为政府行政管理职能的扩大所必需。只有当公用经费和人员经费都处于合理的数量水平时，整个行政管理支出水平才是合理的。在政府的行政管理职能范围既定的条件下，当行政管理支出的边际成本等于行政管理支出的实际收益时，行政管理支出的数量达到最优。

◎专栏 7-2

中国的“行政成本”

衡量一个政府规模大小是否合适，不仅需要看其绝对数量，而且要看其投入与产出，即投入的行政成本和产出的公共服务的数量和质量。但中国政府高企的行政成本和管理费用一向为世人所诟病。中国的政府究竟投入了多少？又产出了多少呢？

(一)中国的行政投入

1990 年以来，中国政府运行的显性成本占财政支出的总比重几乎都在 10%以上，而且大部分年份增速超过 15%，远远高于同期 GDP 的增长增速。

中国行政管理费用占财政总支出的比重是逐步上升的，1980 年占 5.43%，1985 年占 6.51%，1990 年占 9.83%，1996 年高达 13.11%。部分专家认为，1995 年的行政管理费用比 1978 年的行政管理支出增长了 19 倍。

其他国家包括发达国家、发展中国家和转型国家，行政事业经费占财政支出的比重普遍低于中国，日本、法国、英国、德国、美国、加拿大分别为 3.62%、6.67%、7.59%、8.83%、9.42%和 10.235%。

财政部没有公开过中国的行政成本数据，一般认为，财政预算科目中的“一般公共服务支出”大概等同于行政成本和管理费用，以 2009 年为例，地方一般公共服务支出的金额为 8 080 亿元，占地方财政总支出 61 044 亿元的 13.2%。

除了正式的“一般公共服务支出”外，还有隐藏在其他科目中的“三公”消费也是行政成本的重要组成部分。曾经有学者提出了三个 3 000 亿元的说法，即公款出国 3 000 亿元、公款招待 3 000 亿元和公务用车 3 000 亿元，并认为中国的行政成本多年来高居世界第一，行政管理费用支出占财政支出的比重远远超过美国、法国、日本等国家。

(二)行政支出的增长

行政成本和管理费用不仅规模大，而且增速快。对于公职人员的待遇和成本，曾经担任过公职的慢牛资本董事长张化桥发明了一个“科长指数”。1986～1989 年他在中国人民银行总行当主任科员(也就是科长)，当时每月工资 52 元，加上副食品补贴和免费的单身宿舍及医疗保障，综合价值大约是每月 130 元。而到 2013 年，同样一个科长的综合价值大约是 15 000 元。也就是说，这 25 年来老百姓供养一名科长的费用，每年大约以 20.9%的复合比例增长。

中国经济改革开放 30 年，前 20 年的年均通胀率约为 7%，第三个 10 年的年均通胀率仅为 2%，整个 30 年的年均通胀率约为 5.5%。扣除通货膨胀之后，一名科长每年消耗的经费以 15.4%的速度增长，约为 GDP 年均增速 9.7%的 1.5 倍。

(三)中国巨额行政支出下的产出

中国公共服务尽管近两年获得不少进步，建立了全覆盖的医保和养老保险体系，但是公共服务的水平和质量都仍然很低。

城市化可以作为衡量一国提供公共服务水平的指标。尽管中国城市化率按照常住人口计算已经达到了 2012 年的 51%的水平，但是城镇户籍人口占总人数的比例却只有 35%。前后相差的 16 百分点之中，蕴涵的是数以亿计的农民工不能与城市居民享有同等待遇，不能真正融入城市社会，不能享受附着在户籍上的、城镇居民独享的福利待遇，包括医疗、住房、义务教育等各方面的公共服务。

换句话说，只有 35%的中国人口能够享受较为全面的公共服务，而财政供养率与中国较为接近的美国、日本、德国等国家，其城镇化率分别为 82%、66%和 74%。这些国家都采取了有效措施，保障不同区域的公民，包括城市以外的居民均能享有平等的公共服务，其涵盖就业、养老、公共教育、公共医疗、公共住房等的基本公共服务体系，也让中国望尘莫及。

除了覆盖面之外，中国公共服务的质量和其他国家也难比肩。国务院发展研究中心宏观部、中国社会科学院2007年曾经合作发布了《中国公共服务报告2006》。该报告认为，中国当前政府公共服务“总体水平偏低、发展不平衡、效率低水平趋同”，对地方政府“基本公共服务综合绩效等级”进行的评比结果显示，优秀等级空缺，北京和上海属于良好等级，天津、浙江、广东、江苏位于一般等级，其他省级市则属于不足。

（四）中国“官多兵少”的行政体系

《中国公务员》杂志刊登过一篇文章，批判公务员构成中的“官多兵少”现象，称个别地区和部门“不按规定程序报批”和“突破规定的规格和职数限额”设置领导和非领导职务，有的县竟出现500多位科级干部，有的乡镇出现一正九副以上的乡镇长，甚至在编制确定、人员不完全到位的情况下，出现了几乎“全员皆官”的现象。

“官多兵少”导致的结果是，真正服务于公众的公职人员少，后勤人员，即服务于公职人员这个群体自身的人员太多。中山大学哲学系副教授何博传在《山坳上的中国》一书中提到，中国各级行政机关工作人员，约有1/3是后勤服务性的，实为世界所罕见。

中国财政供养人员结构性过剩的表现是各级政府机构上下对口，重叠设置。对比英、美等西方国家，其不同级别政府的职责构成，基本上每一级政府只管特定的事情，事权划分清晰，各自负责，谁决策谁执行，谁管的事情出了问题就找谁负责，不会到别的层级去推卸责任。而中国几乎每一级政府都保持相同的机构，每一个机构都希望从下一级政府找到自己的腿。例如，军事问题，中央有军委和国防部，各级地方对应设立武装部；又如，外事问题，中央有外交部的统一领导，各级对口设立外事办，人员浪费显而易见。

资料来源：网易．中国的“行政成本”. http://help.3g.163.com/13/0504/23/8U2N5L6S00963VRO.html，2013-05-04

三、科教文卫支出

科教文卫支出是政府用于文化、教育、科学研究及医疗卫生等方面的经费支出。在我国，代表政府承担全社会的文化教育、科学研究、技术进步、医疗保健、文化娱乐等多方面任务的单位被称为事业单位。事业单位是我国重要的公共部门，我国高级人才的70%～80%集中于这一部门，其拨款约占全部政府支出的一半。典型的事业单位具有三个特点：一是提供公共服务，即具有公共性；二是执行某些政府职能，是政府职能的延长和具体化；三是属于非权力机关，这一点与行政单位不同。事业单位提供的服务在消费中具有外部收益，从性质上来说，它们大都属于混合产品(亦称准公共产品)，在消费中具有不完全的非竞争性和非排他性。在科技日新月异、人民生活水平不断提高的今天，科教文卫事业在社会经济生活中所发挥的作用日益突出，已成为各国政府优先发展的支出项目。

科教文卫事业是由一小部分纯公共产品和大部分准公共产品组成的混合体。由于科教文卫事业的产品属性不像国防那样明确，所以这就成为当前各级政府在制定事业支出政策中的一个难题。

第一，属于纯公共产品性质的事业包括气象、基础科学研究、农业技术的研究和推广、大型水利设施等。这类产品仅占少数。

以气象为例，气象台站是重要的事业单位，它提供的天气预报，尤其是灾害性天气预报，对于国民经济具有重要意义。气象只有外部收益，无法通过对受益人收费而形成内部收益，因而属于纯公共产品。基础科学研究也接近于纯公共产品。这是因为，基础科学研究所要解决的是人类共同面临的难题，包括科学的理论和方法，它属于人类的共同财富；而且，这种研究需要长期的、连续的资金投入，而成果将会对经济发展和社会进步产生巨大影响。由于基础科学的研究成果可以应用于何种方面、会产生多大的经济效益，并不是人们事前所能预料的，因此，通常由政府拨款。如果由私人研究，则很难持续下去。

第二，大部分事业产品属于准公共产品，如教育、医疗、卫生、体育、动植物检疫、出版、广播、影视、文化等。而不同的事业产品，其外部性也是不同的。如何界定事业单位的排他性、竞争性和外部性三者之间的关系是一个难题。

科教文卫事业的不同属性说明了三个问题：第一，大多数科教文卫活动并不是纯粹的公共产品，而是介于公共产品与私人产品之间的中间地带；第二，准公共产品的外部收益主要由排他性程度决定，非排他性越强的产品，其外部收益就越高，相应地，其内部收益就越低；第三，基于科教文卫事业的多样性和复杂性，在我国建设公共财政的过程中，必须对不同的事业单位采取不同的政府支出政策。那种试图以“一刀切”的政策，即以政府大包大揽或完全推向市场来解决所有事业单位问题的做法是不符合实际的。

（一）教育支出

教育支出是指政府用于教育事业的各项支出。从经济性质看，教育服务是一种混合产品，受教育者获得更多的知识和技能，就会为将来找到一份较好的职业、获得较高的收入、拥有较多的晋升机会奠定基础。从实践看，各国公共部门在提供教育服务方面却起着主导作用，之所以如此，是因为教育具有以卜三个特点。

(1)教育具有正外部性。经济理论和实践证明，技术进步是经济增长的源泉，而教育是技术进步的基础。教育使公民明辨是非且获得一技之长，有助于减少犯罪。教育能提高全民族的文化素质，这又有助于减少行政管理的成本。教育使公民文化程度提高，生育子女的机会成本增加，从而降低人口需求。虽说教育也具有一定的负外部性，如提高犯罪技能等，但是一般而言，教育的正外部性大于负外部性。

(2)教育能缩小贫富差距。如果教育服务完全由私人部门提供，人们受教育的机会就会因为家庭出身的不同而有很大的差异；而公共部门提供教育服务，就会为所有社会成员提供相同的受教育机会，从而在源头上为消除收入分配的两极分化创造条件。

(3)教育资本市场不尽完善。这在高等教育中表现得尤为明显。对于家庭来说，用于教育方面的开支是一种人力资本投资，因为将来会有高额的回报。如果低收入家庭无力支付学费，按道理来说可以向私人金融部门申请贷款。但问题是人力资本市场是一个不完全的资本市场，在这个市场中，金融部门与借款者之间的信息是不对称的，人力资本投资究竟有没有回报或者回报率有多高，事先是难以确定的，因而私人金融部门不愿意轻易发放贷款。公共部门提供教育服务，有助于这个问题的解决。

政府安排教育支出，至少有三种方式可以选择。

第一，对私立学校补助。这种补助的对象不是学生本人而是私立学校，政府企图通过补助降低私立学校向学生收取的学费标准，多出于扶持私立高等学校的需要。对私立学校补助后个人教育消费的变化如图 7-8 所示。其中，纵、横轴分别表示对其他产品的消费和对教育的消费，AB 为预算约束线。在学费补助之前，预算线与无差异曲线 I 相切，个人对教育的消费为 OD；学费补助之后，学费标准降低，个人的预算线外移动成为 AC，与另一条无差异曲线 I'相切，个人对教育的消费为 OD'，增加了 DD'。

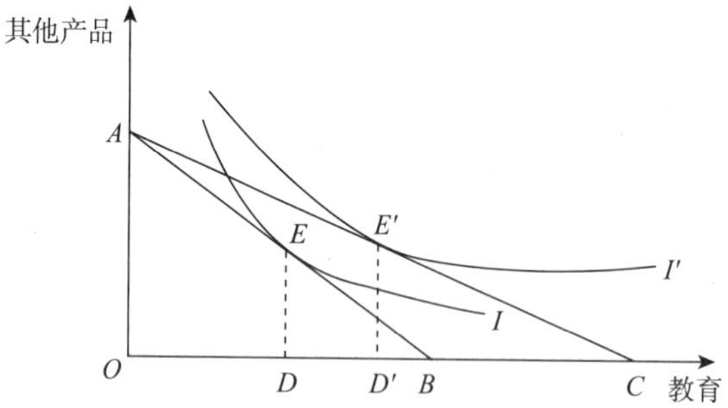

图 7-8　对私立学校补助后个人教育消费的变化

第二，对低收入家庭补助。这种补助的对象是低收入的家庭，政府企图通过补助提高低收入家庭对教育消费的支付能力。对低收入家庭补助后个人教育消费的变化如图 7-9所示。收入补助之后，预算线由 AB 外移到 CF，无差异曲线由 I 变为 I'，个人用于教育消费和其他产品的消费同时增加，其中教育消费由 OD 增加到 OD'，增加了 DD'。可见，对低收入家庭补助方式具有明显的收入效应，补助对象可将这种补助款用于购买其他产品，因此这种方式很难保证家庭增加对教育的消费。

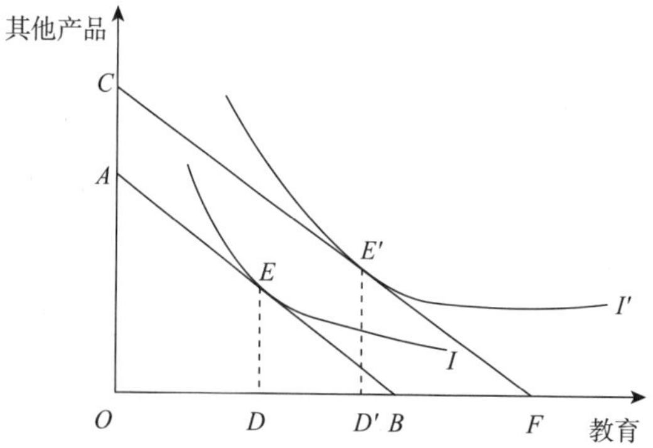

图 7-9　对低收入家庭补助后个人教育消费的变化

第三，对学生本人补助。对学生本人补助有两种具体的做法：一是给学生发放免费入学卡；二是拨款兴办学校，提供免费教育。对学生本人补助的方式的意图在于普及义务教育。对学生本人补助后个人教育消费的变化如图 7-10 所示。对学生本人补助之后，

预算线由 AB 外移到 CF，其中 AC 部分为补贴数额，由于 AC 等于 BF，说明补助款全部用于教育消费，因为补助以后，无差异曲线由 I 变为 I'，个人教育消费由 OD 增加到 OD'，而 DD' 又等于 BF。相比之下，给学生发放免费入学卡的做法更好，因为拨款兴建学校的做法容易产生一种风险，即学校当局可能在利己主义倾向的影响下，把教育经费用于提高自己和教师的待遇上。

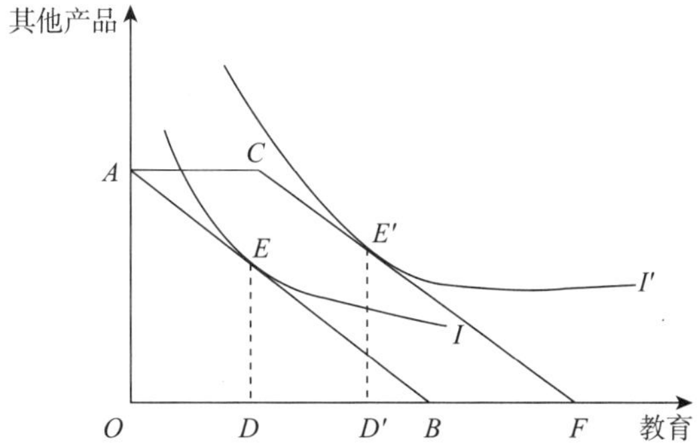

图 7-10　对学生本人补助后个人教育消费的变化

◎**专栏 7-3**

教育券制度及中国各地区实践

教育券(education voucher)制度，是 1976 年诺贝尔经济学奖得主米尔顿·弗里德曼于 20 世纪 50 年代提出的。弗里德曼是针对美国公立学校系统办学质量和效率低下的现实，希望通过教育券制度，引入市场竞争机制，提高教育质量。实施教育券制度，即政府把原来直接投入公立学校的教育经费按照学生平均单位成本折算以后，以面额固定的有价证券(即教育券)的形式直接发放给家庭或学生，学生凭教育券自由选择政府所认可的学校(公立学校或私立学校)就读，教育券可以冲抵全部或部分学费，学校凭收到的教育券到政府部门换取教育经费。教育券制度的推行，给家长和学生更多的选择，也给公立学校更多的压力。私立学校通过获取教育券，可以获得原先难以从政府那里获得的教育经费，与公立学校进行竞争可以在更加公平的基础之上进行。

此项教育券制度主要针对民办学校的义务教育阶段、职业教育和贫困学生，具有明显的排富性质。

我国最早实施教育券制度的是浙江省长兴县，2000 年 11 月长兴县教育局局长在美国加利福尼亚州考查时接触到了教育券这一概念，这个“拿来主义”使该县于 2001 年夏天出台了教育券使用办法，即向就读民办学校的新生，发放面值 500 元的教育券，向就读公办或民办职业学校的学生，发放面值 300 元的教育券。入学后教育局根据教育券金额发给相应学校。2002 年，“教育券”的发放范围又扩大到贫困家庭学生。2002 年秋天，全县 351 名贫困家庭的初中生、小学生，分别领到了面值 300 元和 200 元的教育券，贫困学生无一辍学。实行这项制度以来，长兴县已发放总额达 221 万元的教育券，共有 5 046名学生受益。2003 年 4 月 11～13 日，浙江杭州召开“全国教育券、教育选择与教育公平高级研讨会”，促进了教育券制度在理论与实践层面上的深入研究。

在幼儿教育方面，我国香港地区2007年实行了“无排富”性质的幼儿教育券制度。其形式为对3～6岁幼儿的家长提供学费资助，每人每年最多可获1.3万港元，2011年前将会增加至1.6万港元。本地非营利幼儿园只要每年学费不超过2.4万港元，都可以按照实际招生人数向政府兑现学券，全港90%的幼儿和80%以上的幼儿园都将直接从中受惠。

在中等职业教育方面，由于中职学校数量多，中职教育市场竞争激烈，学生基本可以自由选择就读的学校(除个别学位数量比较有限的专业及户籍限制严格的地方)。学生有自由的择校权是中职教育可以实行教育券制度的基本前提。农村劳动力众多，对其进行转移就业的基本职业技能培训可以通过培训券(教育券)的方式进行。对农村劳动力的培训必将纳入中等职业教育体系。在国家制定的《2003—2010年全国农民工培训规划》中，2006～2010年培训目标是对拟向非农产业和城镇转移的5 000万农村劳动力开展引导性培训，并对其中的3 000万人开展职业技能培训。同时，对已进入非农产业就业的2亿多农民工开展岗位培训。

资料来源：郭雀屏.“教育券”风暴冲击杭州.中国教育先锋网，2003-04-10；沈有禄，谯欣怡.试论实行中等职业教育券的可行性.教育与职业，2009(12)：5-8；http://www.cndiss.com/xueqian/374.html

(二)科技支出

科技支出是指政府财政用于科学研究和技术开发等方面的经费支出。科学技术是经济增长的第一生产力已成为当今社会的共识，只有增加科技支出，才能适应方兴未艾的知识经济浪潮。

科学技术是推动经济与社会发展的重要因素。但科学技术的进步仅仅依靠市场力量是不够的，在科学技术是第一生产力的今天，在综合国力的竞争主要表现为科技实力的竞争的知识经济时代更是如此。

科学研究是可以由私人部门去完成的，一般地说，科学研究的成果也可以通过市场交换，那些可以通过市场交换来充分弥补成本的科学研究(主要是应用性研究)可由私人部门来承担。但在某些情况下这种交换会变得十分困难。科学研究是社会共同需要的，一部分科学研究的成本与运用科研成果所获得的利益不易通过市场交换对称起来。所以，用于那些外部性较强的科学研究(主要是基础科学)的经费应由政府承担，一个国家要在科技竞争中处于领先地位，离不开政府对科技的大力支持和投资。

因此，科技事业支出就成为公共支出中的一个重要组成部分。由于科技进步对经济与社会发展的重要作用，各国政府用于科学研究方面的支出日益增长。从相对数看，发达国家的科研经费占GDP的比重不断增加，而且其增长速度要高出同期GDP的增长水平。值得注意的是，发达国家的政府在科研方面的支出只占全国全部科研费用的半数左右，另一半则是由私人部门提供的。而在中国，科研经费的相当大部分要靠政府提供，从这个角度更可以看出中国科研经费的匮乏。在科技发展迅速，国际竞争激烈的形势下，尽快提高科学研究支出占GDP的比重是当务之急。

中国政府对科学研究事业领域的支出范围应该进行改革，不再实行全面包管的办法。在重点基础科学和公益性的科学研究方面，政府应该提供全部资金；在其他科学研究事业，特别是应用科学的研究方面，政府可以仅提供部分资金，因为这些科研的成本可以通过成果的转让取得补偿。这涉及科技体制改革、经济体制改革和企业改革等问题。

（三）医疗卫生支出

医疗卫生支出是指财政用于防止各种疾病，保障人民身体健康的经费支出，其中包括政府对各类公立医院、各种防治所、防疫所、急救站以及红十字会等的经费支出。从产品属性上看，公共卫生和医疗服务都是混合产品或准公共产品，但二者有所不同。公共卫生近乎纯公共产品，私人不可能也不愿意提供这项服务，这项服务也不可能进入市场交换；公共卫生服务的利益也是由社会公众无差别地享受到的，所以，公共卫生主要应由政府出资提供。然而，医疗服务是效益外溢较强的混合产品，固然可由政府提供，但也可由私人提供。不管由谁来提供医疗服务，这项服务都是可以进入市场交换的。

现代化的生产技术和管理方式正在使人们的工作节奏不断加快，从而对劳动者的身体素质提出了越来越高的要求。与这种要求相适应，直接关系到国民身体健康和生活质量的医疗卫生事业在各国得到了迅速的发展。

政府为医疗卫生提供资金的目的，不仅是要减轻贫困阶层的负担，还要保证对所有居民进行适当的医疗和卫生保健照顾。公民的身体素质对经济社会发展和稳定具有重要作用。医疗保健服务会为社会产生大量的溢出效益，属于准公共性的服务。因此，提供相应的医疗卫生保健设施和服务保证是政府职能的一部分。

政府提供医疗卫生保健支出的内容，因不同国家的卫生保健制度不同而存在差异。有些国家实行全民免费医疗制度，有的国家则实行公私共同负担医疗费用的支出，同时负责公立医疗科研机构的建设和管理、流行病的防治、对退伍军人和残疾者，以及老人和低收入者提供医疗补助。随着人口老龄化趋势的发展，这种对老人和丧失劳动能力的人的医疗和健康补助支出越来越大，因此，无论是发达国家，还是发展中国家，医疗卫生保健支出的相对数和绝对数都在增长。

在中国的统计资料中，文化、教育、科学和卫生开支被统称为科教文卫事业费，不包括有关投资的科教文卫事业费，由 1980 年占财政总支出的 12.7%，提高到 2013 年的 25.15%。科教文卫支出中，中央与地方各自负担的份额稳定在 11∶89 的水平，即大部分是由地方政府预算承担的。

科教文卫事业虽然为社会公共需要，但它们并非完全意义的社会公共需要，因此，从总体上说，为了促进这些事业的发展，政府和社会公众应当共同出资。具体地说，在文教事业方面，政府应当为那些有助于普遍提高全民文化素质的教育和文化事业出资；在科学研究方面，应当主要为基础科学研究出资；在医疗卫生事业方面，则主要应为公共卫生事业出资；除此之外的科教文卫事业，原则上都可以由社会公众出资。世界各国的教育费和医疗卫生费都是由政府和社会公众共同负担的。中国过去基本上由政府独立举办科教文卫事业的情况应当改变，多渠道筹措科教文卫资金以及多层次兴办科教文卫事业的思路，不仅是可行的，而且具有广阔的前景。

四、基础设施支出

基础设施是一般经济活动赖以进行的外部条件。一国或者一地区良好的基础设施有利于降低生产成本，增加资本供给，吸引科技人才，掌握市场信息，所以基础设施是否超前发展，往往成为经济增长的关键。基础设施投资与一般产业投资之间的紧密关系如图 7-11 所示。其中，纵、横轴分别代表一般产业投资与基础设施投资，从原点出发的射线为产出线，I_1、I_2、I_3 为一定数量的基础设施投资和一般产业投资的等产量线。

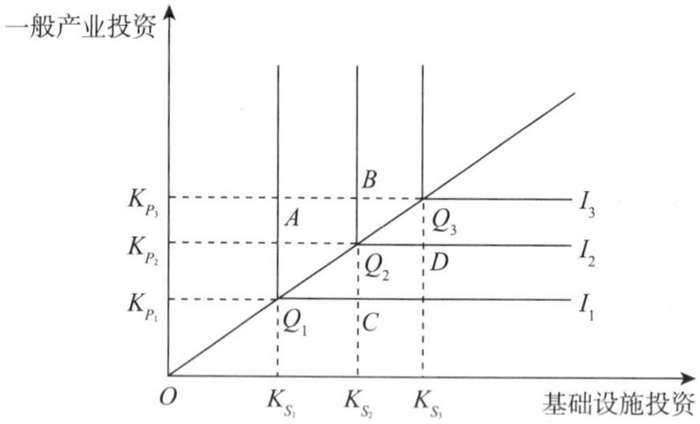

图 7-11　基础设施投资与一般产业投资之间的紧密关系

当基础设施投资与一般产业投资分别为 K_{S_1} 和 K_{P_1} 时，共同决定的产出量为 Q_1；如果一般产业投资增加到 K_{P_2}，而基础设施投资不增加，那么组合点为 A，即产出量不可能为 Q_2；反之，如果基础设施投资增加到 K_{S_2}，而一般产业投资不增加，那么组合点为 C，即产出量也不可能为 Q_2。要使产出量增加到 Q_2，必须使基础设施投资和一般产业投资分别增加到 K_{S_2} 和 K_{P_2}。依此类推，就是说，为达到一定的产出量，基础设施投资和一般产业投资之间必须保持一定的配比关系，且按一定的比例递增。从实证分析的结果看，欧美发达国家从增加一般产业投资开始，再增加基础设施投资，增长的路径大体是 $Q_1 \rightarrow A \rightarrow Q_2 \rightarrow B \rightarrow Q_3$。日本、韩国的情况有所不同，在经济发展过程中，首先增加基础设施投资，再增加一般产业投资，因而增长路径大体是 $Q_1 \rightarrow C \rightarrow Q_2 \rightarrow D \rightarrow Q_3$。

从经济性质看，基础设施提供的产品和服务是一种混合产品，政府在参与基础设施投资之前，通常要就基础设施项目的特点进行分析，如是否具有自然垄断性质、是否具有生产上的外部性、沉淀成本的大小、是否存在排他性等。像农村公路、城市街道等具有很强的外部性，难以通过收费弥补成本，私人部门通常不愿意对这类基础设施进行投资，故这类基础设施必须由公共部门承担。但是像电信中的长话服务具有明显的排他性，就可以通过收费弥补成本，也不存在外部性，因而适宜于私人部门投资。

归纳起来，政府安排基础设施投资主要有两种目的：一是维护公共利益的需要。这类基础设施投资通常涉及国家安全与社会稳定，投资数额和风险较大，技术要求高，且只有实行政府管理才能使公众的利益得到实现和保证，如对宇航事业、核电站、战备公路、城市街道等的投资。由于这些特点会使投资项目的边际私人收益小于边际社会收益，私人部门通常不愿投资或无力投资，但这些基础设施又是经济增长和社会发展所必不可少的，所以政府必须投资。二是反垄断的需要。垄断排斥竞争，垄断利润的获得以损害社会福利为代价，如较高的垄断价格和较低的服务质量。因此政府必然会通过公共定价等手段，控制其产品或服务的价格以实现反垄断的目的，然而低价、低利润会降低私人部门的投资意愿。为确保社会对该领域的投资规模，政府要承担起投资责任。

五、社会保障支出

(一)社会保障支出的内容

社会保障支出是政府对一部分社会成员提供补助以保障其基本生活需要的支出。从内容上看，主要包括社会保险支出、社会救济支出、社会福利支出和社会优抚支出四个方面。

(1)社会保险支出。其是政府对劳动者在年老、患病、残疾、失业时提供的补助。社会保险具有强制性，即属于法定范围内的社会成员都必须无条件地参加并履行交费义务。社会保险支出一般通过社会保险基金支付，社会保险基金的来源除了雇主和雇员交纳的保险费之外，还有政府预算安排的拨款。

(2)社会救济支出。其是政府对由于自然灾害或无生活来源等原因无法维持最低生活水平的社会成员提供的补助。社会救济支出主要靠政府预算安排。

(3)社会福利支出。其是政府对老年人、残疾人、儿童、妇女等社会成员提供的补助。社会福利支出主要也靠政府预算安排。

(4)社会优抚支出。其是政府对革命军人及其家属提供的保障。

(二) 政府介入社会保障的主要原因

政府介入社会保障的主要原因仍然是市场缺陷的存在。具体而言有以下几点。

1. 市场调节难以消除收入分配的不公平

市场体系支付给人们的报酬是以人们做出的贡献大小为标准的。由于人们拥有的生产要素在量和质上有差异，取得的收入也会有很大的差异。而每个人的生命周期中都存在种种风险，如失业的可能性，提前退休的可能性，出现伤残的可能性，患大病、重病的可能性，发生意外事故的可能性等。一旦这些可能性成为事实，当事人就会变得一贫如洗，没有政府的补助他就无法生活。

2. 保险常常被视为一种优值品

市场经济中人们是否参加商业保险完全取决于个人意愿，有些人愿意投保以防不测，也有些人抱侥幸心理不愿投保。倘若未投保者真的遭遇不幸，社会又不得不为他们提供基本的生活条件，从而造成“理性预期者”去补贴“掉以轻心者”的局面，这是不公平的。为此，政府有必要强制地要求每个社会成员将一部分收入存入社会保险基金。

3. 保险市场存在“道德风险”和“逆向选择”问题

保险的“道德风险”是指居民在投保前注意身体的保健，投保后就忽视了保健，这将加大其生病的概率，从而提高保险公司的赔付率，结果使保险成为一种蚀本生意。保险的“逆向选择”是指人们对自身健康状况的了解胜过保险公司，风险低的人不愿投保，风险较高的人纷纷投保，从而使保险公司的平均成本提高，经营风险增大。

4. 经济运行的周期性波动

社会保障支出有助于促进经济稳定。在经济萧条阶段，失业者、贫困者大量增加，失业保险支出和社会救济支出也增加，从而使低收入阶层的购买能力增强，有助于刺激经济回升；在经济繁荣时期，失业者、贫困者减少，失业保险支出和社会救济支出也减少，从而有助于抑制经济过热。从这个意义上而言，社会保障具有“自动稳定器”效应。

六、财政补贴支出

经济学界通常联系相对价格的变动来解释财政补贴支出的概念，如英国著名财政学家普雷斯特对它下的定义：“直接影响广义的私人部门的相对价格的政府支出”。据此可以认为，财政补贴支出就是政府支付给企业和个人，能够改变生产要素或产品相对价格水平的无偿支出。财政补贴支出的内容和方式很多，常见的有拨款弥补特殊企业的政策性或经营性亏损；给居民的某些消费项目发放现金补贴；以低于市场价格的定价出售某些商品或服务；以高于市场价格的定价收购某些产品；为私人企业支付银行贷款利息。广义地说，税式支出也是一种财政补贴支出。所谓税式支出是指通过税收豁免、纳税扣除、税收抵免、加速折旧等一系列税收优惠方式实现的政府支出。

那么，政府为何要安排财政补贴支出呢？原因如下。

(1)外部效应内部化的需要。对应用科学研究与高新技术开发的机构和个人发放补贴，就是为了矫正外部性。一般说来，应用科学研究和高新技术开发由私人部门去承担更有效率，然而任何一项有突破性的应用科学研究和高新技术开发成果都会对许多领域产生影响，如电子计算机的发明使人类社会进入一个全新的时代。由于应用科学研究与高新技术开发的投入很多，成功率却很低，而且从事研究、开发的机构和个人不可能获得全部的收益，因此政府要给予一定的补贴。

(2)扶持弱质产业的需要。在产业结构优化过程中，财政补贴支出扮演着十分重要的角色。以农业为例，农产品虽然是典型的私人产品，但是许多国家都对农业或农产品发放补贴，原因在于农产品是人类生存的必需品，但是农产品的供给受自然条件的制约。相对于工业品而言，农产品市场需求自身的扩张能力也较弱，而且许多国家在工业化进程中人为地压低农产品的相对价格，这些都使农业成为一个弱质产业，从优化产业结构出发，政府要给予一定的补贴。

(3)消除“挤出效应”的需要。在经济萧条时期，政府会采取增加公共工程支出的政策，在货币供应量不变的条件下，公共工程支出的增加，会直接增加对货币的需求量，从而引起市场利率水平上升。利率的提高会加大私人部门的融资成本，从而减少私人投资，结果会部分或全部抵消因政府投资增加而增加的国民收入，这就是所谓的“挤出效应”。

关键概念

政府支出　耗尽性政府支出　转移性政府支出　国防支出　公共教育支出　社会保障支出

复习思考题

1. 政府支出可以划分为哪些类型？

2. 政府支出的原则有哪些?
3. 政府支出的政策效应有哪些?
4. 政府支出是由哪些项目构成的?
5. 政府是如何安排教育支出的?
6. 试述政府介入社会保障的主要原因。
7. 试述财政补贴存在的合理性和必要性。
8. 结合实例，分析政府支出的直接效应与间接效应。

第八章

政府税收理论与制度

【本章学习目标】

理解税收的含义和特征，了解税收的构成要素，理解税收的原则，掌握主要税种的分类；了解税制模式理论及税制模式的发展趋势，理解税收制度的设计；掌握税收转嫁的含义与形式，会用经济学方法分析税收归宿；掌握税收与生产、税收与资源配置、税收与分配、税收与消费之间的经济效率。

【本章知识结构】

本章知识结构如图 8-1 所示。

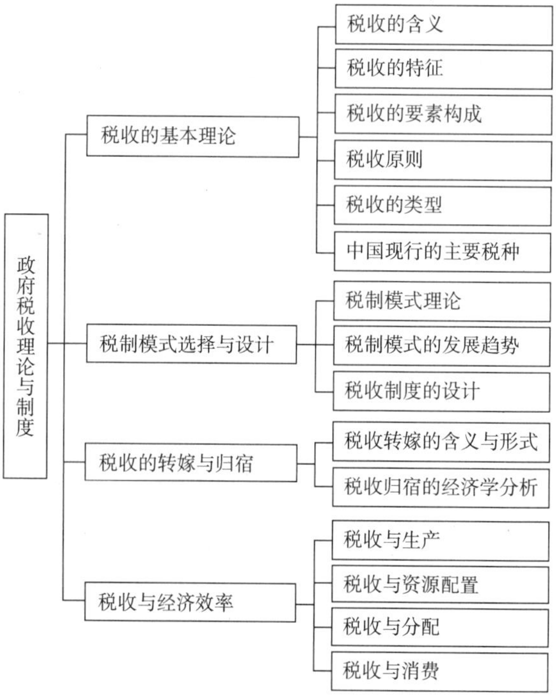

图 8-1　本章知识结构图

政府的存在与活动需要相应的经费支持，而经费的取得主要依靠的就是税收。税收也是政府支出最基本的补偿方式，而课税行为又会对经济产生影响。税收原则是政府征税依据的基本准则，在经济发展的不同时期，政府征税所依据的原则也有所不同。合理的税制既有助于政府的税收筹资，又能够对微观经济主体的经济决策产生积极的影响。

第一节　税收的基本理论

一、税收的含义

马克思认为，税收是从一个处于私人地位的生产者身上扣除的一切，又会直接和间接地用来为处于社会成员地位的这个生产者谋福利。

德国历史学派经济学家瓦格纳认为，所谓租税，从财政的意义上讲，就是公共团体为满足其财政上的需要，凭借其主权，作为对公共团体的事务性设施的一般报偿，依据一般原则和准则，以公共团体一方所决定的方法及数额，强制地征自个人的赋课物；再从社会政策的意义上说，所谓赋税，就是以满足财政上的必要的同时，或不问财政上有无必要，以规定国民收入的分配及国民财产的分配，借以矫正个人所得与个人财产的消费为目的所征收的赋课物。

美国新古典综合派著名经济学家萨缪尔森对税收定义的突破，在于其提出了税收除了强制征收以保证政府支出外，还具有再分配的经济性质。税收的再分配作用表现在，一方面，通过征税对社会资源进行再分配；另一方面，政府将征收的税款用于转移支付，对社会财富再进行一次分配。

英国税收专家西蒙·詹姆斯给税收下的定义是非常简洁的，他认为，税收是由政权机构实行不直接偿还的强制性征收。

世界银行对税收和收费的定义做了如下的区分，即税收是无偿性和强制性的支付，它主要由中央政府征收；而收费则是为交换公共部门所提供的特别商品和服务而进行的支付，它主要由国有企业和地方政府征收。

因此我们认为，税收是政府为取得财政收入以便履行政府职能，按照法律的规定，以货币形式对私人部门的一种强制性课征。另外，现代意义上的税收概念，是从公共产品理论的角度将税收看做公共产品的价格。

二、税收的特征

尽管对税收定义的各种表述注重不同的侧面和不同的角度，但总的看来具有一些共同特征。税收的特征有三个，即强制性、无偿性和固定性。

1. 强制性

税收的强制性，是指国家(政府)的征税活动是以国家的法律、法令为依据实施的，任何单位和个人都必须依法履行纳税义务，否则就会受到法律的制裁。税收的这种强制性，是人们感觉到的税收最为明显的特征，也是税收同公债收入、规费收入、公有财产收入(公产收入)等其他形式的财政收入最显著的区别。

强制性是税收作为公共产品的价格这一基本性质所决定的。由于公共产品的消费具有非竞争性和非排他性的特征，公共产品在其提供过程中，经常会出现“搭便车”的行为。如果任凭社会公众自觉纳税，则必然存在大量的不纳税现象，从而使政府缺乏足够的财力去为社会公众提供必不可少的公共产品。为了克服这一问题，国家(政府)往往采取强制性的方式，以克服“搭便车”所可能带来的困难和问题。作为政权组织的政府，其具有的政治权力，使其能够进行强制性的征收活动。当然，现代政府征税，必须获得立法部门的同意或授权。

2. 无偿性

税收的无偿性，是指国家征税之后的税款即为国家所有，归国家自主支配和使用，国家并不承担任何必须将税款等额直接返还给纳税人，或向纳税人支付任何报酬的义务。当然，从税收是公共产品价格的角度看，市场经济下国家征税的本质并非是无偿的，因为政府必须因此面向全社会提供相应的公共服务。这是从根本上看，即从政府面向全社会的作用所得出的结论。但如果从具体的税收征纳活动来看，则政府与某个企业、某一个人发生税收征纳关系时，却没有必然的义务必须将税款从政府那里直接返还给纳税人。这就表明了税收的无偿性的形式特征。

3. 固定性

税收的固定性，是指政府在征税以前就以法律形式制定了税收制度，规定了各项税制要素，并按这些预定的标准进行征收。税法一旦公布施行，征纳双方就必须严格遵守。纳税人必须依法纳税，不得逃税、拖欠税款和抗拒征税；税务机关也必须依法征税，不得擅自减免，也不能超越法律的授权擅自加征。税法是通过政治程序由立法部门(如议会，在中国为人民代表大会)制定的。税收以法律形式固定下来，不仅有约束强制企业和个人履行纳税义务的一面，也有约束强制政府必须正常有度地开展征税活动的一面。

税收的特征，使税收能够区别于公共部门的其他收入。税收的强制性使税收与公债、政府收费和捐款等区别开来。与税收相比，公债取决于债权人的意愿，捐款取决于捐赠者的意愿，他们都是自愿的，不具有强制性。税收的无偿性是就国家和具体纳税人对社会资源的占有关系而言的。就国家与全体纳税人的利益归宿关系来看，国家征税虽然使纳税人丧失了部分经济利益，但国家用所取得的税收收入为全体纳税人提供社会秩序、公共安全、共同生产生活条件等，即公共产品。纳税人无偿地享受了国家提供的公共产品所带来的利益。从这个意义上说，税收对全体纳税人而言是有偿的。但税收整体的有偿性是更深层次的问题，而非税收的形式特征。税收形式上的无偿性和本质上的整体有偿性，不但将税收与罚款收入、特许权收入等收入形式区分开来，更是将税收与债务收入(必须按期还本付息)、规费收入(国家通过直接为付费者提供服务而取得的收入)根本性地区别开来。税收的固定性使税收与货币的财政发行、摊派和罚没收入等区分开来。货币的财政发行、摊派和罚没收入等都不是具有确定性的规范的财政收入形式。

三、税收的要素构成

政府征税必须有相应的税收制度。近现代税收是由既定的法律制度加以规范和界定的，因而税收制度是税收问题最重要的内容之一。这样，每一种税都有相应的税收制度，都是依据相应的税收制度课征的。尽管各个时期各个税种有着不同的内容和特点，但构成税制的要素却是相同的。这就是为什么任何一部税法和任何一种税，都规定了对什么征税、向谁征税、征多少税、如何征税等问题。这些就构成了税法的基本内容，成为税收制度的基本要素，简称税制要素。税制要素一般包括纳税人、征税对象、税率、纳税环节、纳税期限、减税免税、违章处理等。其中纳税人、征税对象、税率是税制的三个基本要素。

1. 纳税人

所谓纳税人，是指税法规定的直接负有纳税义务的单位和个人。每一种税都有关于纳税义务人的规定。如果不履行纳税义务，即应由该行为的直接责任人承担法律责任。

税法规定的直接负有纳税义务的人可以是自然人(个人)，也可以是法人。所谓法人，是指依法成立并能独立地行使法定权利和承担法律义务的社会组织，如社团、企业等。这里需要区分一组概念，即纳税人和负税人。

负税人，即税款的实际负担者，它与纳税人是相互联系又相互区别的两个不同概念。有些税种，税款最终是由纳税人自己承担的。在这种情况下，纳税人就是负税人。而有些税种，税款虽然由纳税人缴纳，但纳税人可通过各种方式将税款转嫁给别人负担。在这种情况下，纳税人就不等同于负税人。

这里举一例予以说明。某商店销售一种商品，在未征税的前提下，价格是每单位10元；而在政府对商店就此课征20%税收的条件下，价格将可能发生变化。如果售价为12元，则商店将所有相关税收转嫁给购买者，此时的负税人将不是商店，而是购买者；如果该商品的售价不变，则负税人是商店；如果售价在10元以上12元以下，则商店和购买者都是负税人。但在这一例子中，纳税人没有发生变化，即都是商店。

2. 征税对象

所谓征税对象，又称课税对象，或征税客体。它是指对什么事物和什么活动征税，即征税的标的物。通过规定课税对象，税法才能确定根据什么事物或活动征税。不同的税种有不同的征税对象，它是一个税种区别于另一个税种的主要标志，并且不同的税种名称由来及各个税种在性质上的差别，也主要取决于不同的征税对象。理解征税对象，要注意区分以下一组概念，即税目、计税依据和税源。

税目是税法规定的征税对象的具体项目，反映具体的征税范围，代表征税的广度，它将征税对象具体化。有些税的征税对象简单明确，如房产税、屠宰税等就如此，因而没有另行规定税目的必要。而大多数税种的征税对象则比较复杂，在征税时需要将征税对象进一步划分，并做出具体的界限规定，这就要依靠税目来完成这个任务。规定税目是贯彻税收政策的需要。例如，对有些税目要制定较高的税率，对有些税目可以制定一般的税率，对有些税目则可以制定较低的税率。规定税目也是征税技术上的需要，通过规定税目可以划分各个税目征免的界限，凡属于列举税目之内的商品或经营项目都要按照相应的税率征税，不属于这些税目的就不按此征税。

计税依据是指计算应纳税额的依据，基本上可以分为两种：一是计税金额。这是采用从价计征方法时计算应纳税额的依据，如收入额、利润额、财产额、资金额等。计税价格乘以征税对象的数量，就可以得出计税金额；再用计税金额乘以适用税率，就可得出应纳税额。二是计税数量。这是采用从量计征方法时计算应纳税额的依据，如原油的资源税是按原油的实际产量以吨定额计税的。此时以适用税率乘以计税数量，就可以得出应纳税额。

税源是指税款的最终来源。从总体上看，税收只能来源于国民收入。具体到每一种税，征税对象与税源有的一致有的不一致。例如，个人所得税的税源与征税对象都是纳税人的收入。又如房产税，其征税对象是纳税人拥有房产的数量或价值，而税源是房产带来的收益或财产所有人的收入。这里牵涉到税本与税源的区别问题。税本是基础，税源是基础所产生的果实。有税本才有税源，有税源才有税收。国家运用税收对经济进行调节的作用点在征税对象上，但作用的归宿主要在税源上。

经济学界还经常用到税基概念。这是一个与征税对象内涵有交叉的概念，现实中我们会经常碰到，下面简单予以介绍。税基是某一税种的课税依据。在税制设计上，税基的选择是一个重要问题。首先，税基本身的选择，或以人们的收入为基础课征所得税，或以支出为基础课征支出税，或以消费为基础课征消费税；其次，税基大小的选择，或以全部商品为基础课征一般销售税，或以部分商品为基础课征选择销售税。税基在大小选择方面的含义，接近于课税范围。

3. 税率

所谓税率，是指税法规定的应征税额与征税对象之间的比例，是计算应征税额的标准，是税收制度的中心环节。税率的高低，体现着征税的深度，反映着国家在一定时期内的税收政策和经济政策，直接关系到国家的财政收入和纳税人的税收负担。一般来说，税率可分为比例税率、定额税率(固定税额)和累进(退)税率。

比例税率是指对于同一征税对象，不论其数量大小都按同一比例征税的一种税率制度。其主要特点是税率不随征税对象数量的变动而变动。在其具体运用上，包括单一比例税率、差别比例税率。其中差别比例税率又可分为产品差别比例税率、行业比例税率、地区比例税率和幅度比例税率四种。

定额税率是税率的一种特殊形式。它是指按征税对象的一定计量单位规定固定税额，而不是规定征收比例的一种税率制度。它是以绝对金额表示的税率，一般适用于从量计征的税种。在具体运用上，也可分为单一定额税率、差别定额税率、幅度定额税率和分类分级定额税率四种。

累进税率是指税率随着课税对象的增大而提高的一种税率制度。它按征税对象数额的大小划分若干等级，每个等级由低到高规定相应的税率，征税对象数额越大，税率越高；征税对象数额越小，税额越低。累进税率因计算方法和依据不同，又可分为以下几种：一是全额累进税率，即对征税对象的全部数额都按与之相应的税率计算税额。在征税对象提高到税收的一个等级档次时，对征税对象全部都按提高一级的税率征税。二是超额累进税率，即把征税对象按数额大小划分为若干等级，每个等级由低到高规定相应的税率，分别按该等级的税率计征。此时，一定的课税对象同时使用几个税率，纳税人的应纳税款总额由各个等级计算出的税额加总而成。

在经济分析中，我们经常要用到边际税率和平均税率。边际税率是指在征税对象的一定数量水平上，征税对象的增加导致的所纳税额的增量与征税对象的增量之间的比例。而平均税率是指全部税额与征税对象总量之比。实行比例税率时，边际税率等于平均税率，而实行累进税率时，边际税率往往要大于平均税率。为了分析税收负担和税收作用效果等，我们还常将税率分为名义税率和实际税率。名义税率是指税法规定的税率；实际税率是指纳税人在一定时期内实际缴税额占其计税依据的比例。由于存在税收减免等原因，实际税率通常要低于名义税率。

4. 纳税环节

所谓纳税环节，一般是指在商品流转过程中按照税法规定应当缴纳税款的环节。商品从生产到消费，中间往往要经过许多环节，如工业产品要经过工厂生产、商品采购、商业批发和商业零售等环节。具体确定在哪个环节缴纳税款，这是对商品流转额征税中的一个比较特殊又是十分重要的问题。它关系到税制结构和整体税收体系的布局，关系到对商品生产、流通是否有利，影响到物价的变化，关系到税款能否及时足额地缴纳入库，国家的财政收入能否得到保证，关系到税款收入在地区间的分配，也关系到是否便利纳税人纳税等多方面的问题。

5. 纳税期限

所谓纳税期限，是指税法规定的纳税人发生纳税义务后向国家缴纳税款的期限。各个税种的法律都需要明确规定缴纳税款的期限，这是由税收的及时性所决定的。规定纳税期限，是为了促使纳税人及时依法纳税，以便及时地保证国家财政支出的需要；同时，这也是税收强制性和固定性的体现。

6. 减税免税

所谓减税免税，是指税法对某些纳税人或征税对象给予鼓励和照顾的一种特殊规定。它体现着税收的严肃性和必要的灵活性的结合。它能够使税收制度按照因地制宜和因事制宜的原则，更好地贯彻国家的税收政策。税收制度的减税免税要素主要包括三方面内容。

(1)减税和免税。所谓减税，是指对应纳税额少征一部分税款；所谓免税，是指对应纳税额全部免征。除税法列举的免税项目外，一般减税、免税都属于定期减免性质，税法规定有具体的减免条件和期限，到期就应当恢复征税。

(2)起征点。所谓起征点，是指征税对象达到征税数额开始征税的界限。征税对象的数额未达到起征点时不征税。而一旦征税对象的数额达到或超过起征点时，则要就其全部的数额征税，而不是仅对其超过起征点的部分征税。

(3)免征额。所谓免征额是指在征税对象总额中免予征税的数额。它是按照一定标准从征税对象总额中预先减除的数额。免征额部分不征税，只对超过免征额部分征税。

7. 违章处理

所谓违章处理，是指税务机关对纳税人违反税法的行为采取的处罚性措施，它是税收强制性形式特征的体现。它主要解决对于不缴、少缴、迟缴、偷税等违反税法的现象和行为怎么处理的问题，也是维护国家税法的严肃性的保证。在目前的中国，它还有保证税收任务的完成，以及严肃财经纪律等作用。

8. 纳税地点

所谓纳税地点，是指纳税人应当缴纳税款的地点。一般来说，纳税地点和纳税义务发生地是一致的。但在某些特殊的情况下，纳税地点和纳税义务发生地却是不一致的，如与总公司不在同一地点的分公司的利润应在总公司汇总纳税。

四、税收原则

（一）税收的公平原则

公平原则是设计税收制度的最重要的原则，被置于税收各原则之首。无论对于纳税人，还是对于政府，一个公平的税收制度都是非常重要的。只有纳税人相信税收制度是公平的，才能促使他们如实申报并依法纳税。从而有效地维持税收制度的正常运转。同时，税收具有矫正收入分配不均和差距悬殊的作用，公平的税收制度对于实现政府保持社会稳定的目标具有重要作用。

税收应该是普遍的，在税收管辖权范围内普遍课征于一切应纳税的自然人和法人，不让任何人、任何企业有任何形式的免税特权。因此，普遍性是实现税收公平原则的重点。此外，公平是指相对于纳税人的纳税条件，而不是税收本身的绝对负担问题，即税收负担要和纳税人的纳税能力相适应，并使各个纳税人之间的负担水平保持均衡。从这些要求出发，衡量税收制度是否公平，可以按受益原则和纳税能力原则两个标准进行。

1. 受益原则

税收制度的受益原则主张，在公平的税制中，每个纳税者应该根据其从公共产品和公共服务中得到的受益多少而相应纳税，享受利益多者应该多纳税，享受利益少者应少纳税，不享受利益者不纳税。

受益原则又可细化为三个不同的方面。

(1)一般受益原则。从理论上说，在严格的受益原则下，每个纳税人缴纳的税收应与他对政府提供的公共劳务的要求相一致。由于每个人对公共劳务的偏好不同，所以，也就没有一个能适用于所有人的一般税收规范。因此，最佳税收制度取决于偏好的模式。若收入相同的纳税人有相近的偏好，在一般受益原则下税收制度就取决于对政府的公共劳务需求的收入弹性与价格弹性。

(2)特殊受益原则。实际上要实行受益原则，必须知道每个纳税人从政府支出中得到多少收益，能真正做到这一点的只限于一些特定的场合，故受益原则的实际运用主要是在某些特定的场合。在这种情况下，受益原则要求对政府劳务的特定使用者课征税收或收取费用。

(3)间接替代征收原则。直接衡量纳税人从某种政府劳务中得到多少收益在技术上存在困难，或直接对政府劳务的使用征税虽在技术上可能，但代价太高而不可取，在许多场合下人们以间接替代方式实现受益原则。例如，政府修建公路，但对公路的使用直接征税有困难，可以采取征收汽油税、汽车税和其他汽车产品税，以此作为对公路使用税的间接替代征收。

受益原则具有一定的合理性，能较理想地分配税收负担，以支付某些政府公共服务的费用。在经济生活中，政府为提供公共产品和服务进行了支出，享受这些利益者应相应分摊这些费用。如果税收不是按照纳税人享受的政府支出利益的多少来课征，政府提供的公共服务就成为对使用者的一种补助，会因享受服务的多寡不同而产生不公平。按照这个原则，公平程度应该按照公共支出结构的不同而不同。受益标准不仅应该用于衡量税收政策，也应该应用于衡量公共支出政策。

但事实上，实行受益原则要求每个纳税者缴纳的税收和他对公共服务的需求一致，或必须测度每个纳税者从公共支出中到底得到了多少受益，这是非常困难的。因此，这一原则只能用来衡量某些特定的受益税税种，但就总体税收来说，按受益原则进行分摊是做不到的。

此外，政府的社会福利支出主要对象是穷人和残疾人，他们的纳税能力很小，甚至完全没有纳税能力，根本无法根据受益原则向他们征税。政府用于提供公共服务的税收收入和用于实现收入再分配的税收是无法分开的。所以，受益原则难以用于政府实现再分配目的的转移支付所需要的那部分税收。总之，按受益原则征税只能解决税收公平的部分问题，不能解决有关税收公平的所有问题。

2. 纳税能力原则

纳税能力原则是指每个纳税者应按其纳税能力纳税，纳税能力大者多纳税，纳税能力小者少纳税，无纳税能力者不纳税。这是公认的比较合理，也易于实行的衡量税收制度公平的标准。按照这一原则，税制是否公平是从税收自身考虑的，与政府支出无关。这是完全不同于受益原则的。

根据纳税能力原则的要求，拥有同等纳税能力的人们必须缴纳相同的税收，而具有较高能力的人们则必须缴纳更多一些。这里有两个层次的含义：一是以同等的方式对待条件相同的人，即纳税能力相同者应当缴纳无差别的相同数额的税收，称作横向公平。横向公平只适用于最基本的平等方面。例如，在公平的所得税制下，具有相同收入的纳税人应缴纳相同的税收。二是以不同的方式对待条件不同的人，即纳税能力不同的人应当缴纳数额不同的税收，称作纵向公平。例如，在纵向公平下，以收入来衡量纳税能力，则收入较高的纳税人就应该多纳税。

纳税能力原则的优点，是它适用于包括实现再分配职能的移转支出在内的所有税收。其缺点是没有顾及公共产品和服务的提供。

如何度量纳税人的纳税能力，要求有一种能对纳税能力进行衡量的数量标准。从理想的角度看，这一标准应该能够反映每个人从所有可供他选择的机会中得到的全部福利，包括当期消费、未来消费、财富占有、对闲暇的享受等，但这种全面的衡量标准是不现实的。在现实中纳税人的纳税能力因人而异。税收学界对什么是衡量纳税能力的最优标准，存在着客观说和主观说两种不同的观点。

(1)客观说。客观说主张以纳税人拥有财富的多少作为测度其纳税能力的标准。纳税人的财富有多种表示方式，作为衡量纳税人的纳税能力的标准，从税基的角度讲包括收入、消费和财产。

(2)主观说。主观说认为，衡量纳税能力应以纳税人因纳税而感受的牺牲程度大小为标准。牺牲程度的测度以纳税人纳税前后从其财富得到的效用的差量为准。对纳税人而言，纳税是经济上的牺牲，由于纳税，其享受程度会减小。如果缴纳税收后，每一纳税人所感受的牺牲程度相同，税收制度就是公平的，否则就不公平。

3. 两种衡量标准的权衡

综上所述，从衡量税收公平的标准看，受益原则和纳税能力原则都有其重要性和各自的优点，但这两种原则都不能单独地解释税制设计的全部问题，也不能单独地实现税收政策的全部职能。因此，公平的税收制度的设计有赖于两个原则的配合使用。

从技术上看，两个原则的真正实现都存在一定困难，无论是度量纳税人从政府支出中得到的受益，还是衡量纳税能力都不是轻而易举的。尽管受益原则和纳税能力原则各有其缺陷，但这两个原则的配合运用，为公平税制的设计提供了较为理想的选择。

(二)税收的效率原则

税收制度设计的第二个原则是征税过程必须是有效率的。从资源配置的角度讲，税收要有利于资源的有效配置，使社会从可用资源的利用中获得最大利益，有利于经济效益的提高和宏观经济稳定增长。从税务行政的角度讲，税收制度必须简便，征纳双方的费用，包括征税的行政管理费用和纳税人的从属费用都要节省。此外，还应使税收的额外负担最小。总之，税收的效率原则可分为税收的经济效率原则和税收本身的效率原则两个方面。

1. 税收的经济效率原则

税收的经济效率原则是指税收政策和制度的实施，应该有利于经济的有效运行。其衡量标准是考察税收对资源配置的影响，使税收额外负担最小化和额外收益最大化，即政府征税使社会所付出的代价，应以征税额为限，不能造成额外负担。税收额外负担，是指因征税引起的替代效应而增加的私人经济中资源使用上的效率损失。这种效率损失超出了国家征税使社会应该承担的效率损失，因而是不符合效率原则的。

帕累托效率的原意是如果资源配置已达到这样一种状态，即任何重新调整都不可能在使其他人境况变坏的情况下而使任何一人的境况更好，那么，这种资源配置的效率就是最大的。如果达不到这种状态，就说明资源配置的效率不在最佳范围，还可以重新调整。现实经济生活中，大多数的经济活动都可能是以使其他人的境况变坏为条件，而使某些人的境况变好。所以，效率的实际含义可以解释为经济活动的任何措施都应当使“得者的所得多于失者的所失”。如果做到这一点，经济活动就可说是有效率的。

将帕累托效率准则应用于税收，可以看到税收的征收活动同样存在“得者所得和失者所失”的比较问题。将社会资源从纳税人手中转移到政府的这一税收过程，必然对经济发生影响。如果这种影响限于征税数额本身，这是税收的正常影响。如果除正常影响外，经济活动因征税而受到干扰，并使社会利益受到削弱，便产生了税收的额外负担。若除了正常影响外，经济活动因征税而得到促进，社会利益得到增加，便产生了税收的额外收益。

2. 税收本身的效率原则

税收本身的效率原则是指是否以最小的税收成本取得了最大的税收收入。这一效率原则主要是考察税务行政管理方面的效率状况。衡量税收本身效率的标准，是税收成本占税收收入的比重。也就是说，包含税收成本的税收名义收入，与扣除税收成本的税收实际收入的差距是否最小。

(1)税收成本。税收成本是指在税收征纳过程中所发生的各类费用。征税活动的存在形成了税务部门这样一个重要的公共部门，和其他一切公共部门一样，税务部门的征收活动也有成本，也必须是有效率的。

狭义的税收成本专指税收的征收费用，即税务机关为征税而花费的行政管理费用，包括税务机关工作人员的工资和奖金、办公设备、征税过程中支出的费用和推行税收管理改革而付出的费用等。广义的税收成本除税务机关征税的行政管理费用外，还包括纳税人在按照税法规定纳税过程中所支出的费用。例如，纳税人申报税收方面的时间和交通费用，因填写纳税申报表而雇用会计师的费用，企业为个人代缴税款所花费的费用，以及纳税人为逃避纳税所花费的时间、精力、金钱和因违反税法受到的惩罚等。

税收的征收费用比较容易计算，而执行费用因纳税所花费的时间、心理方面的支出，无法用金钱来衡量，是一种隐蔽费用，因而难以准确计算。所以，税收本身效率可以用税收征收费用占全部税收收入的比重为衡量指标。其比重越高，说明税收成本越大，表明取得的税收收入是以较多的税收成本为代价的；比重越低，则说明税收成本越小，表明以较少的税收成本换取了较多的税收收入。

此外，税收征收费用占税收收入的比重这一指标，除了用于衡量政府税收本身效率之外，还可用于分析有关的税收理论问题。例如，通过计算各个税种的征收费用占该税种收入的比重，可以比较分析哪个税种的效率最佳。又如，通过计算不同时期税收的征收费用占税收收入的比重，有助于反映一国税收效率的历史发展变化。再如，通过计算不同国家税收征收费用占税收收入的比重，可以进行国际比较等。

(2)税收本身效率的原则，要求政府在税务管理上费用最小，同时也使纳税人的执行费用最小，这就要求税收管理制度的设计要尽量给征收人和纳税人方便。因此，提高税收本身效率的首要途径是简化税制，使征收人易于掌握，纳税人易于理解，同时减少纳税人企图逃税的机会。

提高税收本身效率的另一途径是增加税务管理的透明度。税法一经确立，税务机关必须依法征税，不得任意行事。征纳双方对征税事宜必须明确和清楚，避免不必要的纷争，不使纳税人因纳税而增加额外负担，使财政收入与税收之差达到最小。

此外，还要进行高效率的税务管理，运用现代化征收手段，防止税务人员贪污舞弊，以节约征收费用。

五、税收的类型

(一)税收的分类方法

税收的分类方法有多种标准，以课税权的归属为标准，可以把税收分为中央税、地方税；以课税权行使的方法为标准，可以分为经常税和临时税；以税收收入的形态为标准，可以分为实物税和货币税；以课税的客体为标准，可分为对人税和对物税；以计税依据为标准，可以分为从量税和从价税。这里介绍几种较为常用的分类方法。

1. 按税负是否可转嫁分类

(1)直接税与间接税。世界各国通行的一种分类方法是以税收负担能否转嫁为标准，将税收划分为直接税和间接税。凡纳税人不能将税负转嫁给他人，即纳税人与税收的实际负担人相同，不发生转嫁关系的税种，称为直接税。凡纳税人可以将税负转嫁给他人，即纳税人与税收负担人不同，其间发生了税负转嫁关系的税种为间接税。直接税包括所得税、公司税、资本利得税、资本转移税和各种财富税，间接税包括销售税、增值税和营业税等。主要税种分类如图 8-2 所示。

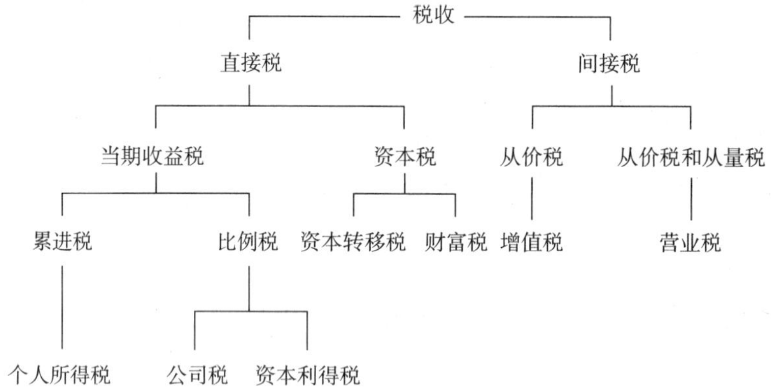

图 8-2 主要税种分类

(2)直接税和间接税的特点。直接税和间接税各有特色，直接税的一个特征就是税额与纳税人的纳税能力有关，而间接税则不考虑纳税人的纳税能力。因此，直接税能够在一定程度上起到收入再分配的作用，而间接税的再分配作用较小。直接税的另一个特征是其收入较有弹性，可以配合经济周期对税收收入的不同需要。但直接税的稽征工作难度较大，需要财产登记、税源统计、财务会计等的一系列基础工作，因而征收成本较高。此外，对于纳税人来说，直接税使他们直接地感受到税收的负担，容易遭到抵制，甚至发生逃税等现象。

间接税的最重要特点就是其征税范围较为普遍。间接税一般从企业征收，数量明确，易于征集，且收入量大，使其成为政府的主要收入来源。对纳税人来说，间接税的负担不明显，且与消费相联系，易于接受。但事实上，间接税税负具有累退性质，贫困者的负担相对较重，违反税收公平原则；同时，其收入缺乏弹性，如果为了增加收入而提高税率，会减少消费，反而使税收收入降低。

从直接税和间接税的特征可以分析出，如果一国的直接税比重大，表明该国的富有者负税较多。如果间接税的比重较大，则表明该国的广大群众负税较多。通过直接税和间接税两个税种的比较，可以制定出符合经济和社会政策的两者比例，建立健全税收体系。

2. 按课税对象性质分类

研究税收理论的最基本的分类方法是按课税对象性质的不同划分税收。对纳税人的所得额或利润额课征的税收，称为所得课税；对商品或劳务买卖的流转额课征的税收，称为商品课税；对纳税人的财产数量或价值额课征的税收，称为财产课税。

(1)所得课税。所得税类是目前发达国家的第一大税种，其中个人所得税远远超过公司所得税。

征收个人所得税的关键是定义个人所得。一般来说，有两种定义个人所得的方法。第一，亨利·西蒙关于个人所得的综合定义。个人所得可以为两种要素的代数和，其一是行使消费权的市场价值，其二是在一定时期的起点与终点之间财产存量的变化。这一定义包含了个人所得到的赠物、实际资本所得与比赛中所得的奖金等收入项目，显然，如果没有储蓄，则个人收入等于消费。这一定义虽然在逻辑上显得概念清楚，但是也有不少问题，如此定义无法衡量没有表现为市场价值的个人所得。第二，应课税的所得定义。该定义在美国与英国基本上相同，它是指个人劳动所挣的收入加个人投资的收入减去扣除，再减去个人宽免，最后得到的余额就是应课税的所得。也就是说，个人劳动收入加个人投资收入就得到个人调整过的收入，调整过的收入减去扣除就是个人净收入，个人净收入再减去个人宽免就是应课税的所得。

公司所得税就是对公司利润课征的税，公司所得税的税基原则上是公司的净利润，即从公司总所得中减去工资、原材料费用和贷款利息的余额(即经常性的经营利润)，但在征税时应根据公司的净利润、折旧(从净利润中减去)和存货价值的增加(应计入公司的净利润中)加以调整，调整后的数额就是公司的所得。

(2)商品课税。商品课税中的增值税，日益被人们所重视，不仅开征的国家不断增多，而且在税收中所占的比重亦有所提高。一些国家在降低所得税税率、避免高额所得税的同时，大力推广增值税，以防止财政减收，赤字增大。所以，扩大增值税的征收范围已成为各国间接税改革的方向。增值税的税基是指每一个生产阶段的新增价值额。当商品经过一系列生产阶段的时候，仅仅对商品每个连续阶段上可增加的价值征税，因此，当商品采取最终产品形态的时候，最终产品的每一个要素或组成部分仅征税一次。从以上的分析我们得知增值税是一种中性的、对经济行为产生扭曲小、且税基广、收入大的税种。

(3)财产课税。与所得税对经济流量征收不同，财产税是对经济存量征收的。财产税类作为古老的税种，在各国现行税收体系中一直是地方财政收入的主要来源，中央或联邦财政收入一般不将它包括在内。由于财产税是对经济存量征收的，因此财产税类的课征手段和评估技术存在一定难度。

之所以对财产课税是因为：第一，基于初始公平的原则。例如，有两个人，收入水平相同，但其中一个拥有较多的财产，则该人就拥有较大的能力，财产会给他更多的安全，他可以减少储蓄，因此应对拥有较多财产的人征税。此外，得自财产的收入比平时挣得的收入更为长久，平时挣得的收入到一个人退休或死去时要终止，但财产收入可以被继承下去，因此，财产收入的贴现期比挣得收入的贴现期长，故也应对财产进行征税。第二，征收财产税能促进对财产更有效的使用。开征财产税会促使人们以租金较低的财产去代替租金较高的财产，因此，财产的现值也会降低，财产会更有效地得到利用。第三，征收财产税能促进对财产的再分配。

3. 联合国、经合组织和国际货币基金组织的税收分类

(1)联合国的税收分类。联合国国民核算系统(System of National Accounts,

SNA)把收入分成直接税、间接税、财产收益、手续费及相关类别。直接税就是公共机构对私人及团体的财产收入、就业收入或其他任何收入征收的税别，它由私人或团体直接支付。间接税是对生产者征收的在生产、销售或对产品及劳务使用方面征收的税别。

(2)经合组织的税收分类。第一类，所得税，包括对所得、利润和资本利得的课税；第二类，社会保险税，包括对雇员、雇主及自营人员的课税；第三类，薪金及人员税；第四类，财产税，包括对不动产、财富、遗产和赠予的课税；第五类，商品与劳务税，包括产品税、销售税、增值税、消费税等，也包括对进出口课征的关税；第六类，其他税。

(3)国际货币基金组织的税收分类。第一类，所得税，包括对所得、利润和资本利得的课税；第二类，社会保险税，包括对雇员、雇主及自营人员的课税(按非税收入统计)；第三类，薪金及人员税；第四类，财产税，包括对不动产、财富、遗产和赠予的课税；第五类，商品与劳务税，包括产品税、销售税、增值税、消费税等；第六类，进出口关税；第七类，其他税。

(二)中国的税收类型

中国的税收分类，按其划分标准的不同，有多种分类方法。

1. 以征税对象的性质为标准划分的税类

(1)流转税。流转税是以商品生产流转额，以及非商品生产流转额为课税对象征收的税种。商品流转额是指在商品生产交换的过程中，因销售商品而发生的销售收入额，或购进商品而发生的购货支付金额。非商品流转额是指因从事劳务、服务或其他业务经营而取得的商业性业务收入金额。

流转税的内容非常广泛，既包括对各种商品流转额课征的税种，也包括对各种劳务或服务(如交通运输、建筑安装、邮政电信、公用事业和各种服务性业务)流转额课征的税种；既包括对一般消费品、奢侈品课征的税种，也包括对生产资料以至全部商品生产交换课征的税种；既包括对商品生产、流通的销售收入课征的税种，也包括对国内制造货物和进境货物等无销售收入课征的税种；既包括对国内商品流通课征的税种，也包括对进出国境货物课征的税种。

(2)所得税。所得税包括各种企业所得税和个人所得税，是根据纳税人的生产经营所得和其他各种所得而征收的税种。其是否纳所得税以及应纳税额的多少，取决于所得额的有无和大小。所得税在中国税制结构中的地位仅次于流转税，其中较大部分是企业所得税。

(3)资源税。资源税是指以自然资源的使用和开发为课税对象的税种。中国现行的资源税，以及以土地资源为课税对象的土地使用税、耕地占用税、土地增值税，还有农(牧)业税，均属于这个税类。

(4)行为税。行为税是指以某种经济活动为课税对象的税种。中国现行的行为税包括印花税、固定资产投资方向调节税、屠宰税、筵席税、船舶吨税等。

(5)财产税。目前，中国财产税类的税种开征较少。现行的契税，以及将要改征、开征的房产税、车船税、遗产税等都属于此类。

2. 以不同的征税主管机关为标准划分的税类

(1)工商税收和企业所得税。工商税收和企业所得税自新中国成立以来一直由国家税务局系统征收管理。实行分税制后，将按不同的税类，分别由国家税务总局及其各地区国家税务局和各地的地方税务局征收管理。现行的工商税收有增值税、消费税、营业税、城市维护建设税、企业所得税、个人所得税、资源税、房产税、车船税、屠宰税、印花税、土地使用税、土地增值税、固定资产投资方向调节税、筵席税，以及将要开征的证券交易税、遗产税等。

(2)关税。关税由海关总署及各地海关机构负责征收，包括进口税、出口税及船舶吨税等。它是指对进出口我国国境的货物和产品征收的一种税，分为进口税和出口税。

关税的课税对象是进出国境的货物和产品，货物是指对外贸易进出口的商品；产品是指入境旅客携带的、个人邮寄的、运输工具或服务人员携带的，以及用其他方式进口个人自用的行李、邮包、商品等。

关税税率分为进口税率和出口税率，一般采用差别比例税率。进口货物按照必需品、非必需品、限制进口品等分成若干个税级分别确定税率，各种货物的税率又分为优惠税率和普通税率两种。

3. 以不同税收收入的支配权限划分的税类

(1)中央税。中央税是指由中央立法、收入划归中央，并由中央管理的税收，如我国现行的关税、消费税等税种。

(2)地方税。地方税是指由中央统一立法或授权立法、收入划归地方，并由地方负责管理的税收，如我国现行的屠宰税等税种。

(3)共享税。如果某一种税收收入由中央和地方按比例或按法定方式分享，便属于中央地方共享税。我国共享税由中央立法、管理，如现行的增值税、印花税、资源税等税种。

六、中国现行的主要税种

目前，中国共有19个税种，其中，16个税种由税务部门负责征收。固定资产投资方向调节税从2000年起暂停征收。关税和船舶吨税由海关部门征收。另外，进口货物的增值税、消费税由海关部门代征。

(1)增值税：对在我国境内销售货物或者提供加工、修理修配劳务及进口货物的单位和个人征收。增值税纳税人分为一般纳税人和小规模纳税人。

(2)消费税：对在我国境内生产、委托加工和进口应税消费品的单位和个人征收。征税范围包括烟、酒和酒精、化妆品、贵重首饰和珠宝玉石等18个税目。

(3)营业税：对有偿提供应税劳务、转让无形资产和销售不动产的单位和个人征收。应税劳务包括交通运输业、建筑业、金融保险业等7个税目。

(4)企业所得税：对中国境内的一切企业和其他取得收入的组织(不包括个人独资企业、合伙企业)，就其来源于中国境内外的生产经营所得和其他所得征收。企业所得税以企业每一纳税年度的收入总额，减除不征税收入、免税收入、各项扣除及允许弥补以前年度亏损后的余额，为应纳税所得额。

(5)个人所得税：以个人取得的各项应税所得(包括个人取得的工资、薪金所得，个体工商户的生产、经营所得等11个应税项目)为对象征收。

(6)资源税：对各种应税自然资源征收。征税范围包括原油、天然气、煤炭、其他非金属矿原矿、黑色金属矿原矿、有色金属矿原矿、盐七大类。目前，资源税采取从量定额的办法征收，下一步将实行从价定率办法征收。

(7)城镇土地使用税：以在城市、县城、建制镇和工矿区范围内的土地为征税对象，以实际占用的土地面积为计税依据，按规定税额对使用土地的单位和个人征收。

(8)房产税：以城市、县城、建制镇和工矿区范围内的房屋为征税对象，按房产余值或租金收入为计税依据，向产权所有人征收(此税不适用于外商投资企业、外国企业和外籍个人)。

(9)城市维护建设税：对缴纳增值税、消费税、营业税的单位和个人征收。

(10)耕地占用税：对占用耕地建房或者从事其他非农业建设的单位和个人，依其占用耕地的面积征收。

(11)土地增值税：以纳税人转让国有土地使用权、地上建筑物及其附着物所取得的增值额为征税对象，依照规定的税率征收。

(12)车辆购置税：对购置汽车、摩托车、电车、挂车、农用运输车等应税车辆的单位和个人征收。

(13)车船税：以在我国境内依法应当到车船管理部门登记的车辆、船舶为征税对象，向车辆、船舶的所有人或管理人征收。征税范围包括载客汽车、载货汽车等六大税目。

(14)印花税：对经济活动和经济交往中书立、领受税法规定的应税凭证征收。印花税根据应税凭证的性质，分别按合同金额依比例税率或者按件定额计算应纳税额。

(15)契税：以出让、转让、买卖、赠与、交换发生权属转移的土地、房屋为征税对象征收，承受的单位和个人为纳税人。出让、转让、买卖土地、房屋的税基为成交价格，赠与土地、房屋的税基由征收机关核定，交换土地、房屋的税基为交换价格的差额。

(16)烟叶税：对收购烟叶(包括晾晒烟叶和烤烟叶)的单位，按照收购烟叶的收购金额征收，税率为20%。

以上是中国现有税种的大致介绍，除此之外，需要说明的是，尽管中国税法规定有20种税，但并不是每个纳税人都要缴纳所有的税。

◎专栏8-1

2013年继续扩大营业税改征增值税

2011年11月16日，财政部和国家税务总局下发《营业税改征增值税试点方案》，决定从2012年1月1日开始在上海率先开展营业税改增值税扩围试点，扩大营业税改证增值税(以下简称“营改增”)试点改革正式进入实施阶段。有消息称，北京、深圳、江苏、天津、重庆等地已经向国家税务总局提出“参与增值税改革试点工作”的申请，北京可能于2012年第三季度开始试点改革。

近日，国务院常务会议决定，2013年继续扩大试点地区，并选择部分行业在全国范围试点。多位接受《经济参考报》记者采访的业内权威专家当时预测，除去已经在部分地区试点的交通运输业和部分现代服务业之外，邮电通信业和建筑安装业也有望进入上述全国性试点的“行业清单”。上述新增行业正在研究之中。而财政部财政科学研究所所长贾康告诉记者，有关部门正在围绕“营改增”试点的新增行业展开紧锣密鼓的测算工作，包括大量的税源调查、情景模拟等。“我不敢断言最终上述行业是否会入围试点，但逻辑上都是有可能的。”贾康表示。

国务院参事、中央财经大学税务学院副院长刘桓在接受记者采访时也表示，“营改增”试点根本上是要搞活生产性服务业，从而通过产业转型为中国经济下一阶段的增长提供内在动力。“增值税是一个很长的链条，所以，进入‘营改增’试点链条上的行业越多，各个行业间的税负公平性就越彰显；反之，部分行业短期内税负不降反升的局面就很难克服”，刘桓称，“因此，行业层面和区域层面的增值税改革应当同步推进”。

曾为上海、北京“营改增”试点筹备提供咨询的安永间接税合伙人梁因乐同时向《经济参考报》记者透露，现已试点的交通运输业向全国铺开的可能性最大，而之前因无法按试点省市划分收入的铁路运输业，也因全国性试点的推行而有望加盟交通运输业。

此外，梁因乐认为，建筑安装业、邮电通信业有望进入“营改增”全国性试点的“行业清单”。“考虑到上述行业的‘营改增’试点在短期内造成的税负不降反增，可能由试点企业转移至终端消费品，如加剧手机上网服务等价格波动，因此决策层在启动试点时将尤为慎重，通胀(恶化)是我们都不想见到的”，梁因乐表示。

某大型会计师事务所的一位资深税务人士也对记者说，在一开始上海试点“营改增”、甚至更早的时候，邮电通信业就比较热门，不过因为“营改增”可能会对该行业产生比较大而且复杂的影响，所以初期试点就比较谨慎。不过，他表示，邮电通信、建筑安装都是服务业里面非常重要的行业之一，所以，从全行业的角度考虑，未来一定会提到日程上来，把其作为试点行业推广到全国，也是顺理成章。即便是上述行业有望直接在全国铺开，梁因乐依然认为，这是一个试点的过程。“国民经济是一个很长的链条，但明年仍将抽取链条的一小段进行试点，如建筑安装业，而不包括其下游的房地产业。”梁因乐说。

刘桓透露，自己曾向筹备“营改增”试点的北京市提出，将建筑安装业和金融保险业纳入试点，但上述两个行业改革的复杂程度都很高。他解释道，建筑安装业涉及的产业链太长，砖瓦沙石等部分建筑材料取自于乡镇企业和小微企业，这样的企业很多无法开具增值税发票，所以只有在核定、征管各环节探索出更好的增值税改革操作方案和技术之后，才能进入试点；而金融保险业体量太大，很容易引起金融行业的系统性风险。

资料来源：2013年继续扩大营业税改征增值税．中国行业研究网，http://www.chinairn.com/news/20120727/739742.html，2012-07-27

第二节　税制模式选择与设计

税制结构也被称做税制模式，包括税收制度的整体布局和分项构成，是税类、税种、税制要素以及征收管理的整体系统。税制结构是否合理，是税收制度能否健全、完善，税收作用能否充分发挥的前提。

一、税制模式理论

税制结构主要是指一个国家的税制体系由哪些税种构成，以哪类税种为主。世界各国的税制结构一般可划分成三大类型，即以所得税类为主体税种，以商品税类为主体税种，所得税和商品税两者兼重的双主体税制结构。

随着经济和社会的发展，世界各国均在实行复合税制，税收制度越来越复杂。古典学派在关于税制分类方法论的基础上，提出了以个人收入所得税为主体税种的税制结构设想。斯密设计了三大税系，即工资税系、利润税系和地租税系。李嘉图继承和发展了三大税系的构想，为发达国家建立以所得税为主体的税制模式奠定了理论基础。但在当时，各国实行的仍然是以间接税为主体税种的税收模式。

凯恩斯学派反对古典经济学派的税制构想，他们认为，垄断时期难以完全依靠市场机制保证充分就业和避免经济危机，必须加强政府干预经济的力度，运用各种方法提高有效需求；同时，社会矛盾的激化和社会财富分配的贫富悬殊，也使消费倾向下降影响有效需求，应该加强所得税的收入再分配作用。因此，应以比较中性的间接税为主体税种构建税制，主张垄断时期的税收体系应以直接税为主。凯恩斯坚持税收体系应以累进的直接税为主，促进了第二次世界大战后发达国家以所得税为主体税种的税收制度的建立。汉森提出的税收体系模式，是以所得税等直接税为主，同时开征消费税等间接税。

不同国家的税收制度的内容有较大差异。世界各国税收制度的发展，大都经历了自然经济、自由竞争经济和现代经济等不同时期的税收制度。随着各国经济的发展，其税制结构也在逐步变化。由于各国生产力发展水平和生产结构有很大不同，税制结构也有很大差别。

二、税制模式的发展趋势

目前，世界各国的税收占GDP的比重越来越大，税收征收的数额也越来越多。人均GDP这一指标，集中体现了生产力发展水平，决定了税收占GDP的比重。世界银行以1985年的数据为例，分析了人均国民生产总值与税收之间的关系，税收占GDP的比重，低收入国家在15%以下，一般约为13%；中等收入国家超过20%；工业发达国家在30%以上。

从税收占政府财政收入的比重看，发达国家的税收约占财政收入的90%左右，如日本占91%，英国占96%，美国占98%。从复合税收体系的角度看，发达国家的税种数量多，如美国多达80余种，日本有50多种，而且课税对象的覆盖面很大，收入、经营所得、租金、股息、产品、行为等都被列入课税范围。复合税收制度越来越复杂，主要在于经济的发展。经济增长不仅使运用多种税种调节经济中的各种行为成为必要，也使运用多税种集中收入成为可能。

发达国家由于人均收入水平较高，有扩大个人所得税的潜力；同时，为鼓励投资，刺激经济增长，在公司所得税上多给予优惠照顾。因此，个人所得税在数量比重等方面都占重要地位。发达国家只有法国把以增值税为中心的间接税作为主体税种，其余国家几乎都选择所得税为主体税种。例如，美国个人所得税长期处于领先地位，1985 年个人所得税收入占税收总额的 45%，占所得税总额的 84%；英国、日本、德国、瑞典、荷兰等都是如此，其个人所得税的比重要比公司所得税的比重大得多。

在低收入国家，包括国内商品税和国际贸易税在内的商品税类占税收总收入的比重，1975 年为 66%，1985 年为 70%。同期，包括社会保障税在内的所得税类的比重，分别为 30%和 26%；财产等其他税类分别为 4%和 3%。

发达国家则明显以所得税类为主体税种，1975 年和 1985 年，所得税类（含社会保障税）分别占 63%和 66%；财产等其他税类两个年度均为 3%。

中国在 1975 年和 1985 年，商品税类占税收总收入的比例分别为 84%和 60%，所得税类分别占 9%和 35%，资源、土地、财产、行为等税类分别占 7%和 5%。我国税类的构成与低收入国家大致相同，并且所得税类中，由于个人收入平均水平很低，也如同其他低收入国家一样，个人所得税收入所占份额很小。

各国税制结构模式的发展具有一定程度的趋同性。发达国家在力图通过税制改革完善以个人所得税为主体税的税制模式的同时，开始探索用间接税的优点来弥补以所得税为主体税种的税收模式的缺陷。发展中国家则随着经济实力的增强和人均收入水平的提高，正在向个人所得税为主体税的税制结构模式迈进。

以所得税为主体税种对于缓解 20 世纪 30 年代后世界周期性经济波动起到一定作用，税收理论界也把具有广泛基础的所得税作为税收的最好形式。但是，目前税收理论界已转向把消费作为更好的税基。因为，所得税有利于当前消费而不是未来消费，而间接税则是中性的，更有利于储蓄，进而有利于经济增长。

面对经济滞胀状况，各国主体税种的比重发生了逆转趋势，间接税比重有所提高。1977～1983 年，世界各国所得税收入占财政收入的比重由 36.7%降到 33.2%，降低了 3.5 百分点，其中，发达国家由 40.3%降到 36.6%。而间接税在发达国家占财政收入的比重却上升了 17.2 百分点，仅英国在扩大增值税范围，大幅度调整增值税率后，增值税在税收收入总额中的比重比 20 世纪 70 年代增加了将近一倍。

从税收模式的发展总体来看，主体税种有向双主体发展的趋势。这对综合利用其他税收的优点，使之相互配合，以达到发展经济，缓解通货膨胀的目的，具有一定的作用。

◎专栏 8-2

美国的个人所得税

美国的个人所得税是美国在 1861 年为筹措南北战争的经费而设置开征的一种税种。1862 年，美国又修改了个人所得税法，使个人所得税具有了累进的性质。1872～1892

年，个人所得税停征。直到1913年，第16次宪法修正案通过了国会所有权对所得征税的条款，并通过了修正宪法之后的第一个个人所得税法。从美国1913年所得税法建立以来，又经过了若干次修订改革。总的来说，税率是不断提高的，宽免额也不断增加，所得税在整个财政收入中占据的比重不断上升，从而使美国的税收制度由过去的以间接税为主体转变为以直接税为主体。按照征收级别的不同，美国个人所得税又分为联邦个人所得税、州个人所得税和地方个人所得税，其中，以联邦个人所得税为主。

美国的个人所得税属于综合所得税类型，也就是个人在一年之内，从各种渠道取得的收入，不管是劳动所得还是资本所得，均汇总为当年的收入总额，根据年收入总额划分为不同的档次，分别规定相应的税率，按超额累进税率方式进行征收。

美国个人所得税的应税所得，要经过成本费用扣除、个人免税扣除和家庭生计扣除。其中，家庭生计扣除就是从净所得中减去规定的数额，这种扣除往往对配偶与子女规定不同的标准，有时对子女还要按照他们的年龄规定不同的标准。美国对每个纳税人抚养的家属给予个人宽免额。

资料来源：贾冀南，赵莉，徐运红．财政学．北京：电子工业出版社，2010

三、税收制度的设计

税制设计是指政府决策者根据本国经济发展水平、税源分布状况、财政收入需要，以及征收管理的可能性，对税种、征税范围、计税方式、课税环节、税率等做出的抉择。

（一）基于税收理论的税收制度设计

在设计税收制度时，主要应该考虑设想的税制会对经济和社会产生什么影响；税收的几种职能如何发挥作用，相互之间是否会产生矛盾；税制如何为已经确定的社会和经济目标的实现做出贡献；如何使税收的额外负担最小；怎样的税收管理体制和制度才是最简单的。

取得稳定的财政收入以保证政府正常履行其职能是税制设计的首要目标。获取财政收入是税收的最原始和最基本的目的，即使在现代，取得稳定的财政收入仍是所有国家税制设计的首要原则。始于20世纪80年代的世界性税制改革，很多国家都采取了扩大税基、普遍征收的措施。这措施一方面，是为了形成公平的税收环境，另一方面则是保证政府可以获取稳定的财政收入。此外，为了防止税收收入向境外转移，一般会对税收报免条款进行严格控制。

公平税负以促进经济发展为税制设计的重要原则。促进经济发展是各国政府税制设计中普遍遵循的准则，在市场经济条件下，经济活动的主要场所是市场，税收的作用除了确保财政收入外，应提供一个让生产经营者平等竞争的外部环境。这就需要在课税制度的具体设计中，贯彻公平与效率两项基本原则；公平原则体现于不同的纳税人，效率原则则主要在不同的课税对象中体现。税制设计应尽量不影响市场进行正常的资源配置，这已成为税制设计者的共识。例如，20世纪80年代以来增值税的普遍推广，克服了传统的销售税重复课税的弊端，不再歧视企业的社会化专业分工和产品的深加工，有利于为企业创造公平竞争的环境。此外，为保证经济的发展，税制设计应鼓励投资。一般的做法包括实行加速折旧，减轻对资本利得的课税，对有形资产的投资给予抵免等。

简化税制以提高效率是实现税制设计各项原则的保证。20 世纪 80 年代以来，各国不断反省以往烦琐的税制带来的效率低下问题。简化税制以提高效率成为税制设计的原则之一。例如，在所得税课征方面提倡源泉扣除法，以便堵塞偷税漏洞；在间接税方面推广增值税，使用注明税款的发票等。其目的都是要简化税制和提高效率。

总之，一个良好的税收制度应该达到四方面的要求：①税收负担的分配应该是公平的，以使每个纳税人支付合理的份额。当税收政策被用于其他目标时，必须使其对税制公平性的干扰达到最小。②对税收类型进行选择，以便尽量不影响市场经济的有效决策，把税收的额外负担减少到最低程度。③税收结构的设计应该适于财政政策为了达到稳定与增长的目标而进行的运作。④税收制度应该具备有效的管理体制，帮助纳税人理解税法，减少管理和征纳成本。这些要求可以作为评定税收制度的结构和质量的标准。

(二)最佳税收制度理论

从理论上说，所谓最佳税收制度，是指一种税制已经处于不需要再进行任何能获益的改革这种状态。最佳税收制度理论为评判现有税制提供了一个基准。如前所述，税收可以影响或扭曲供给和需求行为，而且还会造成额外负担。政府应该在如何确保通过税收筹集到一定数额的财政收入的同时，又使额外税负最小，这就是所谓最佳税收制度的问题。

避免税收额外负担的最极端方法，是用课征人头税来获取全部的财政收入，让每个人无差别地缴纳相同数量的税金；或者采取即使有差别，但不影响经济行为或决策的做法，如允许不同性别的人交不同数量的税金，但同一性别的人必须交相同数量的税金。这样做，就可以避免全部的额外税负。但是很显然，从公平角度来看这种税收是无法接受的。因此，出于公平的考虑，税收就不可避免地会干预经济选择，从而会引起额外负担。

现代经济学认为，设计税制要有三个标准：一是效率要高，即减少征税成本；二是保持中性，税收负担公平合理，减少对经济的干预；三是便于征收管理。对最佳税收制度的各项标准，在实行中可能产生不一致性。例如，公平的要求会导致管理上的复杂，而且可能会妨碍中性原则。因此，当各标准之间存在矛盾时，政府应该做出权衡选择，寻求能够同时顾及效率和公平这两个原则的解决办法，在所有较为符合公平原则的税种中，选择较有效率的税种，在所有属于效率较高的税种中，选择较为公平的税种。

1. 最适商品课税

对需求弹性低的商品课税引起的额外负担，要小于对需求弹性较高的商品课税所引起的额外负担。同时，对每一商品税率的提高，额外税负将以税率的平方加速上升。考虑到这些因素，在政府所需要的收入一定量的条件下，为了使额外税负的总额最小，最适商品课税原则要求政府只应对需求弹性较低的商品课税。但是，在现实生活中，由于在各种商品的消费之间，以及在商品与休闲之间存在着替代关系，情况要更为复杂。

(1)在各种商品的消费之间存在着替代关系，并假定替代关系不存在于商品和休闲之间。如果政府必须获得一定量的税收收入，政府必须同时向所有的商品课税，同时要使每种商品课税的边际额外负担相等。政府对所有商品课税的最适课税的整套税率，必须能做到在所有商品上的价格百分比变化达到均等，即做到整套税率全部一样的从价税。这是最适课税理论中的一个重要问题，即对商品课税的税率统一问题。

(2)在商品和休闲之间存在着替代关系，但假定替代关系不存在于商品的消费之间。在这种情况下，从理论上说应当对商品和休闲一视同仁，按同样的税率课税。但在现实中，由于尚有难以逾越的技术和政治方面的障碍，对休闲进行课税是不可行的。因此，作为一种次佳的办法，对商品课税的这套税率必须能使在所有商品上的价格百分比变化和这些商品的需求弹性成反比，即对需求弹性较高的商品课以较低税率的税收。

(3)在商品之间及商品和休闲之间均存在替代关系。这是更接近于现实世界的情形。在这种情况下，应当考虑对休闲课税的间接方法，即对那些与休闲互补的商品(如娱乐产品)课以重税，以此来校正由于对商品课税，但无法对休闲课税而引起的在商品消费与休闲消费之间的选择的扭曲。

2. 最适所得课税

最适所得课税要考虑效率与公平之间的关系，以及在它们之中做合适的权衡的最好时机。作为累进的所得课税与公平原则更为一致，但由于它要求有较高的边际税率，会造成较沉重的额外税负。因此，构成最适所得课税税率选择的最基本问题，就是在累进课税的边际额外税负与边际社会效用之间进行权衡，从而在获取政府所需的收入时，使社会总效用达到最大。

3. 多税种情况下的选择

在其他选择保持不变的单一选择的假设下，从税种的效率方面看，可以得出的结论是：第一，有选择性的差别税率的消费税导致纳税人在消费品之间的选择产生扭曲，因而是不好的，不如采取同样的税率对所有的商品课征一般消费税；第二，所得税使纳税人在当前消费和将来消费之间的选择产生扭曲，因而要选择不会导致这类变形的消费税差；第三，所得税使纳税人在商品和休闲之间的选择产生扭曲。这些是在单一选择假设下的情形。

在多重选择假设下，即在同一时间内各种选择都可以变动的假设下，情况将更为复杂。例如，如果所有的选择都可以变动，这在现实生活中是经常存在的，那么，单一选择假设下结论的第一点就不一定成立。特别是商品课税和所得课税的适当结合更是一个相当复杂的问题。

第三节 税收的转嫁与归宿

分析税收转嫁的目的，在于认清税收转嫁的过程及其最终归宿，认清税收的实际负担人，以便正确地衡量税收是否适当、是否符合税收原则，从而有助于研究各种税收对经济的影响，建立更好的税制结构。

一、税收转嫁的含义与形式

(一)税收转嫁的含义

税收转嫁是指纳税人在缴纳税款之后，通过提价或压价方式，将部门或全部税款转移给别人负担的过程。税收转嫁之后所形成的负担分布结果就是税收归宿。税收转嫁不论次数多少、程度如何，最终都会导致各经济主体之间税收负担的再分配，正是利益的驱动，才使纳税人努力将税款转嫁出去。因此，在设计税收制度时，必须充分考虑税收转嫁因素，合理选择税种、税率及课税范围。

(二)税收转嫁的基本形式

税收转嫁最基本的形式是前转和后转。

1. 前转

前转又称顺转，是指纳税人通过提高商品或者生产要素的价格，将其所缴纳的税款转移给购买者负担的过程。前转多发生在商品课税上，是税收转嫁最典型、最普遍的形式。前转有三种情况：如果价格上升的幅度等于所缴税款，则实现税负的全部转移；如果价格上升的幅度大于所缴税款，纳税人不仅实现税负的全部转移，而且还有额外利润；如果价格上升的幅度小于所缴税款，则纳税人只能实现税负的部分转嫁，即他自己要承担部分税款。

2. 后转

后转又称逆转，是指纳税人通过压低进货的价格，将其所缴纳的税款转移给销售者承担的过程。后转也有三种情况：如果价格下降的幅度等于所缴税款，则实现税负的全部转嫁；如果价格下降的幅度大于所缴税款，纳税人不仅实现税负的全部转嫁，而且还有额外利润；如果价格下降的幅度小于所缴税款，则纳税人只能实现税负的部分转嫁，即他自己要承担部分税款。

后转方式的一种特例是税收资本化。税收资本化又称为资本还原，是指生产要素的购买者将所购买的生产要素未来的应纳税款，折算成现值之后从购入价格中预先扣除。此后，名义上由买方按期纳税，实际上由卖方承担。

在实际生活中，有时前转与后转同时存在，即某种货物的税负既通过提高售价转移一部分，又通过压低进价转移一部分，这种转嫁方式称为混转。

二、税收归宿的经济学分析

(一)向买者征税如何影响市场结果

我们首先考虑对一种产品的买者征税。例如，假设某地区政府通过一项法律，要求汽水的购买者为他们购买的每一瓶汽水向政府支付 0.5 元税。这项法律是如何影响汽水的买者和卖者的呢?

这项税收最初是影响汽水的需求。供给曲线并不受影响，因为在任何一种既定的汽水价格上，卖者向市场提供汽水的激励是相同的。与此相比，买者只要购买汽水就不得不向政府支付税收。因此，税收使汽水的需求曲线移动。由于对买者征税使汽水的吸引力变小了，在每一种价格时买者需要的汽水量也少了，结果需求曲线向左移动。

在这种情况下，我们可以更准确地了解需求曲线移动了多少。由于向买者征收 0.5 元的税收，所以，买者的有效价格现在比市场价格高 0.5 元。例如，如果每瓶汽水的市场价格刚好是 2 元，对买者的有效价格就是 2.5 元。由于买者看的是包括税收的总成本，所以，他们需要的汽水就仿佛是其市场价格比实际高出 0.5 元一样。换句话说，为了诱使买者购买任何一种既定的数量，市场价格现在必须降低 0.5 元，来弥补税收的影响。因此，如图 8-3 所示，税收使需求曲线从 D_1 向下移动到 D_2，其移动幅度正好是税收量 0.5 元。

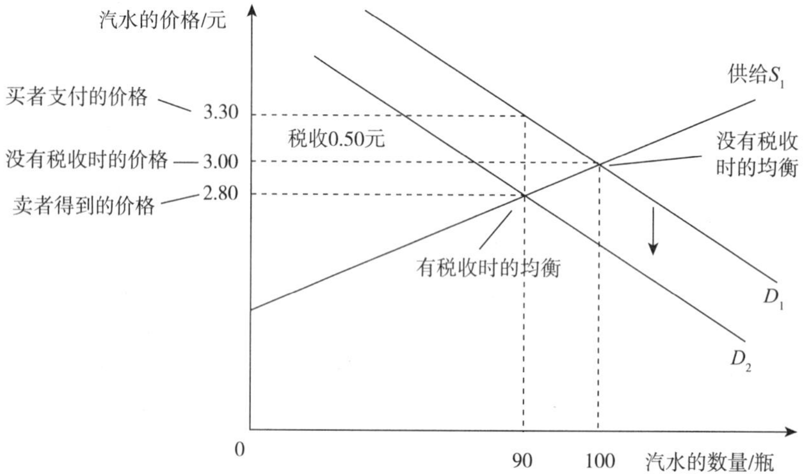

图 8-3 向买者征税对市场的影响

为了说明税收的影响，我们比较原来的均衡与新均衡。可以在图 8-3 中看到，汽水的价格从 3 元下降到 2.8 元，而均衡数量从 100 瓶减少为 90 瓶。由于在新的均衡达成时，卖者卖得少了，而买者买得少了，所以政府对汽水征税减少了汽水的市场规模。

那么是谁最终支付了税收？虽然买者向政府支付了全部税收，但买者和卖者分摊了负担。由于引进了税收，市场价格从 3 元下降为 2.8 元，卖者每瓶汽水比没有税收时少收入了 0.2 元。因此，税收使卖者的状况变坏了。买者付给卖者最低的价格 2.8 元，但包括税收在内的有效价格从征税前的 3 元上升为有税收时的 3.3(2.8＋0.5)元。因此，税收也使买者的状况变坏了。总之，从以上分析可得出两个一般性结论：①税收抑制了市场活动。当对一种产品征税时，该产品在新的均衡达成时，销售量减少了。②买者与卖者分摊税收负担。在新的均衡达成时，买者为该产品支付的多了，而卖者得到的少了。

(二)向卖者征税如何影响市场结果

现在再来考虑向一种产品的卖者征税。假设地方政府通过法律要求汽水的卖者每卖一瓶汽水向政府支付 0.5 元。这项法律有什么影响呢？

在这种情况下，最初税收影响汽水的供给。由于并不向买者征税，在任何一种既定价格时，汽水的需求量是相同的，所以，需求曲线不变。与此相比，对卖者征税增加了销售汽水的成本，这就使卖者在每一价格水平时供给的数量少了。供给曲线向左移动。

我们仍然可以准确地知道移动的幅度。在任何一种汽水的市场价格时，卖者的有效价格——他们在纳税之后得到的量——要降低 0.5 元。例如，一瓶汽水的市场价格刚好是 2 元，卖者得到的有效价格将是 1.5 元。无论市场价格是多少，卖者总是在比市场价格低 0.5 元的价格时来供给汽水的数量。换个说法，为了诱使卖者供给任何一种既定数量，现在市场价格必须调高 0.5 元，以弥补税收的影响。因此，如图 8-4 所示，供给曲线向上从 S_1 移动到 S_2，移动幅度正好是税收量 0.5 元。

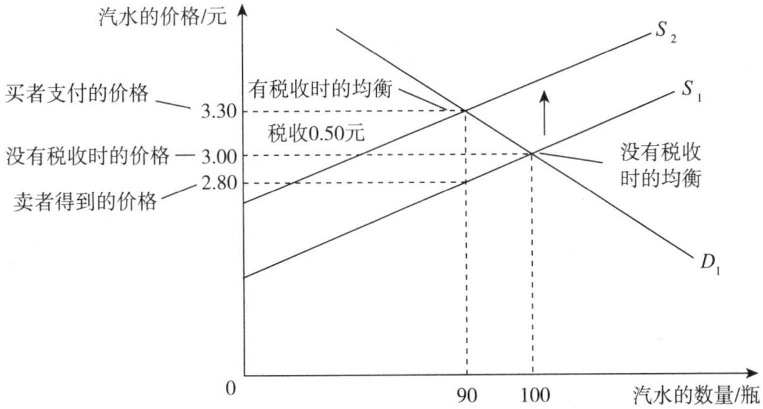

图 8-4　向卖者征税对市场的影响

当市场从旧均衡向新均衡移动时，汽水的均衡价格从 3 元上升到 3.3 元，而均衡数量从 100 瓶减少到 90 瓶。税收又减少了汽水市场的规模。而且买者与卖者又一次分摊税收负担。由于市场价格上升，买者为每瓶汽水比纳税前多支付了 0.3 元。卖者得到的价格高于没有税收时的价格，但有效价格(在纳税之后)从 3 元下降到 2.8 元。

比较图 8-3 和图 8-4 得出了一个令人惊讶的结论，即对卖者和买者征税是完全相同的。在这两种情况下，税收在买者支付的价格和卖者得到的价格之间打入了一个楔子。无论税收是向买者征收还是向卖者征收，买者价格与卖者价格之间的楔子是相同的。在这两种情况下，这个楔子都使供给和需求曲线的相对位置移动了。在新的均衡达成时，买者和卖者分摊税收负担。对买者征税和对卖者征税的唯一差别是谁把钱交给政府。

如果，我们设想政府在每家卖汽水店的柜台上放一个碗来收取 0.5 元的汽水税，也许就容易理解这种税收方式的相等性了。当政府向买者征税时，要求买者每买一瓶汽水往碗里放 0.5 元；当政府向卖者征税时，要求卖者每卖一瓶汽水往碗里放 0.5 元。无论 0.5 元是直接从买者的口袋放入碗内，还是间接从买者的口袋放入碗内，都无关紧要，一旦市场达到均衡，无论向谁征税，都是买者与卖者分摊负担。

（三）弹性与税收归宿

当对一种产品征税的时候，该产品的买者与卖者分摊税收负担。但是税收负担如何确切地划分呢？只有在极少数情况下是平均分摊的。为了说明税收负担如何划分，我们来考虑图 8-5 中两个市场的税收影响。在这两种情况下，图 8-5 表示了最初的需求曲线、最初的供给曲线和打入买者支付的量与卖者得到的量之间的楔子。这两幅图的差别是供给和需求的相对弹性。

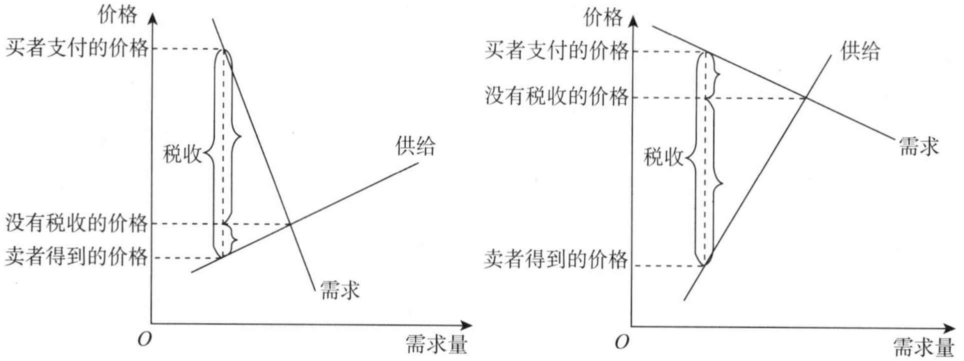

（a）供给富有弹性而需求缺乏弹性时　（b）需求富有弹性而供给缺乏弹性时

图 8-5　税收负担的分割

图 8-5(a)表示供给非常富有弹性而需求较为缺乏弹性时市场上的税收。这就是说，卖者对某种产品的价格非常敏感，而买者非常不敏感。当对这些富有弹性的市场征税时，卖者得到的价格并没有下降多少，因此，卖者只承担了一小部分负担。与此相比，买者支付的价格大幅度上升，表示买者承担了大部分税收负担。

图 8-5(b)表示供给较为缺乏弹性而需求非常富有弹性时市场上的税收。在这种情况下，卖者对价格不十分敏感，而买者非常敏感。该图表示，当征收税收时，买者支付的价格上升并不多，而卖者得到的价格大幅度下降。因此，卖者承担了大部分税收负担。

图 8-5 的两幅图说明了一个关于税收负担划分的一半结论，即税收负担更多地落在缺乏弹性的市场一方身上。弹性实际上衡量当条件不利时买者或卖者离开市场的意愿。需求弹性小意味着买者对某种消费品没有适当的替代品。供给弹性小意味着卖者对生产这种产品没有适当的替代品。当对这种产品征税时，市场中缺乏弹性的一方不能轻而易举地离开市场，从而必须承担更多的税收负担。

◎专栏 8-3

谁支付公司所得税

公司所得税是说明税收归宿对税收政策重要性的一个好例子。选民中普遍欢迎公司税。毕竟公司不是人民的。选民总是渴望自己税收减少，而由一些非个人化的公司来付费。

但是，在确定公司所得税是政府增加收入的一种好方法之前，我们应该考虑谁承担了公司税负担。这是经济学家看法不一致的一个困难问题，但有一件事是确定无疑的，即人民支付所有税收。当政府对公司征税时，公司更像一个收税人而不是纳税人。税收负担最终落在这些人身上——所有者、顾客或公司的工人。

许多经济学家相信，工人和顾客承担了大部分公司所得税的负担。为了说明其原因，考虑一个例子。假设美国政府决定增加汽车公司赚到的收入的税收。乍一看，这种税伤害了汽车公司所有者，他们得到的利润少了。但是，随着时间的推移，这些所有者将对税收做出反应。由于生产汽车不太有利，他们对建立新汽车厂的投资少了。相反，他们以其他形式投资自己的财产，如购买更大的房子，或在其他行业或其他国家建厂。当汽车工厂减少时，汽车的供给减少了，对汽车工人的需求也减少了。因此，对生产汽车的公司征税引起汽车价格上升和汽车工人工资下降。

公司所得税之所以受欢迎，部分地是因为它看来是由富有的公司支付的。但那些最终承担税收负担的人——顾客和公司工人，这些往往并不是富人。如果更多的人了解公司税的真正归宿，这种税在选民中就不会那么广受欢迎了。

资料来源：曼昆．经济学原理．微观经济学分册(第五版)．梁小民译．北京：北京大学出版社，2006：263

第四节 税收与经济效率

税制会对纳税人产生各种影响，形成税收效应。税收效应是指纳税人因政府征税而在其经济选择或经济行为方面做出的反应，以及由此对社会经济运行本身产生的影响。

保持税收中性只是建立完善税制的努力方向。在现实经济生活中，税收作为一种强制和无偿的国家占有社会产品的过程，总会对纳税人的经济选择或经济行为发生影响，对经济资源配置和经济稳定增长发生影响。也就是说，税收实际上是很难处于中性的。因此，我们必须对税收的经济影响加以研究，以有利于人们制定合理的或尽可能中性的税收政策。

一、税收与生产

税收对生产的影响主要通过对劳动供给和投资的影响而起作用。此外，税收状况对储蓄产生的影响也会影响生产，虽然传统的关于储蓄等于投资的理论在许多国家受到了挑战，但是储蓄对生产的影响依然存在。所以，我们在分析税收对生产的影响时，已将税收对储蓄的影响联系了起来。人们在分析、研究税收对劳动与投资的影响时，一般认为这种影响是两方面的，即税收既对劳动和投资有收入效应，又对劳动和投资有替代效应。

(一)税收对劳动供给的影响

由于劳动者总是追求效用最大化的，而劳动者的效用主要由收入和闲暇两部分组成，税收对劳动者的影响主要是影响到劳动者对收入或闲暇的选择或者是两者的替换。对作为纳税人的劳动者个人来说，税收是对其个人收入的一部分扣除。因而，征税会对其工作产生不同的影响，或是鼓励纳税人去努力工作，或是使纳税人放弃进一步工作的努力。开征一种税或增加税额，对纳税人的工作努力带来两种不同的影响，一方面是收入效应，另一方面是替代效应。

1. 税收对纳税人劳动供给分析的前提

研究税收对劳动供给影响的主要方法是分析劳动力供给曲线。税收的这一效应也可以用需求弹性理论来分析。税收对纳税人的劳动供给是起阻碍作用还是激励作用，取决于纳税人对税后所得的需求弹性。假如，征税使其所得比以前减少，当纳税人对所得的需求弹性较小时，税收对劳动供给有激励作用。例如，一个人有家属需要赡养，并希望其储蓄在将来达到不低于某一所得数额，以获得能够满足其日常生活的需要，在这种情况下，则常因课税或增税的压力而迫使他更勤奋地工作，以弥补因课税而减少的所得。但当纳税人对所得的需求弹性较大时，税收对劳动供给则会起到阻碍作用。当一个人生活达到一定的水平，可以允许对其所得作较大幅度的增减，在这种情况下，因课税使某一数量的劳动所得比以前减少，纳税人感到不值得像以前那样工作，从而选择闲暇来代替劳动。

2. 税收对纳税人劳动供给的收入效应

税收对纳税人劳动供给的收入效应，是指由于政府增加税收而减少了纳税人可支配的收入，使纳税人不得不增加工作量的效应。一般说来，开征某种税的目的是希望这种税的收入效应能够激励纳税人更加发奋工作，其原理是由于征税使纳税人的收入减少，使他们不得不减少闲暇等其他方面的享受，更加努力地工作。从深层次的意义上讲，这一效应会进一步影响纳税人对其支出的分配，以及影响其消费和储蓄的数额。

收入效应的大小，是由某人的总收入与其缴纳的税款之间的比例，即由平均税率所决定的，且与平均税率变动方向一致(即平均税率高，税收对纳税人产生的收入效应就大；反之，收入效应则小)。

从图 8-6 中我们可以看出，当劳动力供给为曲线时，劳动者的劳动供给在开始阶段随着工资的提高而提高，但当工资达到一定的水平后，劳动者对收入的需求降低，随着工资水平的增加，劳动力供给不但不增，反而下降。假定劳动者征税前后的可支配收入为 W_1，劳动时间为 H_1。政府征税为 W_2W_1 后，劳动者的可支配收入为 W_2。随着劳动者税后可支配收入的减少，劳动者的劳动供给倾向于增加，劳动时间由原来的 H_1 增加到 H_2。

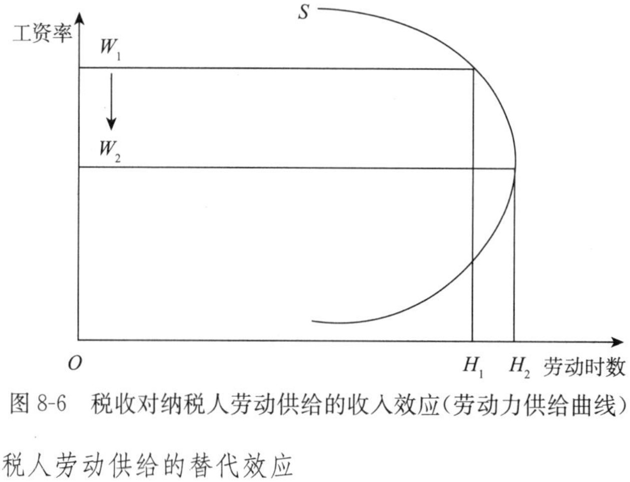

图 8-6 税收对纳税人劳动供给的收入效应(劳动力供给曲线)

3. 税收对纳税人劳动供给的替代效应

税收对纳税人工作努力的替代效应，是指由于政府征税，降低了闲暇相对于劳动的价格，从而引起纳税人利用闲暇来替代劳动。经济学的替代效应是用来说明相对价格变化及其所造成的和个人支出模式变化之间的关系。

对纳税人来说，经济福利不仅存在于由劳动所获得的物质收入之中，也存在于由闲暇所获得的精神享受之中。当所得税率提高后，如果人们从增加的劳动收入中得到的好处并不很大，他们则不会多干工作，而宁愿选择休息，即用闲暇来代替工作。这样，征税的结果是造成工作努力的下降。

纳税人在追求福利最大化时，使他们的工作达到某一点，在这一点上，少量超额工作所获得的利益恰好等于把同等时间作为闲暇所获得的利益。如果低于这个水平，则工作的边际利益大于闲暇的边际利益，如果高于这个水平，则相反。因此，在课征所得税的情况下，替代效应的大小由其边际税率决定，且与边际税率同方向变动，即边际税率高，替代效应大，反之，替代效应则小。

从图 8-7 中我们可以看出，劳动者的劳动时间随着工资率的提高而逐渐提高，当工资率下降时，劳动者就减少工作时间。假定劳动者在征税前可支配的收入为 W_1，劳动时间为 H_1。假定政府对其工资收入征收个人收入所得税，征收额为 W_1W_2，这时劳动者的可支配收入降至 W_2，随着劳动边际收益的减少，劳动者的劳动时间将由原来的 H_1 降至 H_2，这表明政府征税促使劳动者减少劳动供给时间而增加闲暇的时间。

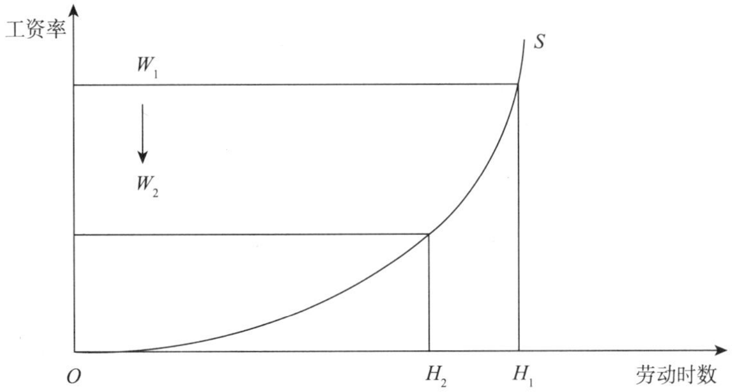

图 8-7　税收对纳税人劳动供给的替代效应(劳动力供给曲线)

4. 不同税种对劳动供给的影响

税收效应分析并不能预测税收变化对劳动力供给水平的总影响，因为税收对纳税人工作努力的收入效应和替代效应作用方向是相反的。在收入效应下，税收会激励纳税人为取得更多的收入而努力地工作。而在替代效应下，税收会减少纳税人的工作热情，即对纳税人工作起反激励作用。两种效应相互抵消或相互作用后的净效应如何，取决于不同税种的特点，以及纳税人对它们的不同反映。因此，税收变化对工作努力所产生的实际效应取决于税收的收入效应和替代效应的相对强度，还取决于许多实际中的复杂因素。

从不同的税种对工作努力的效应比较来看，人头税按固定的数额征收，不会随着收入额的增减而发生变化，不会改变收入和闲暇之间的相对价格。因此，这一税种不具有妨碍工作努力的替代效应，而会激励纳税人努力工作以增加收入。对劳务等征收的比例税，其边际税率与平均税率相等，对纳税人工作努力的影响要大些，具有一定的替代效应，在某种程度上会刺激人们选择闲暇代替劳动。累进所得税对纳税人工作努力的影响最大，其边际税率大于平均税率，使其替代效应较大，有碍于增加工作努力。间接税由于具有累退性质，即随着收入的增加，纳税人所缴纳的税款占收入的比重反而下降，其边际税率低于平均税率，替代效应较小，与上述税种相比，间接税对纳税人的工作努力具有更大的激励作用。

（二）税收对投资的影响

税收对投资的影响，除去因其对储蓄水平的间接影响外，这一效应还通过对投资收益率和折旧因素的影响来实现。

储蓄虽然为投资提供了可利用的资源，但储蓄并不一定能够转化为投资。纳税人的投资行为，是为了追求资金的最大利润，在其生产的边际成本未达到边际利润水平时，纳税人会不断增加投资。在政府征税的条件下，纳税人的投资行为最终取决于税后收益的大小，即由投资收益的状况所决定。决定投资收益的是税后的可支配投资收益，而不是税前投资收益。投资成本中包括折旧多少，也是由税收制度决定的。因此，税收对投资的影响是通过税收对纳税人的投资收益率和折旧的影响而实现的。

1. 税收对投资影响的替代效应

税收对总收益率的影响，首先是由于纳税的缘故使总收益率下降。如果其影响降低了投资对纳税人的吸引力，造成纳税人以消费替代投资，即发生了税收对投资的替代效应。

2. 税收对投资影响的收入效应

总收益率下降的趋势，也可能受到其他因素的限制，如折旧因素。由于折旧可以直接从应税收入中扣除，可以降低课税所得。如果其影响减少了纳税人的可支配收益，促使纳税人为维持以往的收益水平而增加投资，即发生了税收对投资的收入效应。

3. 税收对投资影响的综合分析

限制总收益率的下降趋势，即税收鼓励投资的因素，一是在应税收入中扣除折旧，从而阻止总收益率下降的趋势。二是因为投资可以享受在应税所得额中直接扣除一部分由投资带来的收益的优惠。税收通过公司税税率和折旧率来影响投资。

加速折旧和投资性贷款等鼓励投资的形式，可增加净收益率，前者有利于长期投资，后者有利于短期投资。通过税收制度规定的税收折旧率与实际折旧率通常并不一致。若两者相等，税收对私人投资的影响表现为中性。若前者高于后者，税收对私人投资的影响表现为刺激性。若前者低于后者，税收对私人投资的影响表现为抑制性。公司所得税一般允许在应税收入中扣除折旧。为了鼓励投资，很多国家的税收制度允许采用加速折旧。

影响投资的税收因素除折旧外，还表现在对公司所得税的课征上。有些国家的税收制度，为了鼓励投资，允许从应税额中直接扣除一部分投资成本。

此外，政府某些间接税种，如消费税、增值税、营业税、关税等也会通过直接影响消费而间接地影响纳税人的投资行为。因对商品征税，会使消费能力降低，减少社会购买力，影响销售，使利润减少，从而导致投资规模缩小。

根据这些特点，政府可视不同的经济环境，在需要减轻税收对纳税人投资的妨碍作用时，采取必要的措施，如降低公司所得税率使折旧率高于企业的实际折旧率，从而提高有效需求，扩大投资规模。

二、税收与资源配置

税收的效率原则要求课税应有助于实现资源的最优配置。资源是稀缺的，因此，必须合理使用和分配资源才可以增进社会福利，满足人们的需要。然而，课税对资源配置的影响本身又是客观存在的，所以政府应根据税收对资源配置的影响和以实现资源最优配置为目的来确定税收。

(一)资源在不同产品之间的配置

政府选择课税产品及确定对不同产品的课税税额，会对资源配置有明显的导向作用。如果政府认为现有的资源配置是有效率的，其选择的课税产品范围就宽，纳税人权衡后认为经济资源移动造成的生产力损失比回避课税产品税收负担更大，一般就不会重新配置资源。如果政府认为现有的资源配置是低效率的或是无效率的，则其会有意识地选择部分产品课税，纳税人出于长期考虑，会将资源投向非税产品的生产。这样政府选择部分限制社会公众消费的产品课以重税，则会使纳税人的投资改变方向，从而起到重新配置资源的作用，以实现资源配置的高效率。

(二)资源在不同产业间的配置

政府对不同产业实行不同的税收政策，会影响资源的流向，从而起到重新配置资源的作用。如果某一产业常需要负担税收，而其他产业不需要负担税收或负税较轻，则经济资源将从这一产业中流出；如果纳税人权衡后认为因资源的重新配置导致的收入损失低于支付较少税收后的所得，则经济资源的重新配置对于纳税人是有效率的，反之则是无效率的。政府可以有意识地采用不同产业的税收政策影响各种不同产业，从而使其实现均衡、协调发展。

(三)资源在不同地区的配置

税收也可以实现资源在地区之间的重新配置，如某一地区的资本与劳动因税负过高，这些资源就会转移到其他税负较轻的地区。政府运用税收的再分配作用，可以进行地区间的资源重新配置，即通过征税，促使某一地区的资源向其他地区移动，实现地区经济发展的平衡。尽管地区间存在的税制差异会为纳税人避税创造条件，但政府出于各种目的，有时会有意地制定地区间的税制差异。

三、税收与分配

税收对分配的影响是指政府通过税收参与国民收入分配。由于税收的种类、性质及其征收方法不同，国民收入分配会产生的影响也是不同的。通过税收，可能会使国民收入分配更趋不公平，也可能会使国民收入分配趋向公平。

(一)征税方法不同对分配的影响

就征税方法而言，税收制度中有累进税、比例税和累退税。累退税最具促使国民收入分配不均的作用，比例税及轻缓的累进税总的来说也具有促进国民收入分配不均的趋势，只有较高的累进税才能抑制国民收入分配不均的状况。

（二）计税方式不同对分配的影响

就计税方式而言，对一般消费品课税，有从价税和从量税。纳税人在一般消费品的消费数量上差异不大，但在消费价格上有较大的差异。如果政府对消费品从量课税，则会加大国民收入分配不公；如果政府对消费品从价课税，则会起到公平分配的作用。

（三）税收性质不同对分配的影响

就税收性质而言，人头税最易加大分配不公；消费支出税由于仅对消费支出课税，不能反映纳税人的负担能力，也有可能造成分配的不公；所得税是对资本、劳动产生的所得课税，具有平等分配的可能；遗产税也具有平等分配的可能；一般财产税由于分级累进课征，也可以限制财富分配的不平等。

四、税收与消费

税收使商品价格发生变化，也使纳税人收入受到影响，因而必然会对消费产生一定的影响。政府的课税造成消费者减少对课税商品和重税商品的购买量，增加无税商品和轻税商品的购买量，因此，发生了税收对消费者选择的替代效应。政府的课税造成消费者可支配收入减少，从而使消费者降低了商品购买量，发生了税收对消费者选择的收入效应。税收从许多方面影响着消费，并会进一步影响到储蓄和投资。这一影响因商品的性质、课税范围，以及纳税人的经济实力等因素的不同而有所差异。

（一）税收、需求弹性与消费

从商品本身的性质来看，需求弹性大的商品，如奢侈品、易于被替代的产品、用途广泛的产品和非耐用品等非生活必需品，对这类产品增加税收，价格上涨时，消费量会急剧削减。而对需求弹性小的商品，如生活必需品、不易替代产品、用途狭窄产品和耐用品等商品，征税后即使价格上涨较高，消费量也不会发生大的变动。

（二）征税范围、税种与消费

从税收征收范围来看，课税范围狭窄的税种，对产品购买的替代效应强，需求具有弹性。如果课税范围只包括少数几种产品，购买者可改变购买选择，减少课税商品的消费量，增加其他替代品的消费。这样，社会总消费量可能不变，改变的只是消费结构。课税范围宽广的税种，不易对产品购买者产生替代效应，需求缺乏弹性。如果课税范围涉及大部分产品，消费量不会因课税和价格的提高而减少。

（三）纳税、收入水平与消费

从纳税人的经济实力看，低收入者由于其收入主要用于维持基本生活需要，征税后收入减少，迫使其降低消费水平，消费量减少的数额与纳税人所负担的税额大体相等。对高收入者征税，纳税人一般不会因纳税而减少消费，只会减少其一部分储蓄，即使其消费有所降低，也不会与其所增加的纳税额等量。因此，征税对低收入阶层消费的影响较大。

关键概念

税收　税收成本　税收结构　税率　累进税率　累退税率　主体税种　税收转嫁

税收前转与后转

➢复习思考题

1. 税收具有哪些特征？

2. 试比较增值税与周转税。

3. 简述税收制度设计的原则。

4. 如何对税收进行分类？我国税收的类型有哪些？

5. 税收转嫁的基本形式有哪些？

6. 根据税收模式理论及其发展趋势，谈一谈我国税收制度改革的方向并提出一些建议。

7. 试述税收会对经济效率产生什么样的影响。

8. 试述课税对象的不同以及课税对象的弹性不同分别会对税收归宿产生怎样的经济影响。

第九章

宏观经济调控

【本章学习目标】

理解宏观经济调控的必要性和目标；掌握财政政策和货币政策这两种主要宏观经济调控手段的内涵、类型和作用机制；掌握IS-LM模型分析方法，会用IS-LM模型对财政政策和货币政策的配合使用进行政策效果分析；理解我国宏观经济调控的成效和问题，了解发达国家宏观经济调控政策的启示。

【本章知识结构】

本章知识结构如图9-1所示。

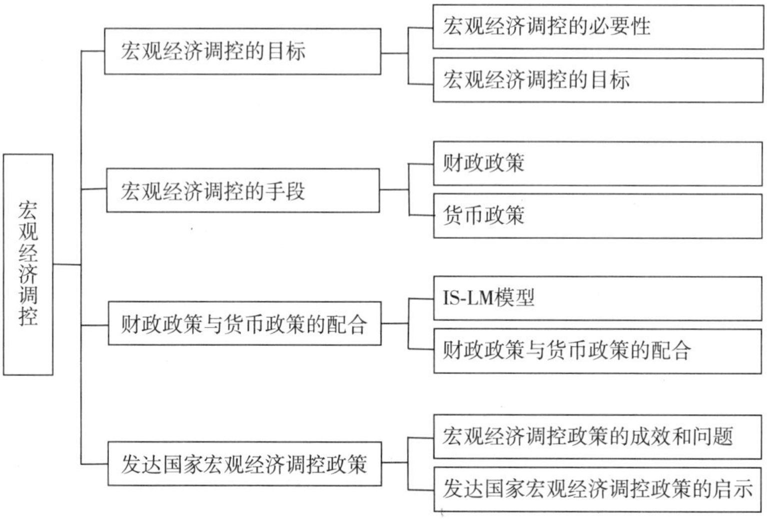

图9-1　本章知识结构图

第一节 宏观经济调控的目标

一、宏观经济调控的必要性

市场经济在其发展过程中，先后经历了两个阶段，第一阶段是自由竞争的市场经济。在这个阶段，经济运行几乎完全依靠市场的自发调节，国家对经济运行不干预。完全自由竞争的结果是，经济危机频繁爆发，经济运行的波动巨大，造成了社会资源的极大浪费。特别是1929～1933年爆发了世界性的经济危机，这次危机使资本主义世界的工业生产下降了40%，充分说明了市场自发调节的缺陷。在这种背景下，凯恩斯主义应运而生。凯恩斯主义主张国家对社会经济进行干预和控制。自此，市场经济进入第二阶段，即由放任自流转向国家干预，而且为现代市场经济运行模式奠定了基础，即国家宏观调控和市场调节相结合的运行模式。在现代市场经济条件下，之所以要加强国家的宏观经济调控，其必要性有如下几点。

(1)宏观经济调控是社会化大生产的客观要求。生产高度社会化，使社会分工和协作关系日益发展，整个国民经济成为一个有机的整体。这在客观上要求加强和完善对整个国民经济的组织、协调和计划指导。把社会经济各部门、各地区、各行业有机地联系起来，以促进国民经济的顺利发展。

(2)宏观经济调控可以弥补市场调节的缺陷。在市场经济条件下，要充分发挥市场在经济运行中的调节作用。但经济运行的客观事实证明，市场经济有其自发性、盲目性和滞后性的弱点和消极方面。所以，为了有效地发挥市场对资源配置的基础性作用，必须要求国家对经济运行进行宏观调控，实现资源的最优配置，加快社会经济的发展。

(3)宏观经济调控能够解决市场调节不能解决的问题。市场调节不可能为社会经济长期发展的目标提出指向性，经济发展过程中的失业问题是市场经济本身不能自发调节的。市场经济可以有效地提高经济活动的效率，但是市场经济本身不可能自发地形成分配的公平原则。所以，必须通过国家的宏观经济调控，规划社会经济发展的长期目标和特殊目标，并通过相应的调控手段来促进目标的实现；通过国家宏观经济调控，来解决社会失业问题，逐步缩小收入分配中的差距。国家的宏观经济调控还可以有效地限制垄断，保护竞争，提高市场的效率。

(4)宏观经济调控可以实现微观经营目标同宏观经济发展目标相统一。在市场经济条件下，微观经济活动是分散经营，其目标是为了追求自身利益的最大化，因而它们的经济活动不可能自发地同宏观经济的发展目标及需要相统一。所以，必须加强国家的宏观经济调控。国家要在尊重市场经济活动主体合法经济利益的前提下，运用各种经济调控手段，将国民经济发展的宏观目标贯彻于微观经济活动之中，实现微观经营目标同社会宏观发展战略目标的相互统一。

除上述之外，加强和完善国家的宏观经济调控，可以为市场经济的良好运行提供制度上的保证，可以集中人力、物力，有计划地推进科学技术的进步，促进社会经济的发展。

二、宏观经济调控的目标

(一)宏观经济调控的根本目标

宏观经济又称总量经济，宏观经济运行的直接结果是社会经济的总量变化，而宏观经济调控的根本目标就是要通过国家的有效控制，使社会总供给与总需求实现均衡。

社会总供给与总需求是宏观经济运行中的两个重要变量，两者之间的变化状况及是否平衡直接关系到社会经济能否在稳定中实现增长及经济增长的质量。经济波动的根本原因就是供求总量或供求结构的失衡。如果总供给大于总需求，必然会出现产品滞销、物价下降、企业倒闭、失业增加、货币金融危机等现象，使生产增长缓慢；如果总供给小于总需求，会引起市场紧张、物资匮乏，导致严重的通货膨胀，最终使社会生产不能正常发展。由此可见，供求基本平衡是社会经济良好运行的基本条件，是宏观经济调控的重要目标。为保持经济的持续、稳定、快速增长，就必须实现供求总量和供求结构的平衡。正是因为如此，实现和保持总供给与总需求的平衡就成为各国宏观经济调控的重要目标。另外，供求总量平衡问题是经济活动的核心问题，人类利用有限的资源从事生产、促进增长、扩大供给，就是为了更好地满足人类发展的需求，离开了这一点，经济活动就成为毫无意义的事情。

(二)宏观经济调控的具体目标

政府实行宏观经济调控的根本目标是为了实现社会总供给与总需求的均衡。西方各国在此基础上又进一步将宏观经济调控划分为四个具体目标，即实现充分就业、经济增长、物价稳定和国际收支平衡，而且这四项目标要协调结合，同时达到。

充分就业目标是指在一定的工资水平和现有设备得到充分利用的条件下，所有能工作而且愿意工作的人都能有工作机会。充分就业是一个有限的不确定概念，因为充分就业中还包括一定程度的失业率。其中包括所谓自愿性失业和摩擦性失业。自愿性失业是指工人不愿工作而自愿失业；摩擦性失业是指因技术不对口或季节性原因而造成的失业。西方经济学认为，除了自愿性失业外，国家可以采取多种措施，如技术培训等方法，减少摩擦性失业，使工人能适应新的工作机会。自愿性失业率和摩擦性失业率构成总的自然失业率。一般认为，自然失业率被控制在4%～6%范围内就算是充分就业了。因此，所谓“充分就业”，是指有限的充分就业。

经济增长目标是指国民经济的增长应达到一定的速度。这种适度经济增长速度既要能够满足社会发展的需要，又要能满足人口增长和技术进步的要求。衡量经济增长的指标就是一国总的产品和劳务的总量增长状况，即GDP增长状况，或者是人均GDP的增长状况。经济学的主要任务之一就是研究和寻找社会经济增长的条件和规律，为国家宏观经济调控提供理论依据和方法选择，以求能维持国家经济的稳定增长。将国民经济作为一个专门研究领域是凯恩斯主义产生以后才形成的。20世纪50年代日本等国的经济增长很快，英国和美国及其他欧美国家为了能在国际竞争中保持优势，都将经济增长作为国家宏观调控主要目标之一。

物价稳定目标是指将通货膨胀率控制在一个“安全区”内，使通货膨胀既能起到经济增长的“润滑剂”作用，又能为社会所接受，不对经济稳定产生不利影响。20 世纪 70 年代以后，西方各主要资本主义国家出现了严重的通货膨胀，严重地阻碍了国民经济的稳定发展，稳定物价成了西方国家宏观经济调控的重要目标。西方国家大都是以一般物价水平来衡量物价指数的变动状况。一般物价水平是指各类商品和劳务的价格水平的平均数。各类商品物价指数中包括批发物价指数、零售物价指数、GDP 折算价格指数。其中，零售物价指数中的消费品物价指数的变化对确定通货膨胀率有很重要的决定作用。

国际收支平衡目标是指国家在一定时期内(一般为一年)，国际贸易支出和收入相对保持平衡。过度的贸易赤字或盈余均对国民经济发展不利。国际收支的状况通常是用国际收支平衡表来反映。20 世纪 60 年代末至 70 年代初，由于布雷顿森林体系瓦解，美元汇率的危机引起各国汇率的强烈波动，西方各国纷纷要求实现国际贸易收支平衡，希望能在国际贸易收支平衡的基础上保持一定数量的国际收支顺差，以便增加本国的外汇储备，提高国民经济实力。

第二节 宏观经济调控的手段

为了实现社会总供给与社会总需求相均衡的这一宏观经济调控根本目标，并同时实现充分就业、物价稳定、经济增长和国际收支平衡，政府需要采取一定的政策和措施来达到这些目标，这些政策和措施就称为宏观经济调控的手段。宏观经济调控的手段包括财政政策、货币政策、收入政策和外贸政策，其中最主要的是财政政策和货币政策。因此我们主要介绍财政政策和货币政策这两个手段。

一、财政政策

财政政策对于稳定经济具有重要作用。所谓财政政策是指运用政府支出和税收的变动来影响总需求和总供给以平抑经济波动的干预措施。财政政策主要包括发挥内在稳定器作用的财政政策和斟酌使用的财政政策。

(一)财政政策的类型

1. 自动财政稳定器

所谓自动财政稳定器，亦称自动稳定器，是指不需政府的干预和抑制，经济自动而即时地朝正确的方向变化，借以对总供给和总需求产生一种稳定作用的因素，亦称为内在稳定器。也就是说，财政政策本身存在一种内在机制，会做出适时反应，在经济涨落时对其产生缓冲作用，并及时对经济体系产生保护功能。自动稳定器这一点颇类似人体内的自我免疫系统。当失业率提高、经济总体下滑时，这些稳定因素便自动降低税收和提高政府支出；而当失业率降低，经济过分景气之时，这些因素又会帮助经济刹闸。具体来说，财政政策的内在稳定器作用主要表现在三个方面。

(1)税收。随经济状况变动而自动改变的税收主要是直接税，其中最重要的就是个人所得税和公司利润税。一般来说，个人所得税都具有累进的性质，如果再考虑到起征点，那么当经济进入高涨期时，人们的收入水平会普遍提高，一方面会有更多人达到起征点，加入纳税人的行列，另一方面也必然有一部分人进入更高的税率档次。因此在经济繁荣时期，税收的增长速度要高于收入的增长速度，对经济的扩张起到了一定的限制作用。相反，当经济衰退时，个人收入会减少，在税率不变的条件下，肯定要有一些人的收入降至起征点以下，而且另外一部分人退回较低的税级，税负总水平在下降，增强了经济的抗衰退能力。

从公司利润税的角度来观察，如果公司利润税也具有累进的性质，其效果类同于个人所得税。如果公司利润税不是累进税，在税率不变的情形下，随经济涨落税额也会发生较大变化。这是因为公司利润和经济状况密切相关，而税收又对公司利润的多少特别敏感。当经济处于高涨期，公司利润会大幅度提高，一般快于工资、收入和消费的增长，这必然导致税收的迅速提高。相反的情况下会造成税收的迅速减少，从而降低财政盈余或增加预算赤字规模，有助于在衰退时阻止经济进一步下滑或减缓其下滑速度。

(2)政府的转移支付。政府的转移支付主要包括政府发放的失业救济金和其他各种福利支出。在经济处于衰退或萧条时，失业人数会不同程度地增加，这时有资格领取失业救济金的人数同时上升，政府的转移支付增加，从而给总需求注入了新的力量；在经济兴旺时期，就业机会增多，失业率下降，依赖失业救济金和领取失业救济金的人数相应减少，政府的转移支付减少，由此对经济的总体扩张起到了一定的限制作用。

(3)农产品的价格维持制度。通常，在经济不景气时，价格水平呈下降趋势，农产品的价格也不例外。依照农产品的价格维持制度，政府要按支持价格收购农产品，一方面，使农产品价格维持在一定水平上，另一方面，则会增加农场主的收入，保持农场主投资的积极性。当经济状况转入兴旺时，农产品价格水平上升，此时政府就会减少对农产品购买，不仅如此，而且还会抛售以往收购的农产品，以抑制农产品价格水平上升，约束农场主的收入，在一定程度上限制了总需求的扩张。但是部分经济学家认为，农产品的价格维持制度在自动稳定方面的作用甚微，不足以担当“自动稳定器”。

内在稳定器是经济波动的第一道防线，在经济的整个防护体系中起重要作用。但从经验上看，我们并不能对它抱太大希望，因为它的影响相当有限。萨缪尔森认为，“内在稳定器的作用在于减少经济制度的波动，它不能百分之百地消除波动，消除它所留下来的波动是斟酌的财政和货币政策的任务”。例如，假定总需求下降减少了产量和就业，在自动稳定器的作用下，赤字增加，如果政府做出的反应是实施紧缩性的政策，提高税收或降低政府支出，总需求将会减少，结果是衰退恶化，赤字更趋增加。对自动稳定器和财政政策之间的区别这一问题的错误认识是导致美国 1932 年政策严重失误的根本原因。

2. 斟酌使用的财政政策

财政的收缩和扩张对于经济的许多方面产生重要影响，政策的制定者在考虑实施一项具体政策时须再三的权衡。如果财政政策要达到经济稳定的目的，刺激政策和限制政策都必须适时得当，否则会起到相反的作用。由于稳定政策采取逆经济风向行事，而且决策者在出台政策时要审时度势，因此称为斟酌使用的财政政策。一般地说，使用扩张性的财政政策，即减税或扩大赤字规模(缩小盈余规模)促使经济升温，消除紧缩缺口；使用紧缩性的政策促使经济降温，消除通胀缺口，借此避免经济的大起大落。鉴于此，也把斟酌使用的政策称为“反周期政策”。斟酌使用的政策不仅包括财政政策，而且也包括货币政策。斟酌使用的财政政策的制定和实施需要有一个时间过程。首先，从制定到实施需一定的时间，因为要使用这种政策必须改变税法和政府支出计划，而改变这一切都需要通过复杂的程序来实现，以至于作为反周期的政策失去其时间价值，所以要保证政策的有效性，政策制定者必须在时间上做出精心的安排。其次，即使政策实施后，真正发挥效力也需要 6～12 个月的时间，尽管人们具有一定的预测能力，但是毕竟有限，在这种情况之下出现错误不仅是可能的，而且完全是合情合理的。

在很大程度上，宏观经济政策的制定像在对一个移动的靶子射击，如果财政政策在经济复苏时发挥出全部作用，那么扩张性的财政政策将会导致过度需求；同理，如果实施紧缩政策时，总需求下降先于财政紧缩，原本冷却经济的紧缩性财政政策会引发经济衰退。由于我们生活在一个难以预测的动态经济世界，政策的制定者从来也不能确定政策实施以后 6 个月、12 个月或 18 个月的经济状况如何，而这些会对财政政策的适时斟酌并相应改变造成较大困难。

内在稳定器和斟酌使用财政政策的不同不仅表现在它们对经济的作用方式上，而且还表现在它们和赤字之间的关系上。预算赤字的增长不仅可以由减税和增加政府支出而促成，而且也可以由和实施财政政策无关的 GDP 的下降而促成，但这两种赤字的含义和对赤字的反应隐含着巨大差别。

为了区分二者，经济学家使用了一个概念称为“充分就业预算”，这种预算是指经济在潜在 GDP 水平上，在现有税收和支出制度下，对政府支出和收入的一种估算，也就是政府为了保证实现充分就业而制订的财政收支计划。一方面，由于充分就业预算消除了 GDP 周期性波动(高于或低于潜在 GDP)的影响，因而有时也称为“周期调节预算”。扩张性的财政政策将使充分就业预算差额扩大，赤字增加盈余减少；紧缩性的财政政策将会改善充分就业的预算，赤字下降盈余上升。从另一方面来说，差额是根据潜在 GDP 水平估算出来的，并不受实际 GDP 变化的影响，也就是说不受自动稳定因素的影响。但是充分就业预算的变化是斟酌使用财政政策变动的明显信号，充分就业预算盈余增加意味着紧缩性的财政政策将要实施，充分就业预算赤字的增加意味着扩张性财政政策势在必行。相反，实际预算的变化则是一种模糊不清的信号，日益增长的赤字既可能是扩张性政策的结果也可能是经济滑入衰退时自动稳定器的影响。例如，在 20 世纪 70 年代的绝大部分时间里，美国经济处于充分就业水平之下运行，实际预算赤字在大多数年份大于周期调整的预算赤字，尤其是 20 世纪 70 年代中期大规模的实际赤字(1975 年为 693 亿美元)主要是对经济衰退造成的低水平国民收入的反应。从以上的分析中可看出，应该选择和实施什么样的斟酌性财政政策主要依赖于周期调节预算赤字的变化，而实施了什么样的财政政策、实施到怎样的程度则应通过实际赤字水平或预算差额进行判断。

(二)财政政策的作用机制

1. 财政政策乘数

政府购买支出和税收与投资行为一样都是总支出中的一种自发性变量，其增加或减少都会产生乘数作用。这种因财政政策的变动而引起的乘数变化，通常称为财政政策乘数，其中包括了政府购买支出乘数、税收乘数和平衡预算乘数。

(1)政府购买支出乘数。政府购买支出乘数指国民收入的变动量与引起这种变动的政府购买变动量之间的比率。设 ΔG 表示政府购买支出的变动，ΔY 表示收入变动，K_G 表示政府购买支出乘数，则

$$K_G=\frac{\Delta Y}{\Delta G}=\frac{1}{1-b+bt}$$

其中，b 为边际消费倾向；t 为边际税率。政府购买支出乘数取决于以上两种因素。下面对上述乘数公式做简单说明。

如果其他条件不变，政府支出发生变动，设变化前为 G_0，变化后为 G_1，那么因

$$Y=C+I+G$$

$$C=a+b(Y-T_0-tY)$$

$$Y=a+b(Y-T_0-tY)+I+G$$

经变化得

$$Y=\frac{a+I+G}{1-b+bt}-\frac{bT_0}{1-b+bt}$$

所以

$$Y_0=\frac{a+I+G_0}{1-b+bt}-\frac{bT_0}{1-b+bt}$$

$$Y_1=\frac{a+I+G_1}{1-b+bt}-\frac{bT_0}{1-b+bt}$$

$$Y_1-Y_0=\frac{G_1-G_0}{1-b+bt}=\frac{1}{1-b+bt}(G_1-G_0)$$

$$\Delta Y=\frac{1}{1-b+bt}\cdot\Delta G$$

$$\frac{\Delta Y}{\Delta G}=\frac{1}{1-b+bt}$$

如果不考虑税率的变动，把税收作为一个自发性变量，政府购买支出乘数为

$$K_G=\frac{1}{1-b}$$

这与两部门的投资乘数是一致的。如果将投资纳入三部门经济分析，且考虑到边际税率，那么投资乘数与政府支出乘数完全一致。而且与两部门相比，投资乘数作用减弱，即

$$\frac{1}{1-b+bt}<\frac{1}{1-b}$$

这是因为，当税收作为收入的函数时，投资支出和政府购买每增加一个单位，都要有一定比例作为税收上缴给政府，因而可支配收入减少。消费是可支配收入的函数，加入边际税率的消费函数的斜率小于原有的消费函数的斜率，那么总支出曲线的斜率也随之下降，结果是在相同支出水平下，消费量减小，因而国民收入水平受到限制，比以前有所下降。不但如此，其他的任何乘数的绝对值都要比不考虑边际税率条件下的值有所下降。

(2)税收乘数。税收乘数是指国民收入的变化量与引起这种变化的税收变化量之间的比率。

设自发性的税收发生变化，其增量为ΔT。ΔY为收入的变动，K_T为税收乘数，则

$$Y=\frac{a+I+G-bT_0}{1-b+bt}$$

税收变动前和变动后的收入水平分别为

$$Y_0=\frac{a+I+G-bT'_0}{1-b+bt}$$

$$Y_1=\frac{a+I+G-bT''_0}{1-b+bt}$$

因而

$$Y_1-Y_0=\frac{-bT''_0+bT'_0}{1-b+bt}=\frac{-b(T''_0-T'_0)}{1-b+bt}$$

$$\Delta Y=\frac{-b}{1-b+bt}\cdot\Delta T_0$$

所以，税收乘数为

$$K_T=\frac{\Delta Y}{\Delta T_0}=\frac{-b}{1-b+bt}$$

税收乘数为负值，说明国民收入与税收的变动是反向关系，税收增加，国民收入减少；税收减少，国民收入增加。这主要因为，税收增加，一方面，表明人们的可支配收入减少，从而影响了消费；另一方面，也减弱了生产者的投资热情，两方面的因素促使总支出水平下降。而且与政府购买支出乘数相比，税收乘数作用相对较小。从公式中直观地看，由于$b<1$，K_T的绝对值肯定小于K_G。简单地说这是由于政府支出和投资支出的变动引起的总支出的变动等于自发性的支出变动和引致性的变动之和。引致性的变动代表因自发性变动所导致的消费支出的系列变动和连锁反应。而政府税收的变动产生的直接影响是改变居民的可支配收入，从而改变了消费支出，此后便是消费支出引起的系列反应。从整个作用过程看，税收变动引起的总支出变动仅包括诱发的消费支出变动。

(3)平衡预算乘数。平衡预算的概念已被人所共知，它是指政府的预算支出等于预算收入。如果在政府支出和税收的变动中依然要保持预算平衡，就必须使政府支出和税收同方向等量变动。因此，所谓平衡预算乘数是指政府购买支出和税收的同方向等量变动引起的国民收入的多倍于前者的变动。

以ΔY代表政府支出和税收同量增加时，国民收入的变动量，以ΔG代表政府支出增量，以ΔT代表税收增量，K_G和K_T分别代表政府购买支出乘数和税收乘数，K_B代表平衡预算乘数，则

$$\Delta Y=\Delta G\cdot K_G+\Delta T\cdot K_T=\frac{1}{1-b+bt}\cdot\Delta G-\frac{1}{1-b+bt}\cdot\Delta T$$

又由于$\Delta G=\Delta T$，因此

$$\Delta Y=\frac{1-b}{1-b+bt}\cdot\Delta G$$

$$\Delta Y=\frac{1-b}{1-b+bt}\cdot\Delta T$$

所以

$$\frac{\Delta Y}{\Delta G}=\frac{\Delta Y}{\Delta T}=\frac{1-b}{1-b+bt}=K_B$$

从上式看出，当全面考虑各方面的条件时平衡预算乘数小于 1。这种状态表明，当政府购买支出增加的同时保持同量税收增加时，政府支出的增加会导致小于自身的国民收入的增加额。这一现象说明，以同量税收为基础的政府支出的扩大对于国民收入的扩张的作用十分有限。

财政政策乘数理论在政府对国民经济管理活动中起重要的作用，根据当时经济状况和乘数的大小，政府可以选择实施不同的财政政策。

2. 财政政策的作用机制

(1)扩张性财政政策的作用机制。在现实经济运行中，如果由于总需求的过度萎缩造成了现实的 GDP 小于潜在 GDP，这时真实的失业率高于自然失业率，经济面对的是紧缩缺口，政府这时可以无所事事地等待自动调节机制发挥作用。由于总需求下降，必将迫使工资和其他生产要素的价格下降，从而降低生产成本，导致总供给增加，随着总供给曲线右移，当 AS_1 移至 AS_2 时现实的 GDP 和潜在 GDP 水平归于一致，充分就业实现(图 9-2)。

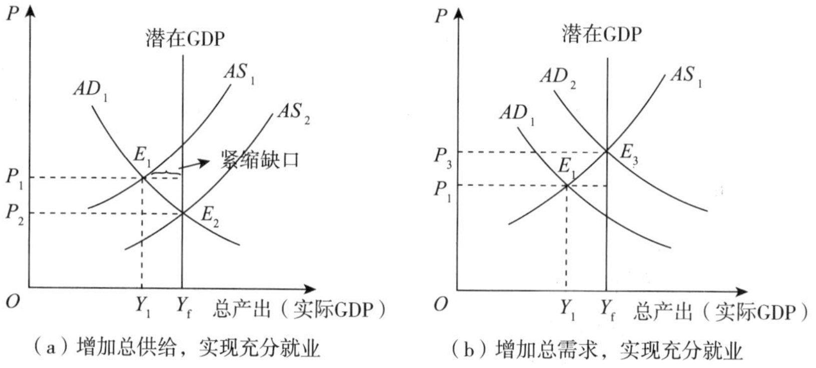

图 9-2 扩张性财政政策的作用机制

凯恩斯主义者认为，经济处于潜在 GDP 水平之下运行时，存在着失业现象，依赖自动调节机制要花费过长的时间，这使宏观经济的运行缺乏效率。因此这些经济学家建议政府使用扩张性的财政政策以扩大总需求。扩张性的财政政策包括增加政府对产品和劳务的购买或者减税，政府的行为通过乘数作用过程推动整个总需求增大而且总需求的增加将远远超出政府购买的增加或减税的数量。如果时机比较适当，扩张性的财政政策将会刺激总需求向右上方移动，使总需求由 AD_1 移至 AD_2，促使经济走向充分就业的均衡(E_3 点)。当政府的财力不能满足政策的需要时，凯恩斯主义者的处方便是实行积极的赤字预算，以举债填补支出超出收入的部分，在凯恩斯主义的经济政策中赤字预算成为其政策内容的一个重要特点。

(2)紧缩性财政政策的作用机制。当需求冲击使总需求扩大形成现实 GDP 超出潜在

GDP时，现实的失业率低于自然失业率构成了膨胀缺口。同样，政府也会面临两种选择，即自动调节机制和经济政策。如果政府等待市场的自动调节，市场本身在膨胀缺口存在的条件下，将会导致工资水平、利息率及其他生产资源的价格上升，带动生产成本的提高，从而使总供给曲线向右移动[图9-3(a)]，在AS_2上膨胀缺口消失，现实的GDP和潜在GDP趋于一致，失业率等于自然失业率。

另外，政府也可以采取以经济政策来降低总需求，引导经济实现非通货膨胀均衡，如果从财政政策入手，称之为紧缩性财政政策。此种政策主要是指政府通过减少政府购买或提高税收降低总需求。如图9-3(b)所示，政府的增税和减少购买使总需求从AD_1左移至AD_2，使GDP处于潜在水平上，价格水平为P_3，这时的价格水平低于自动调节形成的价格水平，避免了通胀现象的恶化。如果政府减少政府购买，增加税收，预算赤字将会因此而减少以至于出现预算盈余的现象。在凯恩斯主义的理论分析中，这种政策是治疗由过度总需求引发的通货膨胀的良方。

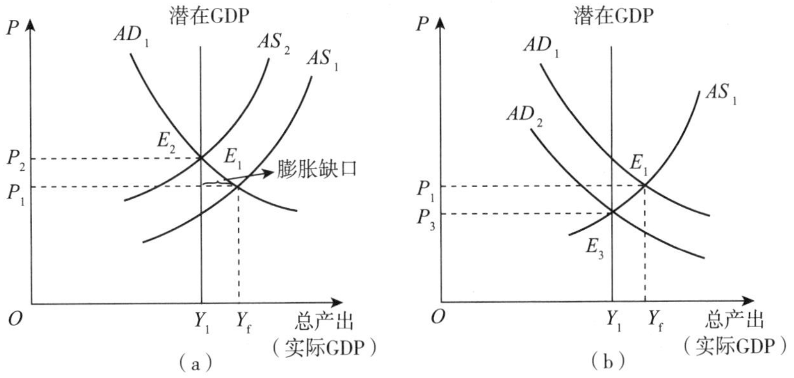

图9-3 紧缩性财政政策的作用机制

从以上分析可看出，凯恩斯主义稳定政策的取向不是年度的预算平衡，而是总体经济状况是否稳定于潜在的产出水平，因而评价预算政策的依据就不应是实现年度的预算平衡，而是一种预算是否实现了总体经济状况的好转。稳定政策实际上是一种反周期政策，这种政策强调当经济受衰退威胁时政府应寻求一种积极的预算赤字政策，而当经济受通胀威胁时则应寻求积极的预算盈余(或减小赤字)的政策，不应拘泥于每个年度的预算平衡，可着眼于一个周期内实现平衡的目标。财政政策并不是一个消极的措施，政府应积极、主动运用财政政策实现预期的目标。和一些经济行为一样，财政政策不但可以帮助政府实现政策目标，而且也会带来某些消极影响和副作用，特别是预算赤字表现得更为明显。

◎专栏9-1

四万亿元投入应对经济危机

2008年，国际经济形势急转直下，上半年，美元持续贬值、石油价格高企、大宗商品价格暴涨、通货膨胀严重；下半年，金融危机继续深化、从虚拟经济向实体经济蔓延，并进一步向全球扩散。同时，国内的经济形势跌宕起伏，2008年年初，经济过热的苗头显现，物价上涨压力加大，“双防”成为首要调控任务；年中，GDP增幅回落，物价压力稍缓，“一保一控”成为关注焦点；年末，投资、出口增速下滑，部分企业经营困难，经济下行压力凸显，扩大内需、促进增长，成为当务之急。

为了应对国际国内日益严峻的经济危机，我国政府决定采取宽松的财政政策，扩大内需，促进经济平稳较快增长，并且要求各级政府扩大投资，出手要快，出拳要重，措施要准，工作要实。至2010年年底，中央政府投资4万亿元，带动各地政府的投资总额将近30万亿元，主要集中在民生工程、基础设施、生态环境建设和灾后重建，以及提高城乡居民特别是低收入群体的收入水平等方面，以促进经济平稳较快增长。国务院出台了十项扩大内需、促进经济增长的措施。

一是加快建设保障性安居工程。加大对廉租住房建设支持力度，加快棚户区改造，实施游牧民定居工程，扩大农村危房改造试点。

二是加快农村基础设施建设。加大农村沼气、饮水安全工程和农村公路建设力度，完善农村电网，加快南水北调等重大水利工程建设和病险水库除险加固，加强大型灌区节水改造。加大扶贫开发力度。

三是加快铁路、公路和机场等重大基础设施建设。重点建设一批客运专线、煤运通道项目和西部干线铁路，完善高速公路网，安排中西部干线机场和支线机场建设，加快城市电网改造。

四是加快医疗卫生、文化教育事业发展。加强基层医疗卫生服务体系建设，加快中西部农村初中校舍改造，推进中西部地区特殊教育学校和乡镇综合文化站建设。

五是加强生态环境建设。加快城镇污水、垃圾处理设施建设和重点流域水污染防治，加强重点防护林和天然林资源保护工程建设，支持重点节能减排工程建设。

六是加快自主创新和结构调整。支持高技术产业化建设和产业技术进步，支持服务业发展。

七是加快地震灾区灾后重建各项工作。

八是提高城乡居民收入。提高明年粮食最低收购价格，提高农资综合直补、良种补贴、农机具补贴等标准，增加农民收入。提高低收入群体等社保对象待遇水平，增加城市和农村低保补助，继续提高企业退休人员基本养老金水平和优抚对象生活补助标准。

九是在全国所有地区，所有行业全面实施增值税转型改革，鼓励企业进行技术改造，减轻企业负担1 200亿元。

十是加大金融对经济增长的支持力度。取消对商业银行的信贷规模限制，合理扩大信贷规模，加大对重点工程、“三农”、中小企业和技术改造、兼并重组的信贷支持，有针对性地培育和巩固消费信贷增长点。

在实施积极的财政政策的同时，政府还采取适度宽松的货币政策，降低利率和存款准备金率，取消对商业银行的信贷规模限制，合理扩大信贷规模，加大对重点工程、“三农”、中小企业和技术改造、兼并重组的信贷支持，有针对性地培育和巩固消费信贷增长点，支持房地产行业健康发展，促进中小企业发展。这些措施的实施，既有利于促进经济增长，又有利于推动结构调整；既有利于拉动当前经济增长，又有利于增强经济发展后劲；既有效扩大投资，又积极拉动消费。把促进增长和深化改革更好地结合起来，在国家宏观调控下充分发挥市场对资源的配置作用，发挥中央和地方两个积极性。

二、货币政策

货币政策是国家为实现其宏观经济目标所采取的调节和控制货币供应量的金融政策。它由三个不可缺少的部分构成，分别为政策变量、中间目标和政策工具，其中政策变量也称为最终目标。所谓政策变量，也就是指政府实施货币政策所要影响的变量，实际上也是政府实施货币政策的最终目标。一般地说，货币政策的最终目标是影响实际 GDP 和价格水平。为了达到以上目标能直接被控制的变量称为政策工具，既不是政策变量也不是政策工具却能在货币政策实施过程中起关键作用的变量被称为中间目标。

(一)货币政策目标

货币政策目标主要包括两部分，一是货币政策的最终目标，二是货币政策的中间目标，中间目标是为达到最终目标而设定。政策工具、中间目标和最终目标三者的关系应是政策工具影响中间目标，而中间目标又最终导致国民收入、价格水平和就业量发生变化，也就是说政府利用政策工具通过影响中间目标实现最终目标。

1. 最终目标

宏观经济学的开篇已经提到宏观经济政策的目标，政策目标包括充分就业、价格稳定、经济增长和国际收支平衡。其实货币政策作为宏观经济政策的重要组成部分，其目标和宏观政策目标是一致的。在政策目标中经常被人们重视的是国民收入水平和价格水平，因为国民收入水平的高低和就业水平是一致的，实际上这两大变量又可以归结为一个单一变量，即名义国民收入。

名义国民收入的变动，既反映了实际国民收入的变动也反映了价格水平的变化，原则上中央银行要弄清名义国民收入的变化是怎样在这两个组成部分之间分割的。如果货币政策的操作影响了总需求，短期内货币政策将会推动总需求 *AD* 曲线向右上方移动，在短期总供给曲线(SRAS)为斜线时，*AD* 曲线的上移将造成价格和国民收入同时移动，两者同时提高。中央银行要考虑价格和国民收入的分别反应，至少在短期内独立达到这个目的是不现实的，这两者的变动是不可分割的。一种货币不能够同时实现价格和国民收入两个独立的既定目标，正因为如此，美国联邦储备局(以下简称美联储)倾向将名义国民收入(PY)作为货币政策在短期内的目标。

在 AD-AS 模型中，长期内总需求 *AD* 曲线的移动和短期不同，长期内它只会影响价格水平而不会影响国民收入。如果货币政策在长期内只对 *AD* 产生影响，那么货币政策在长期的最终目标主要表现为价格水平的控制。

但是事情并不是绝对的，国与国之间在同一时间内的政策目标不一定相同，同一国家在不同时期内的政策目标也不一样，选择什么样的最终目标与一国的具体情况有关，政策目标并不能同时得以实现。

2. 中间目标

中间目标处于最终目标和政策工具之间，它是中央银行为实现最终目标而设置的可供观测和调整的指标。中央银行之所以要设置中间目标是因为当其决定使用政策工具时，不能确切预知政策变量正在或将会发生什么样的变化。具体地说，从政府决策到政策工具发生作用影响最终目标要经过一段“时滞”，这个时间差少则几个月，多则一年以上，在这段时间内经济形势可能会发生变化，政策变量也会因此改变。如果这时再改变政策工具已经没有意义了，政府苦心制定和实施的经济政策也难以奏效。要使货币政策发挥应有的效力，实现其最终目标，政府必须找到一些政策工具在影响最终目标以前可供观察和控制的变量，这些变量能够在短期内显现出来并与货币政策的最终目标高度相关，这些变量就是中间目标。中央银行设置恰当的中间目标对于最终目标的实现具有重要意义。

适中的中间目标必须符合两个条件：第一，变量的有关信息及时、灵活，具有良好的可控性；第二，变量的变动必须和政策变量具有高度相关性，通过变量的变化可以预期政策变量的变化。最符合这两项条件并且普遍被采用的中间目标是货币供给和利率。由于这两者之间并不是相互独立的两个变量，因此中央银行应注意不要选择一个目标使其中之一与另一变量发生冲突，这就给政策的顺利执行设置了障碍。例如，中央银行意图通过迫使利率上升来消除通胀缺口，这时它将卖出债券驱动其价格下降，由此带来利率的上升，但是以提高利率为目的的公开市场操作也将会收缩货币供给，其中一项实现的同时完成了另外一项。同样，如果想使利率下降，在公开市场上买进债券，迫使债券价格下降，这个过程会造成货币供给量的扩大，两者之间也存在着这种连带关系，中央银行对此也束手无策，这并非所愿。即便如此，使用利率作为中间目标和选择货币量作为中间目标的货币控制还是有其不同之处。

在美国政府实施货币政策的过程中，其所依赖的中间目标并不是单一的，在每个不同时期，中间目标甚至最终目标都在发生变化，也可能确定多个中间目标。其中，最为显著的变化是将政策的中间目标从利率变为货币供给总量。在 20 世纪 70 年代以前，美联储使用的中间目标主要为利率，20 世纪 70 年代以后货币供给量开始发挥重要作用。这种显著变化还包括从一个货币供给总量(M_1)作为中间目标变为多种货币量，中间变量不仅包括 M_1 而且也包括 M_2。

在美国宏观经济管理的实践中，经常使用的中间目标就是利率和货币量，但是在理论上货币主义的代表人物弗里德曼强调以“单一货币规则”替代其他中间目标，无论经济状况如何，中央银行应以不变的比率增加货币供给量。为了支持这种论调，他提出三点理由：第一，如果货币供给量以等于长期潜在产出水平的增长率的固定比率增长，则经济增长和价格稳定都是有保证的。第二，由于货币政策着眼于长期和不易把握的时滞，为消除 GDP 缺口而发展和补充短期政策是不可取的。第三，固定的货币规则将会避免美联储的失误。迄今为止，弗里德曼的单一货币规则还未引起政府响应。

(二)货币政策工具

利率和货币供给量两个中间变量对最终目标产生重要影响，那么中央银行调节利率和货币量的手段依赖于货币政策工具。实现货币政策目的的手段，可分为一般性货币政策工具、选择性货币政策工具、直接信用控制及间接信用控制等。下面分别分析。

1. 一般性货币政策工具

一般性货币政策工具是指经常被运用且能对整体经济运行发生影响的工具，主要指存款准备金率、再贴现率及公开市场业务，有时亦称三大货币政策工具或三大法宝。

(1)存款准备金率。存款准备金率是指商业银行及其他金融机构上缴中央银行的法定准备金占其存款总量的比率。法定存款准备金制度建立的最初目的是为防止商业银行盲目发放贷款，保证其清偿能力，保护存户的资金安全及保障整个金融体系的稳健运行。后来，不少国家政府通过法律形式赋予中央银行自由调节存款准备金率的权力，借此调节商业银行创造派生存款的能力。

中央银行调整法定存款准备金率，不但会影响基础货币，而且会影响货币乘数。其政策效果可以体现在三方面：第一，会引起货币供应量的巨大波动。因为法定存款准备金是通过货币乘数影响货币供应量的，这样即使变动幅度不大，对货币供应量的影响也是十分大的。第二，影响超额准备金。商业银行因各种原因会持有超额准备金，这部分准备金也会因法定准备金率的调整而产生变化，如提高或降低法定存款准备金率，实际上就等于冻结或增加了一部分超额准备金。第三，在很大程度上限制了商业银行体系创造派生存款的能力。由于调整存款准备金率对银行信贷规模的作用十分甚至过分敏感，因此在运用时对经济发展速度及整个社会心理预期等方面也有一定的负面影响。

(2)再贴现率。再贴现率是中央银行最早、最典型的货币政策工具，也是目前各国中央银行十分重视的一个金融调控工具。所谓再贴现率，是指中央银行向商业银行收取的利息率。商业银行以贴现(票据持有人在票据到期之前，为获取现款而向银行贴付一定利息所做的票据转让)所获得的未到期票据向中央银行所做的票据转让，即为再贴现，它实际是商业银行与中央银行之间的票据买卖和资金让渡过程。再贴现率的高低直接影响了商业银行获取资金进行信用扩张的能力，因此，中央银行通过制定或调整再贴现率，可以达到影响市场利率进而影响货币供应量的目的。例如，当中央银行认为，有必要放松银根刺激经济发展时，就可以降低再贴现率，使商业银行取得资金的成本下降，商业银行就会增加对中央银行资金的需求，而这也就扩大了可贷资金；反之，提高再贴现率，减少货币供应与可贷资金。

再贴现率政策措施一般包含两个方面的内容：一是中央银行调整再贴现率，它主要影响商业银行的融资成本，控制社会资金供求。在贴现率提高的情况下，无论向中央银行借款还是通过其他方法融资，融资成本都会提高；在贴现率降低之时，融资成本减小。如果融资成本提高，商业银行或减少向中央银行借款，或是提高向居民和厂商的贷款利率，两者同样起到了收缩信用的作用。如果降低贴现率，结果恰恰相反。二是中央银行规定申请再贴现的票据种类、资格，它主要影响商业银行及全社会的资金投向。中央银行通过实施再贴现率政策，一方面发挥了货币信贷供应的宏观控制作用，另一方面也发挥了促进社会资源高效流动的作用。但再贴现率政策也存在局限性。例如，其作用比较被动，当中央银行降低贴现率时，商业银行不愿意增加借入资金，则中央银行也就无法达到增加货币供应量的目的，不能达到预期的效果；又如，再贴现率的运用必须要以存在一个发达的金融市场为前提，如果不存在发达的金融市场，再贴现率政策也难以发挥有效的调节作用。

(3)公开市场业务。这是指中央银行在金融市场上买卖有价证券，由此影响商业银行准备金，进而影响其货币创造能力的一种业务。它也是被西方国家经常使用且极具力度的一种货币政策工具。

中央银行公开市场业务主要包括两方面：第一，中央银行与商业银行之间的有价证券买卖。中央银行通过卖出或买进政府债券，来达到紧缩或扩张银根的目的。例如，中央银行把政府债券卖给商业银行，后者主要动用原有的超额准备金，如果超额准备金不足，将收回一部分贷款或减少其他资产，这样实际上就等于缩小了商业银行创造货币的能力，进而紧缩信用；相反，中央银行从商业银行手中购回政府债券，其效果是信用的扩张。第二，中央银行与私人、其他企事业之间的买卖。这种买卖的效果与上述中央银行与商业银行之间的买卖相似。例如，中央银行把政府债券卖给私人或其他企事业单位，后者一般要动用在商业银行里的存款或手持货币，这样会直接引起基础货币量的减少和信用规模的收缩，即引起银根紧缩；反之，中央银行向私人或企事业单位买进债券，其效果是扩张信用。

公开市场业务，与存款准备金、再贴现率等政策工具相比，具有如下优点：①公开市场业务作用范围大、影响深。因为该业务不但对商业银行的准备金产生影响，而且也影响到私人或其他企事业机构在商业银行的存款及手持的货币量。②公开市场业务是中央银行根据市场走势及自己对经济形势的判断直接对市场进行干预的，因此，较之再贴现率有很强的主动性与攻击性。③公开市场业务具有极大的弹性，中央银行在市场上买卖政府债券数量可大可小，买卖方式及步骤也可随意安排，因此是一种较为灵活的调控手段。④公开市场业务可以持续进行操作。当然，中央银行进行公开市场操作也必须具有一定的条件，包括中央银行必须真正是该国的金融核心、具有发达与完善的金融市场、拥有一定种类与数量规模的政府债券、有健全的相关法规等。如果不具备这些条件，要开展公开市场业务或想达到预期的效果，是比较困难的。

2. 选择性货币政策工具

所谓选择性货币政策工具，是指除一般性货币政策工具以外，还有一些可对某些特殊的经济领域或特殊用途的信用加以调节与影响的措施，主要包括消费者信用控制、证券市场信用控制、房地产信用控制及优惠利率等。

(1)消费者信用控制。这是指中央银行为了控制需求过旺及通货膨胀，对商业银行与其他金融机构发放购买耐用消费品的贷款采取控制的行为。其主要内容包括规定用分期付款购买耐用品时第一次付款的最低金额；规定用消费信贷购买商品的最长期限；规定可用消费信贷购买耐用品的种类及对不同消费品规定不同的信贷条件等。由于这种信用控制范围很宽，中央银行有时会失去控制。

(2)证券市场信用控制。这是指中央银行为了限制借款购买证券的数量，防止过度投机而对有关证券交易的各种贷款进行限制的行为。控制方法包括规定一定比例的证券保证金比率(以现款支付的金额占证券交易额的比例)，并根据金融市场的变化予以及时调整。中央银行通过这种控制可以达到防止大量资金直接注入证券市场的目的，保持金融市场的稳定。

(3)房地产信用控制。这是指中央银行对商业办理房地产之类不动产抵押放款的一种管理措施，主要包括规定放款的最高限额、最长期限及第一次付款与分期还款的最低金额等。这种控制的目的在于防止房地产交易的投机性，借此稳定货币与经济。

(4)优惠利率。这是指中央银行对国家重点发展的经济部门或产业所采取的一种鼓励性政策工具。其目的在于促进发展重点经济部门的生产，实现产业结构的及时调整与升级。

3. 直接信用控制

直接信用控制是指中央银行以行政命令或其他方式，直接对商业银行及其他金融机构的信用活动进行管制，主要方式有：①信用分配，即中央银行根据需要对各个商业银行的信用规模加以分配，限制其最高数量。②流动性比率，即中央银行规定流动资产占存款的比重。商业银行为了保持中央银行规定的流动性比例，必须压缩长期贷款，扩大短期贷款，同时增加随时应付提现的资产比率，由此满足中央银行压缩投资规模的要求。③利率最高，即中央银行对商业银行的定期与储蓄存款规定最高利率，对此限制商业银行抬高利率的恶性竞争。④直接干预，即中央银行直接对商业银行的信贷业务、放款范围等加以干预。⑤特别存款，即中央银行在严重通货膨胀时期要求商业银行及其他金融机构存入一种特别款项，由此削弱这些金融机构的信用扩张，减少货币供应量。

4. 间接信用控制

间接信用控制，亦称道义劝告，是指中央银行根据经济形势做出调整信贷的判断，然后与商业银行及其他金融机构的决策者进行多种方式的交谈并提出建设性建议，同时指出违背中央银行意愿将来可能很难再得到贷款。通过这种控制或劝告，引导金融机构的微观信用行为。道义劝告在日本称为“窗口指导”。

(三)货币政策传导机制

货币政策实施的目的就是通过影响中间目标作用于最终目标。货币供给量作为中间目标可由政府进行控制，而货币需求量则不能由政府支配。但无论是货币供给量的变动还是货币需求量的变动均能影响总需求。通过货币供给和需求的变动影响总需求的机制称为“货币政策传导机制”。凯恩斯主义者和货币主义者在这一问题上所持的观点也存在很大差别，这里我们介绍的主要是凯恩斯主义的观点。

凯恩斯主义者提出的货币政策传导机制可以归纳为四个阶段(图 9-4)。

第一阶段，货币量的变动对利率的影响，如图 9-4(a)所示。假设在原有利率水平 i_1 上货币市场处于均衡状态，如果中央银行决定增加货币供给量，在流动偏好曲线不变的条件下，货币供给的增加将会使货币供给曲线右移，由 MS_1 移至 MS_2，过度的货币供给最终会引起利率下降。这个过程表现为，货币供给过多迫使人们减少手中持有的货币量，将这些货币用于购买债券或转入储蓄账户；等等，这时可贷资金的供给增加，从而产生利率下降的压力，图形上利率由原来的 i_1 下降为 i_2。

第二阶段，由以前所学知识可知，利率的下降降低了投资的成本，刺激投资支出的增加，在投资品市场上表现为对投资品需求的增加，图 9-4(b)中利率下降使投资水平从 I_1 提高至 l_2。

第三阶段，投资水平的上升促使整个意愿的总支出 AE 增加，在图 9-4(c)中总支出

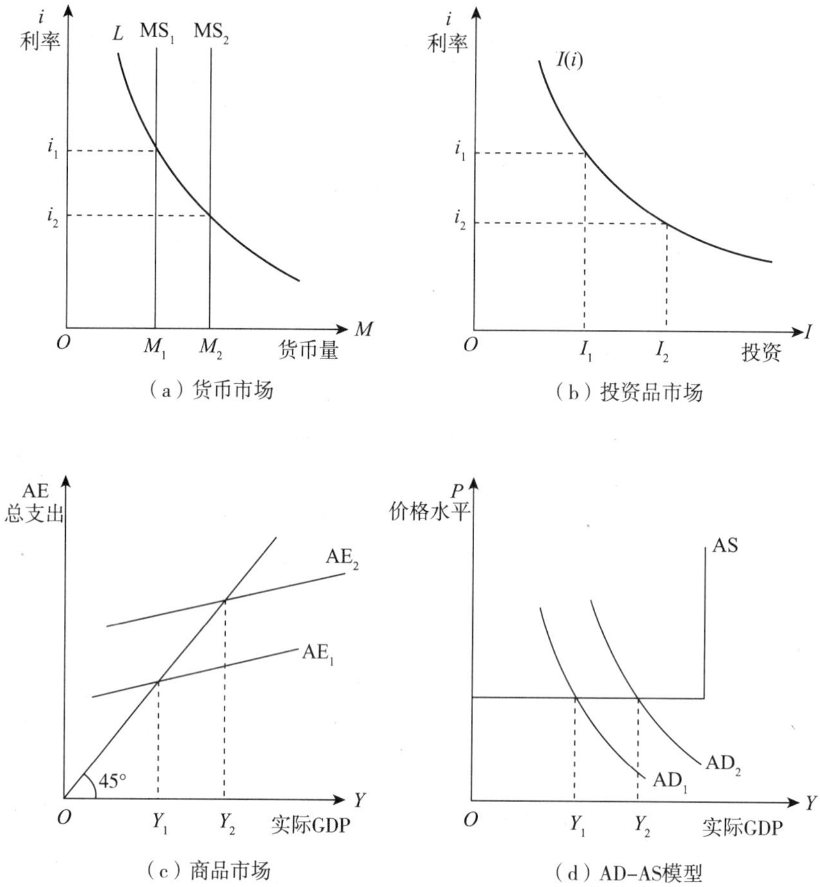

图 9-4 货币政策传导机制的四个阶段

由 AE_1 平移至 AE_2，其结果是实际 GDP 从 Y_1 提高到 Y_2，至此可见，货币供给量的增加或者货币需求的减少最终会导致实际国民收入的增加。

第四阶段，总支出的增加引起的国民收入增加，还可以用 AD-AS 模型表示[图9-4(d)]，因为总支出的增加在 AD-AS 模型中表现为 AD 曲线向右上方移动，如果此间不考虑价格因素（AS 曲线为平行于横轴的直线），AD 右移形成的国民收入也会由 Y_1 上升为 Y_2。如果 AS 曲线为正斜率，由于价格同 AD 曲线一同变动，国民收入的增加幅度因价格上升的影响变小。货币量的变化造成的国民收入的增加也表明就业水平的提高。

凯恩斯主义的货币政策传导机制的另一种表现如图 9-5 所示。

凯恩斯主义者的货币政策传导机制论并未得到广泛赞许和认同，货币主义就是反对者之一。凯恩斯主义的货币政策传导机制至少在两种情形下是失灵的。

其一，当投资对利率的变化缺乏敏感度时，传导机制被堵塞。凯恩斯主义也认为，投资并不总是能对利率的变化做出反应，如当投资者对未来缺乏信心时，即使利率降低，也不会促成投资的大幅度变化，当投资对利率完全不敏感时，投资曲线也就变成了垂直于横轴的一条直线。这时货币供给和实际 GDP 之间的联系将被斩断。其二，流动

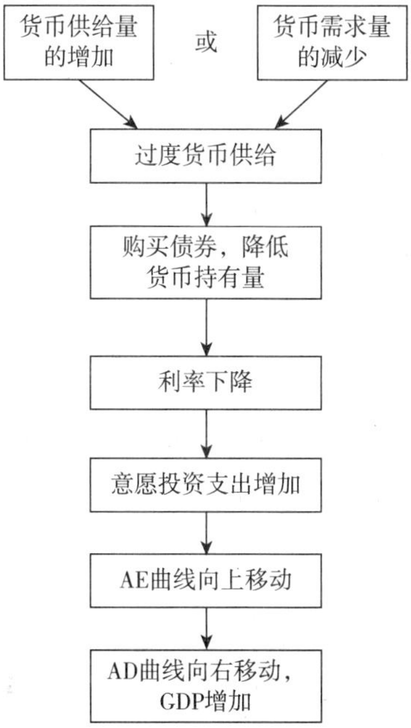

图 9-5 货币政策传导机制

性陷阱存在时，同样会发生上述结果。如果利率下降到一定程度，将会使货币需求曲线变成平行于横轴的直线，这时货币供给量的增加，并不使人感到持有的货币过多，因为持有货币的机会成本极低，所以货币供给量的增加对降低利率不起任何作用，利率已经下降到其最低点。从这一点来说货币供给的增多最终也不会导致国民收入的增加。于是凯恩斯主义者总结道：货币政策有时对增加实际国民收入和就业水平并不奏效，相对而言紧缩性的货币政策却有效得多。据此他们认为，货币政策的作用并不是对称的，他们倾向于肯定紧缩性货币政策的有效性。

货币主义者在货币政策传导机制方面的论点要比凯恩斯主义者简洁明了，他们把货币供给的变化和实际 GDP 直接联系起来，其中没有中间环节。当货币供给增加使人们手中持有更多的货币时，他们将不仅仅把眼睛盯在债券上，各种消费品和投资品也在他们的考虑范围中。货币供给变化直接影响总需求，而不是通过货币市场影响利率完成这个过程。货币的扩张和收缩在短期内能对实际国民收入造成影响，但在长期只会使价格水平变动。

◎专栏 9-2

经济危机下各国之间的“货币战争”

由 2007 年美国次贷危机引发的全球性经济危机使全球经济出现大衰退，欧洲各国更是陷入债务危机不能自拔。为了应对不断衰退的经济形势，以美国为首的发达国家开始实行宽松货币政策，大量印刷钞票，造成本币贬值。为了应对美国的量化货币政策，各国也开始用各自的货币政策进行应对，从而使各国之间有引发全球“货币战争”的嫌疑。

(一)美国量化宽松货币政策

量化宽松(quantitative easing，QE)通常是指中央银行在利率水平接近为零时采取通过购买中长期债券来增加基础货币供给的一种货币政策。这一政策只有在极低通胀率或通货紧缩情况下，银行利率趋近于零，继续采取减息等传统政策已不起作用以及需要提供新的激励时，才会被采用。一个完整的量化宽松主要由三部分构成：一是央行创造新货币；二是央行资产组合调整，即用货币去购买期限更长的资产；三是央行释放将继续实施新一轮量化宽松政策的明确信号。

2007年美国次贷危机爆发，引发了金融市场的全面危机，而且美国经济也由此陷入了衰退。此时的美国，一方面，面临着严重的经济衰退，另一方面，利率已经没有了进一步下调的空间，利率杠杆的“传统手段”已经失效。在经济严重衰退与市场流动性不足，以及刺激经济利率杠杆手段已用尽的情况下，美联储从2008年年底开始实施量化宽松的货币政策。

2008年11月，美联储宣布启动第一轮量化宽松(QE1)来抵消金融危机的影响。在第一轮量化宽松中，美联储共购买了1.25万亿美元的抵押贷款来支持证券、3 000亿美元的国债和1 750亿美元的公司债券，累计1.725万亿美元。这一轮量化宽松政策一直到2010年6月。2010年11月，美联储再次宣布启动第二轮6 000亿美元的量化宽松(QE2)，到2011年6月底结束。2012年9月14日，美联储宣布启动第三轮量化宽松货币政策(QE3)，每月购买400亿美元的机构抵押贷款支持债券(Mortage-Backed Security，MBS)以进一步支持经济复苏和劳工市场。

大公国际资信评估有限公司(以下简称大公)认为，美国实行宽松货币政策标志着美国信用危机深化和国家偿债能力的下降，它将引起新一轮的国际货币体系动荡，进一步恶化国际信用环境。美联储持续实施不负责任的量化宽松货币政策是全球信用危机长期化的根源。

联合国经济与社会事务部全球经济监测中心主任洪平凡认为，美国实施大规模的量化宽松政策，损害了广大发展中国家的经济利益。首先，量化宽松政策造成了流入新兴市场国家的短期外资(热钱)的激增，严重影响了新兴市场国家的宏观经济稳定。其次，美欧将其主权债务成本转嫁给持有很高外汇储备的新兴市场国家。最后，与美国联邦储备委员会和欧洲央行所持资产大幅增加相应的是在负债表中商业银行超额准备金，即基础货币的大幅度上升。

(二)新兴国家调整政策应对“货币海啸”

欧美发达国家为应对国际金融经济危机竞相实施量化宽松政策，造成流入新兴市场国家的短期外资激增，为这些国家的货币政策和汇率增添了不少“麻烦”，影响了其宏观经济稳定。巴西、印度、南非等国正密切关注欧美发达国家的资金流向，及时采取措施，积极应对发达国家在全球金融市场上掀起的这股“货币海啸”，以避免本国经济遭受冲击。

(三)巴西—秘鲁—阿根廷：加强宏观经济政策协调

面对这股“货币海啸”，巴西政府于2012年3月1日宣布，将对来自海外的3年以下的信贷融资课征6%的金融交易税。同一天，巴西央行两度干预外汇市场，收购5亿美元，以减少美元流通量，防止本国货币过度升值。同时，巴西央行还考虑进一步降低基准年利率，以缩小与发达国家的利率差距。

与巴西不谋而合，其他拉美国家近来也相继调整政策，采取积极措施加以应对。继秘鲁央行于2012年2月份入市干预之后，阿根廷总统克里斯蒂娜在2012年3月1日向国会提出两项提案，即修改阿根廷中央银行章程并废除《自由兑换法》，目的是加强对金融机构的监管，限制投机性资金，将更多的外汇储备用于实体经济发展。2012年3月9日，南方共同市场各成员国和联系国的经济部长及央行行长在阿根廷布宜诺斯艾利斯签署一项协定，决定加强宏观经济政策协调，共同抵制来自发达国家的“货币海啸”。

（四）印度：央行直接干预市场

自2010年11月美国推出第二轮量化宽松货币政策以来，印度经济一直面临政策困境，一方面通胀率连续维持高位，另一方面高利率刺激美元资本大量流入，严重影响了印度的汇市和宏观经济稳定。同许多新兴市场国家一样，随着发达国家的量化宽松政策推动大量外国资金流入印度，卢比对美元的汇率大起大落，出现了剧烈波动，即持续升值后急剧贬值，随之而来的是大幅反弹，曾在单个交易日对美元汇率的涨幅达到2%。为了稳定卢比的币值和印度的经济，印度央行被迫从2011年10月起出台了直接干预外汇市场等多项严厉管制措施。2011年12月中旬，印度央行又在抛售美元的同时采取了一系列打击外汇市场投机行为的举动。

（五）南非：实施积极财政金融政策

发达国家的量化宽松政策造成全球粮食价格上涨，直接影响到南非国内的食品价格。大量外部资金的流入，导致的最直接后果是南非财政环境恶化，汇率大幅波动和居高不下的通胀率，即2011年12月南非通胀率为6.1%，食品通胀率达11.1%。兰特的大幅升值以及粮食和石油价格的上涨，推高了最低工资，使单位劳动力成本大幅上升，使南非的就业形势恶化，经济增长步伐减缓。对于发达国家的量化宽松政策，南非政府从财政和货币政策上进行了积极应对。特别是在货币政策方面，实行了灵活的通胀目标框架政策，以确保国内经济的稳定。南非认为，稳定经济增长和充分就业是应对发达国家量化宽松政策挑战的最好办法。

（六）中国的M_2

中国人民银行的最新数据显示，截至2013年年末，中国广义货币M_2的存量达到110.65万亿元(表9-1)，并在2013年首季度就突破百万亿元大关。近年来，中国的M_2存量呈现“加速度”增加的态势。2000年，中国的M_2存量约为13万亿元，至2008年还未达到50万亿元，但近五年来M_2存量的增长上演了“狂飙突进”的一幕，即2012年已达97.41万亿元，居世界第一，接近全球货币供应总量的四分之一，是美国的1.5倍；而2012年全年GDP才51.9万亿元，M_2与GDP之比接近199.63%。于是，“M_2的增长＝印钞”、“中国货币严重超发、潜在通胀风险较大”的观点在社会各界引发讨论。

我国 M_0、M_1、M_2 数据汇总　　　单位：万亿元

年份	M_2	M_1	M_0
2013	110.65	33.73	5.86
2012	97.41	30.87	5.47
2011	85.16	28.98	5.07
2010	72.59	26.66	4.46
2009	61.02	22.14	3.82
2008	47.52	16.62	3.42
2005	29.88	10.73	2.40
2000	13.25	5.31	1.47

上海交通大学研究员高连奎认为，许多人谈货币“超发”，其实是没有搞清楚广义货币和基础货币这两个概念。银行放贷后，企业或个人借到的钱不一定马上使用，一般也会存在银行，此时银行又增加了一笔存款，所以就会继续放贷。M_2 就是经过这种多重贷款而“派生”出来的存款余额总量，这可看成是“货币的循环利用”。因此，M_2 数值不但取决于基础货币的投放量，也取决于货币循环和周转的效率，也就是“货币乘数”。基于中美“货币乘数”的比较，他指出像中国这样以大型银行为主的金融体系，缺乏中小型金融机构的支持，资金运行效率比较低，“毛细血管不发达，主动脉负担重，沉淀的血液就比较多”，这是导致广义货币存量比较大的原因之一。

巨量 M_2 实际上反映了中国的内部经济转型难度加大，而外部环境更不乐观。不久前，日本央行步美联储后尘，推出“无限量”货币宽松措施。当今世界的前四大经济体纷纷打开货币水龙头“放水”。一场以“竞争性货币贬值”为特征的“货币战争”已在所难免。

央行副行长易纲则在 2013 年两会期间暗示，针对越来越多的国家加入贬值阵营，中国货币政策已做好准备，会“予以稳妥的应对”。不过，在中国经济的外向型局面短时间无法扭转的情况下，外汇占款推动着基础货币投放，央行应对外部“货币洪水”的办法也有限。

资料来源：新华网．美联储推出 QE3，刺激经济复苏．2012-09-14；人民日报．新兴国家调整政策应对“货币海啸”避金融危机．2012-03-13；中国经济网．M_2 多寡之辩．2013-04-12；中国经济网．M_2/GDP 比值引发的“货币超发”争论．2013-02-22

第三节　财政政策与货币政策的配合

虽然财政政策和货币政策的最终目标一致，而且同种类型的财政和货币政策的作用相似，但是两者并不能完全相互取代来达到政策制定者所设定的任何目标。在政策实施的过程中，需要具体问题具体分析，审时度势，选择财政或货币政策，有时两者需要相互配合才能达到最佳效果。在对财政和货币政策的配合及财政、货币政策的效力分析中，IS-LM 曲线模型是重要的理论工具。

一、IS-LM 模型

IS-LM 模型也被称为希克斯-汉森模型，是对商品市场和货币市场进行的综合分析。该模型表示在商品市场和货币市场相互作用同时达到均衡时，形成均衡的利率和国民收入。该模型表现了商品市场上的储蓄、投资以及货币市场上的货币供给和货币需求对产出水平和利率水平的决定作用。这种一般均衡的分析方式为财政和货币政策的运用奠定了理论基础。IS-LM 曲线分析是凯恩斯的继承者对其《通论》所表述的整个理论体系的概括和总结，在当代宏观经济学中占据重要地位。

(一)IS 曲线

IS 曲线是表示商品市场均衡的曲线。首先我们假定国民经济中只存在两大经济部门，即居民和厂商，而且储蓄是收入的函数，投资仅为利率的函数。那么，在商品市场上存在着三种函数，即消费函数：$C=C(Y)$；储蓄函数：$S=S(Y)$；投资函数：$I=I(i)$。当商品市场达到均衡时

$$C(Y)+S(Y)=C(Y)+I(i)$$

于是我们可以说，商品市场实现均衡的条件为

$$S(Y)=I(i)$$

可见，商品市场实现均衡即达到 $I=S$ 取决于两种因素，即国民收入 Y 和利率 i。Y 和 S 属于同方向变动的关系，而 i 和 I 则是反方向变动，利率越高，投资水平越低；利息越低，投资水平越高。因此，国民收入必须和利率反方向变动才能保持商品市场的均衡。能够使商品市场实现均衡的各种国民收入 Y 和利率 i 的组合连接起来形成的曲线称为 IS 曲线，显然 IS 曲线在以 Y 为横轴和以 i 为纵轴的图形中是一条自左上方向右下方倾斜的曲线，其斜率为负。在 IS 曲线的任何一点上都表明商品市场是均衡的，而且国民收入和利率必须相互配合才能使商品市场的均衡得以实现。它表示这样一种关系：当利率下降时，投资水平提高，从而促进 Y 的增加，Y 的增加又使储蓄水平上升；反过来说当 Y 下降时，储蓄下降，为保持商品市场的均衡要求投资水平降低，只有利率的提高才能实现这一目标。这一关系在 IS 曲线的推导过程中可被清楚地表现出来，在经济学中通常以四个图形推导出 IS 曲线(图 9-6)。

在图 9-6 中分别设置有(a)、(b)、(c)、(d)四个相关的图形。其中，(a)图表示投资曲线；(b)图表示总供给和总需求达到均衡的 45°线；(c)图表示储蓄曲线；(d)图则表示实现商品市场均衡的 Y 和 i 的多种组合。

在图 9-6 中，(a)图存在着一条投资曲线，它反映了一个投资函数，先找出一利率 i_1，可由投资曲线找到一相应的投资水平 I_1，然后将这个投资水平带入(b)图。(b)图的横轴为投资，纵轴代表储蓄，45°线则表示总供给等于总需求，$I=S$，因此将确定的 I_1 延伸至(b)图时，可据 45°线找出一个能实现商品市场均衡的 S，即 S_1。同样将 S 带入(c)图，(c)图纵轴代表储蓄，横轴代表收入 Y，根据给定的 S_1 可找出相应的 Y_1，这个收入水平是实现了均衡的国民收入，在图(d)中这个均衡收入和开始时的利息率 i_1 形成了一种组合，i_1 和 Y_1 形成了一种使商品市场达到均衡的特殊配合。

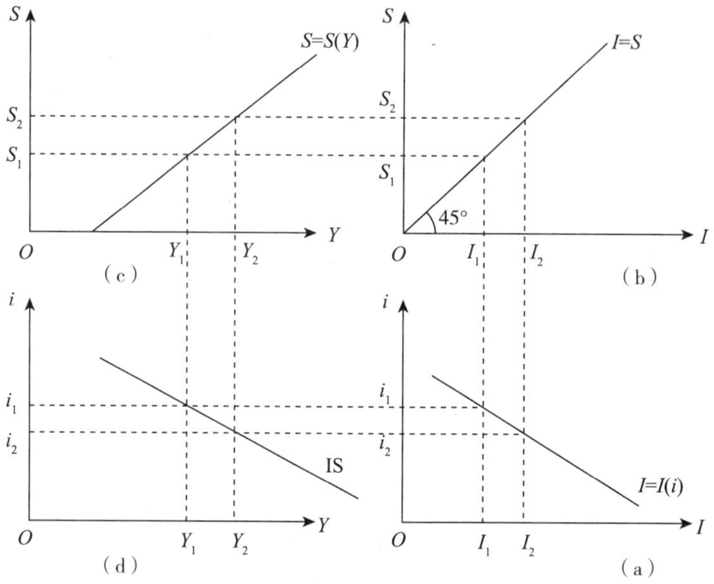

图 9-6 IS 曲线的推导

同样还可以在(a)图中设定另外一种利率水平 i_2，找出相应的投资水平 I_2，根据上述同样的分析方法分别找出 S_2 和 Y_2，实现了另外一组特殊配合 i_2 和 Y_2，这个过程可以继续下去。在(d)图中连接这两个组合点或多个组合点就可以得到 IS 曲线。这条曲线上的任何一点都代表商品市场上实现了均衡，但是在(d)图中并非所有的 i 与 Y 的组合都能使商品市场达到均衡状态，如果 i 和 Y 的一种组合处于 IS 曲线的右方，商品市场处于非均衡状态，这时 $S>I$；相反，如果 i 和 Y 的组合发生在 IS 曲线的左方，这时$S<I$。

既然 IS 曲线表示 $I=S$，IS 曲线代表的函数和储蓄函数及投资函数是相关的，IS 曲线的斜率也取决于储蓄曲线的斜率及投资曲线的斜率。储蓄曲线的斜率和边际消费倾向呈反比，边际消费倾向越大，储蓄曲线的斜率越小；相反，边际消费倾向越小，储蓄曲线的斜率越大。而 IS 曲线的斜率和储蓄曲线的斜率大小是一致的，这也说明边际消费倾向与 IS 曲线的斜率呈反方向变动。

除此以外，IS 曲线的斜率还受投资曲线斜率的影响，投资曲线的斜率则表示投资需求对利率变动的反应程度。投资曲线的斜率越小，投资的变动对利率变化的反应则较为敏感；相反，曲线的斜率越大，表明这种反应程度越小。进一步分析可知，投资曲线越平缓，IS 曲线的斜率也就越小，趋向平缓；投资曲线越陡峭，则 IS 曲线的斜率较大，IS 曲线也趋于陡峭。

如果决定 IS 曲线的两个函数发生变化，则会导致 IS 曲线发生移动，IS 曲线移动的方式有两种：一是由于储蓄曲线的斜率或投资曲线的斜率变动而引起 IS 曲线的斜率变动；二是由于外在因素的影响而导致函数中的自发性变量变动引起的 IS 曲线的平行移动，这里主要就第二种变动进行分析。储蓄函数和投资函数中自发性变量变动首先引起储蓄曲线和投资曲线的平行移动，进而引起 IS 曲线的平移。

IS 曲线分析不仅适合两部门经济，而且也适合对三部门经济的分析，因为三部门经济中的税收 T 和政府支出 G 分别和 S 及工具有相同的性质，T 和 G 的变动也会推动 IS 曲线移动。一般来说，税收的增加会使 IS 曲线向左方移动，反之则向右方移动；政府支出的增加则使 IS 曲线向右方移动，反之则向左方移动。在其他因素既定的条件下，IS 曲线向右方移动，对国民收入起扩张作用；而 IS 曲线向左方移动，对国民收入起紧缩作用。由此可见，实施紧缩性的财政政策，即增税或减少政府支出表现为 IS 曲线左移，实施扩张性的财政政策减税或增加政府支出则表现为 IS 曲线的右移。

2. LM曲线

LM 曲线是一条表示货币市场均衡的曲线，货币市场的均衡表示货币供给量等于货币需求量。货币供给量由货币当局控制，并不是一个内生的变量，因而如果中央银行的货币政策不发生变动，货币供给量则固定不变。货币需求量为收入和利率的函数。货币市场的均衡表现为 $M=L$，即 $M=L_1(Y)+L_2(i)$，能够满足这一条件的 Y 和 i 的各种组合形成了 LM 曲线。LM 曲线是一条自左下方向右方倾斜的曲线，同样可利用图形推导出这条曲线，如图 9-7 所示。

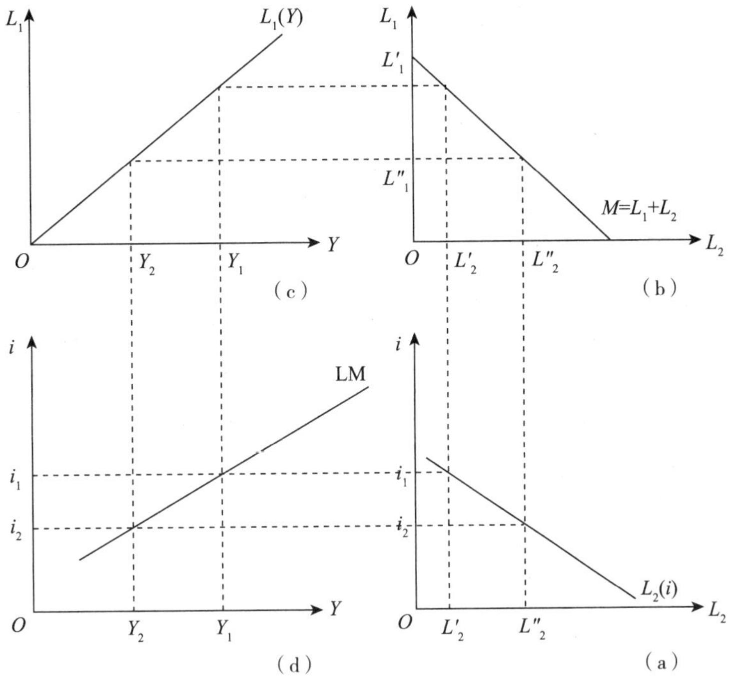

图 9-7 LM 曲线的推导

图 9-7 中，(a)图横轴为 L_2，纵轴为 i，向右下方倾斜的曲线为投机性货币需求曲线。(b)图中横轴对应于(a)图代表 L_2，纵轴为 L_1，与两轴都呈 45°角的曲线表示 $M=L_1+L_2$，即在货币供给量不变且货币供求相等的条件下，L_1 和 L_2 的各种数量组合。(c)图的纵轴对应于(b)图为 L_1，横轴为 Y，向右上方倾斜的曲线表示受收入支配的货币需求曲线。(d)图中纵轴对应于(a)图，代表利率 i，横轴对应于(c)图，代表国民收入 Y。LM 曲线的推导过程为先设定一个利率水平 i_1，先在(a)图中找出相应的 L'_2，然

后再通过(b)图以 L'_2 找出 L'_1，通过(c)图找出与 L'_1 相应的 Y_1，将 Y_1 延伸至(d)图中，同时在(d)图中找出相应的 i_1，Y_1 和 i_1 的组合表示货币市场实现了均衡。再设定另一利率水平 i_2，以同样方法找出 Y_2，形成另一种组合，再将这两个组合点连接起来，就是所谓的 LM 曲线。

图 9-7 中，虽然在(d)图中还有很多 Y 和 i 的组合点，但是这些组合点都不足以使货币市场达到均衡，LM 曲线上的任何一点都代表 Y 和 i 的一种特殊组合。如果有一点在 LM 曲线的左方，表明在这点上 $L<M$；相反，如果有一点在 LM 曲线的右方，表明在这点上 $L>M$。LM 曲线向右上方倾斜说明 Y 和 i 同方向变动，这是因为如果国民收入提高，在货币供给不变的条件下，L_1 的增加必然要求 L_2 减少，否则就要打破均衡，L_2 减少意味利率提高；如果利率水平提高，L_2 随之减少，在货币供给不变条件下，要保持货币市场的均衡，L_1 必须提高，这意味着国民收入的增加。另外，由图形可知，LM 曲线的斜率取决于 L_2 和 L_1 曲线的斜率，L_2 曲线的斜率越小，LM 曲线的斜率越小，这时 LM 曲线比较平坦；L_1 曲线的斜率越小，LM 曲线的斜率越大，曲线比较陡峭，反之则较平缓。

决定 LM 曲线移动的因素要比决定 IS 曲线的因素多，货币供给的变动，L_2 和 L_1 曲线的移动都会使 LM 曲线位移。这里假定 L_1 和 L_2 曲线的斜率不变，分析以上三种曲线平移对 LM 曲线产生的影响。

首先，L_2 曲线的移动将会使 LM 曲线发生方向相反的移动，即 L_2 曲线右移则使 LM 曲线左移，L_1 曲线左移则使 LM 曲线右移。右移意味着在同样的利率水平上国民收入的增加。

其次，L_1 曲线的移动使 LM 曲线同方向移动，即 L_1 曲线左移，LM 曲线左移，L_1 曲线右移，LM 曲线也右移。

最后，货币供给量变动图 9-7(b)中，曲线的移动将使 LM 曲线发生同方向变动，即当货币供给量提高，LM 曲线右移，反之则左移。这是因为，如果货币供给增加，在利率不变的情形下，要保持货币市场的均衡，L_1 提高，这便意味着 Y 的提高。

政府在进行经济干预时，一般来说难以直接影响货币需求，因而政府实施货币政策难以通过 L_1 或 L_2 曲线变动促使 LM 曲线位移，而主要通过改变货币供给量使 LM 曲线移动。因为货币供给量的多少直接掌握在货币当局手中，政府可以利用货币供给量这个工具控制经济的缩胀。

3. 两个市场的均衡：IS-LM 分析

IS 曲线和 LM 曲线分析仅仅描述了单个市场均衡的条件和状态，但在其中的任何一个市场上形成的均衡国民收入和利率，都不一定使另一市场达到均衡，因此在市场体系中国民收入和利率水平就不会处于稳定状态。凯恩斯继承者建立了 IS-LM 模型(图 9-8)，这一模型把商品市场和货币市场结合起来对国民收入和利率进行了一般均衡分析。

所谓一般均衡，就是指商品市场和货币市场同时达到均衡，这一状态表现在图形上就是 IS 曲线和 LM 曲线的交点。能使商品市场达到均衡的 Y 和 i 有多种组合，能使货币市场达到均衡的 Y 和 i 也是如此，但能使两个市场同时达到均衡的 Y 和 i 的组合点却只有一个，那就是 IS 曲线和 LM 曲线的交点，这个交点上 Y 和 i 的数值可通过解 $I=S$ 和 $M=L_1+L_2$ 方程求得。商品市场和货币市场达到一般均衡时的状况表现在图 9-8 上，即 E 点为均衡点，在 IS 曲线和 LM 曲线既定的条件下，E 点以外的任何一点都不能使两个市场同时均衡。两条曲线把坐标平面分割为四个部分，分别以Ⅰ、Ⅱ、Ⅲ、Ⅳ表示。在这些区域中，都处于非一般均衡状态，在Ⅰ区域中的任何一点都处于 IS 曲线的右上方，表明 $S>I$，同时，各点也都处于 LM 曲线的左上方，表明货币市场上 $L<M$。其余各区域 I 和 S、L 和 M 的关系分别推知为：Ⅱ区域中，$S>I$，$L>M$；Ⅲ区域中，$S<I$，$L>M$；Ⅳ区域中，$S<I$，$L<M$。而当市场处于这些区域的任何一点时，市场自身的调节会把非均衡状态消除，使得市场恢复到 E 点。因为如果商品市场不均衡会导致收入变动，当 $I>S$ 时，国民收入增加；而 $I<S$ 时，国民收入下降。货币市场不均衡会导致利率变动，当 $L>M$ 时，利率上升；当 $L<M$ 时，则利率下降。国民收入和利率水平的不断调整最终会实现两个市场的均衡。例如，在图 9-8 中，Y 和 i 的组合处于 A 点的位置上，A 点被分割在Ⅲ区域，这时 $S<I$，$L>M$，$S<I$ 使国民收入下降的收入水平会沿平行于横轴的方向向左移动，$L>M$ 促使利率上升，利率沿平行于纵轴的方向向上移动。这二者的合力最终引起 Y 和 i 的组合点向左上方移动，达到货币市场的均衡，这时由于商品市场仍未达到均衡，市场仍会进行自动调节，直至在 E 点上实现了一般均衡。

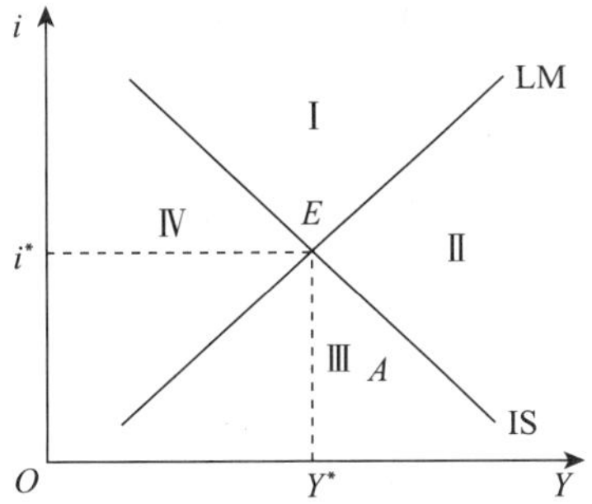

图 9-8　IS-LM 模型

决定均衡国民收入和利率的是 IS 曲线和 LM 曲线，若 IS 曲线和 LM 曲线发生变动，均衡点也会因此而发生变动，即均衡的国民收入和利率移位。其中，财政政策使 IS 曲线发生移动，货币政策使 LM 曲线发生移动，政府既可以单独使用财政政策和货币政策，也可以同时运用，这就涉及财政政策和货币政策的相互配合问题。

二、财政政策与货币政策的配合

在政府干预的过程中，将财政政策和货币政策配合使用的原因是两者虽然在扩张和紧缩经济的方向上是一致的，但是在实现某一最终目标时，两者是不能完全替代的。例如，上面内容中曾经提到的“流动性陷阱”和极度通胀期，财政政策必然作用甚微或者失效，这时两者便不能完全相互替代。当“流动性陷阱”发生时，经济一般处于极度萧条状态，这时试图使用货币政策使经济复苏的努力将是徒劳的，因为利率已经下降到最低限度，比较有效的办法是财政政策，或者两种政策并用。当出现极度通胀时，只使用紧缩性的货币政策，而不辅以紧缩的财政政策，效果也不会理想。

同样财政政策也不能完全替代货币政策。例如，当政府实施扩张性财政政策刺激总需求，增加政府支出固然会使经济在某种程度得以扩张，但是这种扩张伴随着挤出效应的出现，挤出效应会使财政政策的效果大打折扣，以赤字预算的方式来刺激总需求也同样面临这种问题的困扰。从这个角度来说，扩张性的财政政策应辅以货币政策才能显示出其效力。

另外，财政政策和货币政策各有优点和不足，两种政策配合使用可以克服缺陷相得益彰。具体来说两种政策的区别主要有三方面：第一，财政和货币政策中某些具体措施的猛烈程度不同，如政府支出和法定准备金制度作用猛烈，而税收和公开市场业务则相对柔和。第二，政策时滞不同，财政政策由于需经多道程序才能付诸实施，其行动时滞较长，货币政策的行动时滞则较短，但是财政政策的影响时滞要短于货币政策的影响时滞，前者发生作用的时间较快。第三，两者实施过程中遇到的困难和阻力不同，由于财政政策在运用时涉及多方面的利益关系，遇到的困难和阻力更大，货币政策阻力较小。在财政政策中，增税和削减政府支出，特别是福利开支遇到的阻力最大。

（一）财政政策效果分析

财政政策效果是指政府收支变化对总产出变动影响程度的大小。影响大小会因 IS 曲线和 LM 曲线斜率的不同而不同。

(1)在 LM 曲线斜率不变条件下，IS 曲线斜率绝对值越大，移动 IS 曲线时总产出变化就越大，财政政策效果就越大。IS 曲线斜率不同所引起的财政政策效果的差别如图 9-9 所示。

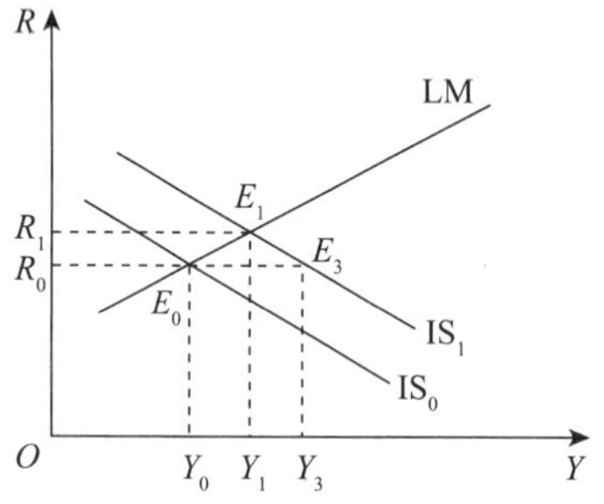

（a）LM曲线斜率大引起的财政政策效果

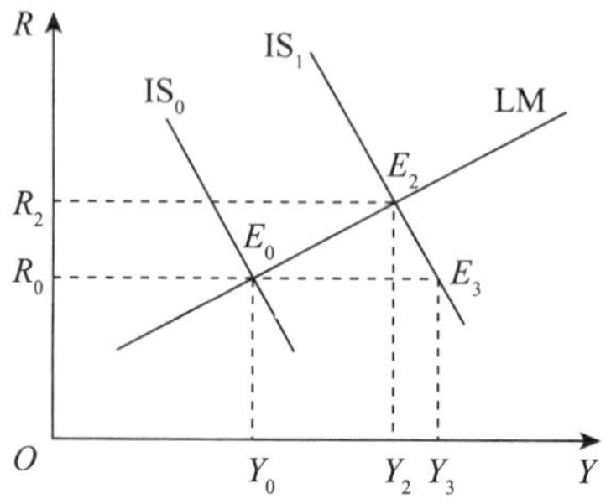

（b）LM曲线斜率小引起的财政政策效果

图 9-9 IS 曲线斜率不同所引起的财政政策效果的差别

图 9-9 中，(a)图和(b)图的 LM 曲线斜率完全相同，表明货币市场均衡不变。初始均衡点 E_0 相同，且政策强度也相同，由于乘数作用，都能使总产出增加到 Y_0。所不同的是(a)图中 IS 曲线比较平坦，即斜率绝对值较小，而(b)图中 IS 曲线比较陡峭，即斜率绝对值较大。由于 IS 曲线斜率的差别，因而实行同样的财政政策，(a)图中总产出只增加了 Y_1-Y_0，而(b)图的总产出却增加了 Y_2-Y_0。由此可见，(a)图中 IS 曲线斜率绝对值小，财政政策效果小，(b)图中 IS 曲线斜率绝对值大，财政政策效果也大。为什么会出现这种政策效果的差别呢？这是因为 IS 曲线斜率绝对值反向取决于利率反应系数 d，正向取决于边际消费倾向 b，(a)图中 IS 曲线斜率绝对值小，说明投资对利率反

应系数 d 或者边际消费倾向 b 的数值较大，而 d 值和 b 值大，都会使政府支出的挤出效应大，所以实际增加的总产出就少，即政策效果小。(a)图中的 Y_3-Y_1 和(b)图中的 Y_3-Y_2 为挤出效应而减少的总产出，$Y_3-Y_1>Y_3-Y_2$。

(2)在 IS 曲线斜率不变条件下，LM 曲线斜率越大，移动 IS 曲线时总产出变动就越小，即财政政策效果越小。LM 曲线斜率不同所引起的财政政策效果的差别如图 9-10 所示。

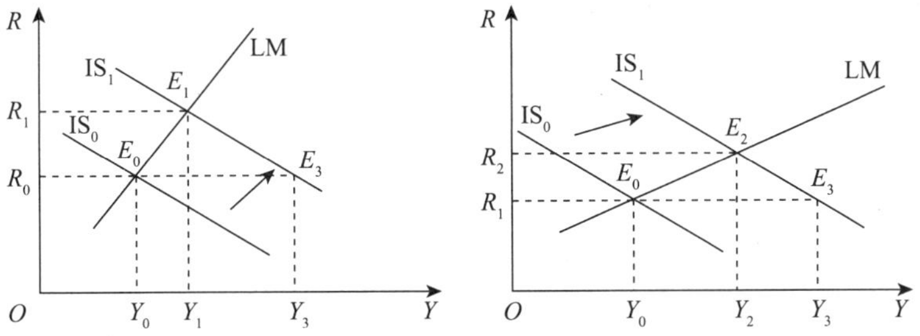

（a）LM曲线斜率大引起的财政政策效果　（b）LM曲线斜率小引起的财政政策效果

图 9-10 LM 曲线斜率不同所引起的财政政策效果的差别

图 9-10 中，(a)图与(b)图中的 IS 曲线斜率相同，移动幅度也相同，说明财政政策强度相同。不同的是(a)图中 LM 曲线斜率大，曲线陡，而(b)图中 LM 曲线斜率较小，曲线平坦。由于 LM 曲线斜率等于 k/h，斜率大说明货币需求对利率敏感系数 h 值小(假定 k 值不变条件下)。h 值小，挤出效应就大，所以财政政策对总产出的影响就小些。在图 9-10 中，Y_3-Y_0 表示政府支出的乘数效应所增加的总产出，(a)图的 Y_3-Y_1 和(b)图的 Y_3-Y_2 分别表示在两种货币市场均衡条件下的挤出效应，$Y_3-Y_1>Y_3-Y_2$。财政政策效果在(a)图中为 Y_1-Y_0，(b)图中为 Y_2-Y_0，(a)图的政策效果小于(b)图。

(二)货币政策效果分析

货币政策效果是指变动货币供给量对总产出变动的影响程度。货币政策效果大小，与 IS 曲线和 LM 曲线的斜率有密切关系。

(1)在 LM 曲线斜率不变的条件下，IS 曲线斜率绝对值越小，IS 曲线越平坦，LM 曲线移动对总产出变动的影响就越大，货币政策效果就越明显。IS 曲线斜率不同所引起的货币政策效果的差别如图 9-11 所示。

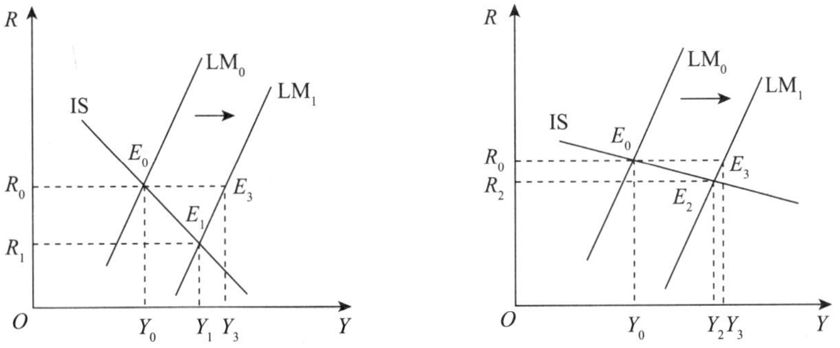

（a）IS曲线斜率大引起的货币政策效果　（b）IS曲线斜率小引起的货币政策效果

图 9-11 IS 曲线斜率不同所引起的货币政策效果的差别

图 9-11 中，(a)图和(b)图的初始状态是一样的，均衡点为 E_0，均衡利率和均衡总产出分别为 R_0 和 Y_0，都实行扩张性货币政策，政策强度也一样，都从 LM_0 向右平移至 LM_1，因此在市场利率不变条件下，货币供给量增加引起的总产出增加都是 Y_3-Y_0。但货币供给量增加必然会引起市场均衡利率的下降。在(a)图中 IS 曲线陡峭，利率下降使总产出增加量并不多(增加了 Y_1-Y_0)，货币政策效果较小。而(b)图中 IS 曲线斜率绝对值较小，所以利率下降使总产出增加较多(增加了 Y_2-Y_0)，政策效果明显。

(2)在 IS 曲线斜率不变的条件下，LM 曲线斜率越小，曲线越平坦，LM 曲线移动对总产出变动影响越小，货币政策效果就越小。LM 曲线斜率不同所引起的货币政策效果的差别如图 9-12 所示。

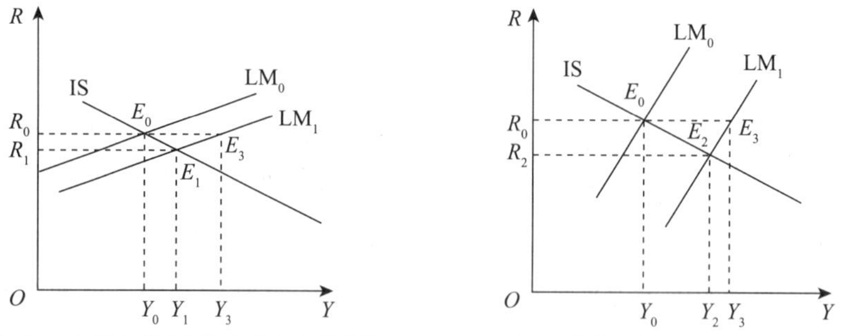

(a) LM曲线斜率大引起的货币政策效果　　(b) LM曲线斜率小引起的货币政策效果

图 9-12　LM 曲线斜率不同所引起的货币政策效果的差别

图 9-12 中，(a)图和(b)图初始均衡利率和均衡产出分别为 R_0 和 Y_0，增加的货币供给量也相同，并且都引起市场利率的下降。图(a)中 LM 曲线的斜率小，增加相同的货币供给量所引起的利率下降较少，因此在 IS 曲线不变的条件下，将引起总产出较小幅度的增加，说明货币政策效果较小。在图(b)中，LM 曲线斜率大，货币供给量增量所引起的利率下降较大，因此，刺激总产出有较大增加。

(三)政策组合效应分析

财政政策会引起均衡利率和均衡产出同方向变化，即扩张性财政政策使利率和总产出都增加，紧缩性财政政策使利率和总产出都下降。货币政策会引起均衡利率和均衡产出反方向变化，即扩张性货币政策使总产出增加而利率却下降，紧缩性货币政策使总产出下降而利率却上升。根据两种政策的不同特点，在不同的经济环境中适宜地组合使用，就能有效地控制总产出和利率的变动方向和幅度。两种政策的组合归纳起来有以下四种。

(1)扩张性财政政策与扩张性货币政策组合。这种组合会使总产出较大幅度增加，利率变动却不确定，它决定于两种政策的相对强度。这种组合一般在经济萧条比较严重时使用。扩张性财政政策会增加总产出，同时利率会上升，用扩张性货币政策降低利率以克服可能带来的挤出效应。当通货膨胀比较严重时不能使用这种政策组合，因为这种组合对通货膨胀是火上加油。

(2)扩张性财政政策和紧缩性货币政策组合。这种组合会使均衡利率上升而总产出变动方向不确定。在经济萧条不太严重而又要控制通货膨胀时可采用这种政策组合。用紧缩性货币政策控制通货膨胀，可能引发的总产出减少则通过扩张性财政政策加以弥补。例如，20 世纪 80 年代初，美国经济处于经济萧条和通货膨胀并存的滞胀局面，里根政府适时地采用了减税和紧缩货币的组合政策，一方面刺激需求，使总产出增加，另一方面又控制了通货膨胀进一步恶化。

(3)紧缩性财政政策和扩张性货币政策组合。这种组合会使利率下降而总产出的变化方向决定于两种政策的相对强度。在经济出现通货膨胀而又不太严重时可采用这种组合。由于通货膨胀不严重，所以用紧缩性财政政策压缩总需求可达到目的，为防利率提高引发衰退，再适当用货币政策降低利率。

(4)紧缩性财政政策和紧缩性货币政策组合。这种组合会引起总产出大幅减少而利率变化不确定。在经济发生严重通货膨胀时可考虑使用这种政策组合，因为这时往往伴随着经济过热，紧缩性财政和货币政策可有效控制经济过热和通货膨胀，同时紧缩性财政政策又可防止利率过分提高。

使用政策组合调控经济必须研究经济的 IS-LM 曲线的形态特征。如前所述，两种政策在不同的 IS-LM 曲线形态下政策效果是不一样的，择机使用合适的宏观经济政策才能起到有效的作用。

◎专栏 9-3

财政、货币政策“保增长”

2006～2010 年，中国经济先是增长偏快甚至过热，继而增速下滑，最终在全球率先实现经济回升向好。期间，中国的财政政策由稳健调整为积极；货币政策由稳健调整为从紧，继而调整为适度宽松。

投资增长过快、货币信贷投放过多之时，中国实施稳健的财政政策和稳健货币政策。2006～2008 年，中央财政赤字规模以每年几百亿元的速度逐年收缩；从 2006 年 1 月到 2008 年 6 月，中国先后 8 次上调人民币贷款基准利率、18 次上调金融机构存款准备金率。最终，中国的固定资产投资增幅回落，银行信贷投放增速放缓，防止了经济增长由偏快转为过热。

2008 年 9 月，国际经济形势急转直下之时，中国迅速调整宏观调控的着力点，即从原先的“防过热、防通胀”，调整为“防止经济增速过快下滑”。财政政策、货币政策随之转向，开始实施积极的财政政策和适度宽松的货币政策。不到半年的时间里，中国 3 次提高出口退税率，5 次下调金融机构存贷款基准利率，4 次下调存款准备金率，暂免储蓄存款利息个人所得税，下调证券交易印花税，降低住房交易税费，加大对中小企业信贷支持。

2009 年，官方刺激经济增长的力度更大，即政府投资支出规模大幅增加，总额 4 万亿元的投资计划得以实施。中央财政赤字比 2008 年增加了 5 700 亿元，企业和居民税负减轻了 5 000 亿元，新增人民币贷款 9.59 万亿元。最终，投资的快速增长弥补了外需下降的缺口。2009 年中国 GDP 增长了 9.1%，率先在全球实现经济回升向好。

2010 年，经济刺激政策得以延续，中国继续实施积极的财政政策和适度宽松的货币政策，即中央财政赤字达到 10 500 亿元，新增人民币贷款的目标定为 7.5 万亿元左右。经济增长的势头也得以延续，上半年中国经济增长了11.1%。

资料来源：http://www.chinanews.com.cn/cj/2010/10-20/2598462.shtml

第四节 发达国家宏观经济调控政策

第二次世界大战以后，各发达工业国普遍采取了相机抉择的宏观经济政策，应用财政和货币政策相结合调节国民经济的总需求，一定程度上减少了经济波动的程度和衰退的严重性。像20世纪30年代那样的大萧条，再也没有发生过。但政府对宏观经济的调控仍然是很大的一个问题。

一、宏观经济调控政策的成效和问题

政府要能对宏观经济的运行真正起到稳定的作用，首先，必须准确地判断经济是处在何种状况，预测市场景气变化的趋势。就像一个医生给病人看病，首先要正确的诊断病情，才可以对症下药。一般关于经济衰退的正式定义是国内生产总值连续两个季度下降。所谓GDP，就是指一国在一定时期内生产的商品和劳务的总值。只要统计数据及时正确，政府判断经济是否陷入衰退相对而言是比较容易的，但是，我们知道，相机抉择的宏观经济政策的意义在于逆经济景气潮流而动，所以政府不光要观察已经发生的事，还必须明察秋毫，预见经济趋势，才能够防患于未然。目前，预测经济动向的方法不外乎这样三种类型：一是计量经济模型的方法，即根据历史统计资料估算各种经济变量之间的基本相关或因果关系，以此推测下一步经济变动的趋势；二是领先指数的方法，即搜集证券市场、企业存货、建筑业开工指数等可能预示经济变化动向的数据，用以预测市场风云；三是普查的方法，即普查企业界和消费者的生产和消费计划，从中猜测市场何去何从。这三种方法都各有利弊，没有一种是完全可靠和完美的。平均而言，20世纪70～80年代经济学家对国民经济总产值的年度预测数字和实际数字相差1%～1.5%，但在1974～1975年和1981～1982年两次经济衰退中，预测误差却大大增加。可以说，人类现有的经济预测技术有助于政府减少一定程度的经济波动幅度，但还不能够提供足够精确及时的信号使政府能够防止经济衰退的发生。

就财政政策来说，存在着缺乏灵活性的问题。一般财政开支和税收是由国会按财政年度制定修改的，往往很难及时地根据经济情况加以调节。更重要的问题是财政开支的政治性。在民主选举的制度下，政治领导人常常为了政治利益讨好选民。所以，总是减税容易加税难，增加福利开支容易砍掉难。结果只见政府开支水涨船高，盈余减少，赤字增加，不见政治领袖们开源节流的诺言兑现。相机抉择的财政政策在不少发达资本主义国家演变成了赤字财政政策，并不是偶然的。

货币政策比财政政策要灵活些，因为中央银行或货币当局可以随时调整，不必等到每个财政年度定预算的时候。但货币政策也有个时滞的问题。从问题的发现、政策的制定，到政策的实施乃至生效，都要经过一段时间，通常要好几个月，甚至一年半载。往往制定政策时，经济需要的是刺激扩张，而到政策生效时，经济已经在复苏的轨道上了。所以，有些经济学家认为，由于时滞的存在，相机抉择的货币政策未必能有助于经

济稳定，说不定还会反而加剧了经济的动荡。货币当局与其把精力放在经济稳定上，还不如放在稳定的货币供应和价格水平上。

有的经济学家还指出，宏观经济政策的有效性，取决于政策能不能在人们没有防备的时候生效。例如，人们如果预计到增加货币供应量后商品价格会上涨，就会要求增加工资来抵消涨价，放松银根以减少企业成本的政策愿望就落空了。在人们对于政策效应的“理性预期”下，积极的货币政策很可能造成工资物价轮番上涨的恶性循环，而实际经济却刺激不起来。

其次，一些经济学家还从理论上根本怀疑相机抉择的经济政策依据的可靠性。一般经济学家都同意，在市场经济正常运作时，一定范围内的失业是正常的。因为产业结构的调整变化和季节变化可能导致某些行业的劳动力供需状况发生改变，如农业对劳动力需求的变化、工人自愿放弃工作另谋发展等，都会造成一些正常的失业现象。这种因正常市场经济运作引起的失业率就叫做“自然失业率”。怀疑相机抉择必要性的经济学家认为，市场经济机制实质上还是有很强的内在稳定机制，市场经济要比凯恩斯所描绘的要稳定得多。当失业率超过自然失业率时，失业人数的增加使得市场需求减少，市场价格于是在市场萧条中下降(或者表现为通货膨胀率减低)。这样，人们手中的资产和财富的实际价值就提高了，这种相对富裕的情形会引导人们增加消费，带动经济复苏。所以，衰退和萧条发展到一定时候，必然会出现经济复苏。如果不是人为的政策失误，市场经济应当不会距自然失业率太远太久。20 世纪 30 年代的大危机其实很大程度上不是由市场经济的失败引起的而是政府的愚蠢政策引起的，即美国政府在 1929 年股市危机后错误地把所得税提高了一倍，把进口税提高了一半，从而导致了商业信心的崩溃，把整个经济推入了大萧条的深渊。

需要补充的是，大多数主张凯恩斯经济政策的学者其实并不否定市场经济的自我复苏功能，只是认为这种自我复苏过程太长、太慢，社会成本太大。

最后，自从 20 世纪 70 年代初世界市场上固定汇率体系被有控制的浮动汇率体系代替以来，世界金融市场发生了很大的变化。原先在固定汇率制度下，各国的货币之间的兑换率是基本固定的，各种货币之间不会随着各国经济状况自动升值或贬值。第二次世界大战后资本主义国家固定的汇率制度是建立在 20 世纪 40～50 年代美元币值十分坚挺并作为各国货币后盾的基础上的，同时各国对于外汇市场上的资金流动也有较多的限制。后来，美国国内财政赤字增加、通货膨胀加速、贸易逆差扩大时，美元的稳固地位逐渐动摇，固定汇率制就难以维持下去，各国政府只好放开外汇市场，放松金融管制，让货币兑换率自由波动，而只有在外汇投机十分炽烈时政府才进场用大量买进卖出的方式加以干预。在浮动汇率体系下，由于金融业的技术进步和制度创新，世界金融资本的活动越来越活跃，国与国之间的资本投机使宏观经济政策环境发生了很大变化。例如，当政府采取货币政策放松银根刺激经济时，本国利息率降低，人们把钱存在国内的收益相对减少，这样就减少了外国资金流入，增加了本国资金流出；人们把钱送往境外时，需要把钱兑换成外国货币，对外币需求增加，就引起本国货币贬值；本国货币贬值，出口赚来的外汇就更吃香，而进口货就显得更贵，于是就刺激出口，抑制进口，使本国市场上的总需求增加，从而更有效地刺激经济。当政府增加开支、减少税收，用财政政策刺激经济时，国内投资增加，利率上升，外国资金增加流入，本国货币升值，就会刺激进口、减少出口，给本国市场的总需求带来紧缩的压力，于是财政政策的扩张作用就大打折扣。因此，世界经济环境的变化，加大了实行相机抉择的宏观经济政策的难度，使政策的效应更加不确定。这里要注意的是，开放的经济环境使货币政策更为强劲有效，并不意味着政府用货币政策调节经济更为轻松自如。这就好像一个骑惯自行车的人换骑了一辆摩托车以后，未必能够更有把握地控制前进的方向。

二、发达国家宏观经济调控政策的启示

纵观上述讨论，我们可以得出工业发达国家实行宏观经济政策的六个经验教训。

其一，由于市场经济中合成谬误的效应，应用“看得见的手”调控宏观经济是有必要的。

其二，鉴于现有经济预测技术的限制，准确预见宏观经济的走向并实施恰到好处的反波动的相机抉择措施是很困难的。因此，宏观经济政策仍应以保持货币增长稳定和物价的稳定为主，切不可过于自信地轻举妄动，反而使经济更加不稳定。

其三，只有在经济衰退的征兆明显或经济萧条持续不愈时，才可以用相机抉择实施财政政策和货币政策的反危机措施；但仍然必须仔细计算政策时滞和开放经济条件下的政策效应，注意适可而止。

其四，考虑到人们的理性预期反应，政府如果实行反衰退的扩张政策，宣布要晚，实行要快，这样才能最大限度地发挥政策效应。

其五，凯恩斯经济学的问题之一是笼统地谈政府开支和增减税收。经过多年的实践经验教训，许多国家政府认识到，政府的行政福利开支易增不易减，并且会增加人民对政府救济的依赖，无助于生产力的提高；国防开支过大也会加重国民经济负担，拖累经济发展；政府增加开支应当以教育和基础设施与长期生产力有关的项目为主。税收调节，也不宜笼统地谈增税和减税，而应当具体改革税收制度，使其成为更公平、更有利于鼓励生产和投资。

其六，凯恩斯的一些弟子鼓吹的“财政赤字无害论”、“通货膨胀有益论”及“国民储蓄太多论”，理论上很片面，实际上也经不起各国经济实践的检验。

关键概念

财政政策　自动财政稳定器　政府的转移支付　财政政策乘数　货币政策　存款准备金率　再贴现率　公开市场业务　选择性货币政策工具

复习思考题

1. 宏观经济调控的具体目标有哪些?
2. 财政政策的类型有哪些?
3. 货币政策的目标有哪些?
4. 货币政策的工具有哪些?
5. 试述财政政策与货币政策的配合。
6. 试述发达国家宏观经济调控政策对我国的启示。

第十章

促进社会公平

【本章学习目标】

理解收入分配不均等与社会公平的内涵，了解收入分配的公平标准，掌握用基层系数衡量收入差距程度的分析机理、优点和不足，掌握收入分配不公平的原因；理解政府调节收入分配的必要性，掌握政府调节收入分配的原则；掌握可供政府选择的调节收入分配的手段。

【本章知识结构】

本章知识结构如图 10-1 所示。

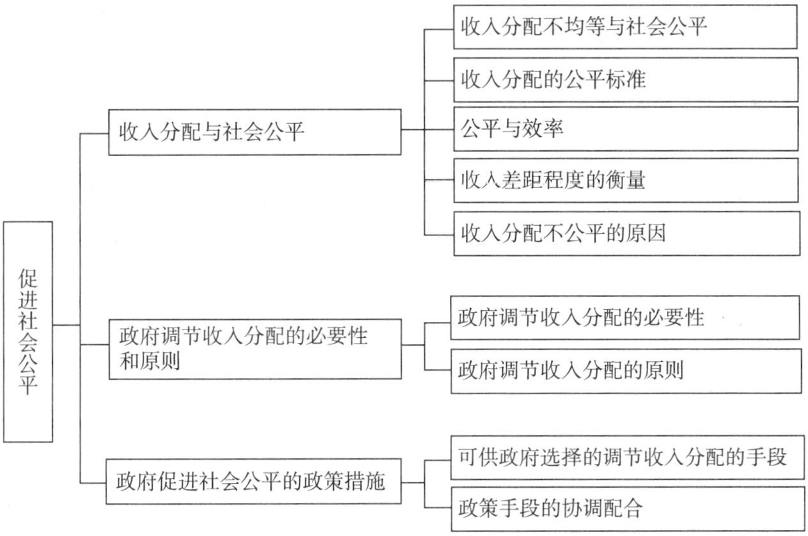

图 10-1　本章知识结构图

第一节 收入分配与社会公平

一、收入分配不均等与社会公平

一般来说，通过市场的竞争，优胜劣汰，市场机制有利于提高经济效率，可以实现资源的有效配置，但它不是十全十美的，它可能会带来收入的分配不均，甚至是严重的贫富悬殊。各人的禀赋不同，机遇各异，竞争的结果可能导致一部分人在竞争中的地位不断加强，变得更加富裕，而另一部分人则在竞争中处于劣势，地位不断减弱，相对会变得更加贫穷。这对社会的稳定发展和人的全面发展来说可能会构成一定的威胁。

社会公平是指社会实行公正的分配，使分配格局达到社会满意的状态。社会公平是一种价值判断，是历史的、社会的、道德的等各种因素形成的一种意识形态。既然是一种意识形态，它是随着时间、环境、条件的变化而变化的。所以说，要对社会公平下个十分精确的定义是比较困难的。

关于公平和不公平我们可以从三个方面来看：一是初始条件的公平和不公平。如果初始条件是不公平的，那么我们可以说，它本身就是不公平的。如果初始条件是公平的，那么，最终结果会不会是公平的呢？很显然，未必。二是过程的公平和不公平。事物发展过程是否公平可能是一个更复杂的问题，但无论如何，如果过程是不公平的，这本身也就是一种不公平。三是结果的公平和不公平。如果认为初始条件和过程的公平最重要，是真正意义上的公平，那么，结果的不同就不是什么不公平问题。

通常情况下，当人们谈论社会不公平时，往往更多的是指结果的不公平，而不是机会的不公平。公平是一个历史的范畴，它既以一定的历史关系为前提，又随着历史关系的改变，而使自己的内容发生变化；同时，历史又以其独特的方式把处理人与人之间关系的基本准则赋予公平范畴，使它具有历史继承性和内涵的延续性。公平概念的历史性和内涵上的延续性要求人们在社会生活中贯彻公平原则时既要看到一定的社会经济结构和经济发展水平对公平的制约，又要兼顾公平原则所具有的共同内涵。

作为一个具体的、历史的公平概念可以从许多不同侧面来把握。我们可以从伦理的、政治的和经济的意义来理解公平。在市场经济体制下，公平概念首先是伦理意义上的公平，是指普遍存在的一种人与人、人与社会之间合理地享有社会基本价值(如自由、机会、财富、自尊、荣誉等)的道德关系和道德要求。传统的价值观和道德意识是这一公平观形成的历史前提和现实基础。它是靠人们的自觉行动来维护的。人们内心深处形成的公平意识是维系这种道德关系的心理基础，是人们评价社会公平与否的内在尺度。个人可能因天赋、能力等方面的条件未具备而不能获得这种机会。为了保证这种机会均等的实现，社会应提供给每个人以基本的生存条件和基本的政治、经济权利。

二、收入分配的公平标准

收入分配标准可分为三种：第一种是贡献标准，它是按社会成员的贡献来分配收入，这种分配标准能保证经济效率，但由于社会各成员在能力和机遇上是有差别的，因而，可能会引起收入分配上的不均等。第二种是均等标准，它是按每人都均等的方法来分配收入的。第三种是需要标准，它是按社会各成员的需要来分配国民收入的。

这三种标准哪一种是公平的呢？不同的人就会有不同的回答。在考虑收入分配的公平性问题时，可以从六个方面来讨论收入分配的标准：①一个人在市场上能赚多少就得多少；②你在完全竞争的市场上能赚多少就得多少；③在初始条件相同的前提下，你在完全竞争的市场上能赚多少就得多少；④在最低生活水平确保以后，一个人在市场上能赚多少就得多少；⑤每一个人都应该得到完全同等的收入；⑥按照需要进行分配。

显然，在第一种情况下，收入分配基本上是不加限制的。而在第二种情况下，该准则的贯彻就有了限制，即只限于认为在完全竞争市场上的所得才是公平的，而从垄断性市场上取得的垄断利润或靠自己的垄断优势所取得的收入就被看成是不公平的。第三种情况假定每个人的初始条件(如家庭背景)相同，又由于假定是在完全竞争的市场上，因而人们的机会也是均等的。在此前提下，最后在收入上存在的不平等则是来自于各人不同的劳动能力。对于收入与闲暇之间不同的偏好及节俭程度、冒险等方面的差异，按照这一标准，这种收入分配上的不平等是公平的。但由财产继承关系或家庭地位所产生的不平等是不公平的。再看第四种情况，在现实世界中初始条件往往是不同的，而且由于现实世界的市场往往并不是完全竞争的市场，所以，机会平等和竞争过程公平在现实中很难实现。因而，社会或者说政府有责任保证使所有的人能够享受到作为一个人应该享受的基本生活保障，然后根据能力、贡献的大小来分配，能力大、贡献大就多得，能力小、贡献小就少得。第五种情况是每一个人都应该得到完全同等的收入也可称之为平等主义或平均主义标准。这一标准要求所有的人都拥有和占有同等的财富，人人都是完全一样的，任何差距都意味着对人的平等性的侵犯，就是不公平的。这一标准在人类历史上也曾有过各种各样的实验与实践，但并未真正实现。一般认为，实行收入分配的完全均等，会使人们失去勤奋工作的动力，从而造成社会总收入的减少。在社会总收入减少的情况下，人们的状况会更加恶化。一定程度的收入不均等可以增强激励，从而最终增进所有人的利益。

三、公平与效率

公平与效率是人们经常讨论的两个概念。但是，由于人们对这两个概念的意义理解不同，因而在公平与效率关系问题上的理解也存在较大差异。公平与效率关系问题上的争论也与人们对这两个概念的理解不同有关。

从分配关系的角度来说，市场经济的分配机制是按市场的供求关系来进行的。这种分配的一个基本特点是把个人的收入与其劳动密切联系起来，并通过这种分配方式来达到高效率。公平分配是一种激励机制，当个人感到自己受到公平待遇时便会努力工作，否则他便愤怒不平，并因而产生生产的低效率。这里说的公平分配当然不是每个人都获得相同量的劳动报酬，而是劳动的投入量与自己的收入是相对应的。公平在一定程度上能够有效促使效率得到提升，而不公平则会在极大程度上产生低效率。有效率的市场分配格局是社会公平的基本内涵，这是因为社会价值判断不能脱离现实的经济机制，市场不完善会产生偏离有效率的分配格局。

公平与效率之间绝不是一种此消彼长的负相关关系，即公平产生低效率，高效率需以丧失公平为代价。在不同的范围，公平的内涵是不同的。公平在自己适用的范围内对效率是有促进作用的。在这个意义上说，公平是实现效率的有效途径。

公平原则要求社会法律制度和政治决策是公平的，执行社会法律制度和政治决策是公平的。政治公平既适应了大众渴望社会公正的心理，又给个人以社会压力，这种社会压力又使公正具有强制性。由此，政治上的公平成为内隐于社会中自发的维护社会稳定的“稳定器”。它既维护了社会的整体力量，保持了社会的安定，又促进了个人的自由发展和个性的充分发挥。政治上的公正，一方面起到社会整合的功能，使社会成员同心协力，另一方面，起到促进个性发展的作用，为个人能力的发挥提供有利的社会环境，促进劳动生产率的提高。

每个人出生的家庭背景不同，每个人的受教育机会、就业机会可能是不同等的。这种由于初始条件不同而导致的分配差异从社会来看可能是不公平的。为了实现社会公平，就要校正效率市场形成的分配差异。

四、收入差距程度的衡量

要了解收入分配是否公平，就要知道人们收入差距程度的状况，这通常用基尼(Gini)系数来衡量。基尼系数是在洛伦兹(Lorenz)曲线(图 10-2)的基础上提出来的。洛伦兹曲线是反映人们收入状况的曲线。首先，要对家庭划分收入等级，等级的划分并非是随机的，而要根据当时的具体情况且能大体反映生活水平的差异来划分；其次，将每个等级的家庭人口汇总以后计算出他们占人口总数的比例；同时，将每个家庭的实际收入汇总以后计算他们占总收入的比例；最后，根据上述数据画出洛伦兹曲线。

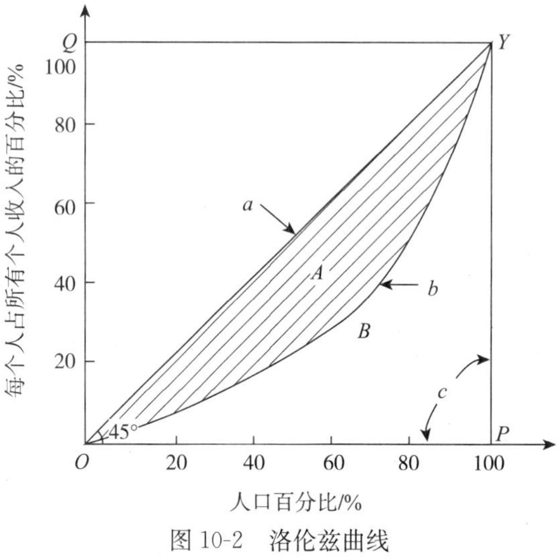

图 10-2 洛伦兹曲线

图 10-2 中，横轴表示人口百分比，纵轴表示每个人(或每个收入等级的人)占所有个人收入的百分比，洛伦兹曲线 b 反映了各种人口比例所占的收入比例。曲线 a(即直线段 OY)为 45°线，表示收入分配是绝对平均的，因为该线上每一点都表示每一比例的

人口都占有相同比例的收入。曲线 c（即由两条轴组成的 OPY）表示收入分配的绝对不平均，因为所有收入只被一个人占有，而其他人均无收入。

基尼系数可用来反映收入分配差异的程度。基尼系数是指洛伦兹曲线 b 和绝对平均曲线 a 之间的面积 A（即图中阴影部分的面积）与绝对平均曲线和绝对不平均曲线之间的总面积 $A+B$（B 为非阴影部分的面积）之间的比值。

显然，若 A 为 0，则基尼系数为 0，表示收入分配绝对平均；若 B 为 0，则基尼系数为 1，表示收入分配绝对不平均。一般而言，基尼系数总在 0～1。基尼系数越小，收入分配越平均，基尼系数越大，收入分配越不平均。

基尼系数具有三个优点：①能用一个数值来反映收入分配差距，使用起来非常方便。最重要的是能够进行分解分析，这对于我们正确找出差距产生的原因有重要作用。可将基尼系数变化分解为由收入集中度变化、收入比重变化和两者综合作用变化三部分，其中，收入集中度引起的变化称之为收入集中效应，收入比重引起的变化称之为结构性效应。显然处理两种效应的对策是不同的。就我国而言，由结构效应引起的收入分配差距是暂时的，也是正常的，会随着我国经济结构调整的完成而缩小。②基尼系数的计算方法很多，便于利用各种资料数据。③基尼系数是国际经济学界通用的指标，便于进行国家之间的收入分配差距的比较研究。

因此，基尼系数法深受经济学家、哲学家、社会学家的青睐，在当前的经济学界得到了广泛的使用，是人们公认的分析收入分配差距的好方法之一。

与此同时，我们还应看到基尼系数自身和在计算过程中还都存在着不同程度的缺陷和不足，这主要表现在：第一，它不能反映个别阶层的收入分配变动情况。从基尼系数数值来看，它只反映收入分配差距的总体状况，不能知道哪一个阶层的收入份额上升或下降了多少。第二，基尼系数虽然可以对总收入分配差距在不同分项收入之间进行解析，但不能用于对总收入差距在不同阶层（或地区）之间进行分析，需要其他指标来补充。第三，对低收入阶层的收入比重变化不敏感。例如，当从较高收入阶层转移 1% 的收入到较低阶层时，低收入阶层的收入比重变化一般较大，但从基尼系数的变化来看却很小。第四，在用基尼系数指标进行国际比较时，还须剔除一些不可比因素。例如，按人口和家庭计算得到的基尼系数数值不同，不能以一国的人口收入基尼系数去与别国的家庭收入基尼系数相比较。第五，计算时会遇到一些实际障碍。例如，在对人（户）均收入等级进行分组时，没有一个通用的标准。理论上，应以可支配收入为标准。国际上，一般用消费支出代替可支配收入。但使用消费支出计算出来的基尼系数，在一定程度上掩盖了收入分配差距的真实性。因为消费支出只是可支配收入的一部分，其中一些必要支出即使在穷人和富人之间有差别，但也不会像收入差别那样大。

由于基尼系数存在着上述不足，因此在计算和运用时应注意以下几个问题。

第一，就基尼系数数值的相对准确性而言，要求我们在分组时尽可能多地增加观察点，分组越多，组内差距就能得到较多反映，基尼数值便会大一些。在统计收入时，应充分考虑各种实物收入、隐性收入和灰色收入等情况，应使用人（户）均可支配收入指标。若使用人（户）均 GDP 等指标，就不能真实地反映收入分配差距的情况。

第二，不能简单地以基尼系数大小来评价收入分配差距大小的问题。基尼系数是一个综合指标，其数值大小受社会制度、经济体制、地区差异等多种因素的影响，因此不能简单地以某一年的基尼系数来判断收入分配差距的合理性。尤其在进行国与国之间的比较时，也不能一味地认为基尼系数越小越好。我国在改革开放之前基尼系数很小(约为0.16)，但那体现着严重的平均主义分配。

第三，运用基尼系数来考察一个社会的经济发展水平和福利水平时，应考虑人均实际收入。因为任何收入分配的不平等都是以一定的人均实际收入水平为前提的。若两个国家的人均实际收入相差悬殊，也可能存在基尼系数相等的情况。另据世界银行的数据表明，阿马蒂亚·森的福利指数与人均实际GDP之间存在着极强的正相关，而与基尼系数的相关度较低。因此，基尼系数并不能揭示经济发展过程中的收入分配差距的全部，在运用此指标时，不能脱离该国的实际情况。

国际上通常认为，基尼系数在0.2以下表示绝对平均，0.2～0.3表示比较平均，0.3～0.4表示比较合理，0.4～0.5表示差距过大，0.5以上为差距悬殊，当达到0.6时表示暴发户和赤贫阶层同时出现，社会动乱随时可能发生，因此0.4被视为警戒线。西方发达国家的基尼系数一般在0.3～0.4。

◎专栏10-1

不同“版本”的中国基尼系数

最近国家统计局公布了自2003年以来，逐年的全国居民收入基尼系数。数据显示这些年中国居民收入基尼系数一直在0.47以上，2008年以前逐年上升，最高点曾达到0.491，近几年有轻微回落，2012年为0.474。

而在这之前，我国自从2000年公布中国基尼系数为0.412之后，官方再也没有对这项统计公布过具体数字。在国家统计局的《中国全面建设小康社会进程统计检测报告(2011)》中仅提到“从五项检测指标来看，2010年基尼系数略高于2000年的0.412，实现程度为79.8%”。

2012年8月21日，华中师范大学中国农村研究院在京发布了《中国农民经济状况报告》，报告称2011年农民家庭户均现金收入为38 894.38元，全年中国农村居民基尼系数为0.394 9，正在逼近国际警戒线。数据显示，收入最低的20%样本农户，与收入最高的20%样本农户的收入差距达到10.19倍。

同时，2012年12月9日由西南财经大学中国家庭金融中心在北京发布的调查数据显示，2010年中国家庭收入的基尼系数为0.61，大大高于0.44的全球平均水平，其中城镇家庭内部的基尼系数为0.56，农村家庭内部的基尼系数为0.60。这些数据显示出中国无论是从全国、城镇还是农村来看，贫富差距都过大。

世界银行也曾发布一份数据报告表明，最高收入20%的人口的平均收入和最低收入20%的人口的平均收入，这两个数字比在中国是10.7倍，而美国是8.4倍，俄罗斯是4.5倍，印度是4.9倍，最低的日本只有3.4倍。目前，全球基尼系数最高的地方是非洲的纳米比亚，亚洲地区的中国大陆和中国香港的基尼系数都超过0.4，其他国家，如印度为0.37，以色列为0.39，日本为0.25，韩国为0.32，美国为0.41，法国为0.33，德国为0.28，俄罗斯为0.40。

我们来审视上述各个“版本”的中国基尼系数，不论国家统计局官方公布的基尼系数，和各民间机构及世界银行公布的基尼系数在数字方面有多大差异，也不论各数字背后的统计方法或调查方法之间有何统计口径上的差别，我们可以看到，各个“版本”的中国基尼系数都接近或超过了国际警戒线0.4，这表明当前我国收入分配差距存在严重不合理的问题。出现收入分配不合理现象的根源是体制方面的缺陷，如公共资金大量流失，土地市场、金融市场、资本市场和垄断行业收益的不当分配等。解决这些根本性的问题只能靠推进体制改革、完善制度，提高政府、要素市场和垄断部门的透明度，把权力关进笼子，靠公众监督来消除制度隐患。政府应正视由于收入分配不合理带来的社会问题，并采取相应措施来调节收入分配。

资料来源：华尔街日报中文网．我们更应该相信谁的基尼系数．2013-01-24；京华时报．报告称中国家庭基尼系数达0.61贫富悬殊“世所少见”．2012-12-10

五、收入分配不公平的原因

在市场经济中可以观察到的一个基本事实是由市场决定的收入，初次分配(纳税前收入的分配)差异是相当大的。其主要原因在于初始条件、能力或劳动贡献及机会的不同。初始条件包括家庭出身、家庭结构、遗产继承、遗传天赋。这些条件常常是个人不能选择或不能左右的，由于这些条件的不同，人们在社会经济过程中的竞争条件就是不同的，在其他条件相同的情况下，仅由于这些条件的不同也会导致最终分配结果的不平等。例如，有的可能出生在富裕地区，有的可能出生在贫困地区；有的可能出生在富裕家庭，有的可能出生在贫困家庭。这些不同会影响到人们今后的受教育程度和就业机会，从而可能造成以后收入上的差异。家庭的社会和经济地位不同，对个人来说，受教育和发挥才能的机会也会不同，甚至由于各个家庭经济状况不同，子女所能得到的营养和关怀不同，也会影响到个人的天赋。这样，有的人就会处于较有利的竞争地位，从而获得更高的收入。因此，完全靠市场机制调节收入分配，就可能会使社会收入差别不断扩大。但总体上来说，引起收入分配不均等的最主要原因是人的能力或劳动贡献。一个没有任何初始优势条件的人，可以靠自己的能力和劳动贡献获得比具有较大优势初始条件的人更多的收入。一个有较强能力和勤奋的人可以为自己创造更多的机会或更好地利用机会去获得更多的收入。具有不同能力的人和做出不同贡献的人，他们的竞争机会也就不均等，从而他们的收入也就不平等。

把异质的劳动转化为同质的劳动或单一性质的劳动可以解释收入分配产生差异的原因。由于人们为社会财富的积累所付出的劳动总是不同的，从而他们对社会财富积累的贡献总是不同的。既然如此，人们占有不同的财富并进而占有不同的生产资料正是按劳分配的客观结果。如果按劳分配原则是公平合理的，那么，人们占有不同的财富并进而占有不同的生产资料就是公平合理的。实行财富或收入的平等占有与分配意味着，对社会财富及生产资料的积累没有做出贡献或者贡献很小的人，无偿地占有和获取了那些为社会财富及生产资料积累做出贡献或者做出较大贡献的人的劳动成果。

自由主义哲学家罗伯特·诺齐克认为，人的不平等是不可更改的事实，没有理由对最不幸的人做出补偿。诺齐克强调，能力大的有权获得更大利益，只要财产的分配过程是正当合法，转让也是正当合法的，那么这种分配就是正义、公平的，只要收入分配不是以不公正手段进行，政府就不应该干涉。除非有人以偷窃、抢劫等不正当手段来获得财产，那么政府必须要干预。除此以外，政府不应介入收入分配。诺齐克强调说，确认收入取得的正当合法性其目的并非是鼓励弱肉强食，而是着眼于机会平等。他认为，机会平等比收入平等更为重要。政府在收入分配上所应做的事只有一个，即强调个人的权利，确保每个人有同样发挥自己的才能的机会并获得成功和相应的报酬。只要建立了使每个人充分发挥自己才能的制度框架，政府也就没有必要为改变既定收入分配而操心。

1998年诺贝尔经济学奖得主阿马蒂亚·森在研究饥荒时指出，饥荒更可能是由于个人可以用来获取食品的权利分配不均造成的。他以孟加拉1943～1944年大饥荒为例，这次饥荒有天灾原因，但更主要的原因是普通百姓无法参与政府的食品分配机制所造成的。阿马蒂亚·森提出的参与政府权力运作的观点所隐含的是当人们被剥夺了保护自己权益的机会时，收入分配不均等就会出现，这种不均等显然是不公平的。

在竞争社会中，优胜劣汰是竞争的一般原则，但这一原则应用于个人收入分配在一定程度上可能是不适当的。企业在市场竞争中失败可以破产淘汰，而人却不能因为他在竞争中失败了，就应该被从社会上淘汰掉，剥夺他生存的权利。因此，居民特别是贫困居民的收入不能完全取决于市场分配机制，在这里还包括伦理和道德的因素。市场机制不完善会加剧收入分配的不公平，如垄断企业会利用其垄断地位获得垄断利润；价格信号失真会导致当事人之间利益的不公平分配；市场秩序的混乱会导致各种非法收入的出现等。总之，为促进收入分配的相对公平，就需要政府通过财政、税收和收入再分配政策，对收入差距进行必要的调节，在保持市场机制有效运作以刺激经济效率的同时，缩小社会分配的不公正程度。否则，贫富两极分化的加剧，会导致社会矛盾和社会冲突，影响社会安定。

第二节　政府调节收入分配的必要性和原则

一、政府调节收入分配的必要性

(一)市场在收入分配方面的作用及其局限性

市场供求的变化、市场要素或资产价格的变化是可以对收入差距产生调节作用的，对于缩小收入分配差距来说，不能排斥市场力量的作用。

从劳动收入来看，劳动力市场供求关系的变化、市场工资水平的变化可以缩小居民劳动收入的差距，这发生在以下几种情况之下：①劳动力市场劳动力总需求超过劳动力总供给，而资本等非劳动要素出现普遍的过剩，则就业机会会增加，工资率会上升，以劳动收入为主要收入来源的居民因而可以增加劳动收入，特别是有利于增加劳动力素质较低的居民的劳动收入。②原工资率低的劳动力市场劳动力需求上升，从而使其工资率上升，由此会缩小与原工资率高的劳动力的拥有者的收入差距。③劳动力从工资率低的部门流向工资率高的部门，使前者的劳动力供给减少，后者的劳动力供给增加，从而使前者的工资率上升，后者的工资率下降，这样也会缩小居民劳动收入的差距。这说明，市场力量是可以自动地起到缩小居民劳动收入差距的作用的。

但是市场力量的这种自动调节存在着多方面的局限性。其具体表现在：①劳动力的市场供求关系总是在不断变化的，就业机会、工资率也因而会发生变化，如果劳动力市场出现了劳动力总供给超过劳动力总需求，那么失业率会增加，工资率会下降，这样，以劳动收入作为主要收入来源的居民的劳动收入就会减少，特别是劳动力素质低的居民劳动收入会减少；如果工资率低的部门劳动力需求下降，工资率下降，那么该部门劳动者的收入就会下降，从而会使劳动收入差距扩大。②劳动力在部门间的流动总是要受到各种因素的限制，高工资率部门往往是高素质劳动力集中的部门，低工资率部门往往是低素质劳动力集中的部门，低工资率部门的劳动力向高工资率部门流动相当困难，这样，依靠劳动力从低工资率部门向高工资率部门流动来缩小劳动收入差距就受到很大的限制。③市场力量没有能力削减由劳动能力的差异、就业体制所造成的劳动收入差别。这就说明，不能依靠市场力量来削减居民劳动收入的差距。

从资产收入来看，不同种类的资产的相对价格或收益率的变化可以缩小居民资产收入的差距，这就是在高收入居民拥有的资产和市场价格或收益率出现下降时，其资产收入会减少。例如，证券价格下降会使证券的持有者收入减少，房地产租金下降，使房地产出租者的租金收入减少。价格下降或收益率下降的资产都是市场需求下降，或市场供给增加的资产。虽然高收入居民的资产收入可能会因此而下降，但是也可能出现另一种情况，即高收入居民资产的相对价格或收益率上升，低收入居民资产的相对价格或收益率下降，这时市场力量所起的就不是缩小居民资产收入差距的作用，而是扩大居民资产收入差距的作用。并且，市场本身一般也不能改变人们所拥有的资产存量，尽管市场力量会使资产价格或资产收益率发生变化，从而调节居民之间的收入，但对于没有资产的人来说，资产价格的任何变化都不会使其收入增加。另外，由于高收入居民拥有的资产越多，选择投资的空间越大，可以进行资产组合。一般来说，资产价格的变化并不会使资产收入结构发生多大的变化，即使资产收入结构发生变化，所引起的也不是收入差距的缩小，而只是富人、穷人的具体对象的改变；今天这部分人是富人，明天可能变成了穷人，另一部人今天是穷人，明天变成了富人，而收入差距并没有因此而缩小。这说明，市场力量不能作为削减居民资产收入差距的依靠力量。

从转移性收入来看，其所依循的不是市场规则，市场力量对居民转移性收入的差距不能发挥调节作用。

(二)马太效应与市场力量的局限性

《马太福音》说："让富有的更富有，让没有的更没有。"此话在控制理论中被称为"马太效应"。在收入分配领域，市场力量不仅不能作为削减居民收入差距的依靠力量，而且任由市场力量的作用可能会产生收入分配的"马太效应"，即富者越富，穷者越贫。原因在于两个方面。

第一，居民收入水平越高，越可能获得更高的劳动收入。因为收入水平越高的居民，越可购买更多的质量更好的教育服务，从而越可具有更高的劳动力素质，寻找有利的就业机会的能力越强，越可找到和占有可获得更高收入的工作岗位；收入水平低，结果正相反。

第二，居民收入水平越高，越可能获得更高的资产收入。其收入水平越高，投资能力越强，投资途径越多，选择有利的投资机会的能力越强，越能获得更高的资产收入；收入水平低，结果正相反。

“马太效应”的存在进一步表明市场力量在调节居民收入差距中的作用存在着根本的局限性，因此，在收入分配领域，不能任由市场力量发挥作用。

（三）政府调节收入分配的必要性

(1)收入分配差距的存在所产生的后果要求政府调节居民收入差距。若对居民收入差距的存在采取听之任之的政策，会导致收入差距的扩大，从而会产生更严重的经济与社会后果。从根本上来说，其损害的是公众利益和社会的长期利益，政府作为代表公共利益的机构，应该采取措施削减居民收入差距，以便削减居民收入差距的存在所产生的经济和社会后果。

(2)政府履行其经济职能需要调节居民收入差距。政府作为公共权力机构在市场经济中应履行多方面的经济职能，其中包括提供公共产品(包括公共安全等)、促进经济长期稳定地增长、实现居民的权利平等、维持社会稳定等。本节第二部分的分析表明，如果居民之间存在着较大的收入差距，那么会损害社会稳定，会损害经济的长期、稳定增长，会损害居民的权利平等。这就意味着，如果居民之间的收入差距得不到有效地调节，政府就无法履行好其应履行的经济职能，因此政府要尽其责，就须努力削减居民收入差距。

(3)市场力量和第三种力量的局限性要求政府积极调节收入分配。市场力量和第三种力量在调节居民收入差距中可起到一定的作用，但是它们都不具备作为削减居民收入差距依靠力量的能力，其在收入调节中所能起的作用是有限的，这样，缩小居民的收入差距唯一可以选择的依靠力量就只有政府了。因此，政府应积极调节居民收入差距，这是关于市场力量与第三种力量的作用分析的必然的逻辑结论。

(4)政府具有调节收入分配的能力。政府是公共权力机构，享有其他任何机构和个人都不具有的立法权和司法权，依靠这种权力，它就具有其他任何机构和个人都不具有的合法的强制力及高度的权威性。政府能强制性地向高收入居民征税，也能给低收入居民以财政补贴；能让低收入居民接受教育，也能建立起社会保障制度，向低收入居民提供基本生活保障。也就是说，政府有能力对居民收入差距的调节保持持续性、稳定性；有能力长期使收入从高收入居民向低收入居民转移；有能力根据收入不平等的程度加大或减轻调节力度；有能力避免收入援助的偶然性、随机性。因此，政府不仅应该，而且能够成为调节居民收入差距的依靠力量。

◎专栏 10-2

我国居民收入差距数十倍　行业、区域方面表现突出

改革开放 30 多年以来，虽然经济迅速腾飞，但我国收入分配差距却日益悬殊。目前，我国收入最高 10%群体和收入最低 10%群体的收入差距，从 1988 年的 7.3 倍已经上升到 23 倍，行业差距达到 8 倍，地域差距近 3 倍。尽管中央已推出一系列方针政策推进收入分配制度改革，但收入分配悬殊的现象仍然存在，收入分配改革已势在必行。

2012年5月29日，国家统计局公布了2011年全国职工平均工资，其中城镇私营单位就业人员年平均工资为24 556元，而非私营单位在岗职工年平均工资为42 452元，私营企业收入远低于非私营企业。

其中，非私营单位金融业的平均工资最高，达9万元以上，最低的农、林、牧、渔业每年收入只有2万元左右，两者相差4倍多。私营单位中，信息传输、计算机服务和软件业的平均工资最高，达35 562元，最低的公共管理和社会组织每年收入只有1万元出头，两者之比为3.03∶1。如果用非私营单位金融业的平均工资与私营单位的公共管理和社会组织相比，两者差距超8倍。

除了行业之间的收入差距，行业内部的收入差距也是比较大的。北京的某家大型网络门户网站，新入职的员工月薪2 500元左右，高管年薪50万元以上，收入差距达20倍。中关村某家IT上市公司，基层普通员工月薪4 000元，高管年薪数十万到几百万元不等，收入差距达到几十倍甚至上百倍。

“我国行业工资差距显然远远超出了合理的比例范围”。中国劳动学会副会长兼薪酬专业委员会会长苏海南在接受人民网记者采访时表示，行业工资水平可以也必然存在差距，由于行业技术、资本、人力资源素质等构成不一样，劳动生产率不一样，在产业链的位置不一样，因此，其工资水平当然会有差距，但应该维持在合理范围以内，而现状是，行业收入中不合理差距日益扩大。

北京师范大学中国收入分配研究院执行院长李实认为，垄断行业高收入问题更为严重。例如，金融业的职工平均工资比城镇全行业平均工资高出很多，垄断行业工资的过快增长，更多地反映了垄断利润的快速增加和向工资的转移过程。因此，非私营单位和私营单位的收入差距还会继续拉大，大企业的优势不但明显而且依然在加强，而私营单位的生存环境却在恶化。

在国家统计局公布的2011年全国职工平均工资中，按照东部、中部、西部和东北来看，城镇非私营单位在岗职工年平均工资由高到低排列是东部、西部、中部和东北，分别为48 493元、37 923元、36 558元和36 000元。而城镇私营单位就业人员年平均工资由高到低依次是东部、西部、东北和中部，分别为26 800元、22 313元、22 020元和20 677元。按照包含非私营和私营单位在内的全社会单位平均来计算，四个地区的平均工资排名为东部、西部、东北和中部。2011年中部、西部职工平均工资增速相对较高，高于全国平均水平，但仍然与最高的东部地区存在不小差距。

北京市人力社保局、北京市统计局日前公布，2011年北京市职工平均工资为56 061元，在东部地区相对较高。浙江省2011年在岗职工年平均工资(含私营经济单位的全社会单位)为35 731元，其中不含私营经济的单位在岗职工年平均工资为46 660元，年薪最高的行业为金融业，达13万元。而东部地区收入相对较低的山东省企业在岗职工平均工资为36 737元。

中部地区的河南省2011年在岗职工平均工资(城镇非私营单位)为27 357元，在中部地区相对较低，其中金融业职工平均工资为44 210元，位列第一名。而居中部第一名的安徽省城镇非私营单位在岗职工平均工资为40 640元，行业排名前两位是采矿业和金融业，分别为66 172元和64 288元。

资料来源：人民网．我国居民收入差距数十倍，行业、区域方面表现突出．http://politics.people.com.cn/n/2012/1023/c1001—19352501.html，2012-10-23

二、政府调节收入分配的原则

（一）经济平等与效率提高并重

政府调节收入分配应采取什么原则？这首先需要弄清政府调节居民收入差距的目标。经济学界最流行的观点是认为，政府调节收入分配是为了实现居民在经济上平等的目标。简言之，政府的收入调节是为了平等。那么经济平等是不是政府调节居民收入差距的唯一目标呢？

由于居民的劳动能力、就业机会、实际劳动贡献、继承的遗产的数量或获得的财产的数量、投资能力及面临的投资机会等的差异，使居民之间出现收入差距。收入差距的存在意味着人们在经济上存在不平等。经济平等是人类社会自古以来所追求的目标，特别是近代以来，平等不仅是多种政治运动和社会改革的目标，而且已经成为社会伦理的重要内容。政府调节收入分配，自然是要实现平等。但如果认为，政府调节收入分配，就只是为了实现平等，那就是对政府调节收入分配的目标的理解不准确、不全面。

居民收入差距过大，会引起社会的不稳定，如果贫富差距极大，往往会引起重新分配财产的暴力革命或行动，从而会导致大量经济资源的非生产性消耗；居民收入差距过大，会导致劳动供给减少，会导致劳动者的劳动积极性下降，也会导致大量奢侈性的消费，以及生产效率和资源配置效率的下降。由此可见，居民收入差距过大，不仅会损害平等，而且会损害经济效率。政府对收入分配的调节，不只是要促进居民在经济上实现平等，而且还要提高经济效率。

政府调节收入分配的目标是双重的，既要通过对收入分配的调节促进居民之间在经济上的平等，也要通过对收入分配的调节促进经济效率的提高。经济平等并不是政府调节居民收入差距的唯一目标。如果认为，经济平等是政府调节居民收入差距的唯一目标，就会造成将平等目标与效率目标对立起来，这样，要么会只考虑居民之间的经济平等而过度地削减居民之间的收入差距，要么因为要提高经济效率，而放弃对居民收入的积极调节。无论是前者，还是后者，最终都会损害经济效率。政府调节居民收入差距既是为了促进平等，也是为了促进经济效率的提高。

（二）机会平等与结果平等并重

经济平等有两个方面的含义：①收入水平的相等。收入水平的高低是收入分配的结果，收入水平的平等也就是结果平等。②机会（经济机会）平等，即获取经济收入机会的平等。从结果平等与机会平等的关系来看，两者可以一致，结果平等可导致机会平等，机会平等亦可导致结果平等，从而既实现机会平等，也实现结果平等。但是两者也可能不相一致或相矛盾，即机会平等可能会导致结果的不平等，而要求结果平等，则又可能牺牲机会平等。现实中两者的关系呈现既对立又统一的关系。

结果的不平等对社会稳定、劳动力市场的公平竞争、劳动供给的增加等会产生不利影响，并且不能实现社会平等的伦理要求和社会福利最大化，因此结果不平等的问题应该予以解决。要通过收入调节尽可能实现结果的平等。结果的平等是人类社会最高的社会价值追求，有结果的平等才会有居民在经济上的完全平等，否则便意味着人们在经济上实际存在着不平等。

对于机会的不平等我们也不能忽视。原因在于，机会的不平等会造成结果的不平等。机会不平等不可避免地会造成结果的不平等，公众对于由机会均等造成的结果不平等和由机会不均等造成的结果不平等所持的态度是截然不同的。如果说公众对由机会均等造成的结果不平等还能容忍的话，那么对由机会不均等造成的结果不平等是不能容忍的，公众最不满的就是由机会不均等造成的结果不平等。例如，在中国价格双轨制时期的“官倒”造成的一部分人暴富，是公众最不满的。

上述分析的结论是既需要机会的平等，也需要结果的平等。

(三)合理把握结果平等和机会均等的度

1. 结果平等的度

上面的分析说明既需要机会的平等，也需要结果的平等，但是平等是有差别的。结果平等的极端状态是绝对(完全)平等，这种绝对(完全)平等实际上就是收入分配的绝对(完全)平均，也就是所有居民的收入完全相等，所以这种平等就是平均分配。平均分配一方面，会导致劳动供给的减少和储蓄增长的下降，这会对经济增长产生不利影响；另一方面，又会对经济效率的提高产生不利的影响。因此不能实行平均分配，就是说结果的完全平等不能作为政府调节收入所追求的目标。

结果平等不是结果的绝对(完全)平等，而只能是处于绝对平等与收入差距过大(极不平等)之间的平等状态，即相对平等状态。相对平等状态本身无法作严格的数量界定，即洛伦兹曲线在靠近绝对平等线的区域内的多种分布状态都可视为相对平等状态，或者基尼系数在接近于零的值域内都可视为相对平等状态。在此值域内，我们可能只能说，B社会同A社会相比更平等一些，或更不平等；或者说，B社会或A社会在此时期比彼时期更平等一些，或更不平等。

2. 机会均等的度

机会均等是指人们经历机会或获取收入的权利的均等。机会均等是指机会的绝对平等吗？应该说在人们的认识中，一般都把机会的绝对平等视为理想目标。的确，人们愿意在同一游戏场按照同一规则参加游戏。但是这一目标能实现吗？作者认为，很难实现这一目标，原因在于三个方面。

(1)政府没有能力使所有人都享有均等的机会。例如，劳动力市场的公平竞争要求劳动力具有同质性，而这就要求政府具有使所有人都接受同样程度的教育和训练的能力，然而政府并没有这种能力。在经济发达国家也不过是政府免费提供中小学教育而已。大学毕业生与高中毕业生在劳动力市场的竞争地位是不同的，他们之间的机会并不相等。

(2)机会的绝对平等同结果的不平等或相对平等是不可能并存的。只要存在着结果的不平等或相对平等，就不可能有机会的绝对平等，因为存在着结果的不平等或相对平等，就表明一部分人在劳动力市场或在资产市场上处于优势地位。只有存在着结果的完全平等，才可能有机会的绝对平等。然而，仅仅由于人的先天禀赋的差异，机会的绝对平等也会造成结果的不平等，从而反过来造成机会的不平等，即机会的绝对平等会制造出机会的不平等。

(3)一定程度的机会不平等是可以为社会所接受的，特别是由劳动者本身的原因造成的机会不平等劳动者可以接受(如有的勤奋学习，素质高，有的不勤奋学习，素质低，结果前者在劳动力市场上有更高的、更好的机会，这可以为社会所接受)，而且也不会对经济发展造成严重的后果，甚至仅有微弱的影响。

以上三个原因说明，我们不能实现机会的绝对平等，而一定程度的机会不平等可为社会接受，社会所不能接受的是严重的机会不平等和由政府力量、社会力量造成的机会不平等。因此，我们只能实现机会的相对平等。

但这并不意味着政府所有法规和政策本身都以机会的相对平等为宗旨。就政府的法规和政策本身而言，应以机会的绝对平等为宗旨，尤其是劳动市场法规和政策要以绝对平等为宗旨，既要以消除劳动力市场的各种机会的不平等为宗旨，尤其是由社会因素造成的不平等，如男女之间、种族之间等的不平等必须要消除；政府更不能去制造机会的不平等。同时，政府要帮助那些并非由自身原因造成的竞争能力弱的劳动者，提高他们的竞争能力，努力实现机会的平等。

以上得出的结论是政府调节只能以相对平等为目标，实现相对平等。因此，如果现实中存在严重的不平等，政府应进行较大程度地调节；如果现实中的不平等程度较轻，政府只需进行微调。

第三节　政府促进社会公平的政策措施

政府履行促进公平、维护社会稳定等方面的职能，以及市场力量和第三种力量在调节居民收入差距中作用的局限性决定了政府应该承担调节收入分配的责任，并且应该成为调节收入分配的依靠力量。与市场力量和第三种力量相比，政府在调节收入分配中所具有的明显优势就是它可以利用多种手段来调节居民收入差距。政府作为公共权力机构，享有其他任何机构和个人都不能享有的立法权、司法权、行政权，以及合法的强制力，其制定的规则具有普遍的适用性，因而具有超出任何机构和个人力量调节收入的能力。不过，虽然政府可以运用多种政策手段来调节收入分配，但这些手段在适用范围等许多方面是存在差别的，因此需要弄清各种手段所具有的功能及缺陷，以便通过合理的调节政策组合来充分利用各种手段的功能，克服各种手段的缺陷，使各种手段能够得到最优组合。

一、可供政府选择的调节收入分配的手段

(一)对居民收入征税

对居民收入征的税属于所得税，它是政府调节居民收入的重要手段。作为削减居民收入差距的税收政策，其性质应当是差别性的。具体的政策包括四个方面。

(1)纳税主体(纳税人)的区别对待。例如，政府可以规定对残疾人不征所得税，只对正常人征收所得税，则可削减残疾人与正常人的收入差距。

(2)课税对象(税收客体)的区别对待。居民收入包括劳动收入、资产收入和转移性收入。劳动收入、资产收入和转移性收入又包括各种具体的类型。劳动收入主要包括工资和奖金；资产收入主要包括利息收入、股息收入、金融投资利润或溢价收入、租金收入、出卖收入；转移性收入包括营利与非营利机构向居民个人提供的转移性收入、居民个人向居民个人提供的转移性收入。政府可根据高、中、低收入居民的收入来源结构，对高收入居民的主要收入来源征税或征高税，对中低收入居民的主要收入来源免征所得税或征低税，或根据不同收入来源的性质区别对待。

(3)起征点与免征额的规定。起征点与免征额的规定本身就具有削减居民收入差距的作用，起征点与免征额不同，削减居民收入差距的效果也是不同的。

(4)税率的区别对待。税率的区别对待有两种类型，即累退税率和累进税率。累退税率不能削减居民收入差距，反而会扩大居民收入差距，因此不属于削减居民收入差距的手段。累进税率是按课税对象数额的大小以不同的税率征税，即课税数额越大，税率越高，数额越小，税率越低。这种税率能削减居民的收入差距，因此是政府削减居民收入差距的手段。

对居民收入征税是一种比较简单的削减居民收入差距的手段，也是市场经济国家通行的削减居民收入差距的手段。采用这种手段，政府不仅可以直接使居民之间的收入差距得以缩小，而且能为政府采取其他调节政策(如对低收入居民的财政补贴、建立社会保障体系等)提供物质条件。

但这种手段的运用对政府税收征管能力等的要求高，且其作用范围也受到限制。其具体反映在以下四个方面。

(1)要求政府能掌握居民收入的全面的、及时的、准确的信息，或者说要占有完全的信息，如果政府不占有完全的信息，那么漏征、少征、多征的问题就难以避免，这样，既会在实际上损害税收公平原则，也会使其在缩小居民收入差距中的作用受到损害，甚至可能导致居民收入差距的扩大(如果对收入高的居民漏征或少征，而对低收入居民超征，那么就会出现这一结果)。

(2)要求政府要有能力防止、发现和惩罚逃税行为。纳税义务人既可能依法申报收入、依法纳税，但也可能隐瞒收入，逃避缴税。对不同来源和不同形式的收入，政府对其所占有的信息是存在着很大差别的，如果纳税义务人有意逃税，政府发现和准确地判定其逃税金额是存在着较大困难的。并且，在政府本身不能有效运行的条件下，也无法建立起使政府征税部门努力防止、发现和惩罚逃税行为的机制。如果这样，对居民收入征税这一政策工具的效能就不能充分地发挥出来，反而会造成税负不公，损害公平和效率。

(3)要求政府能够做出最优的税收制度设计。削减居民收入差距的所得税当属于差别性税收，纳税主体、课税对象、起征点与免征税额的制度安排决定了哪些人、哪些类型的收入、什么水平的收入应当纳税，不同的制度安排会对收入调节产生不同的影响，对居民的行为也会产生不同的影响，这种制度安排既要能够缩小居民收入差距，也要不过多地损害劳动供给和储蓄的增长。累进税率有全额累进税率与超额累进税率之分，两者对缩小居民收入差距的效果并不相同，应合理选择。同时，税率要适度，因为税率过低，达不到缩小居民收入差距的目的，税率过高，则又会对劳动供给、储蓄增长等产生负面影响。

(4)所得税的调节能力是有限度的。首先，所得税只是对居民所得征税，这样那些无收入来源者，并不能因此使收入增加。即使是有效运行的所得税制度，也只能减少高收入居民的可支配收入而缩小居民之间的相对收入差距，却不能因此而增加低收入居民的收入。其次，所得税并不能改变居民财富(财产存量)的分配结构，因此不能消除资产收入差距产生的根源。最后，所得税不能改变居民的劳动能力的差别，从而就不能解决劳动收入差距产生的问题。

(二)对居民财产征税

财产税的课税对象是居民的财产价值。同所得税不同的是，它是根据财产的价值，即对财产的“存量”价值课税，而所得税是对财产所带来的净收益或所得课税，即对“流量”课税。居民所拥有的财产包括动产和不动产。不动产是指土地、房屋等具有不可移动性的财产，动产是指各种具有可移动性的财产，包括有形动产和无形动产两大类。有形动产是指各种以实物形式存在的动产，如家具、车辆、农业机械、船舶、金银饰品、衣物等；无形动产是指以非实物形式存在，而是以所有权或债权证书的形式存在的动产，如股票、债券、存单、抵押证等。

经济学家认为，财产税具有省力易行、不易转嫁、税收收入比较稳定、可避免投机、促进财产转化为生产资源、矫正社会的奢侈行为等优点。从削减居民收入差距来看，对居民征收财产税是必要的，理由包括两个方面。

第一，财产拥有量的不均是居民资产收入出现差距的主要原因，如果不对财产征税，财产不均会增加，居民资产收入差距会进一步扩大，因此要削减居民资产收入差距需要对居民财产征税。

第二，财产分配不均会损害就业机会均等，从而造成或扩大居民的劳动收入差距。一方面，财产分配不均导致资产收入分配不均，而资产收入不均则会导致居民接受教育机会的不均，从而在居民劳动力素质方面导致相应的差异；另一方面，财产分配不均会导致居民在劳动力市场寻找、等待就业岗位能力方面的差别，由此会导致居民在劳动力市场上竞争的不公平。拥有的财富越多，越是有能力接受更多、更好的教育，劳动力素质越高，寻找高收入就业岗位的能力、等待高收入就业岗位的能力越强，就越可获得更高的劳动收入；反之亦然。因此，从缩小居民劳动收入差距来看，也应对居民征收财产税。

财产分配不均会引起或扩大居民之间的收入差距，因此，政府应该对居民财产征税。同时，对居民征收财产税也是防止或减少纳税人逃避所得税的必要手段。如果只征收所得税，居民就会倾向于将其收入转化为不动产或动产，这样所得税就会大量流失。由于所得税属于累进税，因此高收入居民将会更多地将收入转化为财产，所得税就会失去调节居民收入差距的作用。因此，征收财产税是使所得税有效地发挥削减居民收入差距的作用的必要条件。

不过，虽然政府应该对居民征收财产税，但财产税的征收要在税收公平的原则下达到削减居民收入差距的目的，需要有效地解决此种税制建构的四个重要的问题。

(1)财产价值的确定。财产税只适宜于从价计征，然而由于财产种类繁多，对未进入市场交易的财产，只能估定其价值。但要对居民的所有种类的财产的价值进行准确的估价是极其困难的，若由财产所有者自己估价，会出现普遍的低估，低估程度也会存在差别，而且有许多财产，居民并没有能力估定其价值；若由税务人员或中介机构来估价，则有可能出现高估，或者随意估价，也可能出现徇私舞弊等问题。估价不准有三种可能：第一，高收入居民的财产价值被普遍高估，低收入居民的财产价值被普遍低估。若如此，则可更大程度地削减居民收入差距。但一方面，可能导致高收入居民转移或隐匿财产，另一方面，会引起高收入居民的反对，也可能会对储蓄增长等造成不利影响。现实中并不太可能出现这种情况。第二，高收入居民的财产价值被普遍低估，低收入居民的财产价值被普遍高估。若如此，财产税的征收导致的不是居民收入差距的缩小，而是居民收入差距扩大。第三，一部分高收入居民和低收入居民的财产价值被高估，另一部分高收入居民和低收入居民的财产价值被低估。若如此，一方面，会损害税收公平(包括横向公平和纵向公平)原则，另一方面，将无法起到缩小高、低收入居民的收入差距的作用。现实中最可能出现的就是这种情况。这表明，政府征收财产税要在税收公平的原则下起到缩小居民收入差距的作用，准确估定居民财产的价值是其前提，如果做不到这一点，征收财产税对缩小居民收入差距的作用就不能有效地发挥出来。

财产价值估价的困难主要在于：①许多种类的财产难以查实，特别是无形资产的查实非常困难，这样在财产税中就往往只能将其排除在课税对象之外，其结果是造成税负不公平(无形动产价值在动产价值总额中所占比重越高，税负越轻；反之，税负越重)。②一些种类的财产价值估计存在技术上的困难。例如，居民收藏的艺术品的价值就难以准确估价。这样，在财产价值估计中，随意性就会成为一个突出的问题。

(2)财产税的逃避。财产税估价的困难，会为居民逃避征税提供机会：①将属于课税对象的财产转换为不属于课税对象的财产；②隐匿各种可隐匿的财产；③与估价人员串谋，使其低估财产价值。如果政府没有能力防止或约束此类行为，财产税的征收不仅难以起到削减居民收入差距的作用，反会造成税负不公。

(3)财产税起征点、免征额的确定。财产税起征点、免征额定得越高对低收入者越有利，定得越低，对高收入者越有利。起征点、免征额不同，征收财产税对收入调节的作用程度是存在着差别的。如果起征点、免征额定得不合理，就不利于收入调节。

(4)税率的确定。税率不同，收入调节的效能不同。税率确定的困难在于找到使其对效率损害最小，而又能最大限度地实现平等目标的最优税率。确定的税率如果不是最优税率，要么会对效率造成很大的损害，要么不能最大限度地实现平等。

当然，同所得税一样，财产税调节居民收入差距的能力也是有限度的，它既不能使无财产的居民获得财产或收入，也不能改变居民的劳动能力的差别，从而对居民收入差距的调节能力相对有限。

(三)征收商品税

商品税是对从事经营活动的法人和自然人，就其提供给社会消费的商品(包括劳务)课征的税。商品税是一种间接税，纳税人可将税负转嫁给商品的购买者，直至最终消费者。这就提供了政府通过征收商品税而削减居民收入差距的可能性。由于高、低收入居民的消费结构往往存在着差别，低收入居民的消费集中在生活必需品上，高收入居民则消费大量的非生活必需品，这样政府即可根据不同消费品的用途对不同的消费品以不同的税率计征，对基本生活必需品免税或征低税，对非基本生活必需品，特别是高档消费品，课以重税。这样，在消费结构不变的条件下，商品税的课征就可以起到缩小居民收入差距的作用。

通过征收商品税来缩小居民之间的收入差距，具有三方面的优越性。

(1)课税比较容易。商品税由生产者(卖方)缴纳，税收征管部门并不同税收的最终负担者发生直接的联系，而只对商品的生产者(卖方)课税，但商品的生产者(卖方)并不是税收的最终负担者，因此税收征管部门征税就比较容易。

(2)商品税具有较强的隐蔽性。所得税与财产税都属于直接税，是直接减少居民的所得与财产价值，是“明拿”，而商品税隐含在消费者所购买的消费品的价格之中，消费者是在支付消费品价格时承担税负的，是“暗拿”，因此居民对纳税总额以及税率的差别等并不清楚，从而就不会对此产生抗拒行为。这样，政府就可以在居民不知不觉的条件下缩减居民收入差距。

(3)在税收征管效率相同的条件下，居民偷、漏税的可能性要少于所得税与财产税。商品税的纳税人是商品的生产者(卖方)，税收征管部门只要对商品的生产者(卖方)进行监管，由于税负的可转嫁性，商品的生产者(卖方)偷、漏税行为就可减少，而所得税、财产税是直接由居民缴纳，不能转嫁，因此居民就会以各种可能的方式偷、漏税。从这个方面来看，商品税的征收可以起到更明显的缩减居民收入差距的作用。

就税收手段来看，作为“无声的”调节居民收入差距的商品税，在削减居民收入差距中是具有所得税、财产税所不可替代的作用的。

但是，利用征收商品税来削减居民收入差距也面临着一些问题。

(1)课征商品税的对象的确定。若要使商品税课征达到削减居民收入差距的作用，就应合理确定课征商品税的消费品种类。如果课征对象确定不当，则无法达到目的。要合理确定课征对象，一是要弄清收入水平不同的居民由于收入水平的不同所决定的消费结构的差异，二是要根据居民收入水平的普遍提高适时地调整课征对象，而这两方面的工作在实际中都存在着困难。就前者而言，消费结构不只受收入水平的影响，还受消费品的供应、居民的消费偏好等因素的影响，因此对消费品课税不一定能达到削减居民收入差距的作用。就后者而言，经常调整课征对象既不利于税制的稳定，也会增加税收成本。

(2)税负不公平与生产结构调整问题。分类征收的差别性的商品税会使不同商品的生产者面临不公平的税负。虽然商品税可以转嫁给消费者，但由于课税所导致的消费品价格的上升，却会使需求减少，价格弹性越大，对需求增长越会产生不利的影响，居民消费结构变化的可能性也越大，这样就越可能因此而使生产结构改变。对于在一定阶段被视为高收入居民的消费对象，却有可能购买带动经济发展的主要产品，对其征收高额的商品税，就会损害其在市场上的扩张，从而制约生产的扩张，这对经济发展是不利的。因此，政府只能对高收入居民的高档消费进行选择，确定其中的某些高档消费品为课税对象，但这样做，就会限制商品税在削减居民收入差距中的作用，而且会造成经营不同商品的经营者、消费结构不同的高收入居民的税负不公。

(3)商品税的逃、漏问题。由于价格提高，会使需求量减少，从而使销售收入减少，就容易出现经营者为了增加销售收入而逃避商品税。在税制不健全的条件下，这可能会成为生产者的普遍行为。对这种行为，税收监管部门往往难以进行有效地监管。例如，目前在餐饮业中，业主不开发票或以假发票代替真发票的现象相当普遍，从而造成大量的逃、漏税。商品税的逃、漏，既会造成经营者实际税负不公，也会损害其调节居民收入差距的作用。

从以上的分析，我们可以得出结论，虽然征收商品税可以起到削减居民收入差距的作用，但它不可能作为削减居民收入差距的主要的税收手段，只能作为一种辅助性的税收手段，当然也是一种不可缺少的辅助性税收手段。

(四)政府向居民提供教育服务

在劳动力市场上，劳动力素质越高，越具竞争力，面临的就业机会越多，获得就业岗位的能力越强，所能获得的劳动收入越多。劳动力素质的高低主要取决于居民后天所接受的教育。接受的教育越多，质量越高，劳动力素质越高；反之，亦然。对于居民的劳动收入的差别，虽然可通过征收工薪税这种个人所得税或运用其他税收政策来缩小，但这种事后的政策手段并不能消除劳动收入差别产生的根源，只要劳动力素质存在差别，在市场化的工资制度下，必然会出现劳动收入的相应差别。因此，采取事前的削减劳动收入差别的政策是有必要的。由于劳动力素质的差别主要取决于居民受教育程度的差别，因此事前政策的主要内容就应该是向居民提供教育服务。

政府向居民提供教育服务能够在多大程度上缩小居民之间的劳动收入差别，受四个因素的影响。

(1)政府向居民提供的教育服务的数量。政府向居民提供的教育服务的年限越长，项目越多，居民之间劳动力素质的差别会越小，对于缩小居民劳动收入差距的作用越大。

(2)政府向居民提供的教育服务的质量。政府向居民提供的教育服务质量越高，质量差别越小，劳动力素质的差别会越小，对于缩小居民劳动收入差距的作用会越大。

(3)受教育者接受教育的数量和质量。首先，这取决于教育的性质，如果是强制性的，那么符合条件的居民均须接受教育，这样在教育数量上差别就小；如果是自愿性的，在教育数量上就会出现较大或很大的差别。其次，取决于居民接受教育的态度，居民愿意努力学习，教育质量就高。最后，取决于居民自身的资质，居民资质好，教育质量就高。

(4)劳动力市场竞争的公平性。劳动力市场竞争越公平，政府向居民提供教育服务越可缩小居民收入差距。

政府向居民提供教育服务的方式包括：①政府举办教育，免费向居民提供教育服务。②政府不直接举办教育，而是为居民支付全部教育费用。③政府向居民提供一定数量的教育费用补助。其中，有三种具体的方式：①政府直接向接受教育的居民提供一定数额的教育费用补助，如学费补助等；②政府向教育服务的提供者(如大学、职业学校等)提供一定数额的补助，使其能扩大规模，向更多的居民提供教育服务，或使其提高教育质量(如聘用高水平的教师、添置先进的教学设备等)，向居民提供更高质量的教育服务，或使其以更低的费用接收受教育者，或使其向经济困难的受教育者免费提供教育服务；③政府向为教育机构和受教育者提供货币形式和非货币形式的经济支持的营利与非营利机构给予优惠政策。例如，对教育机构的捐款从纳税人应税收入中作免税扣除、对向学生提供的贷款的利息免征或减征所得税等，都属此类优惠政策。以上这些方式都可以使更多的居民接受更多、更好的教育。采取何种方式，要依教育服务的类型和政府的能力而定。政府有能力举办基础教育，那么政府应免费向居民提供基础教育服务，对向基础教育的捐款或贷款等给予免税或减税等优惠政策；若政府没有能力向居民提供非基础教育，则可采取教育费用补助和给予优惠政策的方式。

政府采取向居民提供教育服务的方式来缩小居民收入差距，具有以下几方面优于其他政策工具的特点。

(1)对经济效率的提高可产生促进作用。政府提供教育服务，能够使劳动力素质得到提高，因而有利于提高经济效率，有利于经济增长。

(2)对实现机会均等可产生促进作用。政府提供教育服务，有利于缩小劳动力素质的差别，能推动劳动力的均质化，从而有利于实现居民在劳动力市场上的机会均等(因为劳动力素质的差别是劳动力市场机会不均等的基本原因之一)，这样就有利于缩小劳动收入差别，由此可间接地促进居民在其他方面的机会均等。

(3)既有利于缩小居民的绝对收入差距，也有利于缩小居民的相对收入差距。政府向居民提供教育能够提高低收入居民的劳动力素质，从而缩小收入水平不同的居民的劳动力素质的差距，而低收入居民劳动力素质的提高可增加其就业机会和劳动收入，并可间接地增加其资产收入，因而有利于缩小居民间的绝对收入差距。绝对收入差距的缩小将会带来相对收入差距的缩小。

(4)制度设计与实施的成本较低。就政府提供教育服务的政策设计本身来看并不复杂，制定出来的政策得到实施也不困难，并不会遇到居民或机构的反对，因为政府的角色不是“拿”，而是“予”。因此，这是一项便于执行的缩小居民收入差距的政策。

(五)发展社会保险

社会保险是指政府充当组织者，以立法的方式强制实施，以居民作为保险对象，给予居民以基本生活保障的制度。它包括养老社会保险、医疗社会保险、失业社会保险、工伤社会保险、残疾社会保险、生育社会保险、遗属社会保险等。其中，最主要的是养老社会保险、医疗社会保险、失业社会保险。社会保险基金一般由雇主、企业或个人缴付，政府提供补助。政府一般以征收社会保险税(费)的方式集中社会保险基金。征收社会保险税(费)遵循横向公平原则，一般是按工薪收入相同的固定比例征收。但社会保险金的发放则以保险事件的发生为原则，只要符合社会保险金的领取条件，被保险人即可依照规定领取或获得相应数额的社会保险金，而不讨论缴付的社会保险税(费)的多少，虽然某些保险项目，被保险人领取的社会保险金同其个人或单位缴付的社会保险税(费)具有正相关关系，但一方面，大部分保险项目不具有此特征，另一方面，社会保险金的支付以保险事件的发生为原则，因此若未发生社会保险法规所规定的支付保险金的保险事件，被保险人也不可能得到任何保险金。这样，就使被保险人所缴付的社会保险税

(费)同其所获取的社会保险金数额不相一致，从而使社会保险具有收入再分配的功能。一般来说，低收入居民获取的社会保险金数额要高于其缴付的社会保险税(费)，而高收入居民所获取的社会保险金数额要低于其所缴付的社会保险税(费)，因此，社会保险也是一种政府使收入从高收入居民向低收入居民转移的手段，可以起到缩小居民收入差距的作用。

社会保险作为缩小居民收入差距的手段有其优越性，主要反映在：①一旦建立起社会保险制度，它就能自动地实现收入转移。②既可促进结果的平等，也可促进机会的平等。③既可缩小居民的绝对收入差距，也可缩小居民的相对收入差距。④只要被纳入到社会保险体系，居民的基本生活即可获得一定程度或完全的保障。因此，社会保险这一被称为“社会稳定器”的政策工具在缩小居民收入差距过程中具有其独特的作用。

不过，将其作为缩小居民收入差距的手段，其局限性也是明显的。

(1)社会保险能在多大程度上缩小居民之间的收入差距受社会保险覆盖面的制约。社会保险覆盖面越广，其在缩小居民收入差距中的作用越大；社会保险覆盖面越小，其在缩小居民收入差距中的作用越小。社会保险覆盖面的大小受经济发展水平的制约，经济发展的渐进性意味着社会保险在缩小居民收入差距中的作用是逐渐上升的，在经济发展水平低的阶段，社会保险在缩小居民收入差距中的作用是很有限的。例如，在中国，长期以来未将农业户口居民纳入社会保险体系，而农业户口居民的收入水平却又远远低于城市户口居民，这种社会保险对于缩小农业户口居民和非农业户口居民的收入差距是不起作用的。

(2)社会保险制度设计和实施程序制约着其对居民收入差距的调节。如果社会保险首先从高收入居民实施，那么这种制度就起不到缩小中低收入居民与高收入居民之间的收入差距的作用，导致的反而是收入差距的扩大。

(3)有一些社会保险项目，社会保险金的获取数额与社会保险税(费)的缴付是对称的，社会保险税(费)的缴付数额越多，可获取的社会保险金数额就越多；反之，亦然。这样的社会保险项目对于缩小居民之间的收入差距，或者是完全不起作用，或者只起很小的作用。

(4)社会保险税(费)的课税对象(或征缴对象)是居民的工薪收入，一般是按比例税(费)率计征。社会保险税本身不具有缩小居民收入差距的作用，同时，资产收入和转移性收入并不是其课征对象，从而不能缩小居民的资产收入和转移性收入的差距。

(六)社会救助和社会福利

1. 社会救助

社会救助是指居民遭受自然灾害、意外事故，或因个人生理、心理出现残障等而致生存困难时，由政府(有关部门)按照法定标准向其提供货币或非货币形式援助的社会保障制度。社会救助包括救灾、扶贫以及特殊救助等，其救助对象是因各种原因而面临生存危机的居民。

社会救助具有以下特点。

(1)社会救助面向所有面临生存危机的居民。无论居民身份如何，只要遭遇生存危机，均可申请社会救助。

(2)救助对象的特定性。居民是否能获得社会救助取决于其经济状况。只有面临生存危机、符合法定救助标准的居民才能获得社会救助。政府在决定是否提供救助时，要对申请人的财产、收入等情况进行调查，只有在申请人被确认符合法定救助标准时，政府才会给予救助。

(3)权利义务的单向性。权利义务的单向性是指面临生存危机的居民只是单方面地享受获得社会救助的权利，而并没有缴付救助费的义务。社会救助不以救助对象缴付救助费为条件，实际上也不需要救助对象缴付救助费，社会救助基金是由政府财政拨款建立。

(4)救助形式多样化。社会救助既包括货币形式，也包括非货币形式。货币形式一般采取向救助对象发放救济金的形式，非货币形式则包括向救助对象提供其所需的物品(包括住房、棉被、衣服、食品等)和向救助对象提供其所需的服务(包括住房建造、维修服务、医疗服务、保健服务等)；既包括单纯的救济，也包括以工代赈等形式；既包括生活资料和生活费的救助，也包括生产资料和生产资金的救助(如对农村灾民提供种子、化肥等生产资料，提供生产性扶贫免息贷款)。

根据社会救助的性质和特点，社会救助具有缩小居民收入差距的作用。它是通过对完全无收入来源或收入不足以满足生存之需的居民提供援助而发挥作用的。居民在获得政府救助下，收入水平得以提高，有利于居民的生存保障。社会救助的这种作用是社会保险、社会福利所不具有或不可替代的。

不过，社会救助对于缩小居民收入差距所能发挥的作用是有限的：①其缩小居民收入差距的程度是十分有限的。因为社会救助只是对无收入或收入极低的居民施以援助，而且援助的最高水平限于满足居民的基本生存需要。②其对机会均等不能发挥有效的调节作用。其既不能促进劳动力素质的提高，也不能改进劳动力市场。因此可以认定，社会救助只能作为缩小居民收入差距的辅助性手段。

2. 社会福利

社会福利是指政府为保障居民的基本生活需要或提高居民的物质生活水平而向居民提供的福利性的经济支持的社会保障制度。它包括残疾人福利、老年人福利、儿童福利、妇女福利、住房福利、教育福利、职业福利、家庭津贴、公共交通津贴等具体内容。

同社会救济一样，社会福利也具有权利与义务的非对称性(单向性)的特点，但它是一种更复杂的社会保障制度，同社会保险、社会救助相比，它具有五方面的主要特点。

(1)既包括面向全民的选择性的福利，也包括只面向特定的有选择性的居民的福利。例如，公共交通津贴乃是面向全民的福利，而残疾人福利、妇女福利、老年福利等则只面向特定的居民(依次为残疾人、妇女、老年人)。

(2)符合条件的居民享受的福利待遇相同。例如，儿童福利，只要是儿童均可享受；老年福利，老年人均可享受。居民享受的福利待遇既与其缴纳的税(费)无关，也与其经济条件无关，只要符合享受条件，均平等地享有权利。从这个方面来看，社会福利是一种平均主义的分配制度。

(3)主要采取免费或低价提供福利设施和服务的形式。尽管社会福利也可采取货币形式，如住房租金津贴或补助、家庭收入补助、服务或商品的价格补助等，但大部分是采取向居民免费提供或以低于生产成本或市场价格的方式向居民提供福利设施和服务的形式。例如，城市公共交通福利采取的是政府免费或低价提供公共交通工具和服务的方式；儿童福利采取的是向儿童免费或低价提供幼儿园设施与服务、防疫与保健服务、举办孤儿院等形式；老年人福利采取的是向老年人提供住所、生活及护理服务、保健服务、文化娱乐服务等形式。这一特点，使得政府发展各种福利设施、拥有各种服务能力成为社会福利得以发展的物质基础。

(4)既有完全无偿提供的福利，也有以低于成本或等于成本，或高于成本价而低于市场价格的优惠价格提供的福利。例如，政府举办孤儿院向孤儿提供的就是完全无偿的福利；公共交通福利则属于以优惠价格提供的福利。完全无偿提供的福利项目的多少主要取决于一个国家的经济发展水平。

(5)既满足居民的基本生活需要，也提高了居民的物质文化生活水平。社会保险与社会救济主要是保障居民的基本生活，而社会福利不限于此，它还通过向居民提供经济支持来提高居民的福利水平。

政府的社会福利基金主要来源于政府的一般财政收入，由于福利享受的平均性质及一些社会福利项目的有选择性，社会福利具有收入再分配的性质。同时，无选择性的社会福利是居民人人可以享受的，而有选择性的社会福利只有一部分居民可以享受。一些福利项目，如残疾人福利、老年福利等的享受者一般来说都属于无收入来源或收入低的居民阶层，政府提供此类福利可以提高低收入居民的收入；还有一些项目，如儿童福利、教育福利等有利于保障儿童的健康成长和提高劳动力素质，这对低收入居民是有利的，可以起到促进机会平等的作用。因此，社会福利同其他社会保障制度一样可以发挥缩小居民收入差距的作用。

但作为削减居民收入差距的社会福利政策也有其局限性。这就是，虽然社会福利能够缩小居民间的收入差距，但可能对经济效率造成损害。如果社会福利待遇很高，甚至可能因此而滋生一批懒汉，这样不仅会导致劳动力资源利用率的下降，也会使劳动者的劳动积极性下降。这就说明，若要使这项政策的实施不损害效率或使其对效率的损害最小化，就需确定适度的社会福利的标准，而在实际中，这一点很难做到。

(七)制定和实施反就业歧视和反工资歧视的法律

政府促进教育发展的政策能不能起到及能在多大程度上起到缩小居民收入差距的作用要受劳动力市场的制约。劳动力市场的就业歧视和工资歧视是阻碍这种作用得以发挥的重要因素。

就业歧视包括性别歧视、种族歧视、宗教歧视、地域歧视、身份歧视等。其表现在劳动力市场上就是一部分劳动者得不到就业机会，或者只能在低职位、低工资的行业或单位就业。这样，就会造成居民的劳动收入差距或导致居民劳动收入差距的扩大。

工资歧视就是劳动贡献相同，劳动报酬不同，简言之，即同工不同酬。其表现是被歧视的劳动者的劳动贡献与不被歧视的劳动者的劳动贡献相同，但所得的报酬要比后者少，或者是被歧视的劳动者的劳动贡献超过不被歧视的劳动者，但所得报酬并不比后者多。工资歧视源于多种因素，如性别、种族、宗教信仰、地域、身份等差异。无论是何种因素造成的工资歧视，都会导致或扩大居民劳动收入的差距。

由就业歧视和工资歧视所引起的收入差距，不仅会损害机会平等，而且会严重损害经济效率的提高。由政府来制定和实施反就业歧视和反工资歧视的法律，对于消除或缩小由此引起的收入差距是十分重要和必要的，也是政府提供教育服务这一收入调节政策发挥作用的重要保证。其作用是其他调节手段所不可替代的。

不过，这种手段的主要作用是促进机会均等，并由此而促进经济效率的提高。作为一种收入调节手段，其局限性也是明显的：①其作用范围主要限于劳动收入差距的调节，而对于缩小居民之间的非劳动收入差距，并不能发挥有效的作用；②其是一种“事前调节”，不是“事后调节”，因此，并不以结果平等作为目标，这样就难以避免出现这一现象，即一方面，政府采取促进劳动力市场公平竞争的政策，但另一方面，居民之间仍然存在着较大的或很大的收入差距；③虽然实施反就业歧视和反工资歧视法律能促进就业机会均等，促进同工同酬，可以消除或缩小由就业歧视、工资歧视所导致的收入差距，但是它并不能消除由劳动力素质的差异、劳动力市场总供求关系的变化、劳动需求结构的变化及由其他因素所导致的劳动收入差距，它对劳动收入的结果平等所能发挥的作用是有限的。

二、政策手段的协调配合

（一）政府配合使用各种缩小居民收入差距政策手段的必要性

前文论述了政府可以运用缩小居民收入差距的各种手段的优点及缺陷，论述表明没有任何一种单一的手段能够同时满足缩小居民收入差距的各项目标。也就是说，就缩小居民收入差距的目标而言，不存在某种单一的最优手段。这样，要在能够实现缩小居民收入差距目标的条件下缩小居民收入差距，政府就只能将各种手段配合运用，否则就会要么无法实现平等，要么损害效率。

（二）各种手段应是一种互相补充的关系

各种手段在功能上存在着差异，在适用范围等方面也存在差异，这就表明政府不能以一种手段去替代另一种手段。同时，各种手段又都存在着各自的缺陷，从而就要求用其他手段来弥补，也就是说，各种手段之间是一种互相补充的关系。它们之间的这种相互补充的关系，要求政府在调节居民收入差距时采用多种多样的手段，建立起调节居民收入差距的手段体系。

（三）收入调节手段的运用应实现法治化

政府运用何种政策手段及各项政策手段的具体内容无论如何都应该经过立法程序。政府应依法行使征收所得税等法律所赋予的权力，以避免收入调节过程中的随意性、乱收费等问题。如果收入调节手段的运用不纳入法制化的轨道，收入调节必然会陷入无序的混乱的状态，其结果不仅会损害经济效率，而且也会损害社会公平。

（四）收入调节手段的运用要受到不同因素的限制

政府能够运用何种手段来调节居民收入差距要受到众多经济与非经济因素的限制。首先，其要受到经济发展水平的限制。虽然兼顾效率与平等的目标要求政府将各种手段配合运用，但政府实际能够使用哪些手段是受到多种因素制约的，经济发展水平是基本的制约因素。经济发展水平越低，政府实际能够使用的手段越少。例如，在前工业化时期，政府就不可能通过举办基础教育和建立社会保险制度等手段来缩小居民收入差距。经济发展水平越高，政府实际能够使用的手段越多，手段运用的效果越大。因此，政府应根据经济发展水平的变化，增加调节居民收入差距的手段。其次，其要受到政府能力的限制。例如，对存款利息征收累进税虽然是缩小居民收入差距的一种手段，但在政府没有能力弄清存款人的真实身份的条件下，纳税义务人完全可以以假名存款而逃避征税。在这种情况下，累进性的利息税是不能有效地发挥缩小居民收入差距的作用的。最后，收入调节手段的运用还要受到立法制度、居民接受能力等许多因素的限制。

（五）各种调节手段的组合应力求优化

各种调节手段都有其缺陷，因此政府在运用这些调节手段时应避免各种调节手段组合的劣化，而应力求实现优化组合。为达到这一目的，应依循以下几项原则：①根据收入调节领域的不同和收入调节目标的不同相机选择合适的收入调节手段。例如，要增加低收入居民的绝对收入，当使用社会福利政策；要降低高收入居民的收入，当使用征收所得税和遗产税的手段；要增加劳动者的收入，当采用发展教育和提高劳动力市场竞争性的政策手段。②任何一种政策手段的运用都不应损害另一种政策手段的优越性，而应该是对另一种政策手段缺陷的补充。③调节手段的组合应以促进效率的提高和社会公平为目标。

关键概念

社会保险　社会救助　社会福利　商品税　财产税　所得税

复习思考题

1. 导致收入分配不公平的原因有哪些?
2. 政府调节收入分配的必要性有哪些?
3. 政府调节收入分配的原则有哪些?
4. 可供政府选择的调节收入分配的手段有哪些?
5. 政府利用征收商品税来削减居民收入差距有哪些局限性?
6. 试述政府利用向居民提供教育的方式来缩小居民收入差距的优越性。

第十一章

政府失灵及规避

【本章学习目标】

了解不同类型政府公共决策的目标，掌握公共决策的方式，理解公共决策最优规则的选择，理解投票悖论现象的内容及消除；理解官僚主义产生的必然性，掌握政府低效的原因，了解利益集团与政策操纵的内容；理解寻利与寻租的内涵和区别，了解租金的来源，理解寻租活动的危害后果，理解腐败的特点和危害，掌握腐败的具体表现形式，掌握寻租与腐败的区别和联系，掌握寻租和腐败的治理方法；了解政府失灵论的启示。

【本章知识结构】

本章知识结构如图 11-1 所示。

市场经济是一种由市场机制来配置社会资源的经济体制或经济运行方式。但是，纯粹的市场经济或完全竞争的市场是不存在的，现代市场经济可以说是一种混合经济，它“不是纯粹在市场与政府间的选择，而是经常在两者的不同结合间的选择，以及资源配置的各种方式的不同程度上的选择”。也就是说，在市场经济发展的任何阶段，政府都必须发挥其作用，履行其社会经济职能，只不过是在不同的国家，在市场经济发展的不同阶段，政府干预的范围、内容、方式及力度有所不同而已。为了纠正市场失灵，政府充当了公共产品的提供者、外部性的消除者、市场秩序的维护者、宏观经济的调控者，还充当了收入、财富的分配者的角色。市场失灵只是政府干预经济的必要性，而非充分性，还需要对政府干预经济的效果进行考察。公共选择理论把经济人假设引入政府行为的分析中，指出政府在进行决策和执行决策过程中的失误以及官僚追求个人利益的行为会导致政府失灵。政府失灵是在现代市场经济国家由政府干预所产生的一种普遍现象，是一个重大的理论与实践课题。在这一章里我们将对政府失灵问题进行深入的分析。

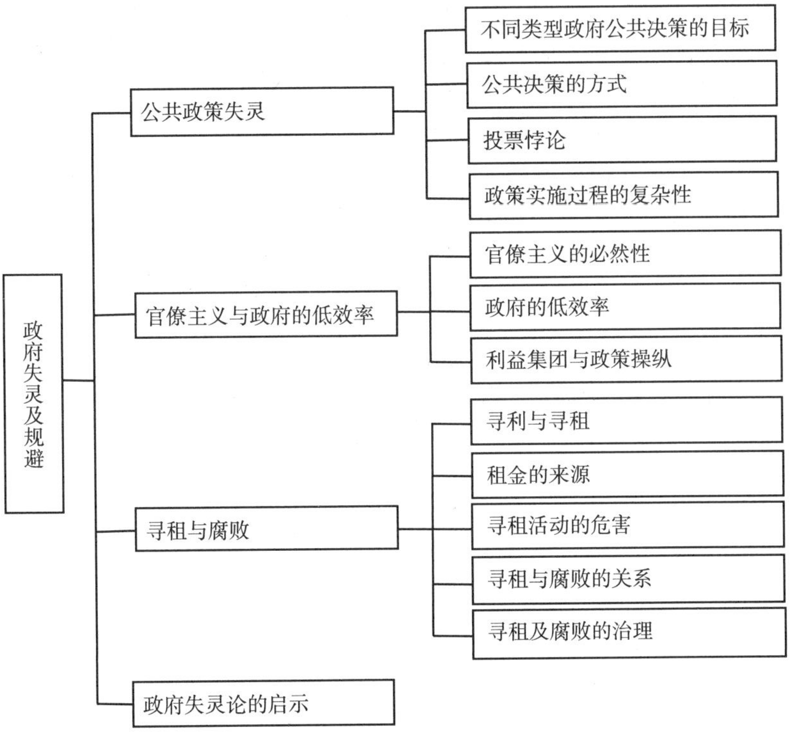

图 11-1　本章知识结构图

第一节　公共政策失灵

政府对经济生活干预的基本手段是制定和实施公共政策，以政策、法规及行政手段来弥补市场缺陷，纠正市场失灵。与市场决策相比，公共决策是一个更复杂的过程，存在着种种困难、障碍和制约因素，使得政府难以制定并执行好的或合理的公共政策，导致公共政策失效。而公共政策一旦失效非但不能起到补充市场机制的作用，反而加剧了市场失灵，带来更大的资源浪费，甚至引发社会灾难，这是非市场缺陷及政府失灵的一个基本表现。

按照公共选择和政策分析学者的看法，公共决策失误或政策失灵的主要原因来自于公共决策过程本身的困难和复杂性及现有公共决策体制和方式的缺陷。

一、不同类型政府公共决策的目标

有一种观点认为，如果政治市场的代理人(政治企业家)具有较高的决策水平，从而可以区别帕累托有效点与非有效点，那么加总的困难就会由于政治企业家的英明决策而得到解决。但是，由于在既定的生产可能性边界上存在多个帕累托有效点，因此，当政治企业家不知道真实的社会福利无差异曲线(由个人偏好加总而形成)时，他所选择的帕累托有效点并不一定是最优的。

与上述观点相反，以公共选择为主的更多的人倾向于这样一种看法，政治企业家也是追求个人私利的普通人，再加上委托代理所造成的政治企业家权力的实际扩大，使得他们致力于谋取个人的利益，而不是通过精确加总个人偏好做出合乎全体选民利益的公共决策。这样就可能产生三种结果：①在实行民主政治体制的国家中，政府官僚的偏好就是全体选民的偏好；②在集权制国家中，统治者的偏好就是全体人民的偏好；③在专制国家中，独裁者的个人偏好就是整个社会的偏好。也就是说，在上述假设的基础上，不同类型的政府在进行公共决策时有着不同的目标。下面我们对其进行具体分析，如图 11-2所示。

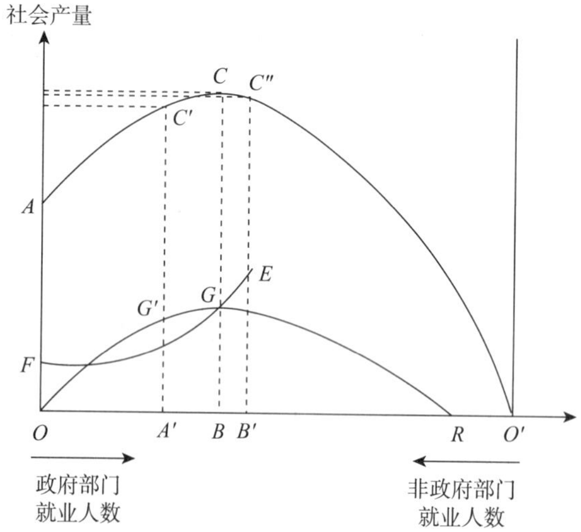

图 11-2　不同类型政府公共决策的目标

我们假定有一个经济，它由政府部门和非政府部门组成。社会的生产要素(劳动力)一定(OO' 线段)。政府部门的产出，即公共产品有助于提高非政府部门的产量。曲线 ACO'描绘出劳动力在两部门分配对产量(国民收入)的影响。无政府时，产量为 OA。政府规模最大时，产量为零，因为此时物质生产部门的投入为零。曲线 OGR 为政府税收收入。显然，它是生产部门产量的函数。曲线 FE 为提供公共产品的成本，即支付政府雇员的工资等。在 G 点，政府税收收入与支出相抵，公共产品的提供，政府的规模均达到最佳值。现在让我们区分出四种政府，并分析它们各自在图 11-2 中的均衡点。

(1)柏拉图式的政府，即无私的、只为全民利益的公仆政府。该政府向经济的生产部门课税以支付雇员的工资，同时根据社会偏好(假定无加总困难)向社会提供法律和秩序等公共产品，结果其均衡将在 G 点达到。在这一点上，政府的税收收入与支出相等，社会产出极大(C 点)，政府部门的规模为 OB。由此可见，柏拉图式的政府是有效率的。

(2)专制君主政府。与公仆政府相反，这是一种自私自利的国家机器，其目标函数是使统治者的收入为最大，即使税收收入与政府雇员工资支出之间的差额为最大(G' 点)，结果这类政府不能提供足够的公共产品($OA' < OB$)而导致社会产出的下降($OC' < OC$)，而这最终也使这类政府的税收收入少于柏拉图式的政府，即 $OG' < OG$。所有这些均意味着专制君主政府是低效率的。

(3)官僚政府。这类政府的目标函数是整个官僚机构的工资收入的极大化。这一目标函数决定了这类政府有扩大政府规模(即使政府就业人员超过 OB)的倾向，结果其均衡点可能为图中的 E 点。在这一点上，政府部门的就业人数 $OB'>OB$，社会产出 $OC''<OC$(但高于 OC')。社会产出之所以会下降，是因为政府的支出 OE 超过了政府的税收收入 OG。由此可见，此类政府的效率低于柏拉图式政府，但却高于专制君主政府。

(4)所谓的“民主”政府。这种政府像支票清算中心。社会的各种利益集团通过各种渠道影响议会决策，因而政府的决策是利益集团相互对抗、讨价还价的结果。由此产生的均衡点将处在柏拉图式政府与官僚政府之间。至于这一均衡点更接近图中的 G 点还是 E 点，这将取决于利益集团的竞争所占用的经济资源。

二、公共决策的方式

(一)一致同意规则

1. 一致同意规则的含义

所谓一致同意规则，是指一项集体行动方案，只有在所有参与者都同意或者至少没有任何一个人反对的前提下才能实现的一种表决方式。此时，每一个参与者都对将要达成的集体决策享有否决权。

在现实生活中，我们有不少机会运用一致同意规则。假如赵、钱、孙、李四人倾其所有合办了一家小公司，公司的生存、发展对于每一个人自然都十分重要，因此在涉及该公司的利润分配与风险承担等重大问题上，需要四人协商以达成一致意见。只要有一个人不愿意甚至反对，事情恐怕就不好办了。这里所需要的就是一致同意规则。

再举一个典型的例子，即联合国安全理事会的决议。任何决议的实施都必须事先得到安理会五个常任理事国(美国、俄罗斯、英国、法国、中国)的一致认可(这里的认可指不反对)。如果有一个理事国反对，就意味着相关议案被否决。1990 年海湾战争爆发时，联合国安理会曾就是否出兵干涉进行过投票表决，结果决议以四票赞成，一票弃权(不同意，但也不反对)而获一致通过。

2. 一致同意规则的特点

一致同意规则有利也有弊，它的特点可以归纳为四点。

第一，由一致同意规则得出的集体行动方案，对于所有参与者来说都具有一个特点，即对该方案的任何改动，都不可能在损害任何一方利益的前提下使参与者中某些人受益。也就是说，这时行动方案的任何变化，在使一部分人受益的同时，至少会使某一个参与者的利益受到损害。这种状况被称为帕累托最优。

第二，在一致同意规则下，由于每一个参与者都享有否决权，个人选择对集体选择至关重要，任何成员都不能把自己的意愿强加给他人，也不能将自身的利益凌驾于他人的利益之上，因此，所有参与者的权利在一致同意规则下，能够绝对平等地得到保障，个人意愿也可以获得满足，以激励每个个体都有很强的动力去表达真正的个人意愿。

第三，可以避免“免费乘车行为”的发生。在一致同意规则投票下，每个参与者都会清楚地意识到，自己的行为不仅会影响与此相关的其他成员的行为，而且还直接关系到集体方案能否进行的问题。假如某项集体决策方案能够使部分成员不付任何代价地从中获益，那么，这种决策将因损害了其他成员的利益而被最终否决。

第四，为了得到一个大家满意的，对大家来说是最好(即帕累托最优)的行动方案，通常需要全体参与者一而再、再而三地协商与讨价还价。其原因在于，每一名参与者都享有否决权，因此每项集体决策结果都必须顾及各人的利益与偏好。这是一致同意规则的一个最大的弱点。在一致同意规则下，一次性协商的结果通常并不能达到让大家都感觉最满意的状况，即不能实现帕累托最优，而需要大家基于一致同意规则进行一系列的协商。以欧洲共同体部长理事会的决策过程为例，部长理事会是欧洲共同体的决策制定机构，它对一切重要决策的制定均按照一致同意规则进行，其基本程序是：先由各成员国和欧洲共同体的官员就不同主题提交各种拟订的方案。由于利益差别的存在，提交部长理事会讨论的方案自然十分庞杂。为了照顾各方面的利益关系，避免某一方的反对，部长理事会通常要经过通宵达旦的马拉松会议和一系列复杂的讨价还价过程，才能勉强达成全体一致认可的折中方案。其结果是，原来准备对某个成员国实行重点援助的计划，经过讨价还价，最终得到的方案却是各成员国平分这笔援助，与初衷相反。

俗话说：“众口难调。”主妇要做出一顿适合家中每个人口味的饭菜，也不是件容易的事，更别说在人数众多的团体中统一所有人的意愿了。每个人的爱好各有差别，如果每人都有充分的自由表达自己的意愿，要达到一致同意自然比较困难，有时甚至是不可能的。因此，在现实中，人们通常退让一步，寻求一种能按多数人意愿来进行集体决策的多数投票规则。

(二)多数投票规则

1. 多数票制与简单多数制

多数票制，是指这样一种投票规则，在此规则下，一项集体行动方案，必须由所有参与者中超过半数或超过半数之上的某一比例，如2/3、3/4等的认可才能实施。所谓认可，是指赞同或至少不反对。如果我们以参与者中刚好一半的人数为取舍标准，并规定所有参与者中有一半以上的人同意或者反对的人数低于所有参与者的一半，某议案就作为集体决策结果付诸实施，那么我们就称该项集体决策是按照简单多数制做出的。类似地，我们可以定义2/3、4/5等多数制规则。以高于半数以上的比例作为取舍标准的多数投票规则，又可称为比例制。例如，民主选举班长，全班41人中有21人选了小刘，其他人得票数都不到21票，结果小刘当选班长，这就是简单多数制的运用。

2. 多数投票规则的特点

多数投票规则具有不同于一致同意规则的特点有四个方面。

(1)在多数投票规则下，一项决策通过与否，取决于能否得到某一多数比例参与者的支持，因此，最终的集体决策结果所体现的只是参与者中属于多数派的利益，属于少数派参与者的利益则被忽略了。最终决策的实施，将使多数派成员的利益得到改善，而少数派成员的利益则可能受到损害。仍以前文民主选举班长为例。另一个班长候选人小陈假如正好得到20张选票，全班41人中有21人选了小刘，小刘的当选反映了这21人的愿望，但其余20人的愿望就无法体现了。

(2)多数票制选择出的每一项集体行动方案都具有内在强制性。因为最终的集体决策是按多数派成员的意愿决定的，而决策结果又要求全体成员服从，这就意味着，多数派成员无形中将自身的意愿强加给了那些投票选择遭到否决的少数派成员。小刘当选班长，支持小刘的21人实际上把他们的意愿强加给了另外20个其他候选人的支持者。

(3)由于单个参与者的选择行为在多数投票规则下具有可忽略性，它无形之中助长了选民不重视选举权的行为。有人可能会这样想：既然我的选票对最后的选举结果几乎没有什么影响，那我何必劳神劳力去投票呢？当许多人都这么想并这么做时，便会出现一种危险倾向，即选举结果为利益集团所操纵。所谓利益集团，又称压力集团，它是指为了某种利益而运用各种手段影响政府决策的团体，如商会、财团、工会等。利益集团可以通过一定的代价，收买这些不重视自己的选举权而打算投弃权票的选民，让他们按利益集团的意愿投票，从而使利益集团拥有更强的能力显示自身偏好。这是多数投票规则中值得引起重视的“收买选票”行为。在实行民主政治的初期，这种行为更值得关注。

这里我们用一个简单的模型来说明选民在什么时候会理智地选择弃权，什么时候又会接受利益集团的收买。为了参加选举，选民需要花费一定的时间与精力去了解候选方案(人)，这记为成本C。一项集体行动方案的实施，又能给大家带来某些好处，如选出一名班长组织班级活动，会对全班同学都有利，这种共同的收益记为D。特定候选人当选，对我个人的收益影响不一样。小刘喜欢文艺活动，她当选之后准备每周组织一次舞会或卡拉OK，恰巧这些我都不喜欢，反倒是小陈的体育活动方案更合我意。小陈当选给我个人带来的不同于共同收益的额外收益，记为B。但是小陈能否当选，我没有把握，只能估计其可能性，这记为$P(0<P<1)$。综合以上的各种情况，我能从这次选举活动中得到的净收益为$R=P\cdot B+D-C$。由于每个人都是经济人，此时我会精明地进行计算，只有在净收益$R\geqslant 0$时，我才会参与投票，否则宁可弃权。当我面临$R<0$而打算选择弃权时，如果班上的文艺活动积极分子们告诉我，只要我投票选小刘，他们就请我上馆子“撮”一顿。上馆子“撮”一顿不仅足以补偿我选小刘而不选小陈的损失，并且使我此时的净收益增加到大于零，我自然就接受收买而选小刘了。

(4)多数投票规则下，集体决策要比全体一致同意情形容易做出。因为顾及大多数人的偏好，总比照顾全体偏好要相对好办些，所以人们在多数投票规则下，做出集体决策所需花费的时间、精力等代价(即集体决策成本)被大大降低。但是单个选民，特别是那些预期到自己的选票可能被否决的参与者，因为集体决策结果与其个体的偏好差异很大，从而使多数投票规则强加给他的外在成本(即集体决策结果与个人愿望不一致时导致的个人损失)增加了。

(三)加权投票规则

简单的一人一票的投票规则，强调的是各参与者之间的平等权利，然而它在有的情况下就显得不够合理了。例如，世界各国拥有的海岸线长度不同(有的国家是内陆国)，各国对海洋资源的依赖程度自然有高低之分。因此，在保护世界海洋资源的问题上，承认各国之间的利益差别才是合乎情理的。加权投票规则正是对一人(或一国)一票制做了适当更改，以适应这类“利益差别”而提出的一项选择规则。

加权投票规则的基本特点是，根据利益差别将参与成员进行重要性程度分类，然后凭借这种分类分配票数，相对重要者，拥有的票数较多，否则就较少。最后各个候选方案实际得到的是赞成票数的多少，而不是实际赞成人数或国数的多少。假设拥有海岸线的国家只有 3 个，长度分别为 200 万海里(1 海里＝1.852 千米)、160 万海里与 40 万海里，而且，他们各自对海洋资源的依赖程度完全取决于所拥有的海岸线长度。在这种情况下，涉及海洋资源的保护问题时，我们可以通过分别赋予 20 票、16 票与 4 票的办法来承认这三个国家之间的利益差别。这时总票数为 40 票，以此为基础，再用多数规则选择方案。

加权投票规则在实际中的应用较为普遍。过去由 9 国组成的欧洲共同体曾经采用过这一规则。英国、法国、原联邦德国、意大利各持 10 票，比利时与荷兰各持 5 票，丹麦和爱尔兰分别拥有 3 票，卢森堡拥有 1 票。这时总票数就不是 9 票而有 57 票。一项议案的通过，如果采用 2/3 多数规则，所需的赞成票数将至少为 38 票。如果进一步限制赞成国数，要求同时有至少 2/3 的国家投赞成票，那么，一项议案的通过就必须同时具备六国赞成且总赞成票数不低于 38 票这两个条件。另外，世界银行也是依据各国提供财政援助份额的不同，分配不同比例的选票，美国比中国提供的援助多，自然在世界银行中的发言权也大。

(四)否决投票规则

春天来了，五个朋友周末想出去郊游，究竟去哪儿还未确定。一人建议，每人提出三个可去游玩的地点，把所有方案集中，然后去掉有人不愿去的地点。由于有重复，五个人的提议共产生了十个不同地点。去掉那些有人不喜欢的地点后，最后只留下三个可以选择的地点。如果此时没有其他反对意见，就说明这 3 个地点对大家来说都是可行的，可以选择其中任何一个。这种春游地点的选择采用实际上就是否决投票规则。

否决投票规则是，首先让参与投票的每个成员提出自己认为可供选择的一整套建议或行动方案，汇总之后每个成员再从汇总的方案中否决掉自己最不喜欢的那些方案，此时各个成员投票的次序可以随意确定。这样一来，最后剩下的没有被否决掉的方案就成为全体成员可以接受的集体选择结果了。

否决投票规则具有三个好处。

(1)由于每个参与成员都有机会表达自己的偏好情况，同时又有权否决对自己最不利的供选方案，因此参与选择的每位成员都会抱着这样的动机，即不要提出被其他成员强烈反对的方案，而且还应积极考虑其他成员的利益。相对于其他投票规则，否决投票规则更有利于参与成员之间的沟通和各成员真实愿望的表达。

(2)在否决投票规则下，每一个成员都能充分选择自己认为合适的供选方案，所有供选方案中最不为某一个或若干个成员所喜好的方案又被选举过程否决了，因此，除了留下来没被否决掉的方案有可能外，其他任何改进方案都不可能是帕累托最优。以前述郊游地的选择为例。帕累托最优方案只可能在留下的三个方案中，但对这种帕累托最优方案的选取，若有不止一个方案留下的情形，还得借助于其他投票规则，如在一致同意规则的基础上进行协商等。

(3)否决投票规则的实施，要求所有参与集体行动的个体，在利益与兴趣上有某种共同性。例如，上述郊游地点的选择，如果五个人的兴趣差异太大(有的喜好现代风格，而有的则独好传统、历史，有的喜好爬山，而有的则喜好玩水），所有供选方案可能最终将被全部否决掉，从而无法做出集体决策。也就是说，当参与决策的人数众多，而所要解决的问题比较繁杂或各方的利益冲突较大时，实行否决投票规则可能得不出集体选择结果。

（五）需求显示法

我们用一个例子来说明需求显示法的含义与使用过程（表 11-1）。

表 11-1　需求显示法的含义与使用过程　　单位：元

参与者＼方案	A	B	C	税
王	30	10	5	20
李	10	40	20	0
张	25	5	10	15
社会价值	65	55	35	35

假定有王、李、张三个人，被要求在 A、B、C 三个方案中选取一个作为集体行动方案，这三个方案可能是对应于某种公共产品的三种不同的供给数量。

需求显示法按如下四个步骤进行。

第一步，让这三人分别说出，若三个方案付诸实施，每一方案所能给他带来的收益值多少元（折合成货币）。假设王认为 A、B、C 三方案对于他分别值 30 元、10 元与 5 元，李对应地为 10 元、40 元、20 元，张为 25 元、5 元、10 元。

第二步，加总各方案的价值量，所得到的合计值称为各方案的社会价值。在这里，A、B、C 三方案的社会价值分别为 65 元、55 元及 35 元。A 方案对应于最高的社会价值额，因而我们可以认为它是对社会最有利的。于是，集体决策结果是 A 方案。

第三步，比较某个选民弃权时集体选择结果的变化，并根据该选民的参与对最终结果的影响程度，计算出每个参与者所应支付的税收款。具体计算方法是：首先，计算出只有其他人参与时各方案的社会价值，并由此找出最大社会价值所对应的方案；其次，加进所考虑的选民的货币选举结果。如果这时最终的集体方案并不因他的加入而发生改变，那么，他的税款为零。如果由于他的加入，集体选择结果发生了变化，那么，比较他加入前后两个集体选择结果所对应的社会价值额，两者之差即为该选民所应支付的税款。请注意，这一税款通常并不等于他所声称的该方案对他的价值。

在上述例子中，当王没有参加时，李、张二人所确定的集体行动方案不是 A 而是 B，此时 B 的社会价值为 40＋5＝45（元）；而当王加入时，集体行动方案变为 A，A 的社会价值为 65 元。这两者之差 20 元，即为王应支付的税款。对于李，无论他是否参加，集体行动方案都是 A，因此李所应支付的税额为零。类似地计算出张所应付的税款为 15 元。这时三人所应支付的税款总额为 35 元。

第四步，根据实施集体行动方案所实际需要的成本，如安一盏路灯或办一个幼儿园的实际成本，来确定每一个参与者实际应支付的税款。

在第三步中，我们计算出的只是一种名义税额。名义税额为零，并不意味着不需要分担成本。而对于具体的实际成本分摊，还需经过一个较为复杂的计算过程才能确定。

需求显示法的优点是，它提供了这样一种机制，使所有参与集体选择的个体都有充分的激励，说出他对某一公共产品的真实需求状况，从而使投票者得到的公共产品的数量与质量，最大限度地接近投票者的实际偏好结构，因此它将大大提高制定集体决策的社会效率。缺点是使用起来比较复杂，特别是当参与集体选择的人数较多时。

上面我们介绍了五种投票规则及其特点。大家不难发现，各种规则都是利弊皆有，于是就产生了选择规则的问题。

三、投票悖论

在集体进行公共决策时，多数票制或修改过的多数制，如加权投票制，运用较为普遍。基于这种投票制，集体决策结果是否存在？在什么情况下存在？如果存在，结果是否唯一？下面我们将分别讨论这些问题。

（一）投票悖论现象

首先，我们来看一个在简单多数制下，集体选择结果不存在的例子。这个例子所描述的现象在公共选择理论中十分著名，被称为“投票悖论”现象或“周期多数”现象，即在运用简单多数制进行集体选择时，容易出现的投票结果随投票次序的不同而变化，大部分甚至全部供选方案在规定的分步骤的部分方案比较过程中，都有机会当选的循环现象。

现在举例说明周期多数现象。假设有同属一个系统的三家企业正准备合并成一家大公司，新组建公司的总经理将从三家企业的厂长中产生。这三位厂长老牛、老杨、小马都赞同存在的三种可供选择的方案，即职工普选(A)、上级主管部门任命(B)、按各自拥有的资金额决定权力分配(C)。问题是要由三位厂长从三种供选方案中挑出一个作为最终决策方案。由于牛厂长、杨厂长、马厂长分别拥有职工规模大、与上级关系好、资金丰厚的相对优势，他们对三种选择方案的偏好次序自然不同，即牛厂长：A>B>C(A优先于B，B优先于C)；杨厂长：B>C>A(B优先于C，C优先于A)；马厂长：C>A>B(C优先于A，A优先于B)。

如果从A、B、C三个方案中任意挑选两个，按照简单多数制，即三人中有两个或两个以上的人支持某方案，该方案就当选。将此方案与余下的第三个方案相比较，并依据同样的简单多数规则产生最终结果，这时便出现了一个奇怪而有趣的现象。若先比较A与B，相对来说，老牛与老杨更偏爱A，故A方案当选。然后将A与C比较，因为老杨与小马更偏好C，最后C方案当选。若从对A与C的比较开始，最终获胜的将不是C而是B；从B与C的比较开始，最终当选的方案又变成了A。这些过程中的投票悖论现象如图11-3所示。

由此我们看到，这时的最终投票结果完全取决于各方案的排列次序，而不是方案本身的优劣。如果排出简单多数制下集体对三个供选方案的偏好次序，就会产生A>B>C>A的循环或称周期，这就是周期多数一词的来源。

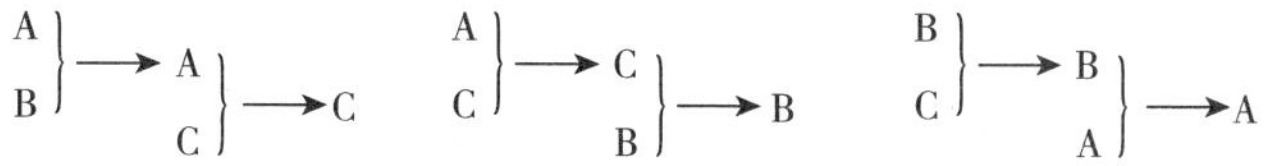

图 11-3 投票悖论现象

(二)投票悖论现象的消除

投票悖论现象表明，在三个参与者同时投票选择三种供选方案时，集体决策的结果不存在；如果分步骤地进行两两比较，这时虽然存在着集体决策结果，但结果并非是唯一的。按照经济学术语，这两种情形将分别被称为选择的均衡不存在，或虽存在均衡，但不是唯一的。周期现象的存在，令众多研究民主政体运行的政治学家们感到苦恼。为了避免周期现象的出现，公共选择理论家们从两个角度寻找解决办法。

首先，从理论上寻求保证均衡存在而且唯一的条件。人们发现，当每个人的偏好排列都呈单峰状态时，周期多数现象就不会出现，如果总参与人数为单数，简单多数规则可以产生唯一的集体选择方案，这一方案正好与处于中间状态的选民的偏好一致。

下面我们用一个例子来说明上述结果及与之相关的一些概念。

假定现在有三个人(可以扩充为 $2n+1$ 个人，n 为正整数)，要从三种可能的供选方案 X_1、X_2、X_3 中，运用简单多数规则选出一种方案作为集体决策结果。这里的供选方案，既可以指对某一部门的三种不同投资额，也可以指某一单位领导的三个不同候选人等。每一个体对这些供选方案的偏好排列，是该个体根据自己的判断或感觉，而做出的一种相对顺序排列，正如前面例子中老牛、老杨与小马对 A、B、C 方案的排列一样。而单峰状态，则是指个体的偏好排列如同一座只有一个峰顶的高山，它只有最多一个上坡面和最多一个下坡面，而不能像群山那样起伏不断，如果有上坡又有下坡时，也必须是先上坡后下坡，不能是盆地般先下后上。若我们仍用 $X_1>X_2$ 来表示对 X_1 的偏好强于对 X_2 的偏好，反之则为 $X_1<X_2$，那么在只有三个供选方案的情况下，所有个体呈单峰状态的偏好排列次序只可能是 $X_1>X_2>X_3$，或 $X_1<X_2>X_3$，或 $X_1<X_2<X_3$ 三者中的一个，而不能是其他。

假定三个参与者的偏好次序互不相同，即他们每人各对应于三种偏好排列中的一个，没有重复，于是产生了如图 11-4 所示的情况。在简单多数制下，集体选择的结果将是 X_2，因为此时第 2 人和第 3 人都认为 $X_2>X_1$，第 1 人和第 3 人都认为 $X_2>X_3$，集体偏好便成为 $X_2>X_1$ 和 $X_2>X_3$，当然最终是 X_2 当选。这种结果是唯一的，并不因两两比较的顺序不同而不同，而且分步骤进行与一次进行的结果是一样的。

比较一下三人的偏好次序，我们发现第 1、第 2 两人都认为 X_2 属于中间方案，同时又意见相反，分别把 X_1 和 X_3 当做是好的，与此对应 X_3 和 X_1 就成了最差的。而第 3 人的偏好次序正好处于这两种极端情形的中间地段，他认为 X_2 是最佳方案，X_1 与 X_3 均比 X_2 差。最终的集体决策结果与他作为中间选民的选择一致。

将 X_1、X_2、X_3 分别对应于前面三厂合并公司例子中的 A、B、C，那么，老牛相当于图 11-4 中的①，老杨相当于③，小马的偏好序是先降(A>B)，后升(B<C)，呈盆地状。这违反了所有参与者偏好序呈单峰状态的条件。当然，这并不意味着，周期多数现象只有在所有偏好序都呈单峰状态时才不会出现。所有偏好序的单峰状态是一个充分

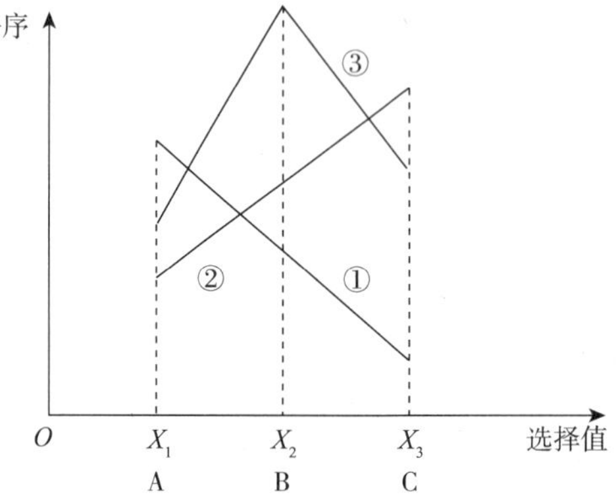

图 11-4　投票悖论的消除

条件而非必要条件。

虽然我们只分析了三人三种方案这个最简单的例子，但得到的结论可运用于任何不少于三人的奇数选择情形。

其次，分析现实选举行为中周期多数出现的可能性。坎普贝尔与塔洛克用计算机进行仿真，得出了这样的结论，即周期多数出现的可能性与投票者的人数和可供选择方案的个数成正比。参与投票的人数越多，或供选方案个数越多，出现周期多数的可能性就越大。在三人三种方案情形中，有 5.7%的可能性出现周期多数现象；而当参与投票的总人数增加到 15 人，供选方案的个数增加到 11 个时，周期多数出现的概率猛增到约 50%，也就意味着每进行两次这样的选举，大概有一次会出现周期多数。当候选方案固定在三个，参与者人数不少于 27 人时，出现周期多数的概率基本上稳定在 11.1%。进一步的分析结果表明，影响周期多数出现概率的主要是候选方案的个数，对于某个固定的供选方案，当投票者的人数大于 10 人时，改变参与者人数规模对周期现象出现的概率基本上没有影响。

四、政策实施过程的复杂性

政策的有效执行依赖于各种因素或条件。美国政策科学家史密斯在《政策执行过程》一文中认为，理想化的政策、执行机构、目标团体、环境四者是政策执行过程中所涉及的重大因素。具体说，政策的形成、类型、渊源、范围及受支持的程度，社会对政策的印象，执行机构和人员、主管领导的方式和技巧，执行者的能力与信心，目标团体的组织或制度化程度，接受领导的情形及先前的政策经验，社会的政治、经济和文化环境的不同等都是影响政策执行成败所需考虑和认定的因素。这些因素中的任一方面或它们之间的配合出现问题，都可能招致政策的失效。例如，政策执行依赖于强有力的执行组织及各部门或单位的密切配合，执行机构不健全，各部门不协调、合作，执行人员不力，必将引起政策失效。下面我们具体分析一下政策实施的复杂性是如何造成公共政策失败的。

第一，政府实施政策的直接行政开支是相当可观的，不仅包括必要的开支，还可能包括不必要的开支。政府的形成演进是一个历史的过程，政府是社会各阶层利益相互冲突妥协的产物。所以，政府各个部门往往有许多功能的重复和不和谐的运作，不可能像一个私人公司那样根据董事会或经理班子的策划有效地组织管理。同时，政府对经济的管制和干预，会增加企业的运行成本。受管制的企业必须应付政府官员的监督，必须填报各种报表和文件，有时还必须承担有关的法律费用。在中国经济改革的过程中，常常可以听到国有企业的厂长经理抱怨“婆婆”太多，“媳妇”难做，反映了过度行政管制和干预的一个侧面。

第二，政策的制定和实施本质上是一个“瞄准”和“射击”目标的过程。有一位经济学家曾经形容说，政府宏观经济调控时所要瞄准的目标是个快速移动的目标，而且是在云雾之中飘忽不定的。而政府用来射击目标的“枪”又是十分粗糙难用的。“瞄准镜”很不精确，是因为现代的经济预测手段还很不完美。“瞄准”以后，扣动扳机，“子弹”要等一会儿才会出膛，是因为政府决策以后要付诸实施还要有个过程。例如，在中国近年来的经济发展过程中，发生过若干次经济过热、通货膨胀失控的危险。决策部门的工作人员可能有这样的体验，即往往在问题初现端倪时，很难确定问题的性质和严重性，等到政府决定了收紧银根、调整步伐的政策措施时，问题已经相当严重。而这些政策措施的实行和发生成效，又要经过一个过程。当紧缩政策效应充分发挥时，常常是经济增长已经出现滑坡，不再需要“泼冷水”降温的时候了。

第三，政策实施的效果有很大的不确定性。在宏观经济学中，有政策“时滞”的说法，就是政策从实施到见效，要有一个过程。另外，一些经济政策是否有效果，取决于经济当事人能否看穿政府的意图，能否做出相应的对策。所谓“上有政策，下有对策”，各个社会都是如此。高明的政策要能够出其不意，使人没有空子可钻，是非常不容易的。

第四，政府和民间企业之间，常常存在信息不对称的情形。政府管制私营企业的官员对业务的熟悉程度往往不如私营企业的经理人员，所掌握的信息往往是第二手的，所以在和私营企业经理的交手时，常居下风。

第五，管制民间企业的官员虽然代表的是国家和社会的利益，但他们很容易被私营企业所“捕获”。一种可能是，官员直接地被腐蚀拉拢，收贿赂、开后门。另一种可能是，虽然官员没有直接贪污腐化，表面上廉洁奉公，但他们与被管制的行业有着千丝万缕的关系。管制某个行业的官员往往是这一行的专家，与私人企业的同行常有同窗校友之谊或其他私交，同其在业务上的接触也比同消费者代表的接触要多，所以官员对于私人企业的诉求更容易理解和接受。许多私人企业也喜欢雇用曾经在政府有关部门工作过的退休官员做顾问，是因为在职官员很不愿意和私营企业的同行搞坏关系。

第二节 官僚主义与政府的低效率

一、官僚主义的必然性

从经济人的角度看，政府中出现官僚主义在某种情况下是不可避免的。官员和政府工作人员像普通人一样，在行动的时候，行为准则也是要求个人利益最大化的。他们追求个人利益最大化的方式与市场上的个人不同，表现为经过政治程序为自己的部门争取最大预算、为个人争取连任等。在这种行为动机的指引下，官员和政府工作人员的行为有可能不代表公共利益，而只代表官员的利益。

政府行为并非永远代表公共利益。政府官员和民选的立法人员不是经济上的“圣人”，他们在参与公共决策时有自私的动机，因此不必拔高他们政治行为的动机。作为个人，不管政治家和官员头衔有多高，首先都不是为了追求正义，而是为了追求个人的利益而参与政治的。公共利益、最大多数人的最大幸福等都不可能永远成为政治家竞选和行为的最高标准。他们在有的时候可能不代表公共利益，而只代表自己或自己集团的利益。在这个时候，官员按自己的利益对待公共政策，对于那些于自己有利的事项，尽早安排并高效率完成；而对于那些于己不利的或关系不大的事项，则拖延应付。因此，没有必要把政府的行为理想化，因为政府可能不顾公共利益。退一步讲，政治家和官员的理性和知识是有限的，他们拥有人类共有的弱点。政治家和官员的知识可能是不完备的，信息可能是不充分的，理性能力是有限的，即使他们的动机是公共利益，行为的结果也仍可能是相反的。布坎南曾指出，在公共选择的透视下，社会目标、国家目标和社会福利函数之类是不存在的。

首先，在政府过程中也存在着类似市场中的“双边垄断”现象。作为民意的代表，立法机构是公共产品的唯一买方，政府机构则是公共产品唯一的卖方。公共产品的供给被这两种机构所控制。在这种机制中，民众对公共政策的制定与执行并无决定权，而是只能按立法和政府所规定的质量、数量和价格享用公共产品①。政府部门是公共产品的唯一提供者，公众作为服务对象，无法用“退出”的方式对抗垄断。公众作为公共产品的“顾客”，无法退出这个“市场”，只能“抗议”。而向政府“抗议”的成本太高，收益极为不确定，公民一般不愿意采用。政府官员有可能利用垄断地位，有意抬高服务价格、降低服务质量，变相地谋取个人利益。这是官僚主义的典型表现。

其次，选民对政府官员的监督常常是无效的。作为监督者的选民掌握被监督对象(政府及官员)的信息不足，信息被政府部门所垄断。在官员与立法机构组成的双边垄断结构中，双方对于公共产品的信息也是不对称的。作为公共产品唯一的提供者，官员掌握着关于公共产品的成本的真实情况，而立法机构则缺乏了解这些信息的手段。在关于公共产品的决策中，官员实际上处于优势地位。“要把一个最终表明是一个‘失败’的好决策与一个坏的决策区分开来，即使不是不可能的，也是非常困难的。我们或者不能完全了解获得的信息，或者不能完全了解必须与决策前获得更多信息这一要求相联系的那种价值”②。这种信息的不对称使得立法机构很难对官员实行有效的监督。

选民的监督无效是因为他们在监督时对官员行为无明确的考核指标。出于公共部门的非营利性，政府所提供的公共产品一般不是按价出售的，官员也没有为政府增加利润的任务。因此对官员的业绩难以按成本—收益的方式进行评价。由于政府是唯一的，也无法对公共部门进行比较，这更加大了监督的难度。民众作为政府的监督者不一定是被

---

① 史蒂文斯 J B. 集体选择经济学．杨晓维译．上海：上海三联书店，1999：340.

② 阿特金森 A E，斯蒂格里茨 J E. 公共经济学．蔡江南译．上海：上海三联书店，1994：396.

监督者提供服务的消费者。作为普通公民，一个人并非在每一时刻都是每一个公共部门的直接服务对象。当某个公共部门与他没有直接关系时，这个公民对鉴别政府的工作质量就缺乏热情。另外，由于普通公民对政治程序缺乏了解，没有参与政治过程的经验，又无法确定参与政治的成本，因而多数情况下处于“理性的无知”状态。

最后，官员出于减少个人成本目的的行为也是官僚主义的一个来源。官员行为的动机是避免错误，减少风险。从最大利益最小成本原则出发，作为一种“经济人”，当官员无法为自己谋取最大利益的时候，便退而求其次，即把不得不支付的成本减少到最少。官员避免错误的方式是故意把决策的程序复杂化，以使一旦错误发生，责任不是由特定的个人承担，而是由官员阶层承担，实际上最终是由社会来承担。“在试图避免明显错误的同时，他们忽略了必须由公众承担的各种成本”。这种明哲保身的态度符合官员的个人利益，但不符合公共利益。

二、政府的低效率

不同的国家或同一个国家在不同的时期或不同的条件下，并不总是在主动促进经济效率和提高国民福利，低效的经济和不良的政府可能同时存在。其原因主要有五个方面。

第一，官员的行为没有竞争含义。官员花的是纳税人的钱，就像美国自由主义经济学家弗里德曼所说的“用他人的钱，为别人办事”。由于没有产权约束，官员行动时根本不必担心成本问题。官员行事时无成本压力，自由度比市场中私人企业家还大，使不计成本的政府行为不断产生。另外一个重要的原因是财政制度。一般说来，政府部门的年度财政节余不能自留，必须上缴国库。因此，降低成本不能给部门带来直接收益。不仅如此，当政府制定下一个年度预算时，这个部门的预算还会因此被减少，实际上反而给部门造成损失。这种结果使政府部门想方设法尽量扩大开支，而不是减少开支。这样，成本不但不会降低，而且会越来越高。这种行为逻辑导致官员越是进行合理的行动，政府预算的膨胀越严重。

第二，官员的行为也没有利润含义。政府善于做表面文章。以追求自己利益最大化为目的的政治家在进行政府决策时的着眼点不在增进公众的实际利益，而是扩大自身的影响，他们看重的是政策的宣传效果，而不是实际效果。“一场大肆渲染的为节省几个美元而取消政府高级官员轿车待遇的运动在政治上获得的好处可能超过为纳税人节省百万美元的复杂的政治机构改组计划”。对于官员，政策的舆论效果大于实施效果。政治家的利益与公众的情绪一致，而不首先考虑公众的利益，因为公众的情绪易受舆论左右。官员在决策时往往从个人的得失出发。为追求政绩，他们尽量满足来自方方面面的要求，而不考虑其中的每一项要求是否真正需要，各项要求是否会重复，结果使公共产品往往超量供应，社会福利费用因此而过高，造成资源的浪费。还有，官员的权力是垄断的，有“无穷透支”的可能，他们一旦决策失误，由此所造成的资源浪费可能远远大于一个企业家的投资失误。实际上，在政府部门中工作的个人最有可能恣意追求个人利益最大化。

第三，政府决策达不到帕累托最优。在立法过程中，政治家首先从自己的集团利益和个人利益出发，因而立法的依据不是帕累托最优。民众对政府，进而立法机构对行政部门的权力制约也是无效的。民众无法直接参与政府的行政过程，立法也只涉及政府的决策规则。这与企业中的委托代理关系类似。民众通过立法机构提出自己的需求，政府官员以政策的公共产品来满足，民众及立法机构处于委托方的地位，政府及其部门则算是代理人。由于政府处在行政的第一线，很多事项由它直接处理，立法机构不可能直接参与行政过程，因此很难确定官员在行政中的政策是否符合帕累托最优。

第四，官员决策的出发点是部门利益，动机是扩大权限、提高待遇、扩大影响和势力、减轻工作负担。这些都要通过扩大自己机构的规模和提高预算来实现，因此，官员的目的是机构规模的最大化和预算的最大化。官员总是在与立法部门讨价还价，争取更多的拨款，政府开支因此而扩大，其结果只有利于部门利益，公共利益却因此而受损。

第五，政府各部门之间缺乏竞争。政府对内部的垄断程度是很高的，私人部门“进入”政府十分困难。政府在提供公共产品时处于垄断地位，不但政府是公共产品的唯一提供者，而且政府中的各个部门也分别处于各类公共产品的垄断生产者地位，相互之间没有竞争。政府的这种双重垄断地位使各部门缺乏降低成本和提高质量的压力，最后导致衡量社会成本和社会收益是困难的。关于某项政策的边际社会成本在哪一点等于边际社会收益往往难以确定，政府无法断定自己行为的效率高低。

三、利益集团与政策操纵

在现实的公共选择过程中，政府机构往往受到利益集团的控制，少数特殊利益集团的利益因而得到不成比例的满足，政府丧失了公共利益代表的身份。

在现行的公共选择程序下，作为经济人的公民参与政治过程的热情不高。例如，在需要投票表决的时候，选民持“合乎理性的无知”的态度，参与程度低。这实际上是公民对利益集团操纵投票结果的一种放纵。由于相当一部分人放弃了投票，投票结果不公正的可能性大大增加了。听任利益集团操纵政策的另一种原因来自公民自身的限制。在投票过程中，由于公民缺乏应有的专业知识，对议案难以了解，所以无从选择，公民不得不被政治家牵着走。“有理性、不知情的选民对特殊利益没有制约”。

集团操纵政策导致不公平结果的一个重要原因是其具有分利化倾向。一般来说，集团有两种增进成员利益的途径：一种是通过努力增加全社会的总体利益，从而使自己在总利益中的份额随之增加；另一种是通过努力使自己的成员在社会总利益中得到更多的份额。一般经验表明，集团均倾向于后一种方式为自己的成员谋利。其原因在于采取第一种方式时集团的成本与收益不符。

假设有一个利益集团希望改进税收制度以提高经济效率，它需组织有效的援外活动来达到这个目标。例如，改进税制，如果采取降低税率的方法，波及面可能很广，甚至可能遇到既得利益者的反对，若想获得成功，要付出很高的成本。而一旦成功，社会的经济效率提高，该集团的成员只能从他们付出成本而使社会利益增加的部分中得到一小部分利益，社会中绝大部分成员也将获得同样的利益。从全社会的范围看，一个利益集团，不管规模有多大，也只占其中的一部分。通过单个集团的努力实现社会利益的增加时，这个集团不但要独立承担全部成本，而且无法排除其他集团从中受益。这和个人与集团之间的关系相似。“一个组织为全社会提供某种利益，即为全社会创造公共产品相当于为某一集团提供集体产品。这两种情况下，个体要负担这种行动的全部代价，然而仅能获得其成果的一小部分”[①]。

出于成本—收益的考虑，集团在为成员谋利时，倾向于通过扩大自己在社会利益分配中的份额的方式。与第一种方式相比，集团把本可以用于增加社会总收入的成本用于为自己集团争取更大的份额，自己集团的收入确实增加了，社会总收入却减少了。奥尔森把集团的这种行为倾向称之为“分利”。集团的分利行为将改变国民收入的分配结构。集团只代表自己的成员，不会为增加全社会的利益而自我牺牲，而只会为了自己的成员从总利益中争得更大的份额。在任何集团为本身争取社会总收入的更大份额时，该集团不会关心此种分配对全社会造成的任何数量的损失。从这个意义上说，“分利集团”实际上等于“特殊利益集团”。集团行为的这种分利倾向使社会总收入下降。一个集团的分利行为成功后，影响其他集团的积极性，会在更大的范围引起生产水平下降。卡特尔特殊利益集团等只关心增加自己集团的利益，不关心社会财富的增加。

利益集团操纵政策的结果是不存在根据公共利益进行的决策过程，只有相互冲突的特殊利益。没有代表公共利益的集团，使公共选择成为各种特殊利益集团之间的缔约过程。

首先，立法官员并不是中立的。他们的当选受特殊利益集团的赞助，必须设法回报。立法代表成了特殊利益集团的代言人。官员的背后也有特殊利益集团，如在美国，国防部与军火商关系密切，学校是教育部的服务对象，农场主则是农业部的靠山。前者支持后者，前者的目标是得到更多的预算，后者代表前者，使政策有利于它们。

利益集团操纵政策难以保持资源的有效配置。由于政治参与的程度低，投票缺乏代表性，投票的结果不一定公正，因而存在着“倒霉的少数”。集团政治造成政策缺乏代表性。“不存在这样的国家，其中所有具有共同利益的人群都可能组成平等的集团，并通过全面协调而获得最优的结果”[②]。第一，有组织的集团由于承担了影响政策的成本，自然使政策偏向自己，而忽视大部分其他成员的利益。如果所有的人群都有能力使自己的集团利益进入决策，就不会出现不平等问题。事实上，大批社会成员无法组织起来，无力影响政策。他们是被遗忘的集团，是既没有游说组织也不采取行动的无组织集团，他们无力影响政策，其利益注定要被忽视。

其次，有些集团对政策的影响力明显高于其他人群。有时，尽管在决策时注意公平，但在决策过程中仍被特殊利益集团操纵。例如，在制定个人所得税制、医疗保险制的决策时迎合大众，执行时则受少数利益集团的操纵。“在众所周知的政治上有争议的最大政策问题上迎合享受医疗福利的广大群众心理，而在制定执行医疗计划所需的许多细节方面，则主要照顾所提供医疗条件的组织中的一小批人的利益”。这也可以说明公共产品的供给为什么总是达不到最优水平。正是由于总有一部分人被排除在集团政治之外，所以无法通过全社会所有集团的相互协商而使全社会的活动达到效率最优的水平。

---

① 奥尔森 M. 国家兴衰探源．吕应中译．北京：商务印书馆，1993：31.

② 奥尔森 M. 国家兴衰探源．吕应中译．北京：商务印书馆，1993：42.

第三节 寻租与腐败

一、寻利与寻租

政府干预经济活动的另一个社会代价是围绕政府活动可能产生的寻租活动。那么什么是寻租活动呢？寻租与腐败的关系如何？带着这些问题我们来对本节的内容进行深入地学习。

（一）生产性与非生产性活动

从社会福利的角度来看，人类追求自身经济利益的行为大致可以分为两大类：一类是生产性的增进社会福利的活动。例如，人们从事的生产活动、研究与开发活动，物质资本和人力资本的投资，技术和制度安排的创新，以及在正常市场条件下的公平交易买卖等。这类活动把生产可能性曲线向外推移，增加全社会商品和劳务的供给量。没有这样的利润追求，国民经济就不可能增长。另一类是，非生产性的有损社会福利的活动。这类活动非但不能增进社会财富，反而白白地消耗了社会经济资源。例如，偷盗活动的直接后果是社会财富在个人之间的转移，绝不会使社会财富有任何增加。更糟糕的是，偷盗活动不光耗费了偷盗者本身的时间精力等资源，也耗费了被偷盗者的资源。偷盗、抵制和防范偷盗，对整个社会来说，都是一种非生产性的资源损耗。这类活动没有生产出任何商品和劳务，反而白白地消耗了社会的经济资源，从而使生产可能性曲线向内推移，它导致的是经济停滞而不是经济增长。

在现代社会，更为常见且影响更广的非生产性经济活动，是那种涉及钱与权交易的活动，即个人或利益集团为了牟取自身经济利益而对政府决策或政府官员施展影响的活动。在不少发展中国家，个人或社会利益集团对政府施加影响的活动不光体现在官吏的贪污腐化上，也体现在街头抗争、暴力冲突等使社会动荡不安的纷争中。在西方社会，所谓院外利益集团的游说活动，各社会势力在竞选活动中的明争暗斗，也年复一年的耗费着大量人力物力。在中国经济生活中，我们都熟悉这种情况：各级政府官员对国有企业的经营施加着各种干预和影响力，企业讨好顾客不如讨好“婆婆”(即行政主管部门)，这就迫使不少企业的厂长、经理不得不费心尽力地走后门、拉关系。

（二）寻利活动

在研究寻利(profit-seeking)活动和寻租(rent-seeking)活动之前，我们引入“租”这个概念。“租”，或者叫“经济租”，在经济学里的原意是指一种生产要素的所有者获得的收入中超过这种要素的机会成本的剩余。所谓“机会成本”，就是指一种生产要素从事于某种生产活动时，所放弃的其他生产活动所能带来的最高收益。

在有秩序的市场结构中，经济租金的潜在吸引力使资源所有者和把资源用于生产的企业家产生了动力。寻求利润的企业家始终力图和更充分地利用现有机会找到新的机会赚取经济租金。例如，一位潜在的企业家发现了一种资源或若干资源结合的新用途，而那是以前未曾被发现的，经济中没有另外的人知道这一潜在的机会。该企业家组织生产，并开始销售新的商品或服务。根据定义，他在初期是一个纯粹的垄断者，从而赚得了超过他在任何其他可供选择的工作中所能获得的报酬(即租金)，他得到了企业家才能拥有的经济租金。正是这种获得租金的前景激发起经济人的行动。这里的租金反映了经济中新增价值的形成，而不是已经存在的价值的转移。

创新的企业家会得到租金这一事实，向其他未进行创新但潜在地进行模仿新产品或服务的生产者发出了信号。除非存在着限制新市场进入的公开障碍，否则，其他生产者也将进入这个新市场，并且出售该新产品或相近的代用品。市场上的商品将会增多，价格将会下跌，创新者最初的垄断地位被动摇，因而其经济租金下降。这对一般消费者有利，在均衡状态下，消费者会获得新产品带来的充分利益。在竞争性市场调整的动态过程中，生产者得到的租金消失了，资源逐渐在新产品的生产与经济中的其他用途之间实现了有效的配置。

在这个过程中有两点值得注意：第一，在市场体系中，当通过时间进行调整时，所有经济租金势必减少或者消失。对任何企业家或资源所有者支付超过成本的款项，必定吸引其他寻求利润的人进入相同或密切相关的行业。当开始进入后，最初赚得的租金被迫下降，最终完全消失。在市场调整的概念化的均衡中，经济租金消失，包括那些具有企业家才能的一切资源所有者都将获得在整个市场体系中按照竞争方式所确立的报酬率。第二，充满生气的调整过程当然不会达到模式化的均衡状态，在这一过程中，经济租金可能是正的，也可能是负的。资源所有者和企业家在他们的预见中出了差错，或者过分热衷于并未实现的明显机会，都可能挣得比机会成本要少。这种负的租金或损失的存在，给调整过程增加了对称性，当然就加快了资源的再配置速度。

在上面的例子中，当一个企业家成功地开发了一项新技术或新产品，其企业就能享受高于其他企业的超额收入。这种活动可以称为"寻利活动"，或者可称为"创租(rent creation)活动"。当其他企业家看到应用这一新技术或生产这一新产品有(超额)利可图，就会纷纷起而效之，涌入这一市场，从而使产品价格降低，超额利润(租)渐渐消散。后者的行为，也属"寻利"范畴。在有秩序的市场结构中，寻求利润作为一种活动所产生的后果，是任何单个市场参与者既不能预见到也不能理解的。人们力图把根据自己的能力或机会所得到的报酬最大化的行为，能够有利于社会。寻求利润在有秩序的市场结构中会造成外在经济，用庇古的术语来说，就是寻求利润的社会边际产品超过私人的边际产品(即正和博弈)。总之，寻利活动是正常的市场竞争机制的表现，其作用是降低成本和开发新产品。寻利活动的特征是对于新增社会经济利益的追求，对整个社会来说是生产性的，有利于社会资源的合理配置，因而会增进社会的经济福利。

(三)寻租活动

当人们的活动不是追求新增社会经济利益，而是追求既得的社会经济利益时，其活动的性质就变成了"寻租"，或称为"寻求直接的非生产性利润"(directly unproductive profit-seeking，DUP)，DUP是对寻租概念的进一步完善。

从这个意义上说，偷盗和抢劫作为对财产所有权的直接侵犯，可以算是最原始的寻求对社会的既得经济利益实行再分配的寻租活动了。在现代社会中更为常见的，也是更为高级的寻租方式则是利用行政法律的手段来维护既得的经济利益或是对既得利益进行再分配。这类寻租行为往往涉及采用阻碍生产要素在不同产业之间自由流动、自由竞争的办法来维护或攫取既得利益。例如，当一个企业家开拓了一个市场后，他可能寻求政府的干预来阻止其他企业加入竞争，以维护其独家垄断的地位，确保他创造的租不致扩散。这时，他的行为已不再能增进社会福利，反而阻止了社会从市场竞争中获益。同时，阻止其他企业加入竞争的活动本身也消耗了社会的经济资源。又如，一个企业或企业群体，明知另一些企业(如其他地区的企业)拥有比它们更先进的管理和技术，但不是下工夫去向后者学习，而是想方设法诱使政府采取保护政策，阻止那些先进企业加入竞争，以维护自身的既得利益。还有同样糟糕的事例是，一部分企业施展种种手段使政府以特殊政策对它们优先照顾，并通过税收和补贴的办法抽东补西，使社会的既得经济利益在企业间做重新分配，让这部分企业享受其他企业的“输血”，从而获得一种经济租。

这些寻租活动的共同特点是：第一，它们造成了经济资源配置的扭曲，阻止了更有效的生产方式的实施；第二，它们本身白白耗费了社会的经济资源，使本来可以用于生产性活动的资源浪费在这些于社会无益的活动上；第三，这些活动还会导致其他层次的寻租活动或避租活动。如果政府官员在这些活动中享受了特殊利益，他的行为会受到扭曲，因为这些特殊利益的存在会引发追求行政权力的浪费性寻租竞争。同时，利益受到威胁的企业也会采取行动避租，与之抗衡，从而耗费更多社会经济资源。

无怪乎在经济学界寻租活动被称做人类社会的“负和游戏”，即一场就社会整体而言损失大于利得的竞赛。理论上讲，在均衡状态下或从长远看，寻租者本身也捞不到什么便宜。因为既然有寻租者，就必有避租者与之抗衡，到头来的结果是社会经济的“内耗”和资源的浪费，而落得两败俱伤，谁都不赢。这就是寻租理论家们常说起的“租的消散”。为什么租会消散呢？因为寻租作为竞争，就像一场赌博，虽说有租可寻，但花费了血本未必能在众多寻租者中获胜。于是，一方面，寻租者愿意花在寻租活动上的成本不会超过他渴望从寻租竞赛中得到的收益预期值，另一方面，为了寻租的成功，他又不得不增加了注。不少学者认为，在均衡状态下，寻租竞争的结果将使寻租的成本刚好等于从事寻租活动的预期收益，从而使寻租者只能获得与从事其他经济活动一样的利润水平。这样，寻租者们的出发点是寻求超额利润(租)，但他们之间的竞争又使这一超额利润消散了。

就广义而言，寻租活动是指人类社会中非生产性的追求经济利益的活动，或者说是指那种维护既得的经济利益或是对既得利益进行再分配的非生产性活动。狭义的寻租活动，是现代社会中最多见的非生产性追求利益行为，即利用行政法律的手段来阻碍生产要素在不同产业之间自由流动、自由竞争，以此来维护或攫取既得利益的行为。

(四)寻利与寻租的区别

综上所述，寻利与寻租虽然同出于经济人的逐利动机，但其结果却是截然不同的，由此构成了二者的区别：①寻利是作为生产者的经济人通过自身的市场竞争力而获取高于生产成本的收入的活动，不需要借助政府的干预，是“看不见的手”引导经济人去从事有利于自己也有利于社会的活动；寻租则是力图使“看不见的手”不起作用，或利用“看得见的手”去抑制“看不见的手”的损人利己的活动，如果离开了政府的干预，没有政府干预所提供的特殊垄断地位，租金便无从寻求。②寻利是物化在生产过程之中的，是以商品和服务的增多为基础的；而寻租则游离于社会生产之外，充其量也只是简单地以生产或商品为媒介。③寻利是在创造物质财富的基础上实现的；寻租则是在既定财富量下的分配与再分配。④寻利由于以生产过程为基础，因而就必然对决定生产的科学技术、现代管理、创新等极为器重；寻租成功的基础在于差额和特惠等，因而凭借的就是宣传、吹嘘、奉承、说服、哄骗、走后门和贿赂等。⑤寻利在创造财富中既实现了自己获利的目的，又以物质产品和服务的增多而有益于社会；寻租则是在你多我少中煞费心机，只能有益于寻租者和给租者，对整个社会来说却是有害的，影响了人们创造物质财富的积极性和投入量。⑥寻利为公平竞争条件下的正和博弈，具有正外部性；而寻租则是在不完全竞争条件下的负和博弈，具有负外部性。

与其他经济理论一样，寻租理论的出发点是经济人对于自身经济利益的追求，无论是寻利还是寻租，作为经济利益的当事人或独立的经济主体，都在追求其个人经济利益的最大化，其行为从个人角度看都是合乎理性的，这里并不存在谁好谁坏、谁对谁错的问题。寻利与寻租这两大类经济活动之所以对社会产生截然不同的社会福利效应，是因为产生这些活动的社会经济制度环境不一样，而不是因为寻利者的行为动机比寻租者高尚、纯洁。同一个经济人在某种经济制度环境中是个寻利者，从事生产性的活动而增进社会福利；在另一种经济制度环境中又会成为寻租者，从事非生产性的活动而造成社会资源的浪费和社会福利的损失。总之，经济人寻利是“看不见的手”作用的结果，而寻租是“看得见的手”作用的结果。本书将与政府有关的垄断所带来的超额利润称为租金，如政府对价格的行政管制、政府的特许权和优惠政策、政府的关税和进出口配额及对政府订货的垄断等，而将除此之外的原因（如创新）形成的租金称为利润，寻租与寻利由此区分。

二、租金的来源

在市场经济下，租金主要来源于政府对社会经济生活的干预，即政府对经济的管制。租金的来源主要有以下三种情况。

一是政府的“无意创租”。无意创租是指政府为弥补市场的不足而干预经济生活时产生的租金。由于干预的方式方法不当，造成了协调失灵，使该租金无法消散，这可以说是好心办了坏事，是一种主观与客观相脱离的表现。例如，在计划经济时期，我国政府执行农产品的统购统销政策，通过扩大工农业产品之间的价格剪刀差的方法，从农业部门提取了大量的积累资金，1954～1978年，从农业部门提取的积累资金将近5 100亿元。又如，改革中推行的“先试点，后推广”的措施，在试点时由于有相应的优惠政策，如税收、信贷、外贸等，试点单位获得了额外收益，因此效果较好。但当政策推广时，取消了相应的优惠政策，往往导致推广效果并不是很理想。

二是政府的“被动创租”。被动创租是指在市场经济的发达阶段，在民主政体下，政府受利益集团的左右，通过并实施一些能给特殊利益集团带来巨额租金的法案，客观上为这些利益集团服务。例如，美国实行的农业补贴法案使得美国的农场主每年能够获得300亿美元的巨额租金。

三是政府的“主动创租”。在市场经济的不发达、不成熟阶段，政府官员利用行政干预的办法来增加某些行业或企业的利润，人为地制造租金，诱使寻租企业向他们进贡(准赞助)作为获取这种垄断租金的条件。同时，政府官员还会故意提出某项会使一些企业利益受损的政策或规定作为威胁，迫使企业割舍一部分既得利益给他们(准摊派、抽租)，以求高抬贵手，放弃制定或实施该项政策或规定，使自身的利益不再受损，这实质上是一种权钱交易。

自寻租理论提出后，人们注意到政府在寻租活动的过程中未必只是扮演一个被动的被利用的角色，尤其是在我国市场经济的初级阶段，一些政府官员利用行政干预的办法来人为地制造租金。从政府主动创租的角度来看，在转型期我国经济领域里的寻租活动至少有如下十种主要表现。

一是在党政机关中，一些手握权柄的领导干部和管理人员乃至他们的子女和亲属，或利用掌管财金、采购、供销、调度、进出口等方面的便利，趁经济管理制度不严和权力缺乏监督之机，与本单位、本系统人员或社会上的不法分子及不法外商相勾结，大肆侵吞国家和集体财产，中饱私囊；或利用掌握的审批权索要巨额提成或者回扣；或霸占、套购国家短缺物资，转手倒卖；或抬高物价，牟取暴利。

二是在商品流通领域中，一些分管购销工作的主管干部及业务人员，利用职权及职务便利，一方面，通过各种手段谋取国家计划内紧缺物资，捞取“双轨制”中的价差；另一方面，以帮助推销滞销产品或调剂余缺等手段，捞取大量回扣或提成，这也是社会上假冒伪劣商品得以大肆泛滥的一个重要原因。

三是一些单位分管基建、材料的主管干部和工作人员，或以获取工程承包权为交换条件，向承包单位敲诈勒索；或与包工头相勾结，在签订合同时，采取虚列材料、加大工程预算、提高承包费用等手段，合伙侵吞国家集体钱财，损公肥私。

四是银行信贷部门的一些主管干部和工作人员，利用职权和职务之便，或从贷款发放中索取巨额回扣、参与分成；或成立明脱暗控的投资公司、房地产开发公司，以国家和人民的钱“借鸡下蛋”；或将贷款、公款作为私人投入参与股票及期货投机、炒房地产等；或将国家、集体资金以个人名义存入银行攫取利息；或将救济、扶贫等专用低息贷款移至沿海经济发达地区，参与炒买炒卖等投机活动，赚取巨额利润；或私自吸收存款，再以个人名义放贷等。

五是一些国有大中型企业的主管干部和管理人员，趁国家法律和经济管理制度不完善之机，利用手中的权力和职务上的方便，大肆攫取公有资财。有的将行政划拨的财产，如办公用房、土地等推向地下交易，提取巨额回扣或交易收入，不仅造成国家每年蒙受数百亿元的损失，而且造成国有土地特别是可购地的迅速减少；有的任意提高国有股为主体的股份制企业中个人部分的分红比率；有的利用公有资金炒法人股获利分给个人；有的将公有资产以悬殊低价处置给私人，或在中外合资过程中与不法外商相互勾结侵吞国有企业资产；有的利用承包制存在的负盈不负亏的缺陷，从中舞弊，搞假发票，化公为私。凡此种种，均造成国有资产的大量流失。

六是一些位居有关国计民生和人民日常生活紧密相关的要害部门(如水、电、煤气、住房等)的管理干部和工作人员，凭借职权处处创租，据以要挟，公开吃、拿、卡、要，索取贿赂；一些“水霸”、“电霸”、“气霸”，利用生产单位和居民日常生活盼水、盼电、盼气的急切心情，在关键时刻断水、断电、断气，借以敲诈勒索。

七是运输部门，特别是铁路运输部门的部分干部和管理人员，在客货运输紧张之际，利用计划、审批、调度等权力，以车(票)谋私。

八是工商和财税管理部门的部分干部和工作人员，以职权和工作情况做掩护，四处创租、寻租，或私自设卡，滥收滥罚；或公开白吃、白要、白占；或在税收减免及优惠等方面擅作主张，慷国家之慨，在中饱私囊的同时，造成国家财税的大量流失。

九是国家执法机关，即公检法部门的蜕化为变质分子和品质不纯的干部、工作人员，滥用人民赋予的权力，在批准出国、农转非过程中及审查案件、调查、审批等活动中以权创租，贪污受贿，执法犯法。

十是一些医疗卫生部门的领导干部和医务人员，置救死扶伤的人道主义精神于不顾，采取滥开药方、公活私揽、出具假证明、提高药价、推销假冒伪劣药品的方式趁病人之危敲诈勒索；一些享有公费医疗福利的领导干部和职工，则将病历卡转借给亲朋好友使用，造成国家公开医疗费用的恶性膨胀。

除上述所举之外，其他，如新闻记者搞“有偿新闻”；出版界高价出卖书号、隐瞒印数、盗印；高等院校硕士点、博士点甚至博士后流动站申报中的弄虚作假、收买评委等。凡此种种，不一而足。几乎社会各行各业都存在利用特权、职权竞相创租、寻租的行为。

三、寻租活动的危害

寻租活动的危害之一是社会资源的浪费。这主要表现在三个方面：一是寻租者进行游说所花费的时间与精力，以及为疏通层层关系而支出的礼品与金钱；二是政府官员为使寻租者支付的贿金达到自己满意的水平，以及为掩人耳目而付出的时间、精力与资源；三是政府为对付寻租者的游说与贿赂而进行反游说、反贿赂所耗费的时间、精力与资源。

寻租活动的危害之二是经济效率的下降。人们为了争夺租金，耗费了大量的社会经济资源，却不会为社会创造出任何财富。寻租造成了资源配置的扭曲，阻止了更有效的生产方式的实施，提高了社会的生产成本，使经济在生产可能性曲线以内运行。获得政府特许的垄断企业往往没有强烈的激励去改进技术、提高产品质量、降低成本、改善服务、增强市场竞争力，由此造成了X-无效率，从而降低了经济效率。所以当寻租者得逞时，因政府管制而形成的垄断将使社会付出福利代价。

寻租活动的危害之三是社会财富的分配不公。在寻租社会中，生产者未必能够多劳多得，而没有从事生产活动的寻租者却可能大发横财。这对努力工作的生产者来说，是很不公平的，削弱了发展生产的积极性。

寻租活动的危害之四是造成社会公害。它腐化了党风、政风、社会风气，破坏了社会的正当价值观念，破坏了社会公平的基本原则，腐蚀了干部队伍，引致政府官员的腐败，造成了部门与行业的不正之风，破坏了社会稳定。

寻租活动的危害之五是对实现现代化造成致命的障碍。寻租活动产生了社会上的既得利益集团，这些靠寻租起家的利益集团正是社会变革、经济发展的巨大障碍，它们将阻挠我国经济体制和政治体制改革的进程。虽然这些人并不希望回到命令经济中去，但是，他们也反对进行彻底的改革，而愿意保持类似于重商主义时代或原始市场经济的混乱无序的状态，以便自己浑水摸鱼，放手寻租。

总之，寻租活动是社会交易成本极高的负和博弈，具有巨大的负外部性，是政治、经济生活中的“艾滋病毒”，具有极强的传染力，一旦扩散到国家的整个肌体，必将引致无法收拾的恶果。

◎专栏 11-1

开发商“排队送礼”背后的权力寻租
——江西国土系统“腐败群案”警示

2010 年，江西省国土资源厅原副厅长陈爱民，被景德镇市中级人民法院一审以受贿罪判处有期徒刑 15 年。而此前，江西省国土资源厅另两名原副厅长许建斌和李江华，同样因收受巨额贿赂，分别被法院判处有期徒刑 15 年和无期徒刑。4 名在职副厅长 3 人落马，江西省国土系统一年多来，共有 13 名领导干部被检察机关立案查处……透过这一“腐败群案”，尤其是南昌市国土局原局长周宏伟一案中房地产开发商“排队送礼”等细节，充分暴露出国土资源管理权过度集中、权力监管严重缺失等问题。

（一）昔日“政坛明星”沦为土地巨贪

47 岁的李江华，曾被看成是江西省的“政坛明星”。他不仅拥有博士头衔，更因 10 年前就从副处直接破格提拔为副厅，成为江西省当时最年轻的副厅级干部。然而，2010 年 4 月 16 日，随着江西新余市中级人民法院的一纸判决，李江华被以受贿罪判处无期徒刑，剥夺政治权利终身，这名“明星官员”的政治生涯，从此彻底画上句号。经法院审理查明，2003～2009 年，李江华在担任江西省国土资源厅副厅长的 7 年时间内，利用分管土地规划、地籍、土地利用等职务便利，为他人谋取不正当利益，非法收受 24 人的贿赂财物，共计人民币 574.4 万余元。至案发时，李江华除了单位分配的房子外，还在北京、海口、南昌等地拥有多处房产，在查获的大量赃物中，有金砖金条、高档首饰、名贵字画瓷器、名贵相机等，仅高档酒就有 200 多瓶。

42 岁的许建斌，同样拥有博士头衔，2003 年作为“博士服务团”成员，从国土资源部整理中心副处长任上下派到江西省上饶市挂职，任市长助理。由于政绩突出，许建斌于 2007 年 8 月调任江西省国土资源厅任副厅长。2002～2009 年，许建斌多次收受设计院、建筑企业、拍卖公司等单位及个人贿赂。其中，仅索取、收受北京方地设计院、北京农发设计院院长薛某的财物就达 145 万余元，他甚至主动要求一企业老板为其买 50 多万元的宝马车，外加 20 多万元的停车位。赣州市中级人民法院审理查明，许建斌共受贿 221 万余元。

（二）“排队送礼”凸显权力失控

受到土地官员手握行政审批、执法、大额度资金的管理和支配等巨大权力的吸引，江西查处的一系列国土腐败官员背后，房地产商的身影总是相伴相随。“土地爷”们手中的重权，无疑是行贿者趋之若鹜的最大动因，这在南昌市国土资源局原局长周宏伟一案中显现得尤为典型。据查办此案的抚州检察院透露，周宏伟收受他人贿赂大多发生在节假日前后，一些地产商老板打着春节拜年名义，排着队向周宏伟送礼，办案人员搜查其办公室发现，房间内堆放的名贵礼品琳琅满目，仅用于装钱的信封就有40多个，共计300多万元。其中，在现场搜查出的几个大信封中，每个都装着几万元。抚州检察院办案人员认为，地产开发商们的目的一致，都是为了在土地出让中得到实惠，或在置换土地、办理土地证等方面占得先机。作为“回报”，在累计收受他人贿赂财物579万余元后，周宏伟在土地过户、土地证办理、增加容积率等方面，为开发商们提供了种种便利。接连不断的金钱诱惑导致手中的权力失控，成为周宏伟等腐败土地官员们的共同特征。“土地资源、房地产等背后的巨大利益，让各种权力交织其中，更让监督环节形同虚设。”江西师范大学政法学院法律系主任颜三忠认为，由于土地供给权由各级政府所辖的国土部门所垄断，而部门权力又集中在主要官员手中，这种既不透明又难以受到监督的公共权力，为寻租留下了余地。

(三)权力约束亟待制度突破

国土资源管理部门成为腐败高发领域，在凸显土地和矿产稀缺资源背后巨大的“权力寻租”空间的同时，集行政审批权和行政执法权于一身的国土管理部门存在的监督盲点和管理漏洞，也暴露无遗。2010年6月17日，国土资源部执法监察局长李建勤表示，今年将第一次依据《违反土地管理规定行为处分办法》，对责任人施行问责。近期，国土资源部将组成15个督导组，对各个省进行检查；随后，国土资源部将约谈违法用地严重的政府主要负责人；9月，将对各地的情况进行评估、检查、验收，根据最后的结果启动问责程序。“必须通过体制机制的完善，最大限度减少国土官员腐败的机会；同时，通过增加腐败的‘机会成本’，让腐败国土官员伸手必被抓。”颜三忠认为。江西省政协常委李季仁在对重点领域的腐败现象进行调研后认为，国土系统腐败现象屡禁不止，根子还在权力失控，只有通过有效的手段实现对权力的监督，才能杜绝腐败现象。

资料来源：http://jrzb.zjol.com.cn/html/2010－06/21/content_420007.htm? div＝－1

四、寻租与腐败的关系

随着我国改革开放的启动和经济市场化的深入，腐败现象日益蔓延泛滥。在一片反腐倡廉声中，腐败现象不但没有收敛，却反而愈演愈烈。自从20世纪80年代后期西方寻租理论传入我国以来，人们便很自然地将寻租与腐败联系在一起了。那么腐败与寻租之间究竟是什么关系呢？寻租理论对治理腐败有指导作用吗？这些是我们将要研究的主要问题。

(一)腐败的特点及其危害

腐败作为一种社会历史现象，它存在于历史上各种阶级社会和各种不同社会制度的国家之中。在转型期经济中，腐败表现为具有经济人特征的代理人凭借委托人授予的权力，用非法的手段满足自己的私欲，即利用公权谋取私利。这既是一种政治行为和法律行为，也是一种经济行为。国内外学者对腐败做了各种不同的定义。所谓腐败，最简单的定义就是指利用公权谋取私利。

一般来说，在西方国家中常出现的是利用财富换取政治权力的权力性腐败。也就是说，在发达国家中，占主导地位的腐败是以钱谋权(先导型)；而在发展中国家则是利用权力谋取金钱(后发型)，权与钱交易的主从关系不同。前者是被动腐败，后者则是主动腐败。正如亨廷顿所言："有富人的腐败，也有穷人的腐败。后者用政治权力换取金钱，前者则用金钱赚买政治权力。"腐败现象离不开公共权力的运作。就我国的现状看，公共权力体系由执政党体系、行政体系、经济管理(含企业管理)体系和社会管理(含事业管理)体系这四个基本部分构成。每一个体系都由错综复杂的高低职位阶梯构成。这是公共权力全面性和总体性的骨架。这四大体系分解着公共权力，公共权力具体体现在每个职位上，并通过成千上万个职位来控制和分配社会资源价值。谋取私利者只要处在其中一个职位上，无论这个职位是高还是低、是大还是小，就有了进行腐败活动的客观条件或外因。腐败最终是否发生，还取决于内因，即进行腐败活动的主观条件——经济人的成本——收益计算。只有当腐败活动的预期收益大于预期成本时，腐败才有可能变为现实。正可谓"外因是变化的条件，内因是变化的根据，外因通过内因而起作用"。

腐败带来的危害是不言而喻的，它无论对国家、对社会还是对个人都是贻害无穷的，其主要体现在：首先，腐败不利于社会政治稳定。权利的腐败将导致对社会公众利益的损害，使得人民容易产生对政府的怀疑和不信任，从而破坏政府在人民心中的形象，加剧人民心中的不平衡，容易引起社会混乱，影响国家政治秩序的稳定。其次，腐败破坏社会资源的优化配置，导致国有资产大量流失。从计划经济到市场经济，核心在于资源配置方式的变化。市场应该起主导作用，资源配置应回归市场。但实际上，腐败扭曲了市场及其资源的配置，使大量的资金、物质通过政府这个最大的买主和卖主进行非市场交换。其中，腐败者往往借此不惜牺牲国家和人民利益以换取一己私利。这样，势必降低经济效率，破坏经济增长速度，使国家和人民付出沉重的代价，特别是国有资产的大量流失。再次，腐败加大了贫富差距，影响了社会公平。改革开放以来，随着我国国民收入的不断提高，我国的贫富差距也在逐步的扩大，并已呈现出严重的两极分化现象。政府拥有无上的权力及对社会资源的分配权，再加上各利益集团为争取各自利益而进行的各种活动，使政府工作人员从中获得了巨大的利益，造成了社会的不平等。最后，腐败导致了对公共信用的淡漠及社会道德的水平日益下降。腐败的泛滥，直接导致公共信用的危机、社会投机心理的泛化、价值认知的扭曲、精神文明的沦丧。腐化了官吏，也就腐化了百姓，同时也腐化了社会。腐败激起了人们的道德虚无感，这会导致社会的普遍堕落。因此说，腐败带来的不光是经济、物质、资源的流失，更是党和政府权威的流失，以及对道德、法律、信念的冲击。

(二)腐败的具体表现形式

由于腐败现象的复杂性，政治学者王沪宁在《反腐败：中国的实验》一书中，将中国现阶段存在的五花八门的腐败现象，从行为指向、发生领域、取向形式、主要对象、主要方式和主要手法等多个侧面进行透视和剖析。

从行为指向来看，腐败现象有七种类型：①拜金型。腐败行为的主要目的在于扩大金钱收入。腐败者利用职权，通过各种手法取得不义之钱款，如贪污、受贿、索贿、敲诈勒索、吃回扣、兼职等。②拜物型。这类腐败行为主要以取得实物(如各种家用电器及住房等)为目的；或者将国家财产占为已有，盗用侵吞公共财产；或者将他人财产占为己有，利用职权取得不义之财。③聚宝型。这类活动以收集和占有珍宝、文物为主要目的。参与者不直接取得金钱，也不取得较为显眼的生活用品，而是以价值连城的珍宝文物为对象。④享受型。这类活动一般不以财富最终落入个人腰包为目的，却以追求个人或几个人的享受为目标，如挪用公款用于个人的吃、穿、住、行，挥霍浪费公共财产，享受职务规定之外的待遇等。⑤徇私型。它与帮带关系和熟人关系有密切联系，如决策及服务中的利益偏向、为亲朋好友谋取额外私人利益、任人唯亲、搞裙带风、开后门等。这类活动涉及多种层面，有些与金钱或实物有关，有些则涉及机会、职位、权限等。⑥徇情型。这类腐败行为由男女恋情引起。一方徇情，慷国家之慨，给对方多种利惠，结果损害了公共利益，如养情妇等。⑦贪色型。贪色与徇情的共同点在于它们都以男女不正当关系为前提，是一种腐化堕落的行为。但贪色不是一种恋情，而较多的是出于纯粹的肉欲。为满足个人肉体的欲望，参与者不惜牺牲国家利益和社会利益，而想获得利益的另一方则往往以色相勾引有关公务人员，以达到目的。

从发生领域来看，以下四个方面是腐败现象的多发区：①政府管理领域。其包括政府对立法、执法、财政、税收、工商、金融、房地产、外贸、能源、交通、资源、产品等各领域的管理。从事这些活动的政府部门往往拥有政策制定、资源分配、法规调控、审核批准、调拨供给等实权，一些人便利用这些权力来达到私人目的。②企业管理领域。由于该领域也属于社会公共利益和公共权力的组成部分，企业中的内部人也可能运用它达到私人目的。③事业管理领域。其包括文化、教育、艺术、科研等各类管理部门。这个领域中的一部分人也拥有一些公共权力，以各种形式表现出来的不正当活动也不同程度地存在。④社会管理部门。其包括上述领域之外的其他各种以公共权力为基础的管理活动，主要涉及普通公民的社会生活。“三乱”现象和部门不正之风多发生于该领域中。

从取向形式来看，腐败现象又可分为四种形式：①个人取向，主要为腐败者本人谋求直接的利益和好处，如个人的贪污受贿、弄权勒索等。②裙带取向，主要为腐败者的亲属谋求直接的利益和好处，如徇私舞弊、任人唯亲、提供便利、假公济私、优先照顾等。③朋辈取向，主要为腐败者的熟人朋友谋求直接利益，其本人也可能从中获得直接或间接的利益回报，如提供优惠、编织关系网、开后门等。④集体取向，主要为一定的群体(如公司、机关、党派、企业、团体等)谋求直接或间接的利益，这实际上是放大了的私人利益，如“官倒”、翻牌公司等。

从主要对象来看，腐败的对象大体集中在八个方面：①钱款。直接以钱款为对象的不法活动，主要表现为将钱款占为己有，如贪污、受贿、索贿、吃回扣等。此外还有行政管制中的权钱结合，民主选举中的票钱结合，舆论监督中的报钱结合，司法审判中的法钱结合等。②资源。供不应求的物资在价格双轨制下也是可以被用来牟取私利的对象。③批文。倒卖进出口物资批文是牟取私利的基本手段。④权限。运用手中掌握的有关权限牟取私利，行业、部门不正之风的弄权勒索是其主要表现形态。⑤合同。腐败对象通过泄露标底、高估冒算、提供方便以使有关一方获得合同来达到索贿、受贿的目的。⑥财政。这个方面的违法活动表现为挪用公款，或直接动用公款达到个人目的。⑦职位。通过提供和取得职位来换取个人利益，买官卖官、任人唯亲便是其主要表现形式。⑧机会。利用职权管辖范围内的机会牟取私利，如出国、晋升、加薪、贷款、就业、升学、取得执照、农转非等方面的机会，将公共权力做非公共运用。此外，女色亦是腐败的对象之一。

从主要方式来看，腐败活动主要采取以下五种方式：①索贿受贿。通过对上述对象的控制，向有关方面索取财物。②贪污侵吞。这种方式主要是将自己调配权下的上述对象直接占为己有，或者通过占有来取得其他利惠。③弄权勒索。这种方式主要是依据手中掌握的权力强制性地获取私利，这在税收、公安、工商等部门发生较多。④徇私舞弊。这种方式是指向裙带关系和朋辈关系提供利惠，或者通过他们来间接地获得好处。⑤以权倒卖。这种方式主要指在双轨制下国家机关或有关主管部门依据权力获得资源倒卖，从中获利的行为。

从主要手法来看，腐败活动中所采用的手法主要有如下六类：①单据加工，包括开假发票、伪造合同、伪造存单、不入账、打白条、盗用支票，以及代开、虚开增值税专用发票等。②巧立名目，如假造中间商收取费用、滥发钱物等。③以职谋私，包括高估冒算、泄露标底、雁过拔毛、以职诈骗、“开绿灯”、出售指标等。④内外勾结，如“飞过海”、跨国串通、反馈钱物、“外向型”等。⑤明争暗夺，包括“打秋风”、私自动用或挪用公款、拖欠公款、“全家福”、假花名册、多拿少付等。⑥利用职权，如“卡脖子”、平转议、串换、转手加价、套汇走私、假出口、联营分成、“两块牌子”等。

（三）寻租与腐败的区别与联系

通过以上介绍，我们不难看出，腐败不完全等价于寻租。首先，腐败是一种政治腐败，即公职人员在运用权力过程中的不法行为；其次，是经济腐败，即用政治权力换取金钱；最后，是作风腐败，即用政治权力实现个人超常的享乐。腐败与寻租的共性在于，经济人运用公共权力主动创租与寻租。有人认为，行贿（第三方支付）者才属于寻租者，受贿官员不属于寻租者，而作者认为，受贿的官员既是创租者或给租者，又是寻租者。因为，贿金无非两种，一是事前支付（预付）的租金；二是事后支付的租金。行贿者绝不会支付超过所寻租金（期望值）的贿金去购买租金，贿金最终必须从所寻租金中出，即贿金来源于租金。官员主动创租、给租的目的是为了分享租金，所以受贿官员就是受租官员，也就是寻租官员。换句话说，寻租实际上是政府官员与政府以外的利益主体之间的“双向寻租”。政府官员利用特权的供给和分配创租，目的在于寻租，而其他想获取特权或想购买特定生产要素产权的利益主体便以与政府官员分享租金为条件，从政府官员处获取租金，政府官员所给的租金中有一部分又会返还回来，成为官员的寻租收入。可以说没有受贿官员与行贿者的合谋，租金是无法寻觅的。至于说到“没有支付行为的寻租活动是经常发生的”，事实的确如此，如大量的游说活动。即使伴随支付的寻租活动也未必是向个人支付，如政治捐款。但此时不存在官员受贿问题，也就不存在受贿官员是不是寻租者的问题。只有明确了受贿官员是寻租者，才能说明其主动创租和给租的动机。总之，由于腐败是有权者的专利，而有权者独自一方是无法寻租的（制度规定使然），所以只有官员在有合谋者的条件下的主动创租、寻租才与腐败是一致的，否则，就不一致。腐败与寻租二者的行为主体都是握有公共权力者，且行为一般说来都是非法的，这是它们的相同之处，不妨称为“寻租性腐败”。

相比之下，腐败与寻租的异要大于同。例如，所有无权者的寻租都不在腐败之列，所有合法的寻租(如游说活动等)也都不在腐败之列。腐败者皆为掌权者，而寻租者中有权者、有钱者、有关系者兼而有之；腐败的内涵十分宽泛，而寻租的内涵比较集中；寻租的目标仅限于租金，而腐败的目标则广泛得多，即除租金外还有权力、名位、女色等非货币性对象；腐败皆为非法，而寻租则合法与非法兼而有之。腐败与寻租之间有一个交集，如图 11-5 所示。

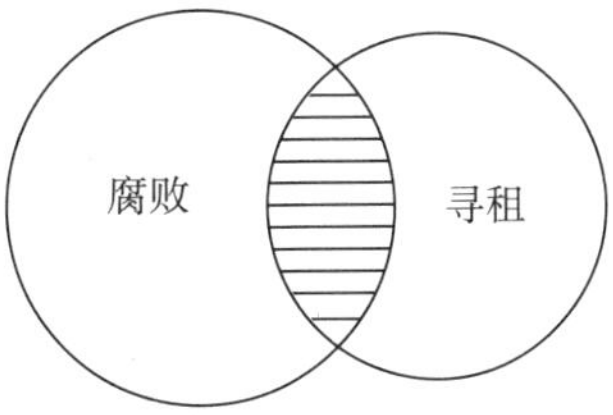

图 11-5　腐败与寻租的关系

综上所述，在腐败与寻租之间不能直接画等号，尽管它们之间存在一个共同的交集部分。区别腐败与寻租有利于对症下药，分而治之。例如，直接把腐败定义为寻租或把寻租等同于腐败，将在理论上产生误区，从而在行动上出现盲点，不利于腐败与寻租的治理。界定腐败与寻租的异同，对于我们加深对寻租活动的认识和借鉴治理腐败的经验去治理寻租活动，无疑是大有好处的。因为人类与腐败做斗争的历史远远超过与寻租做斗争的历史，长期以来已积累了丰富的、行之有效的、可资借鉴的经验。以下讨论就是主要从寻租与腐败的共性部分展开的，因为现阶段寻租性腐败已成为我国腐败现象中的主要部分。

◎专栏 11-2

中央二轮巡视 10 地 8 个查出腐败 17 名官员被调查

2014 年 2 月 28 日，中央第三巡视组向国土资源部反馈巡视情况。其中提到，该部对违纪违法案件查处不力，干部选拔任用方式方法设置不够科学，执行有主观随意性，个别干部使用不当，标准不一。至此，第二轮中央巡视组反馈的“问题清单”已全部公布。二轮中央巡视组全部晒出了“问题清单”，商务部、广东、湖南、吉林、云南、山西、安徽、三峡集团 8 个巡视点查出腐败问题，其中 6 个巡视点查出工程项目腐败。

(一)广东等地查出干部亲友插手工程

根据各巡视点的汇报，广东、湖南、三峡集团查出领导干部及亲友插手工程：广东“一些领导干部与私营企业主勾肩搭背搞权钱交易，插手土地转让、矿产资源开发、工程建设项目招投标，利用职权和职务影响为配偶、子女、亲属及特定关系人谋取不正当利益”；湖南“有些领导干部与私营业主搞权钱交易，插手工程项目建设和国有土地出让，利用职权和职务影响为亲属子女经商提供便利”；三峡集团“有的领导人员亲友插手工程建设，一些招投标暗箱操作，工程建设项目分包现象比较普遍”；吉林“国企改制、土地征用、工程建设等领域和个别单位腐败问题易发多发”；云南“工程建设、矿产开发、土地使用及教育、医疗、社会管理等领域腐败案件易发多发”；安徽“少数领导干部在房地产开发、矿产资源、工程建设领域和选人用人等方面以权谋私”。

此外，商务部“一些单位和个人利用行政审批、资金分配权谋取私利”；山西“少数领导干部利用职权谋取利益”。

广东还被通报称，“一些领导干部以收受红包形式受贿；一些地方‘裸官’问题突出”；湖南也被通报称，“党政机关办企业、利用行政权力参与经营较为普遍，政府审批事项多、机关乱收费、一些干部索拿卡要、收受红包问题比较突出”。

（二）首轮巡视仅水利部未查出腐败问题

首轮巡视，除了水利部，其他9个巡视点都查出了腐败问题，其中3个点查出工程腐败：江西“有的领导干部及其亲属存在插手工程建设项目、谋取私利”；贵州“工程建设、矿产开发、土地出让等领域腐败案件易发多发”；内蒙古“矿产资源配置、工程招投标等领域腐败问题比较突出”。

（三）二轮巡视17名官员被调查

发现问题，打“老虎”、拍“苍蝇”，首轮巡视刚启动时，中央纪律检查委员会（简称中纪委）书记王岐山就提出了这一要求。2014年2月28日，中纪委通报了“拍苍蝇”数据：从2012年6月首轮巡视至今，“根据中央巡视组移交的问题线索，对厅局级干部立案检查25件，给予党纪政纪处分11人，组织处理38人，涉嫌犯罪被移送司法机关处理10人；对县处级干部立案检查26件，给予党纪政纪处分19人，组织处理16人，涉嫌犯罪被移送司法机关处理14人”。

至于“打老虎”，中纪委此前通报，中央巡视发现了廖少华、郭有明、陈柏槐、陈安众、童名谦、戴春宁6名官员的违法违纪线索。

二轮巡视接近收尾，还会打多少“老虎”、拍多少“苍蝇”？2014年2月27日，山西省人大常委会副主任金道铭涉嫌严重违纪违法被调查。据新京报记者初步统计，金道铭是2013年10月底二轮巡视启动后，在10个巡视点中第17名被调查的官员。

资料来源：中国网．中央二轮巡视10地8个查出腐败17名官员被调查．http://www.china.com.cn/news/2014－03/02/content_31641536.htm，2014-03-02

五、寻租及腐败的治理

（一）寻租的治理

寻租的原因从根本上说，是有大量制度租金的存在。经济人从生产性的寻利向非生产性的寻租转变，并不是因为道德观念发生了变化，从而改变了他们为自己谋取利益的行为方式，而是因为制度结构发生了变化，即个人选择的环境改变了。为什么成千上万的经济人选择了寻租，这就要从制度上找原因，即“制度好可以使坏人无法任意横行，制度不好可以使好人无法充分做好事，甚至于走向反面”。在我国，寻租现象的产生主要根源在于制度缺陷，即从计划经济向市场经济转型过程中的制度缺陷。有了这种制度，连那些正直诚实的人们在条件成熟后，也会堕入寻租者的行列，成为制度性寻租的俘虏。因为这种制度改变了寻租与寻利的相对价格，从而改变了经济人的激励结构与偏好。经济人具有自利性动机，在某种约束下以寻求自身利益最大化作为行为准则，这是很正常的，但仅有自利性动机还不足以构成寻租行为。问题的关键在于形成租金的制度后，谁在这个位置上谁就会有寻租的机会和激励，只要制度上存在这个租，就会产生寻租现象。唯一的解决办法是制度创新，即根据经济人行为的成本—收益分析规律，建立新型现代制度，取消这块租，从制度上抑制寻租，保证改革开放与经济发展的顺利进行。

以制度创新抑制寻租，就是要建立这样一项制度，它能加大寻租的成本，减小寻租的收益，使寻租的净收益小于寻利的净收益，从而把经济人的寻租行为引导和转变为寻利行为，这是治本之术。具体地说，要从制度上全面、有效地抑制寻租，就必须做到“四不”，即经济人不能为、不敢为、不必为和不愿为。所谓不能为，是指通过制度创新消除租金存在的基础，使经济人无租可寻，或者以拍卖的形式将寻租过程公开化，把租金收归国有；所谓不敢为，是指在经济人头上时刻悬着两把“利刃”，一是监督，二是严惩，使他们片刻不能忘记一旦有非法的创租、寻租行为，就会身败名裂，前程尽毁；所谓不必为，是指为经济人寻利铺平道路，确保他们能按其贡献大小获得相应的利益，过上体面的生活，从而不必去冒险寻租；所谓不愿为，是指对经济人进行思想教育，帮助他们积累意识形态资本，从而改变其偏好体系，不再追求寻租。在这四个方面的制度创新中，不能为是硬约束，是治本，也是一种理想的境界；不敢为、不必为和不愿为是软约束，是治标，这四个方面的制度创新是建立在经济人成本—收益分析的基础上的。受信息不完全和实施成本的限制，这四个方面的制度创新中的每一个都不可能是完美无缺的，不能指望仅靠一条途径就可以治理寻租。由于一种制度安排是“嵌在”制度结构中的，所以它的效率还取决于其他制度安排实现其功能的完善程度，加之寻租活动的复杂性，上述四个方面的制度创新必须相互配合，综合实施，缺一不可。

(二)腐败的治理

腐败是一个历史性、世界性、现实性的问题。腐败自人类社会出现剥削以来就一直存在，延续至今。有腐败就必然有反腐败，可以说，人类社会从来没有停止过反腐败的斗争。对腐败的治理是一个国际性的课题，需要世界各国共同研究，同时必须加强相互学习和借鉴。我们下面就介绍一些国家和地区比较典型的、成功的腐败治理方法。

1. 官吏任免制度和程序

西方国家反腐败的制度建设，是从人事制度的改革开始的。西方国家的官吏分为三类：一类是政务官员；一类是事务官员；一类是司法和监察官员。政务官员是指政府首脑、政府内阁成员、议长及议员、军队的首脑等国家高层领导人物。事务官员也称为文官，它是指除政务官员之外，在政府里担任公职的官员或公务人员。西方的文官是经过严格的考核和选拔后任用的。司法和监督官员是担任法律实施和对政府工作检查监督的官员。国家官吏的正确选举和任用，是争取反腐败胜利的第一关口。因为官吏素质的高低，关系整个国家官吏的大局。国家通过严格而公开的选举、考任制度，把最优秀的人才吸收和集中到管理队伍中来，对于巩固国家政权，提高国家管理水平，有极其重要的意义。同时，西方国家的这三种类型国家官吏的选举、任用制度，对于防止腐败也有很重要的作用。从政务官员来说，政务官担任国家高级领导职务有一定的任期，到期轮换。这种流动性，降低和减少了掌握国家政权的高级管理者营造自己的关系网，以及以权谋私的可能性和机会。而且，政务官离开政治舞台后，有的国家规定有1～2年的“冷却限制期”，即不能利用自己过去担任官吏的影响，参与谋利的活动。从事务官员来讲，考任工作本身就很严格，很有透明度，如果公务员的道德品行不端，就不可能加入到公务员队伍中来。而从司法和监督人员来说，他们都经过专业考核，具备职业忠诚性，拥有独立的职权和优越的待遇，自律性很强，相对来说，这一类型的人参与腐败的要少得多。

2. 公务员权力制约和程序

西方在国家管理和公务员行使职权方面逐步形成了一种权力制约的机制，这种机制对于在国家管理中预防权力过分集中或权力行使的隐蔽性而带来的腐败行为有重要的意义。

从政务官员管理的权力来说，主要是通过“三权分立”来实现的。资产阶级议会通过立法权和财政权来监督政府的管理，并通过质询、不信任投票、弹劾三种形式，来监督和纠正政府首脑及内阁成员的违法失职行为。对于事务官或文官来说，建立权力制约机制是防止腐败的重要外部条件。例如，实行政务公开，以增强管理的透明度；在政府部门内部设立监督系统；注意处理中央政府和地方政府的权力制约关系；规定严密的、公正的、对权力有制约的办事程序以及群众监督机制等。

西方国家的管理和公务员制约制度的特点是，权力的职责范围划分明确，相互之间的制约性比较突出，而且制约的层次也较多，形成一个比较系统的监督和制约网络。这对于预防腐败有极大的威慑作用。这对于提高政府工作效率，改善管理，防止某个垄断集团对整个资产阶级利益的损害，巩固资本主义制度，意义重大。

3. 公务员个人收益权利的制约制度和程序

(1)“阳光法案”，就是指国家公务人员个人财产申报制度。该法案规定国家官吏不论政务官、事务官还是司法监督官员，在担任国家公职之前和任职届满时，都必须定期公开申报登记其财产，并通过档案馆向民众公开，主动接受社会的监督。

(2)实行金融实名制，就是指公务员个人与金融机构发生资金往来时须用真实姓名的制度。实行金融实名制的目的，是为了更加准确地掌握公民个人的财产收入状况，防止逃税和私债等地下市场的猖獗，消除行贿、受贿等腐败行为。

(3)严禁国家公务人员从事第二职业。

(4)不得随意收受礼品和礼金。美国《从政道德法》规定，公职人员一次接受超过30美元以上，一年内接受累计超过100美元以上的礼品和馈赠，必须进行申报，否则以受贿论处。

4. 政治领袖权力的制约制度和程序

政治领袖的行为和活动始终是西方新闻界关注的焦点。西方新闻机构通过对政治领袖的行为和活动进行跟踪和监督性的评价来吸引读者，以提高报纸的知名度和效益。这样，政治领袖的一言一行都暴露在公众的监督之下。因此政治领袖为了维护自己的良好形象，一般都必须注意检点自己的行为，防止舆论对自己不满而被反对派抓住口实。

此外，在西方，高级的事务官及法官、检察官，由于组织人事体制各不一样，不从属于政治领袖的组织管理和控制，无过失就不能给他们穿小鞋或将其一脚踢开，因而也能对政治领袖的行为起某种限制作用，使政治领袖在违法犯罪之前得到善意的忠告。

◎专栏 11-3

十八大后反腐路线图：隐现 12 招组合拳

反腐败，无疑是十八大后最惹人眼球的国家政务焦点。无论是“老虎苍蝇一起打”的反腐广度，还是标本兼治、治标为先的反腐策略，种种迹象显示，遏制腐败蔓延的势头已成为中央的重要任务和工作目标。

中共中央总书记习近平用三个“依然”来形容腐败形势，即“腐败现象依然多发，滋生腐败的土壤依然存在，反腐败斗争形势依然严峻复杂”。实际上，自十八大之后，在腐败存量越来越大的现实下，持续以高压姿态打击腐败已经成为执政党必然选择。

据《第一财经日报》记者对过去一年来反腐败工作的梳理，一套由 12 项指标组成、即行和正趋完善的反腐组合拳已经跃然显现。

有关专家接受第一财经日报记者采访时表示，实际上，有关权力结构和监督模式的顶层设计亦在进行。“治标”为先的理念和行动，正在为“治本”的战略布局争取更多时间和更大空间。

(一)大案震慑

原铁道部部长刘志军、重庆市原市委书记薄熙来、山东省原副省长黄胜、吉林省原常务副省长田学仁等副部级以上官员均涉及贪腐或兼有渎职犯罪行为，在十八大后陆续宣判或者被公诉。而在十八大后新落马的省部级以上官员，截至目前已经达到 19 人。

自四川省原省委副书记李春城之后，广东省统战部原部长周镇宏、国家发改委原副主任刘铁男、安徽原副省长倪发科、四川原副省长郭永祥、中央编译局原局长衣俊卿、内蒙古统战部原部长王素毅、广西政协原副主席李达球、国务院国资委原主任蒋洁敏、南京市原市长季建业、贵州省委原常委(遵义市原市委书记)廖少华等先后涉嫌严重违法违纪被查或被免职。其中，周镇宏、刘铁男、王素毅、李达球等已经被移交司法机关。再加上对中石油腐败窝案的查处，十八大之后，从党政机关的高官到大型国企的高管，大案震慑，作为“治标”利器，其锋芒已经显现。

(二)兼打“苍蝇”

2013 年前 6 个月，全国检察机关共查处地厅级以上领导干部贪污贿赂犯罪案件 87 人，共查处 50 万元以上贪污贿赂犯罪案件 2 975 件，同比上升 31.6%；查办发生在群众身边、损害群众利益贪污贿赂犯罪案件 9 747 件 13 842 人，涉案总金额 17.7 亿元。

在广东，纪检监察机关上半年共立案 4 423 件 4 613 人，结案 4 305 件，给予党政纪处分 4 308 人，移送司法机关 298 人，其中涉及地厅级干部 29 件 29 人、县处级干部 241 件 242 人，通过办案挽回直接经济损失 6.23 亿元。

在个案处理上，重庆北碚区原区委书记雷政富因不雅视频案、陕西省安全生产监督管理局原局长杨达才受贿案、山西神木县农村商业银行原副行长龚爱爱伪造买卖国家机关证件案等舆论关注度集中的案件，均在较高程度上对外公布了案情和司法审判过程。兼打“苍蝇”的策略也对贪腐等职务犯罪起到了由点到面的震慑作用。

(三)清除腐败土壤

财政部、国家机关事务管理局、中共中央直属机关事务管理局日前制定了《中央和国家机关会议费管理办法》(以下简称《办法》)，并自2014年1月1日起施行。《办法》明确，中央和国家机关各单位召开的会议应实行分类管理、分级审批，严格控制会议审批和会期。

上述《办法》出台的审批程序，对于堵塞会议漏洞、消除会议腐败在一定程度上起到了防范作用。近日，中央纪委监察部机关亮出了落实八项规定精神、改进工作作风的“成绩单”：全国性会议最短仅用时20分钟，机关公文种类精简56%，机关会议费下降84.06%，招待费下降52.07%。

除了严控会议经费，此前，中共中央办公厅和国务院办公厅还下发通知，明确要求“全面停止新建楼堂馆所”，“5年内，各级党政机关一律不得以任何形式和理由新建楼堂馆所”，并被称为是史上最严厉的控制楼堂馆所建设的规定。

接受本报记者采访的专家分析认为，楼堂馆所建设的奢侈化倾向，会被利用为寻租平台，某些地方和部门领导可以借机满足自己的权力欲，其中台面和隐藏的利益，或能诱发贪腐案件的产生。严控会议经费和楼堂馆所建设，对于消除腐败土壤起到了示范性作用。

(四)纪检改制

35年前，十一届三中全会召开，在这次会议上，中央纪委得到恢复和重建。35年后，十八届三中全会召开之际，纪检监察体制改革成为这次会议被各界关注的焦点问题之一。实际上，目前纪检监察机构的改革已经开始。

2013年9月2日，由中纪委、监察部主办的综合性政务门户网站——中纪委监察部网站正式改版开通。除了网站改版开通外，中纪委、监察部第一次“晒”出自己的组织架构。

中纪委、监察部内设27个职能部门，与原来相比增加了2个负责案件工作的纪检监察室。上述官网还首次公布10个纪检监察室的职能分工，有4个室负责中央国家机关和国有大型企业的纪检监察，6个室分别负责华北、东北、华东、中南、西南、西北等地方的纪检监察。

对于未来纪检监察体制的改革方向，中国政法大学副校长马怀德认为，可以在两方面着力：第一，搞纪检监察的大部门制，把分散的力量整合起来，把相关部门合并起来，或者形成合力；第二，从同级监督变为提级监督，省级领导由中纪委监督，市级领导由省纪委监督。

资料来源：十八大后反腐路线图：隐现12招组合拳．第一财经日报，http://www.legaldaily.com.cn/zt/content/2013-12/12/content_5111975.htm?node=56810.2013-12-12

第四节　政府失灵论的启示

公共选择和政策分析学者的非市场缺陷论或政府失灵论，是现代西方市场经济发展的产物，是对西方市场经济发展中政府与市场关系实践，尤其是20世纪40年代之后政府全面干预经济生活实践的一种理论反思。它成为当代西方市场经济国家处理政府与市场关系的一种新理论或新模式，特别是成为了20世纪80年代以后西方各市场经济国家政府行政改革的理论指导。当代西方政府改革的市场化、社会化和私有化取向体现了非市场缺陷论或政府失灵论的基本精神。20世纪90年代初，两个美国人D. 奥斯本和T. 盖勒布写了一本在西方颇有影响的书——《改革政府：企业精神如何改革公营部门》。他们根据对近二三十年来美国政府改革经验的研究及他们自己的思考，提出了政府改革或重塑政府的十大原则：①起催化作用的政府——掌舵而不是划桨；②社区拥有的政府——授权而不是服务；③竞争性政府——把竞争机制引入到提供服务中去；④有使命感的政府——改革照章办事规则；⑤讲究效果的政府——按效果而不是按投入拨款；⑥受顾客驱使——满足顾客需要，不是官僚政治的需要；⑦有事业心的政府——有收益不浪费；⑧有预见的政府——预防而不是治疗；⑨分权的政府——从等级制到参与和协作；⑩以市场为导向的政府——通过市场力量进行变革。这些原则既反映了当代美国政府改革的新趋势，也体现出公共选择和政策分析学者的非市场缺陷或政府失灵论所提出的改革思路。

应该说，公共选择和政策分析学者对于非市场缺陷及政府失灵的政治经济学分析是建立在西方发达市场经济和西方政府政治体制的基础之上的，因而不可避免地带有西方政治意识形态的色彩。但是，他们的确也指出了市场经济条件下政府与市场关系的一般特征和共性，指出政府干预行为的局限性，并提出了某些防止或纠正政府失灵的有效措施。我国目前正处于由计划经济向市场经济的转轨时期，公共选择和政策分析学者所指出的政府失灵现象，如公共政策失灵、政府机构膨胀、效率低下、寻租及腐败行为在当前也是存在的，有的还相当严重。因此，公共选择和政策分析学者对于非市场缺陷以及政府失灵问题的讨论，对于我们在社会主义市场经济的发展过程中，处理好政府与市场的关系，合理确定、发挥或转变好政府职能，完善宏观调控机制及手段，避免政府失灵具有一定的启发意义。

第一，必须高度重视市场经济条件下政府干预行为的局限性问题。既然政府在履行其职能、干预市场运行时并不总是起到弥补市场缺陷或纠正市场失灵的作用，市场解决不好的问题政府也不一定能解决好。那么在建立和完善社会主义市场经济的过程中，必须确定好政府干预的范围、内容、方式及干预的程度，在市场机制能起较好作用的地方，应尽快让市场去发挥作用，政府应当补充而非取代市场机制。

第二，必须随着市场经济的发展及经济体制的变革及时进行政治行政体制改革(尤其是转变政府职能)。按照公共选择和政策分析学者的观点，经济过程与政治过程是相互联系的，政治制度是经济过程的内生变量。因此，为了使市场经济能更好地发展与运行，必须进行政治-行政体制改革，特别是及时转变政府职能，由直接、微观地干预过渡到宏观、间接地调控。在当前体制转轨时期，要特别防止用计划经济的手段来管理市场经济。

第三，必须在政府机构中引入竞争机制，用市场的力量来改进政府的工作效率。公共选择和政策分析学者所提出的这方面的建议特别值得我们思考和借鉴。例如，政府的某些活动(如许可证、牌照的发放)可以采用拍卖的方式；可将某些公共产品及服务的生产和供应委托给私人企业，或同一种产品及服务可由几个公共部门来提供(形成竞争)；可以在政府机关内部确立节约成本、提高效益的激励机制。这些办法有助于克服或防止政府失灵，提高政府工作效率，减少浪费。

第四，必须加强公共决策和政府管理的法制化建设，尽快实现依法行政、依法治国。公共选择学者强调立宪改革，注重宪法、法律和制度建设尤其是公共决策规则的改革，这是有合理性的。市场经济是法制经济，现代社会是法治社会，市场经济秩序的确立、运行必须靠制度来保证，政府的决策和管理活动也必须靠法律来规范。因此，在转轨时期，必须加强法制建设，重视制度规则的选择和创新，尤其是将政府的公共决策和行政管理纳入法制化轨道，改善公共决策系统，提高公共政策质量，加强行政立法和行政执法，依法约束政府行为，将政府机构规模、人员及经费开支的数量以法律的形式固定下来，实现政府管理过程的程序化，提高依法行政水平。

第五，反腐败必须釜底抽薪，从体制及制度的创新上下工夫，从根本上消除寻租及腐败滋生的土壤与条件。依照公共选择学者的“寻租理论”，行政权力对市场的干预和管制是寻租的根源。因此，抑制寻租及反腐败必须从制度或体制创新方面入手，消除腐败和寻租产生的土壤和条件。这就要求我们在加快市场体制形成，实现经济体制变革，推进政治—行政体制改革的同时，形成一整套制约行政权力的行政法规和办事制度，建立起一个灵活、高效、廉洁的政府管理体制。

总之，西方公共选择和政策分析学者的非市场缺陷论或政府失灵论为我们正确处理好政府与市场的关系，完善政府的干预行为，防止政府失灵提供了某些有益的理论和方法以及值得进一步研究的问题，这正是我们研究这一理论的意义之所在。最后必须强调的是，我们分析探讨非市场缺陷或政府失灵问题，并不是要否定政府在市场经济中的必要作用，而仅仅是要指出政府行为的局限性，提醒人们确定好政府干预行为的范围、内容、方式及力度，避免干预不当或过度干预所产生的政府失灵现象，使政府更好地履行其社会经济职能。

关键概念

一致同意规则　外在成本　决策成本　寻租　寻利　腐败　投票悖论

复习思考题

1. 公共决策有哪些原则？各种原则的主要内容是什么？
2. 什么是投票悖论及如何消除？
3. 造成政府行为低效率的原因有哪些？
4. 寻利与寻租活动之间的关系是什么？
5. 腐败的具体表现形式有哪些？
6. 简述寻租与腐败的区别与联系。
7. 寻租问题应如何治理？
8. 腐败问题应如何治理？
9. 政府失灵论对我国发展社会主义市场经济有何启示？

参考文献

庇古 A C. 2006. 福利经济学[M]. 朱泱，张胜纪，吴良健译 . 北京：商务印书馆 .

波蒂特 A R，詹森 M A，奥斯特罗姆 E. 2013. 共同合作——集体行为、公共资源与实践中的多元方法[M]. 路蒙佳译 . 北京：中国人民大学出版社 .

布坎南 J. 1988. 寻求租金和寻求利润[J]. 陈国雄译 . 经济社会体制比较，(6)：16-22.

布坎南 J. 2009. 公共物品的需求与供给[M]. 马珺译 . 上海：上海人民出版社 .

布坎南 J，马斯格雷夫 R A. 2000. 公共财政与公共选择：两种截然对立的国家观[M]. 类承曜译 . 北京：中国财政经济出版社 .

布朗 C V，杰克逊 P M. 2000. 公共部门经济学[M]. 张馨译 . 北京：中国人民大学出版社 .

蔡昌 . 2010. 税收原理[M]. 北京：清华大学出版社 .

陈共 . 2012. 财政学[M]. 第七版 . 北京：中国人民大学出版社 .

陈桂生，徐彬 . 2009. 政府经济学[M]. 天津：天津大学出版社 .

陈振明 . 2011. 公共政策分析[M]. 北京：中国人民大学出版社 .

陈振明 . 2012. 社会管理——理论、实践与案例[M]. 北京：中国人民大学出版社 .

邓大松，刘昌平 . 2011. 社会保障管理[M]. 北京：中国人民大学出版社 .

邓伟志 . 2007. 和谐社会与公共政策[M]. 上海：同济大学出版社 .

董云展 . 2011. 财政学概论[M]. 大连：东北财经大学出版社 .

弗兰克 R H. 2013. 达尔文经济学：自由、竞争和公共利益如何兼得？[M]. 谢朝斌，刘寅龙译 . 北京：世界图书出版公司 .

高春芽 . 2009. 理性的人与非理性的社会[M]. 北京：中国社会科学出版社 .

高鸿业 . 2011. 西方经济学[M]. 第五版 . 北京：中国人民大学出版社 .

高培勇 . 2007. 公共经济学[M]. 北京：中国社会科学出版社 .

高培勇，杨志勇 . 2011. 公共部门经济学[M]. 北京：中国社会科学出版社 .

郭守杰 . 2006. 中国的积极财政政策：理论与实践[M]. 北京：经济科学出版社 .

郭小聪 . 2011. 政府经济学[M]. 北京：中国人民大学出版社 .

海曼 D. 2010. 财政学理论在政策中的当代应用[M]. 张进昌译 . 北京：北京大学出版社 .

韩康 . 2010. 公共经济学[M]. 北京：经济科学出版社 .

韩仁月 . 2011. 税制结构变迁、效应及优化研究[M]. 北京：经济科学出版社 .

何立胜，杨志强 . 2006. 内部性、外部性与政府规制[J]. 经济评论，(1)：141-147.

胡怡建 . 2011. 税收学[M]. 上海：上海财经大学出版社 .

胡志平 . 2012. 非均衡走向均衡：农村公共服务供给的政治经济学[M]. 北京：法律出版社 .

黄恒学 . 2009. 公共经济学[M]. 第二版 . 北京：北京大学出版社 .

霍尔库姆 L G. 2012. 公共经济学——政府在国家经济中的作用[M]. 顾建光译 . 北京：中国人民大学出版社 .

贾冀南 . 2010. 财政学[M]. 北京：电子工业出版社 .

蒋洪 . 2011. 公共经济学[M]. 第二版 . 上海：上海财经大学出版社 .

蒋文莉 . 2010. 就业促进型经济增长模式研究[M]. 武汉：湖北人民大学出版社 .

金戈，赵海利 . 2011. 公共支出分析[M]. 杭州：浙江大学出版社 .
科斯 R H. 2009. 企业、市场与法律[M]. 盛洪，陈郁译 . 上海：格致出版社 .
李冬妮 . 2007. 公共经济学[M]. 广州：华南理工大学出版社 .
李培林 . 2009. 和谐社会十讲[M]. 北京：中华书局 .
李晓西，等 . 2007. 中国货币与财政政策效果评析[M]. 北京：人民出版社 .
李裕 . 2008. 我国改革开放以来财政政策和货币政策的配合研究[M]. 上海：上海财经大学出版社 .
李珍 . 2007. 社会保障理论[M]. 第二版 . 北京：中国劳动与社会保障出版社 .
凌岚 . 2010. 公共经济学原理[M]. 武汉：武汉大学出版社 .
刘伯龙，竺乾威 . 2009. 当代中国公共政策[M]. 第二版 . 上海：复旦大学出版社 .
刘霞，向良云 . 2010. 公共危机治理[M]. 上海：上海交通大学出版社 .
罗尔斯 J. 2001. 正义论[M]. 何怀宏译 . 北京：中国社会科学出版社 .
罗森 H S. 2009. 财政学[M]. 第八版 . 郭庆旺，赵志耘译 . 北京：中国人民大学出版社 .
麻宝斌 . 2012. 公共行政学[M]. 大连：东北财经大学出版社 .
马斯格雷夫 R A. 1984. 美国财政理论与实践[M]. 邓子基，邓力平译 . 上海：中国财经出版社 .
马斯格雷夫 R A. 1996. 比较财政分析[M]. 董勤发译 . 上海：上海三联书店 .
马云泽 . 2008. 规制经济学[M]. 北京：经济管理出版社 .
麦克纳特 P. 2008. 公共选择经济学[M]. 梁海英译 . 长春：长春出版社 .
毛程连 . 2009. 财政学[M]. 上海：复旦大学出版社 .
米勒 R L，诺思 D C. 2014. 公共问题经济学[M]. 冯文成译 . 北京：中国人民大学出版社 .
闵琪 . 2011. 从公共品需求到公共品供需均衡：理论与现实[M]. 北京：经济科学出版社 .
缪勒 J S. 1999. 公共选择理论[M]. 杨学春译 . 北京：中国社会科学出版社 .
牛雄鹰 . 2010. 全球化背景下我国失业人员再就业问题研究[M]. 北京：中国经济出版社 .
潘明星 . 2011. 政府经济学[M]. 第三版 . 北京：中国人民大学出版社 .
裴育 . 2011. 公共经济学[M]. 大连：东北财经大学出版 .
史东辉 . 2010. 产业组织学[M]. 上海：格致出版社 .
斯蒂格里茨 J E. 2013. 公共部门经济学[M]. 第三版 . 郭庆旺译 . 北京：中国人民大学出版社 .
索贝尔 R S. 2010. 经济学：私人与公共选择[M]. 第十二版 . 北京：机械工业出版社 .
唐任伍 . 2009. 公共经济学[M]. 北京：北京师范大学出版社 .
王宾，赵阳 . 2006. 农村税费改革对中西部乡镇财力影响实证研究——基于 4 省 8 县抽样调查数据的分析[J]. 管理世界，(11)：82-83.
王丛虎 . 2012. 社会管理如何创新[M]. 北京：新华出版社 .
王学栋 . 2011. 公共行政学[M]. 北京：清华大学出版社 .
王雅莉，毕乐强 . 2011. 公共规制经济学[M]. 北京：清华大学出版社 .
王雍君，童伟 . 2006. 公共财政学[M]. 北京：北京师范大学出版社 .
吴俊培 . 2009. 公共经济学[M]. 武汉：武汉大学出版社 .
吴晓燕 . 2012. 公共经济学基础[M]. 北京：科学出版社 .
希尔曼 A L. 2006. 公共财政与公共政策——政府的责任与局限[M]. 王国华译 . 北京：中国社会科学出版社 .
希瑞克斯 J，迈尔斯 G D. 2011. 中级公共经济学[M]. 张晏译 . 上海：格致出版社 .
肖兴志 . 2012. 产业经济学[M]. 北京：中国人民大学出版社 .
徐德信 . 2011. 公共经济学[M]. 合肥：中国科学技术大学出版社 .
徐晓雯，丛建阁 . 2008. 行政管理学[M]. 第二版 . 北京：经济科学出版社 .

徐衣显 . 2007. 转型期中国政府经济职能研究[M]. 北京：中国财政经济出版社 .
薛进军 . 2008. 中国的不平等——收入分配差距研究[M]. 北京：社会科学文献出版社 .
杨红娟，尹小俊，张春华 . 2011. 社会管理创新 25 题——社会学与社会管理[M]. 北京：中共中央党校出版社 .
杨晓华 . 2009. 中国财政政策效应的测度研究[M]. 北京：知识产权出版社 .
杨燕绥 . 2011. 社会保障[M]. 北京：清华大学出版社 .
杨志勇，张馨 . 2013. 公共经济学[M]. 第三版 . 北京：清华大学出版社 .
曾军平 . 2008. 公共选择与政治立宪[M]. 上海：上海财经大学出版社 .
张创新 . 2010. 公共管理学概论[M]. 北京：清华大学出版社 .
张光，曾明 . 2009. 公共经济学[M]. 武汉：武汉大学出版社 .
张荐华，马子红，马桑 . 2010. 地方政府视角的公共经济学研究[M]. 北京：人民出版社 .
张军涛，毕乐强 . 2008. 公共管理学[M]. 北京：中国商业出版社 .
张维迎 . 2004. 博弈论与信息经济学[M]. 上海：格致出版社 .
张向达，赵建国 . 2006. 公共经济学[M]. 大连：东北财经大学出版社 .
张小平，王迎春 . 2008. 转型时期我国收入分配问题研究[M]. 北京：科学出版社 .
赵建国 . 2011. 政府经济学[M]. 第二版 . 大连：东北财经大学出版社 .
赵哲伟 . 2008. 环境与资源法教程[M]. 北京：对外经济贸易大学出版社 .
郑秉文 . 2009. 中国社会保障制度 60 年：成就与教训[J]. 中国人口科学，(5)：2-18.
郑功成 . 2009. 从企业保障到社会保障——中国社会保障制度变迁与发展[M]. 北京：中国劳动与社会保障出版社 .
植草益 . 1922. 微观规制经济学[M]. 朱绍文译 . 北京：中国发展出版社 .
Atkinson A B. 1995. Public Economics in Action [M]. Oxford：Clarendon Press.
Auerbach A J，Feldstein M. 1985. Handbook of Public Economics [M]. Amsterdam：North-Holland.
Baker S，Elliott C. 1990. Readings in Public Sector Economics [M]. Lexington：D. C. Health and Company.
Banks J S，Duggan J. 2005. Probabilistic Voting in the Spatial Model of Elections：The Theory of Office-Motivated Candidates[M]. New York：Springer.
Baumol W J. 1968. Entrepreneurship in economic theory[J]. The American Economic Review，(58)：64-71.
Baumol W J，Oates W E. 1971. The use of standards and prices for protection of the environment[J]. The Swedish Jourual of Economics，73(1)：42-54.
Blinder A S，Sdow R M，Break G F，et al. 1974. The Economics of Public Finance [M]. Washington D. C.：Brookings Institution.
Blomquist S，Christiansen V. 1999. The political economy of publicly provided private goods[J]. Journal of Public Economics，(1)：31-54.
Coase R H. 1974. The lighthouse in economics [J]. Journal of Law and Economics，(2)：357-376.
Davis O A，Dempster M A H. 1966. A theory of the budgetary process [J]. American Political Science Review，(3)：529-547.
De Mello L，Tiongson E R. 2006. Income inequality and redistributive government spending[J]. Public Finance Review，(3)：282-305.
Epple D，Romano R E. 1996. Public provision of private goods [J]. Joural of Political Economy，(1)：57-84.

Feldstein M S, Inman R P. 1977. The Economics of Public Services [M]. London: Macmillan.
Hare P G. 1988. Survey in Public Sector Economics [M]. Oxford: Basil Blackwell.
Laffont J J. 1988. Fundamentals of Public Economics [M]. Cambridge: MIT Press.
Vardges L U. 2013-09-11. Essays on political economy, industrial organization and public economics[EB/OL]. http://nrs. harvard. edu/urn-3: HUL. InstRepos: 11744436.
Levy G. 2005. The politics of public provision of education[J]. The Quarterly Journal of Economics, (11): 1507-1534 .
Margolis J, Guitton H. 1969. Public Economics [M]. London: Macmillan.
Millward R. 1983. Public Sector Economics[M]. London: Macmillan.
Myles G D. 1995. Public Economics [M]. Cambridge: Cambridge University Press.
Myrdal G. 1974. Against the Stream: Critical Essays on Economics [M]. New York: Random House.
Pearce D W, Turner R K. 1990. Economics of Natural Resource and Environment[M]. Balitmore: Johns Hopkins University Press.
Prest A R, Turvey R. 1955. Cost-benefit analysis: a survey [J]. Economic Journal, (65): 683-735.
Sander T, Tschirchart J. 1980. The economic theory of clubs: a evaluative survey [J]. Journal of Economic Literature, (14): 1481-1521.
Sen A K. 1967. Isolation, assurance and the social rate of discount [J]. Quarterly Journal of Economics, (87): 112-124.
Starrett D A. 1988. Foundations of Public Economics[M]. Cambridge: Cambridge University Press.
Wildavsky A. 1964. The Politics of the Budgetary Process [M]. Boston: Little Brown.